目　录

真题试卷

押题试卷

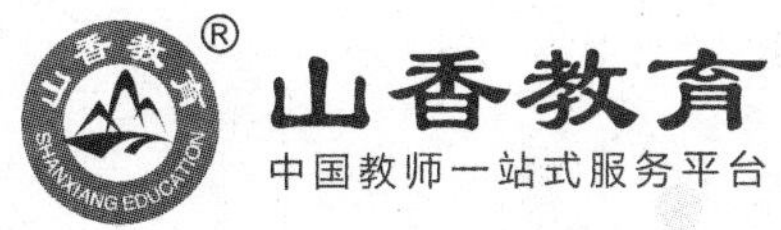

教师招聘考试
历年真题解析及押题试卷

参考答案及解析

小学数学

山香教师招聘考试命题研究中心　主编

教师招聘考试
历年真题解析及押题试卷
小学数学

山香教师招聘考试命题研究中心　主编

扫码免费领取：
①精选20套历年真题（带答案解析）
②山香独家内部讲义
③考试资讯第一时间获悉，从容准备，不错失每一次机会
④备考交流群，山香专业老师互动答疑，打卡督促学习

免费领取方式：
①扫码关注公众号
②回复备考省份

图书在版编目(CIP)数据

教师招聘考试历年真题解析及押题试卷. 小学数学 / 山香教师招聘考试命题研究中心主编. --北京：首都师范大学出版社，2012.9(2021.8重印)

ISBN 978-7-5656-1007-3

Ⅰ.①教… Ⅱ.①山… Ⅲ.①小学数学课-教学法-小学教师-聘用-资格考试-习题集 Ⅳ.①G451.1-44

中国版本图书馆CIP数据核字(2012)第222693号

教师招聘考试历年真题解析及押题试卷
XIAOXUE SHUXUE
小学数学
山香教师招聘考试命题研究中心　主编

策划编辑　张文强
责任编辑　曹亮亮　王慕飞　　封面设计　山香教育
首都师范大学出版社出版发行
地　址　北京市西三环北路105号
邮　编　100048
咨询电话　010－68418523(总编室)　010－68982468(发行部)
网　址　http://cnupn.cnu.edu.cn
印　刷　河南黎阳印务有限公司
经　销　全国新华书店
版　次　2012年9月第1版
印　次　2021年8月第26次印刷
开　本　787mm×1092mm　1/16
印　张　14
字　数　328千
定　价　42.00元

前　言

近年来，国家扩大和补充教师队伍的政策力度不断加大，教育部指出：“深化教师队伍补充机制改革，确保教师聘用质量。全面推行新任教师公开招聘制度，形成长效机制。”这意味着教师招聘考试各方面将日益规范和深入。对每一位立志成为人民教师的考生来说，这既是新的契机，也将是巨大的挑战。教师招聘考试（教师入编考试，简称招教）是我国公开招聘教师的选拔性考试，其目的是为教育行政部门录用优秀教师提供参考。各地依据考生笔试成绩，结合面试情况，按已确定的招聘计划择优录取。

考生如何在严峻的教师招聘考试中脱颖而出呢？除了要具备扎实的专业知识外，短时间内系统、针对性地复习和训练也是必备的。为了让更多的考生有针对性地备考，使复习有方向、有条理，作为国内研究开发教师招聘考试辅导教材的专业机构，山香教育专门为有志于教育事业、需要通过教师招聘考试实现人生理想的广大考生朋友推出了本套试卷。2021 年，我们根据新的招教考试文件和考试精神，结合历年真题，重新修订了《教师招聘考试历年真题解析及押题试卷·小学数学》。

本试卷具有以下特点：

第一，真题新。本套试卷历年真题部分精选了全国各地教师招聘考试最具有代表性的最新真题，知识点涵盖全面且题型丰富多样化，透视了课程标准和考试大纲的要点，预示了教师招聘考试的命题趋势。

第二，内容精。押题试卷部分是在充分研究各地考情和历年真题的基础上修订的。它注重对思想和方法的考查，注重对能力的考查，同时兼顾试题的基础性、综合性和现实性，重视试题间的层次性，合理调控综合程度，坚持多角度、多层次的考查，努力实现综合素养的要求。

本套试卷难免存在一些不足之处，衷心希望各位读者朋友批评指正，同时希望这套试卷能为考生顺利通过招教考试提供帮助。

编　者

目　录

真题试卷

押题试卷

参考答案及解析单独成册

真题试卷

2021 年山西省特岗教师招聘考试真题试卷(一)

数 学

(时间:120 分钟 总分:100 分)

本套试卷共 26 小题,包括单项选择题(17 小题),填空题(4 小题),解答题(5 小题)。

一、单项选择题(本大题共 17 小题,第 1 ~5 小题每小题 2 分,第 6 ~17 小题每小题 3 分,共 46 分)

1. 习近平总书记指出:“广大教师要做学生锤炼品格的引路人,做学生学习知识的引路人,做学生创新思维的引路人,做学生奉献祖国的引路人”,这体现了教师职业的( )

A. 创造性 B. 间接性 C. 示范性 D. 连续性

2. 把党的历史作为各级各类学校思想政治课的重要内容,开展形式各样的党的历史知识、光荣传统和优良作风、英雄模范事迹的教育,从小培养青少年热爱党、热爱社会主义的感情极为重要,任何时候都不能忽视。这告诉我们课程内容的选择必须坚持( )

A. 传统性和时代性相结合 B. 方向性和价值性相结合

C. 系统性和针对性相结合 D. 稳定性和灵活性相结合

3. 在学习过程中,通过自我监控、自我调节等方式来促进学习的策略是( )

A. 组织策略 B. 元认知策略

C. 精细加工策略 D. 资源管理策略

4. 劳动教育是新时代党对教育的新要求,是全面发展教育体系的重要组成部分。下列劳动,不适宜小学生参加的是( )

A. 家庭劳动 B. 公益劳动 C. 社区服务 D. 实习实训

5. 课型不同,备课的关注点也不同。某教师在备课时,非常注重引导学生对新知识探究的兴趣及各教学环节的有效衔接。这位教师备课的课型属于( )

A. 实验课 B. 习题课 C. 新授课 D. 复习课

6. 已知集合 $M=\left\{x \,\middle|\, x\leqslant\frac{1}{2}\right\}$,$N=\{x\,|\,x^2\leqslant 1\}$,则 $(\complement_{\mathbf{R}}M)\cap N=$( )

A. $\left(\frac{1}{2},1\right)$ B. $\left(\frac{1}{2},1\right]$ C. $\left[\frac{1}{2},1\right]$ D. $\left[\frac{1}{2},1\right)$

7. 已知复数 z 满足 $zi=-1+i$,则 $z=$( )(常考)

A. $-1-i$ B. $-1+i$ C. $1-i$ D. $1+i$

8. 已知 $2^a=3$,$b=\log_3 10$,$c=\log_{\frac{1}{2}}3$,则( )

A. $a>c>b$ B. $c>b>a$ C. $b>a>c$ D. $a>b>c$

9. 若 $\cos\left(\alpha-\frac{\pi}{3}\right)=\frac{4}{5}$,则 $\sin\left(\alpha+\frac{\pi}{6}\right)=$( )

A. $\frac{4}{5}$ B. $\frac{3}{5}$ C. $\pm\frac{4}{5}$ D. $\pm\frac{3}{5}$

第 9 题

10. 一组数据由 10 个数组成,将其中一个数由 4 改为 1,另一个数由 6 改为 9,其余数不变,得到一组新的数据,则新的一组数的方差比原来一组数的方差增加了( )

A. 2 B. 3 C. 4 D. 5

11. 已知 $a>0$,$b>0$,$a^2+b^2-ab=2$,则下列不等式恒成立的是( )

A. $ab\leqslant 1$ B. $ab\geqslant 2$ C. $a+b\leqslant 2\sqrt{2}$ D. $a+b\geqslant\sqrt{2}$

12. 在二项式 $(x-2y)^5$ 的展开式中,记二项式系数之和为 A,各项系数之和为 B,则 $A+B=$( )

A. 275 B. 33 C. 31 D. -211

13. 已知数列 $\{a_n\}$ 中,$a_1=1$,$a_2=3$,$\{b_n\}$ 是公差为 2 的等差数列,且 $b_n=a_{n+1}-a_n(n\in\mathbf{N}^*)$,则 $a_{10}=$( )(常考)

A. 91 B. 90 C. 46 D. 45

第 13 题

14. 已知正方体 $ABCD-A'B'C'D'$ 的棱长为 3,M 在 AB 上,且 $AM=2MB$,过点 M 且垂直于直线 BD' 的平面截正方体所得的截面面积为( )

A. $\frac{\sqrt{3}}{4}$ B. $\frac{\sqrt{3}}{2}$ C. $\sqrt{3}$ D. $2\sqrt{3}$

15. 已知函数 $f(x)=\frac{ax}{e^x}$,$g(x)=-x^2+x$,当 $x\in[0,+\infty)$ 时,$f(x)\geqslant g(x)$ 恒成立,则实数 a 的取值范围是( )

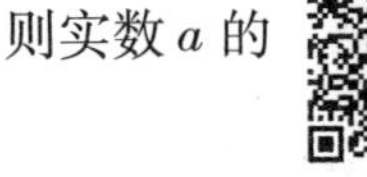

第 15 题

A. $(1,+\infty)$ B. $[1,+\infty)$ C. $(e,+\infty)$ D. $[e,+\infty)$

16. 已知 F_1,F_2 是椭圆 $\frac{x^2}{a^2}+\frac{y^2}{b^2}=1(a>b>0)$ 的左右焦点,点 P 是椭圆上位于第一象限内的一点,经过点 P 与 $\triangle PF_1F_2$ 的内切圆圆心 I 的直线交 x 轴于点 Q,且 $\overrightarrow{PI}=2\overrightarrow{IQ}$,则该椭圆的离心率为( )(易错)

A. $\frac{1}{4}$ B. $\frac{1}{3}$ C. $\frac{1}{2}$ D. $\frac{2}{3}$

17. 已知函数$f(x)=\begin{cases}1-x,0\leqslant x<1,\\ \dfrac{1-f(x-1)}{1+f(x-1)},x\geqslant 1,\end{cases}$若方程$f(x)=k$在$[0,+\infty)$上的根从小到大恰好构成一个等差数列，则下列不可能是这个数列中的数是(　　)

A. $2020-\sqrt{2}$　　B. 2020　　C. 2021　　D. $2021+\sqrt{2}$

二、填空题(本大题共4小题，每小题3分，共12分)

18. 已知圆$C:x^2+y^2+6x-4y+1=0$，则圆心C的坐标为________。

19. 函数$f(x)=2\ln x+\frac{1}{2}x^2-3x$在$\left[\frac{1}{3},3\right]$上的最大值是________。

20. 已知过抛物线$C:y^2=2px(p>0)$焦点F的直线L与C相交于A,B两个不同的点，点A在第一象限，若$|AF|=\frac{3}{4}|AB|$，则直线L的倾斜角为________。

第20题

21. 如图所示，在四边形$ABCD$中，已知$AB=2$，CD与以AB为直径的半圆O相切于点D，且$BC/\!/AD$，若$\overrightarrow{AC}\cdot\overrightarrow{BD}=-1$，则$\overrightarrow{AD}\cdot\overrightarrow{OD}=$________。

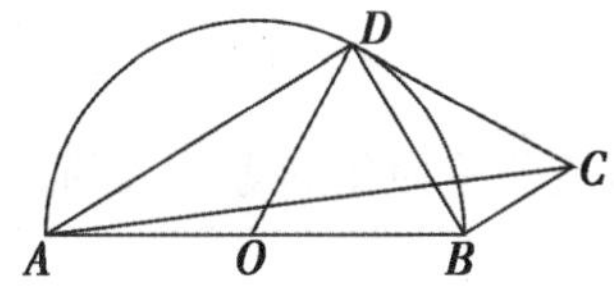

三、解答题(本大题共5小题，第22~25小题每小题8分，第26小题10分，共42分)

22. 已知函数$f(x)=\sqrt{3}\sin x+2\cos^2\frac{x}{2}$，$\triangle ABC$的内角$A,B,C$的对边分别为$a,b,c$，且$f(A)=3$。

(1)求角A；(4分)

(2)若$a=\sqrt{13}$，$b=4$，求c。(4分)

23. 如图所示，在四棱锥$P-ABCD$中，$AB\perp AD$，$CD\perp AD$，$PA\perp$平面$ABCD$，$PA=AD=CD=2AB=2$，M为PC的中点。

(1)求证：$BM/\!/$平面PAD；(3分)

(2)求直线MA与平面$ABCD$所成角的正弦值。(5分)

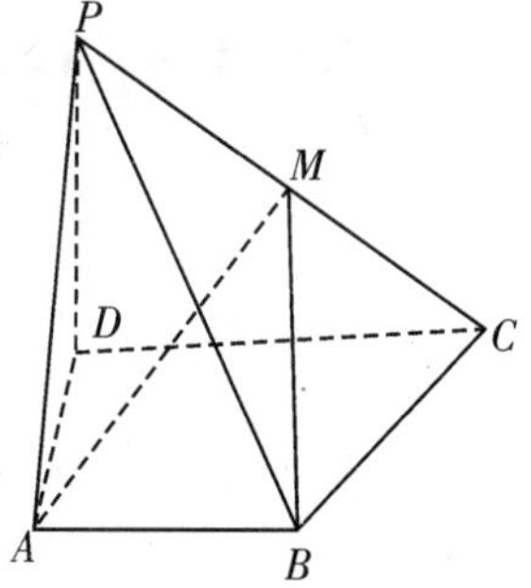

24. 2021年是中国共产党建党100周年，某校组织了党史知识竞赛活动，共有200名同学参加，为了解竞赛成绩的分布情况，将200名同学成绩按$[30,40)$，$[40,50)$，$[50,60)$，$[60,70)$，$[70,80)$，$[80,90)$，$[90,100]$分成7组，绘制了如图所示的频率分布直方图。

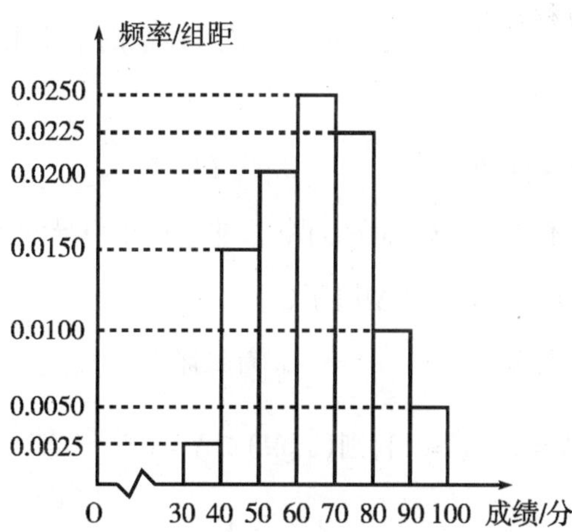

(1)求这200名同学竞赛成绩的中位数和成绩不低于80分的人数；(3分)

(2)决定对不低于 80 分的同学以抽奖方式进行奖励，不低于 90 分的有两次抽奖机会，低于 90 分但不低于 80 分的只有一次抽奖机会，奖品为党史书籍，每次抽奖数量(单位:本)及相应的概率如下表:

奖品数量	2	4
概率	$\frac{3}{4}$	$\frac{1}{4}$

现从不低于 80 分的同学中随机选一名同学，记其获得书籍数量为 ξ，求 ξ 的分布列与数学期望。(5 分)

25. 已知双曲线 $E:\frac{x^2}{a^2}-\frac{y^2}{b^2}=1(a>0,b>0)$ 的离心率为 $\frac{3}{2}$，过双曲线 E 的右焦点 F 作其渐近线的垂线，垂足为 G，且 $\triangle FOG$(O 为坐标原点)的面积为 $\sqrt{5}$。

(1)求双曲线 E 的标准方程;(3 分)

(2)若过点 F 的直线与双曲线 E 的右支相交于 M,N 两个不同的点，求 $\triangle MON$ 面积的最小值。(5 分)

26. (10 分)已知函数 $f(x)=e^{-x}(\frac{1}{3}x^3-2x+2\sin x+1)$，函数 $g(x)=\sin x+\cos x+x^2-2x$。

(1)求 $g(x)$ 在点 $(0,g(0))$ 处的切线方程;(4 分)

(2)证明:当 $a\leqslant 1$ 时，$g(x)\geqslant af(x)$ 在 $[0,+\infty)$ 上恒成立。(6 分)

2021年江西省教师招聘考试真题试卷(二)

小学数学

(时间:120分钟　总分:100分)

本套试卷共54小题,包括客观题和主观题两部分。客观题部分包括单项选择题(50小题);主观题部分包括计算题(1小题),解答题(1小题),案例分析题(1小题),教学设计题(1小题)。

第一部分　客观题

单项选择题(本大题共50小题,每小题1分,共50分)

1. 教学设计应遵循系统性原则、(　　)原则、可行性原则、反馈性原则。

A. 科学性　　B. 程序性　　C. 主动性　　D. 启发性

2. 运算能力主要指能根据法则和(　　)正确地进行运算的能力。

A. 定理　　B. 定律　　C. 运算律　　D. 运算法则

3. 评价既要关注学生数学学习的水平,也要重视学生在数学活动中所表现出来的(　　)

A. 情绪与态度　　B. 情感与情绪　　C. 态度与习惯　　D. 情感与态度

4. 数学教学活动要注重培养学生良好的(　　),使学生掌握恰当的数学学习方法。

A. 数学思考方法　　B. 数学思考能力　　C. 数学学习习惯　　D. 数学学习能力

5. 为了考查学生解决问题的能力,可以设计具有(　　)的问题。

A. 阅读分析　　B. 探索规律　　C. 实际背景　　D. 开放性

6. 关于距离的概念,在第二学段要求(　　)两点间的距离。

A. 学会　　B. 理解　　C. 掌握　　D. 知道

7. 对于第二学段的学生,教材的呈现在运用学生感兴趣的图片、表格等形式的同时,逐渐增加(　　)的比重。

A. 数学手段　　B. 数学方法　　C. 数学语言　　D. 数学符号

8. (　　)推理用于探索思路。

A. 演绎　　B. 逻辑　　C. 合情　　D. 归纳

9. "知识技能"既是学生发展的基础目标,又是落实"数学思考""问题解决""情感态度"目标的(　　)(常考)

A. 前提　　B. 基础　　C. 载体　　D. 联系

10. 体会平均数的作用,属于(　　)领域的知识。

A. 数与代数　　B. 统计与概率　　C. 图形与几何　　D. 综合与实践

11. 如果一个圆的周长扩大5倍,那么这个圆的面积就(　　)

A. 缩小5倍　　B. 扩大5倍　　C. 扩大10倍　　D. 扩大25倍

12. 甲比乙多3倍,乙比丙多$\frac{1}{2}$,则甲:乙:丙=(　　)

A. 4:1:2　　B. 4:1:3　　C. 4:1:6　　D. 12:3:2

13. "▲"表示一种运算符号,其意义是$a▲b=2a-b$,如果$x▲(5▲6)=8$,则$x=$(　　)

A. 6　　B. 3　　C. 4　　D. 5

14. 三角形的一个顶点A,可以用数对(5,6)表示,如果把这个三角形向上平移4格,再向左平移3格,这时点A用数对(　　)表示。

A. (9,9)　　B. (8,10)　　C. (2,10)　　D. (3,10)

15. 小时候我们用手指练习数数,一个小朋友按如图所示的规则练习数数,数到2021时对应的指头是(各指头的名称依次为大拇指、食指、中指、无名指、小指)(　　)

左手

A. 食指　　B. 中指

C. 无名指　　D. 小指

16. 一个三角形三个内角度数的比是3:3:6,且最短边长为12厘米,则它的面积是(　　)

A. 144平方厘米　　B. 72平方厘米

C. 36平方厘米　　D. 48平方厘米

17. 一项工程,甲、乙合作完成了全工程的$\frac{7}{10}$,剩下的由甲单独完成,甲一共做了$9\frac{3}{5}$天,这项工程由甲单独做需要12天。如果由乙单独做需要(　　)天。(常考)

第17题

A. 18　　B. 19　　C. 30　　D. 21

18. 两辆火车长度分别为360米和240米,它们在双轨铁路上相向而行,从车头相遇到车尾离开的时间为15秒。已知其中一列火车的速度为16米/秒,则另一列火车的速度是(　　)米/秒。

A. 16　　B. 18　　C. 20　　D. 24

19. 原来用6个同样大小的纸盒装每袋重10千克的面粉,共装若干袋。若每袋面粉的质量增加6千克,要使每个纸盒的质量和原来相同,那么每盒装的袋数应减少(　　)

A. 60%　　B. 40%　　C. 37.5%　　D. 50%

20. 在比例尺是1∶30 000 000的地图上，量得甲地到乙地的距离是4.6厘米，一辆汽车按3∶2的比例分两天行完全程，则两天行的路程差是(　　)千米。

A. 672　　B. 276　　C. 980　　D. 1380

21. 钟面上，时针的速度是分针速度的(　　)

A. $\frac{1}{5}$　　B. $\frac{1}{2}$　　C. $\frac{1}{12}$　　D. $\frac{1}{60}$

22. 由210个棱长为1厘米的小正方体组成一个长方体，其表面积最小是(　　)平方厘米。

A. 210　　B. 214　　C. 242　　D. 254

第22题

23. 修一段公路，8人12天可以完成。照这样计算，如果要提前4天完成，应增加(　　)人。

A. 4　　B. 7　　C. 11　　D. 18

24. 有含水85%的淡盐水20千克，要使淡盐水含水80%，需要加盐(　　)

A. 1.25千克　　B. 1千克　　C. 1.5千克　　D. 2千克

25. 如图，5个完全相同的小长方形，拼成一个大长方形，拼成的大长方形长与宽的比是(　　)

A. 3∶2　　B. 6∶5　　C. 5∶4　　D. 4∶3

26. 把8米增加它的$\frac{1}{4}$倍，再减少$\frac{1}{4}$米，结果是(　　)

A. $7\frac{3}{4}$米　　B. $7\frac{1}{4}$米　　C. 8米　　D. $9\frac{3}{4}$米

27. 一个圆柱体和一个圆锥体底面周长的比是2∶3，它们的体积比是5∶6，那么圆柱的高和圆锥的高最简整数比是(　　)

A. 5∶8　　B. 8∶5　　C. 15∶8　　D. 8∶15

28. 有两个两位数的自然数，它们的最大公因数是5，最小公倍数是140，这两个数的和是(　　)

A. 96　　B. 55　　C. 60　　D. 72

第28题

29. 一个直角三角形的两条直角边分别是4厘米和3厘米，按1∶4的比例放大后，面积是(　　)平方厘米。

A. 6　　B. 24　　C. 48　　D. 96

30. 张师傅以10元4个的价格买进苹果若干个，又以20元5个的价格把这些苹果卖出。如果要赚得150元的利润，那么他必须卖出苹果(　　)个。

A. 10　　B. 100　　C. 20　　D. 160

31. 将一根木棒锯成3段需要6分钟，则将该根木棒锯成8段需要(　　)分钟。

A. 16　　B. 18　　C. 21　　D. 24

32. 有一根长58米的电线，现在要把它分割成每根长9米和4米的两种规格，恰好没有剩余，所有分割方法有(　　)种。

A. 1　　B. 2　　C. 3　　D. 4

33. 有大、小两枚骰子，每枚骰子上六个面分别画着1～6点，同时抛这两枚骰子，两枚骰子上的点数之和为7的可能性是(　　)

A. $\frac{1}{6}$　　B. $\frac{7}{36}$　　C. $\frac{2}{9}$　　D. $\frac{1}{4}$

34. 小明从A地到B地的速度为4米/秒，又从B地以6米/秒的速度原路返回A地，那么小明在A地与B地之间行一个来回的平均速度为(　　)米/秒。

A. 4.2　　B. 4.8　　C. 5　　D. 5.4

35. 有5根木条，它们的长度分别是1,2,3,4,5厘米，从它们当中选出木条拼成一个三角形，一共可以拼成(　　)不同的三角形。

A. 4个　　B. 1个　　C. 2个　　D. 3个

36. 小明面朝南站立，在体育老师口令下连续6次向左转90度，这时他面朝(　　)

A. 东　　B. 西　　C. 南　　D. 北

37. 一双鞋卖160元，可以赚60%，卖130元可赚(　　)

A. 60%　　B. 40%　　C. 30%　　D. 20%

38. 甲、乙两人各走一段路，他们的速度比是3∶4，路程比是8∶3，那么他们所需时间比是(　　)

A. 2∶1　　B. 32∶9　　C. 1∶2　　D. 4∶3

第38题

39. 一个高30cm的圆锥容器，盛满水倒入和它等底等高的圆柱体容器内，容器口到水面的距离是(　　)

A. 20cm　　B. 15cm　　C. 30cm　　D. 10cm

40. 从甲、乙两块厚度、边长均相等的正方形钢板上冲制出一些圆形(如图，每块圆形大小分别相同)，剩下的边角质量相比，下面说法正确的是(　　)

甲　　乙

A. 甲质量大　　B. 乙质量大

C. 质量相等　　D. 无法判断

41. 如图，数轴上被墨水覆盖的数可能是(　　)

-3　-1　0　1

A. -3.2　　B. -3　　C. -2　　D. -0.5

42. 第七次人口普查，结果将在4月份向全国公布，我国第六次全国人口普查数据显示，居住在城镇人口总数为666 000 000人，将其用科学计数法表示为(　　)

A. 6.66×10^{7}　　B. 6.66×10^{8}　　C. 0.666×10^{8}　　D. 0.666×10^{7}

43. 下列运算中，计算结果正确的是(　　)(常考)

A. $x^3 \cdot x^2 = x^6$　　B. $x^3 + x^3 = x^6$　　C. $(2x^3)^2 = 4x^9$　　D. $x^{2n} \div x^{n-2} = x^{n+2}$

44. 某位同学各科成绩如图所示，则其成绩的中位数是(　　)

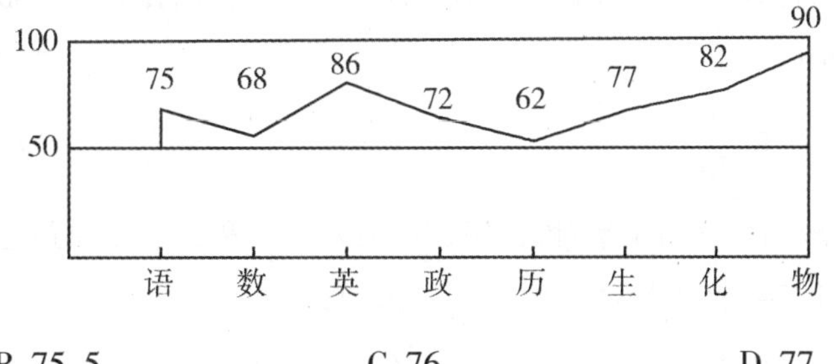

A. 75　　B. 75.5　　C. 76　　D. 77

45. 图②是图①中正方体的平面展开图，若正方体上的点 A 在平面展开图上的位置如图②所示，则正方体上点 B 在平面展开图上的位置是(　　)

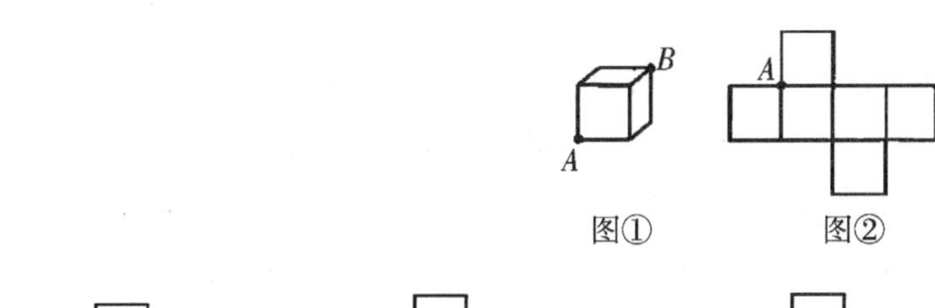

图①　　图②

A. 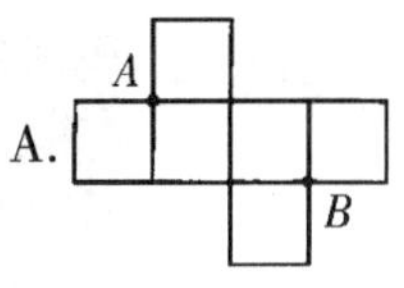

B. 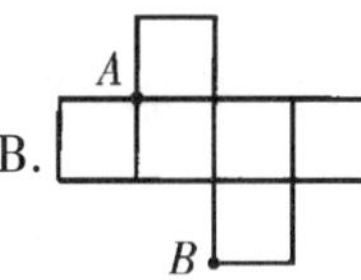

C. 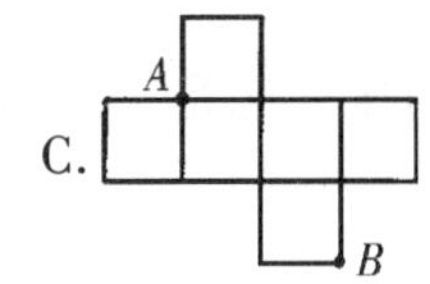

D. 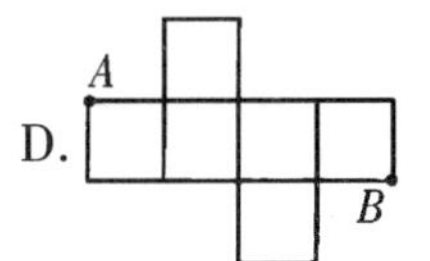

46. 如图，在小正方形网格中，A,B,C 的顶点均在网格点上，若点 B 的坐标是$(1,-4)$，则 BC 的中点坐标为(　　)

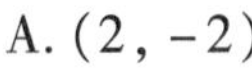

A. $(2,-2)$　　B. $(-2,-2)$

C. $(2,2)$　　D. $(-2,2)$

47. 两个正五边形按如图所示的方式摆放，若$\angle 1 = 30°$，则$\angle 2 =$(　　)

A. 45°　　B. 42°

C. 35°　　D. 30°

48. 关于 x 的一元二次方程 $ax^2 - 14x + b = 0$ 有两个不相等的实数根，且一根是另一根的6倍，则 $ab =$(　　)(常考)

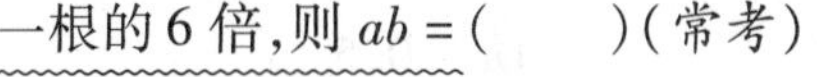

A. 7　　B. 14　　C. 24　　D. 28

49. “更相减损术”是出自中国古代数学专著《九章算术》的一种算法，其内容如下：“可半者半之，不可半者，副置分母、子之数，以少减多，更相减损，求其等也。”大致意思是：任意给定两个正整数。首先判断他们是否都是偶数。若是，则都除以2。若不是，则以较大的数减去较小的数，接着把所得的差与较小的数比较，并以大数减小数，继续这个操作直到所得的减数和差相等为止。按照这个算法，若给定两个正整数18和24，则最终所得的差为(　　)

A. 21　　B. 9　　C. 6　　D. 3

50. 已知某函数的图象 C 与函数 $y = \frac{3}{x}$ 的图象关于直线 $y = 2$ 对称，则下列说法正确的是(　　)

第 50 题

A. 图象 C 与函数 $y = \frac{3}{x}$ 的图象交于点$(1,3)$

B. 点$(\frac{1}{2},-2)$在图象 C 上

C. 图象 C 上的点的纵坐标都小于4

D. (x_1,y_1)，(x_2,y_2)是图象 C 上的任意两点，若 $x_1 > x_2$，则 $y_1 > y_2$

第二部分　主观题

一、计算题(本大题共10分)

1. 自积极推行农村医疗保险制度以来，某地制定了参加医疗保险的农民医疗费用报销规定。享受医保的农民可在医院就医，在规定的药品品种范围内用药，报销比例标准为：500元以下(含500元)不报销，超过500元且不超过10000元的部分报销70%，超过10000元的部分报销80%，请根据以上信息解题：

(1)甲农民一年的实际医疗费为11000元，则他按标准可以报销的金额为多少元？(4分)

(2)若某农民一年内自付医疗费为5850元，则该农民当年实际医疗费为多少元？(6分)

二、解答题（本大题共 12 分）

2. 已知二次函数 $y=mx^2-(3m-1)x-4m+1$ 与 x 轴有两个不同的交点 A，D（D 在 A 的右边），与 y 轴交于点 C。

（1）求 m 的取值范围；（3 分）

（2）证明该二次函数一定经过非坐标轴上的一点 B，并求出点 B 的坐标；（4 分）

（3）当 $m=1$ 时，二次函数在第四象限的图象上是否存在点 E，使得 $\triangle CDE$ 的面积最大，若存在，求出点 E 的坐标和面积的最大值；若不存在，请说明理由。（5 分）

三、案例分析题（本大题共 14 分）

3. 某小学教材中，学习小数乘法选择了以下五个例题：

例 1：一个风筝 3.5 元，买 3 个风筝多少钱？

例 2：$0.72\times5=?$

例 3：给一个长 2.4m，宽 0.8m 的长方形宣传栏刷油漆，每平方米要用油漆 0.9kg，共需要多少 kg 油漆？

例 4：$0.56\times0.04=?$

例 5：非洲野狗的最高速度是 56 千米/时，鸵鸟的最高速度是非洲野狗的 1.3 倍，鸵鸟的最高速度是多少千米/时？

（1）依据课程标准理念，说出每个例题的编写意图；（6 分）

（2）结合课程标准，谈谈在教学中应如何开展小数乘整数的教学；（5 分）

（3）结合例题，说一说如何发展学生的运算能力？（3 分）

四、教学设计题（本大题共 14 分）

4. 以“圆的认识（一）”为例，通过观察、操作、想象等活动，发展学生的空间观念，请你撰写一个教学设计片段，并写出每个教学环节的设计意图。

要求：

（1）教学片段要求有层次，有条理；

（2）设计意图要写清楚，每个环节具体落实了哪些“四基”“四能”？

圆的认识（一）

想一想，在套圈游戏中哪种方式更公平？为什么？

画一画，你能想办法画一个圆吗？认一认。

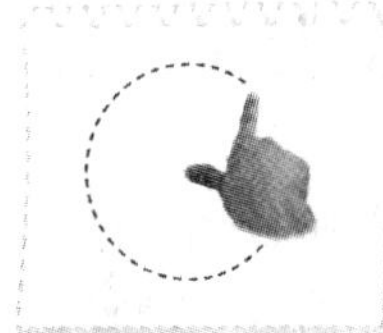

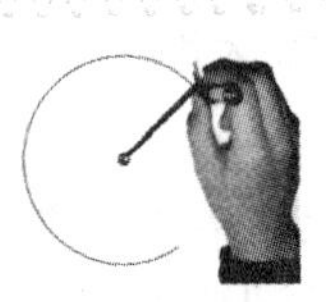

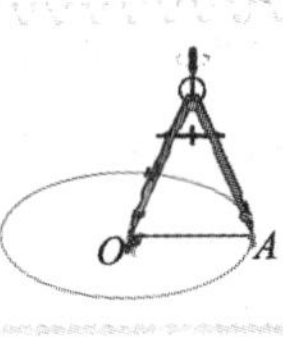

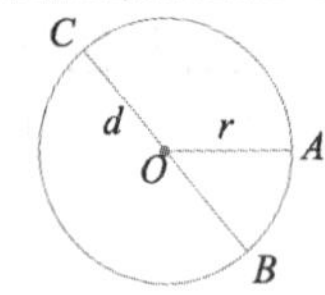

点 O 是圆心；
线段 OA 是半径，通常用字母 r 表示；
线段 BC 是直径，通常用字母 d 表示。

想一想，半径之间、直径之间、半径与直径之间有什么关系？

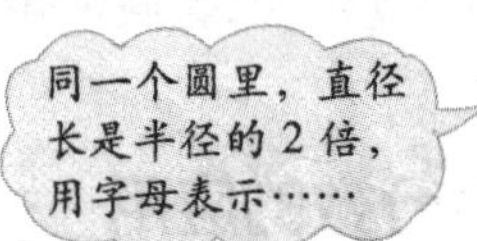

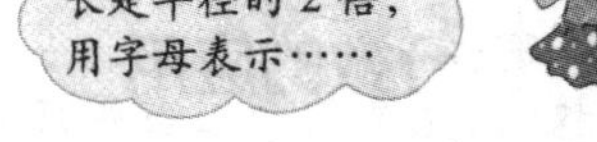

想一想，画一画，圆的大小与什么有关系？圆的位置与什么有关系？

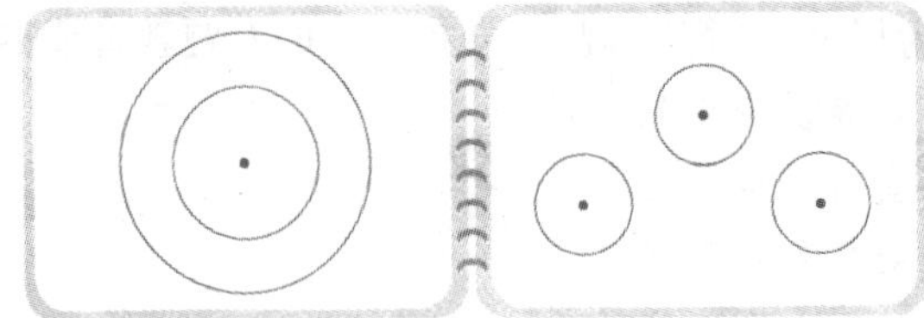

2021年安徽省特岗教师招聘考试真题试卷(三)

数　学

(时间:120分钟　总分:100分)

本套试卷共39小题,包括教育基础知识和数学学科专业知识两部分。教育基础知识部分包括单项选择题(12小题),判断题(8小题),简答题(2小题),材料分析题(1小题);数学学科专业知识部分包括单项选择题(7小题),填空题(4小题),解答题(4小题),案例分析题(1小题)。

第一部分　教育基础知识

一、单项选择题(下列每小题列出的四个选项中只有一个选项符合题意,将其选出并把其标号写在括号内。错选、多选或未选均不得分。本大题共12小题,每小题1分,共12分)

1.《中华人民共和国教育法》规定,国家实行(　　)

A. 教师资格、职务、聘任制度　　B. 教师资格、职务、任命制度

C. 教师资格、职务、登记制度　　D. 教师资格、职务、注册制度

2.《中华人民共和国预防未成年人犯罪法》规定,未成年人的父母或者其他监护人,让不满16周岁的未成年人脱离监护单独居住的,由公安机关对未成年人的父母或者其他监护人予以训诫,责令其(　　)

A. 择期改正　　B. 限期改正　　C. 立即改正　　D. 延期改正

3.《中华人民共和国教师法》规定,寒暑假带薪休假属于(　　)

A. 教师享有的权利

B. 教师应当履行的义务

C. 既是教师享有的权利,也是教师应当履行的义务

D. 既不是教师享有的权利,也不是教师应当履行的义务

4.《安徽省中小学办学行为规范(试行)》规定,学校选用的专题教育读本,必须(　　)

A. 经国家中小学教材审定委员会审查通过

B. 经省中小学教材审定委员会审查通过

C. 经市中小学教材审定委员会审查通过

D. 经县中小学教材审定委员会审查通过

5. 我国现代史上第一部比较系统全面地阐述马克思主义教育理论的著作是(　　)(常考)

A. 李大钊的《劳动教育问题》　　B. 陈独秀的《新教育的精神》

C. 杨贤江的《新教育大纲》　　D. 恽代英的《学术与救国》

6. 彰显数字化、网络化和智能化等技术特点,体现开放、共享、交互、协作等特征的教育发展趋势是(　　)

A. 教育全民化　　B. 教育国际化　　C. 教育终身化　　D. 教育信息化

7. 教师在对教育事业重大而深远意义的理解的基础上产生的从事教育事业的抱负和追求,属于(　　)(易混)

A. 教师职业纪律　　B. 教师职业态度

C. 教师职业良心　　D. 教师职业理想

8. "不讽刺、挖苦、歧视学生,不体罚或变相体罚学生",属于《中小学教师职业道德规范》中的(　　)

A. 爱岗敬业　　B. 教书育人　　C. 关爱学生　　D. 为人师表

9. 丽丽的书法作品被学校悬挂在展览墙上,引来不少同学观看和称赞,于是琪琪也想练好书法,作品能被学校展览。这属于(　　)

A. 负强化　　B. 替代强化　　C. 直接强化　　D. 自我强化

10. 佑佑认为自己学习成绩好全是勤奋努力的结果。根据韦纳的成败归因理论,佑佑的归因属于(　　)

A. 稳定的内部归因　　B. 稳定的外部归因

C. 可控的内部归因　　D. 可控的外部归因

11. 李伟勇敢果断,直率热情,但脾气暴躁,易冲动,他的气质类型属于(　　)

A. 多血质　　B. 胆汁质　　C. 黏液质　　D. 抑郁质

12. 学生解决难度大的问题和完成复杂任务时,最有利的动机水平是(　　)

A. 中等偏下水平　　B. 中等水平

C. 中等偏上水平　　D. 高水平

二、判断题(判断下列各题的正误,并在题后的括号内填"√"或"×"。本大题共8小题,每小题1分,共8分)

13. 中小学劳动教育具有树德、增智、强体、育美的综合育人价值。(　　)

14. 教师通过语言系统地向学生传授科学文化知识,并促进他们的智能与品德发展的教学方法是谈话法。(易错)(　　)

15. 重视学生的兴趣、需要、能力和阅历,以及学生在学习中的自我指导作用与内在动力的课程是活动课程。(　　)

16. 根据皮亚杰的理论,在良好的外界环境下,学生的认知发展可以从前运算阶段直接跨越至形式运算阶段。(　　)

17. 人在激情状态时,认知和自控能力就会减弱,所以总是会做错事。(　　)

18. 沉思型的学生在解决问题时总会比冲动型的学生更占优势。(　　)

19. 一般来说,师生在教育教学活动中是主导与主体的关系。(　　)

20. 技能的掌握与陈述性知识无关。(　　)

三、简答题(本大题共2小题,每小题5分,共10分)

21. 中小学班主任的工作任务有哪些?(易混)

22. 依据遗忘规律，如何合理地组织复习。

四、材料分析题(本大题共 10 分)

23. 阅读材料，回答问题。

材料 1：“作业是学生在非课堂教学时间完成的专门性智力活动，对于学生建构生活意义，增进学习体验，优化师生关系具有积极作用。”作业的根本目的在于强化学生对所学知识的认知与理解，并培养学生的综合运用能力。

材料 2：2017 年 9 月，中共中央办公厅、国务院办公厅印发的《关于深化教育体制机制改革的意见》指出：“提高课堂教学质量，严格按照课程标准开展教学，合理设计学生作业内容与时间，提高作业的有效性。”在 2021 年全国教育工作会议上，教育部党组书记、部长陈宝生谈到了要管理好中小学生的五件“小事”：作业、睡眠、手机、读物、体质。作业管理至关重要，他强调：“让学校的责任回归学校，让家庭的责任回归家庭，共同引导孩子自主完成、自我管理作业。”

(1)结合材料，谈谈作业的作用；(5 分)

(2)你认为教师给学生布置作业有哪些要求。(5 分)

第二部分　数学学科专业知识

一、单项选择题(本大题共 7 小题，每小题 2 分，共 14 分)

1. 若 $a<\sqrt{7}<b$，且 a,b 是两个连续的整数，则 $a+b$ 的值是(　　)

A. 3　　B. 4　　C. 5　　D. 6

2. 已知 $\cos(\pi-A)=-\frac{1}{2}$，则 $\cos A$ 等于(　　)

A. $-\frac{1}{2}$　　B. $\frac{1}{2}$　　C. $-\frac{\sqrt{3}}{2}$　　D. $\frac{\sqrt{3}}{2}$

3. 已知向量 $\boldsymbol{a}=(1,\sqrt{3})$，向量 $\boldsymbol{b}=(-2,2\sqrt{3})$，向量 $\boldsymbol{a}$ 与 $\boldsymbol{b}$ 的夹角为 θ，则 $\cos\theta=$(　　)(常考)

A. $\frac{1}{6}$　　B. $\frac{1}{4}$　　C. $\frac{1}{3}$　　D. $\frac{1}{2}$

4. 已知 a,b,c 分别是 $\triangle ABC$ 三个内角 A,B,C 所对的边，且 $(a+b)(\sin A-\sin B)=(c-b)\sin C$，则 $\angle A=$(　　)

A. $\frac{\pi}{6}$　　B. $\frac{\pi}{3}$　　C. $\frac{2}{3}\pi$　　D. $\frac{5}{6}\pi$

第 4 题

5. 已知球 O 是正方体 $ABCD-A'B'C'D'$ 的内切球，若 $OA=\sqrt{3}$，则球 O 的表面积为(　　)

A. π　　B. 2π

C. 4π　　D. 8π

6. 如图，在 $\triangle ABC$ 中，D 为 AC 边上的一点，E 为 BD 的中点，F 为 EC 的中点，则 $\triangle AEF$ 与 $\triangle ABC$ 的面积之比为(　　)

A. 1∶3　　B. 1∶4

C. 2∶7　　D. 3∶11

7. 关于义务教育阶段“空间观念”教学的基本要求，下列叙述错误的是(　　)

A. 设计多种多样的教学活动，提供丰富多彩的图象素材

B. 将观察、操作、想象、推理、表达等方法结合

C. 将图象的认知、运动与位置等内容有机结合

D. 拓展无限空间想象，将数学思维形象化

二、填空题(本大题共 4 小题，每小题 2 分，共 8 分)

8. 曲线 $y=e^x+\sin x$ 在点$(0,1)$处的切线方程为________。(常考)

9. 若一组数据 $50,70,30,x,60,40$ 的平均数是 50，则 $x=$________。

10. $\lim\limits_{x\to 0}(1-3x)^{\frac{1}{x}}=$________。(常考)

11. 《义务教育数学课程标准》(2011 年版)指出：推理是数学的基本思维方式，一般包括合情推理和________，两种推理功能不同，相辅相成。

三、解答题(本大题共 4 小题，每小题 7 分，共 28 分)

12. 如图，AB,CD 是圆 O 的两条相交弦，交点为 E，且 $AB=CD$，求证：$AE=EC$。

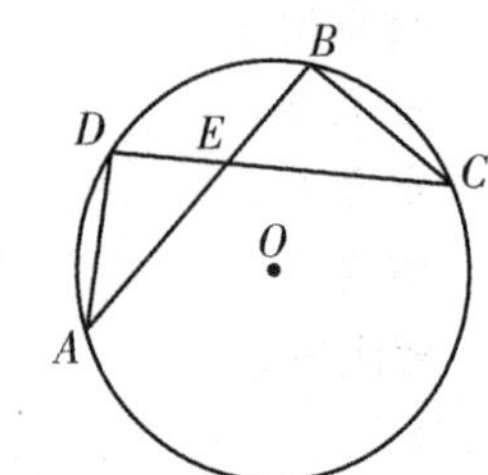

第 12 题

13. 甲乙两车从A、B两地同时相向而行,3小时后,两车在距离中点30千米的地方相遇,已知甲乙两车的速度比是4∶5,则乙车速度为多少?

14. 已知数列$\{a_n\}$的前n项和为S_n,满足$a_n=4S_n+1(n\in\mathbf{N}^*)$。

(1)求a_1;(3分)

(2)求数列$\{a_n\}$的通项公式。(4分)

15. 已知函数$f(x)=x^3+\lambda x^2+1$在$x=1$处的切线与直线$y=x+1$垂直。

(1)求λ的值;(3分)

(2)求函数$f(x)$的极值。(4分)

四、案例分析题(本大题共10分)

16. 以下是王老师讲授"分式"概念的教学设计案例,阅读并回答问题:

案例:

定义:一般地,两个整式A,B相除时,可以表示成$\frac{A}{B}(B\neq0)$的形式,如果B中含有字母,那么$\frac{A}{B}$叫作分式,其中A叫作分式的分子,B叫作分式的分母。例如:$\frac{1}{a}$,$\frac{s}{t}$,$\frac{3x}{y}$等都是分式。

例1:辨析下列代数式中哪些是分式?

(1)$\frac{x}{2}$;(2)$-\frac{2}{5xy}$;(3)$\frac{x-y}{4-x}$;(4)$\frac{x+2y}{\pi}$。

例2:当x取什么值时,下列分式有意义?

(1)$\frac{5}{x}$;(2)$\frac{x}{x+1}$;(3)$\frac{x-2}{x^2+1}$;(4)$\frac{x}{2|x|-1}$。

归纳总结:①分式是两个整式相除的商,分号可以理解为除号。②分母中必须含有字母,类比分数,分式分母的值不能为零。

问题:

(1)分析王老师运用的概念教学方式的基本特征;(5分)

(2)针对义务教育数学课程教学目标,分析该案例存在的问题。(5分)

2021年广东省广州市增城区教师招聘考试真题试卷(精编)(四)

小学数学

(时间:120分钟　总分:100分)

本套试卷共44小题,包括单项选择题(30小题),判断题(5小题),填空题(5小题),解答题(4小题)。目前已收录42小题。

一、单项选择题(本大题共29小题,第1~18小题每小题0.95分,第19~29小题每小题2.5分,共44.6分)

1. 2020年12月10日,教育部表示,截至2019年底,我国九年义务教育巩固率达(　　),全国高中阶段教育毛入学率达89.5%,即将实现基本普及。

A. 75.7%　B. 81.2%　C. 87.6%　D. 94.8%

2. 品德评价法是德育中经常使用的方法。以下没有运用品德评价法的是(　　)

A. 对学生表现出的好的思想给予肯定

B. 在学生出现不良思想时进行教育和引导

C. 在一定时期内对学生思想品德作比较全面的评价

D. 让学生遵守课堂纪律、作息制度等

3. 田老师在课堂的前五分钟对学生做了简单的测试,发现大部分学生都没有掌握上节课的知识,于是临时决定这节课不讲授新知识,改为复习课。上述田老师的行为(　　)

A. 打乱了教学计划,不利于课程的进展

B. 影响了正常的教学进度,不利于学生学业的发展

C. 备课不够充分,没有对学生的反应提前做好预设

D. 过于随意,是缺乏职业道德的表现

4. (　　)是一种灵活的、适应性较强的课程开发模式。该模式的理论基础是英国著名课程理论家劳顿提出的"文化分析"理论。

A. 实践模式　B. 环境模式　C. 情境模式　D. 综合模式

5. 实施学生综合素质评价的基本出发点是为了真实、全面地反映学生在校期间整体素质和个性发展状况。学生综合素质评价应坚持形成性评价和终结性评价相结合,注重学生的日常行为表现,注意收录反映学生成长过程和发展水平的描述与实证材料。这体现学生综合素质评价的(　　)

A. 导向性原则　B. 公平性原则

C. 多样性原则　D. 发展性原则

6. 小红和她的同学们很喜欢围着老师,并且模仿老师写字、读书。这体现了学生的(　　)特点。

A. 可塑性　B. 向师性

C. 复杂性　D. 创造性

7. 某班主任总是对同学们说:"咱们班犹如海洋上航行的船。你们都是勇斗巨浪的海员,我就是你们的老船长,目标都是彼岸。"该班主任的话体现了班集体具备(　　)的特征。

A. 明确的共同目标　B. 一定的组织结构

C. 共同生活的准则　D. 团结、和谐、向上的人际关系

8. 孙老师是甲小学五年级(1)班的班主任,在开学时她就制定了班级规章制度,并在每周五的班会上对一周以来没有违反班规的同学给予奖励。孙老师的做法体现出的课堂管理取向是(　　)

A. 教师效能取向　B. 行为主义取向

C. 人本主义取向　D. 认知主义取向

9. 数学老师在讲几何初步知识时,提问学生:生活中大家看到哪些物品是长方形、正方形或三角形呢?这些图形各自有什么特点呢?通过一系列的讨论交流,让学生对几何图形有更加充分的理解,并使学生对几何知识产生了极大的学习兴趣。案例中数学老师遵循的教学原则是(　　)

A. 直观性原则　B. 启发性原则

C. 量力性原则　D. 因材施教原则

10. 李老师在讲解数学题目时,吴浩同学提出了不同的解题方法,李老师却告诉吴浩:"不要管其他的解题方法,你只管记住我的这种方法就行了。"李老师的做法(　　)

A. 合理,在课堂上就应该拿出教师的威严

B. 合理,有利于提高吴浩在解题时的严谨性

C. 不合理,不利于吴浩创造性的培养

D. 不合理,这种做法是对吴浩人格的不尊重

11. 教育行动研究是针对实际问题提出改进计划,通过在实践中实施、验证、修正而得到研究结果的一种研究方法。某学校六年级的刘老师在做教育行动研究时,可以选择的研究课题是(　　)

A. "我国教育改革的发展走向"　B. "如何让差生抄作业"

C. "如何有效批改学生作业"　D. "如何对学生实施适度体罚"

12. 小乔学习完长方形的面积公式后，再学习三角形的面积公式时，总是忘记三角形的面积要除以2，这种现象属于(　　)

A. 前摄抑制　　B. 倒摄抑制

C. 首因效应　　D. 近因效应

13. 小陶在课堂上吃零食、偷看漫画书，老师并没有批评他，而是表扬了那些上课遵守课堂纪律、认真学习的同学。老师的做法属于(　　)

A. 直接强化　　B. 自我强化　　C. 效果强化　　D. 替代强化

14. 小丽向宁老师哭诉，说爸爸妈妈总是不信任自己，每次用手机查数学公式都被责骂是在玩游戏，觉得自己做什么都是错的。对此，宁老师的下列做法合理的是(　　)

A. 安抚小丽情绪，建议小丽尽量在学校完成作业，避免回家和父母产生冲突

B. 立即打电话给小丽父母，站在专业教育工作者的立场对其进行批评

C. 严厉批评小丽，教育小丽作为学生应该尽量少用手机

D. 征求小丽和其父母的意见，进行家访，促进三方沟通，实现家校合作的教育

15. 洋洋最近对圆柱、圆锥等立体图形十分感兴趣，于是她认真听数学老师讲课，遇到不理解的知识点，积极查阅资料。根据奥苏贝尔的学习动机分类，洋洋的学习动机属于(　　)

A. 外部学习动机　　B. 附属内驱力

C. 认知内驱力　　D. 自我提高内驱力

16. 明明读六年级之后，发现自己对中、低年级阶段学习的一些知识掌握并不全面，于是结合现阶段所学内容对之前知识点进行了巩固和完善，这属于学习迁移中的(　　)

A. 顺向正迁移　　B. 顺向负迁移

C. 逆向正迁移　　D. 逆向负迁移

17. 王老师根据学生平时的行为表现给予小红花奖品，对小红花数量多的学生进行表扬。根据《中华人民共和国教师法》中对教师权利的划分，王老师行使的是(　　)

A. 民主管理权　　B. 管理学生权

C. 科学研究权　　D. 教育教学权

18. 某乡镇小学二年级学生小童在开学前患了重病，小童的父母想给他办理休学，住院进行治疗，则小童父母提出的休学申请，应由(　　)批准。

A. 小童所在班级的班主任　　B. 小童所在学校的校长

C. 当地民政局　　D. 当地乡镇人民政府或县级人民政府教育行政部门

19. 某团队有5名成员，他们的平均年龄是35岁，因为工作需要先后调来两个人加入该团队。第一个人加入后该团队的平均年龄增加了1岁，第二个人加入后该团队的平均年龄比两人加入前的平均年龄减小1岁，则第二个加入该团队的人为(　　)岁。

A. 28　　B. 26　　C. 24　　D. 22

20. 某小学五年级(1)班所有学生排成一个三角形队伍参加校运会的开幕式表演，已知三角形队伍的第一排只有1名学生，每一排都比前一排多2名学生，共有7排，则该班共有(　　)名学生。

A. 13　　B. 39　　C. 46　　D. 49

21. 在右图的乘法算式中，每个汉字和圆圈代表一个数字，不同的汉字代表不同的数字，相同的汉字代表相同的数字，圆圈中的数字可以相同也可以不同，则这个乘法算式的乘积为(　　)

```
        ○ 发 ○
×       1 奋 ○
--------------
        9 图 ○
    ○ ○ 9 强
  ○ ○ 8
--------------
  ○ ○ 强 ○ ○
```

A. 39 772　　B. 39 672

C. 49 834　　D. 46 672

22. 一列火车车长90米，与一列纵队长60米的行人队伍相向而行，火车的行驶速度是行人队伍走路速度的10倍。如果行人队伍中的人见火车驶过的时间为6秒，那么坐在火车上的人见行人队伍完全走过的时间为(　　)秒。

A. 4　　B. 16　　C. 40　　D. 60

23. 小明妈妈每次做饭时都会买A、B两种食材共1千克。现在A降价20%，B提价10%，两种食材的单价均变为每千克8.8元，总价比原来减少了1元，则小明妈妈买了A种食材(　　)千克，B种食材(　　)千克。

A. 0.6;0.4　　B. 0.5;0.5

C. 0.7;0.3　　D. 0.4;0.6

24. 甲驾车从A地开往B地，乙驾车从B地开往A地，两人同时开始驾车沿同一条公路从起始地前往目的地，甲用了5小时，乙用了6小时，已知两人在驾车3小时后相距58千米，则A、B两地之间的公路长(　　)千米。

A. 558　　B. 569　　C. 580　　D. 590

25. 李老师购买了一批文具，其中作业本和铅笔的平均价格是8.8元，铅笔和圆珠笔的平均价格是9.1元，圆珠笔和橡皮擦的平均价格是8.9元，且作业本的价格比橡皮擦的价格低1元。那么李老师购买的这批文具中铅笔的价格是(　　)元。

A. 8.7　　B. 8.9　　C. 9.3　　D. 9.5

26. 在平面直角坐标系中，已知点$A(1,2)$，其关于直线$x=2$对称的点为B，点B关于直线$y=3$对称的点为C，则点C的坐标为(　　)

A. (3,2)　　B. (4,3)　　C. (3,4)　　D. (2,3)

27. 将直线 $y=kx+b$ 向右平移 2 个单位，再向上平移 3 个单位，得到直线 $y=2x+1$，则下列关于直线 $y=kx+b$ 的说法中不正确的是(　　)

A. 与 y 轴交于(0,2)

B. 与抛物线 $y=x^2+4$ 有两个交点

C. 与圆心在坐标原点，半径为 0.8 的圆相离

D. 经过第一、二、三象限

28. 若已知 $\sin\alpha-\cos\alpha=\frac{\sqrt{73}}{7}$，$\alpha\in(0,\frac{3}{4}\pi)$，则 $\tan\alpha=$(　　)(常考)

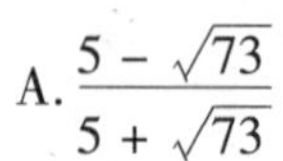

A. $\frac{5-\sqrt{73}}{5+\sqrt{73}}$　　B. $\frac{5+\sqrt{73}}{5-\sqrt{73}}$

C. $\frac{9+\sqrt{73}}{9-\sqrt{73}}$　　D. $\frac{9-\sqrt{73}}{9+\sqrt{73}}$

29. 黑色不透明的盒子中有红、黄、蓝三种颜色不同而其他完全相同的小球，其中红色球 5 个，黄色球 3 个，蓝色球 2 个。从中任意取 3 个球，没有取到红色球的概率为(　　)(常考)

A. $\frac{1}{10}$　　B. $\frac{1}{6}$　　C. $\frac{1}{18}$　　D. $\frac{1}{12}$

二、判断题。要求判断所给的命题正确与否。正确的请在答题卡的相应位置上涂“A”，错误的涂“B”。(本大题共 5 小题，每小题 0.58 分，共 2.9 分)

30. 素质教育主要包括德智体美劳五方面，在教育过程中应坚持“五育并进，智育先行”。(　　)

31. 教师要与学生经常进行心理换位思考，设身处地为学生着想，听取学生的意见，满足学生的正当要求。(　　)

32. 先设定一个目标，然后选取与起点邻近的未被访问过的任意一点，向目标方向移动，逐步逼近目标，这属于启发式中的逆向反推法。(　　)

33. 根据埃里克森的发展理论，对于六到十二岁的儿童，教师应该积极地训练儿童适应社会、掌握今后生活所必需的知识和技能。(　　)

34. 根据《中华人民共和国教育法》，国家鼓励开展教育对外交流与合作，支持学校及其他教育机构引进优质教育资源，依法开展中外合作办学，发展国际教育服务，培养国际化人才。(　　)

三、填空题(本大题共 5 小题，每小题 2.8 分，共 14 分)

35. $10+20+30-40+50+60+70-80+90+100+110-120+\cdots+250+260+270-280$ 的值为________。

36. 已知三个数的平均数是 200，这三个数分别是一位数、二位数、三位数，其中二位数的个位数字是 4，三位数的十位数字是 1，个位数字是 8，则这三个数之积为________。

37. 有甲、乙两种浓度分别为 64% 和 36% 的酒精溶液，若把它们调配成浓度为 40% 的酒精溶液，所需的甲、乙两种酒精溶液的质量之比为________。(常考)

38. 在某年国庆节假期的第一天(10 月 1 日)，小红一家人出发去了著名景点丽江古城游玩。已知那年的 10 月份有 4 个星期日、5 个星期六，那么小红一家人出发当天是星期________。

39. 有一梯形 $ABCD$，上下底边分别为 AD 和 BC，AC 交 BD 于点 E，$BE=2DE$。已知三角形 DEC 的面积为 20，则梯形 $ABCD$ 的面积为________。

四、解答题。(本大题共 3 小题，第 40 小题 6 分，第 41、42 小题每小题 12 分，共 30 分)

40. 如图所示，圆是以正方形 $ABCD$ 的边长 CD 为直径的圆，若阴影部分①比阴影部分②的面积大 10.75平方厘米，求正方形 $ABCD$ 的边长以及阴影部分①的面积。(π 取 3.14)

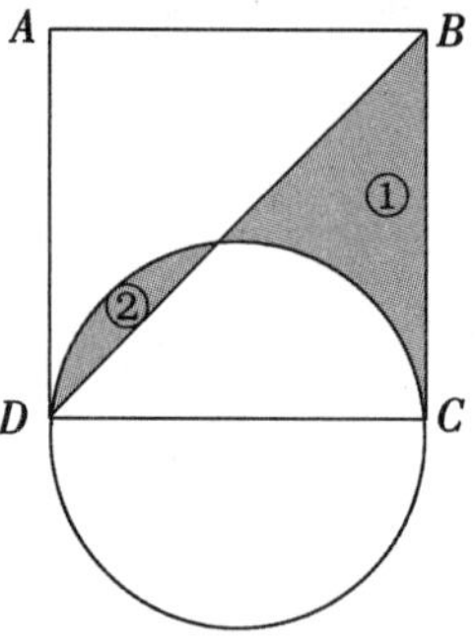

41. 在平面直角坐标系 xOy 中，已知二次函数 $y=ax^2+bx-3$ 与 x 轴交于 A，B 两点，且函数图象经过最低点 $C(-1,-4)$。

(1)求该二次函数的解析式;(3 分)

(2)设直线 $y=\sqrt{3}x+3\sqrt{3}$ 上有一点 D 使得 $AD=BD$，且点 D 在点 A 和点 B 之间，求点 D 的坐标;(3 分)

(3)判断(2)中的 $\triangle ABD$ 是否为等边三角形，并求其面积。(6 分)

42. 已知数列$\{a_n\}$满足 $a_1=3$，$a_{n+1}=2a_n-n+1$，$n\in\mathbf{N}^*$，数列$\{b_n\}$满足 $b_2=8$，其前 9 项和为 153，且数列$\{b_n\}$为等差数列。

(1)求数列$\{a_n\}$，$\{b_n\}$的通项公式;(6 分)

(2)若数列$\{c_n\}$的前 n 项和为 T_n，$c_n=\dfrac{6}{[2\log_2(a_n-n)-1](2b_n-1)}$，求 T_n。(6 分)

2020年云南省特岗教师招聘考试真题试卷(五)

小学数学

(时间:150 分钟　总分:120 分)

本套试卷共27小题,包括学科专业知识和教育理论两部分。学科专业知识部分包括单项选择题(17小题),解答题(4小题),数学教学知识(3小题);教育理论部分包括简答题(2小题),论述题(1小题)。

学科专业知识部分

一、单项选择题(本大题共17小题,每小题3分,共51分)

1. $\sqrt{16}$的算术平方根是(　　)(易错)

A. ±4　　B. 4　　C. ±2　　D. 2

2. 二次函数 $y=-2(x-1)^2+3$ 的图象的顶点坐标是(　　)

A. (1,3)　　B. (−1,3)　　C. (1,−3)　　D. (−1,−3)

3. 下列每组数分别表示三根木棒的长度,将它们首尾连接后,能搭成三角形的一组是(　　)

A. 1,2,6　　B. 2,2,4　　C. 1,2,3　　D. 2,3,4

4. 有3张正面分别写有−1,1,2的卡片,它们的背面完全相同,现将三张卡片的背面朝上调均匀后随机抽取一张,以其正面的数字作为 a 的值,然后再从剩余的两张卡片中随机抽取一张,以其正面的数字作为 b 的值,则点 (a,b) 在第二象限的概率是(　　)(常考)

A. $\frac{1}{6}$　　B. $\frac{1}{3}$

C. $\frac{1}{2}$　　D. $\frac{2}{3}$

5. 如图,A,B,P 是半径为2的圆上的三点,$\angle APB=45°$,则弦 AB 的长为(　　)

A. $\sqrt{2}$　　B. 2

C. $2\sqrt{2}$　　D. 4

6. 如果点 $A(-2,y_1)$,$B(-1,y_2)$,$C(1,y_3)$ 都在反比例函数 $y=\frac{k}{x}(k>0)$ 的图象上,那么 y_1,y_2,y_3 的大小关系是(　　)(常考)

A. $y_1<y_3<y_2$　　B. $y_2<y_1<y_3$

C. $y_1<y_2<y_3$　　D. $y_3<y_2<y_1$

7. 椭圆 $16x^2+25y^2=400$ 的离心率是(　　)

A. $\frac{3}{5}$　　B. $\frac{5}{3}$　　C. $\frac{3}{4}$　　D. $\frac{4}{3}$

8. $(1+2x^2)^7$ 展开式的第四项系数是(　　)

A. 35　　B. 8　　C. −8　　D. 280

9. 函数 $y=\frac{1}{x}-\sqrt{1-x^2}$ 的定义域是(　　)

A. $[-1,0)\cup(0,1]$　　B. $[-1,1]$

C. $[-1,0)$　　D. $(-\infty,0)\cup(0,+\infty)$

10. 判断函数 $f(x)=x^2(1-x^2)$ 的奇偶性是(　　)

A. 奇函数　　B. 偶函数

C. 非奇非偶函数　　D. 无法判断

11. $\lim\limits_{x\to0}\frac{\sin\omega x}{x}=$(　　)

A. 0　　B. 1　　C. ω　　D. $+\infty$

12. 方程 $x^2+y^2+z^2-2x+4y=0$ 表示的曲面是(　　)

A. 球面　　B. 圆柱面

C. 抛物柱面　　D. 椭圆锥面

13. $\lim\limits_{x\to0}(1-x)^{\frac{1}{x}}$ 的值是(　　)

A. e　　B. 1　　C. e^{-1}　　D. ∞

14. 函数 $y=\sin x$ 的 n 阶导数是(　　)

A. $\sin x$　　B. $\cos x$

C. $\sin\left(x+\frac{n\pi}{2}\right)$　　D. $\sin(nx)$

15. 已知 $y=\sin(2x+1)$,则 $\mathrm{d}y=$(　　)

A. $\sin(2x+1)\mathrm{d}x$　　B. $\cos(2x+1)\mathrm{d}x$

C. $2\sin(2x+1)\mathrm{d}x$　　D. $2\cos(2x+1)\mathrm{d}x$

16. $\int_0^1 x^2\mathrm{d}x$ 的值是(　　)

A. $\frac{1}{2}$　　B. 1　　C. $\frac{1}{3}$　　D. 0

17. $\lim\limits_{n\to\infty}\left(1+\frac{1}{2}+\frac{1}{4}+\cdots+\frac{1}{2^n}\right)$ 的值是(　　)

A. 2　　B. 1　　C. $+\infty$　　D. e

二、解答题(本大题共4小题,第18~20小题每小题6分,第21小题8分,共26分)

18. 如图,已知 $AB /\!/ CD$,$BE \perp AD$,垂足为点 E,$CF \perp AD$,垂足为点 F,并且 $AE = DF$,求证:四边形 $BECF$ 是平行四边形。

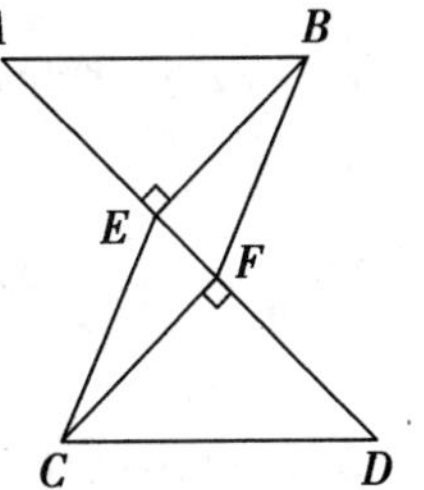

19. 某校举办了一次知识竞赛,满分10分,学生得分均为整数,成绩达到6分及6分以上为合格,达到9分或10分为优秀,这次竞赛中,甲、乙两组学生成绩分布的条形统计图,如图所示。

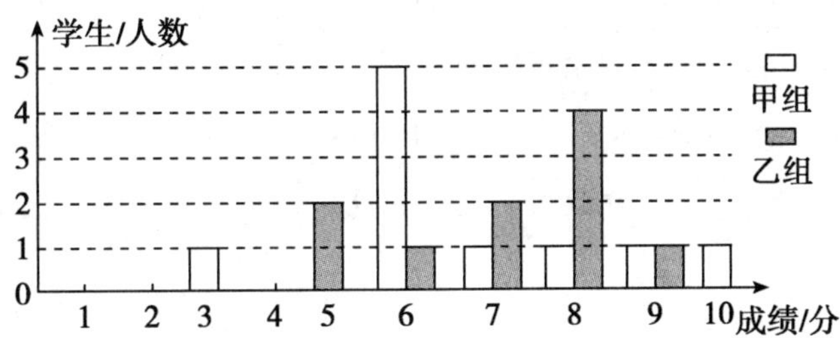

(1)补充完成下面的成绩统计分析表。

组别	平均数	中位数	方差	合格率	优秀率
甲组	6.7		3.14	90%	20%
乙组		7.5	1.69	80%	10%

(2)小明同学说:"这次竞赛我得了7分,在我们小组中排名属中游偏上。"观察上表可知,小明是(　　)组的学生。(填"甲"或"乙")

(3)甲组同学说他们组的合格率、优秀率均高于乙组,所以他们组的成绩好于乙组,但乙组的同学不同意甲组同学的说法,认为他们组的成绩要好于乙组,请你给出支持乙组同学观点的理由。

20. 试用向量证明三角形的余弦定理。

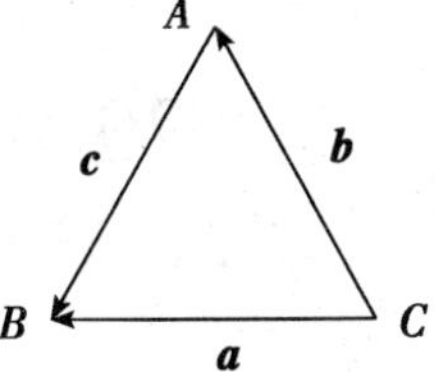

21. 计算 $\int \frac{1}{x^2 - a^2}\mathrm{d}x\ (a \neq 0)$。

三、数学教学知识(本大题共3小题,第22小题5分,第23小题8分,第24小题10分,共23分)

22. 简要叙述《义务教育数学课程标准》(2011年版)提出的"评价主体多元化"的原则。请结合实例说明。

23. 概念的形成是学生获得数学概念的重要方式之一。请简要说明数学概念形成的过程，并说明教学方案设计分几个步骤。

24. 撰写“梯形面积”的一个教学设计（突出数学的文化价值）。

教育理论部分

四、简答题（本大题共 2 小题，每小题 5 分，共 10 分）

25. 2008 年 9 月 1 日，教育部和中国教科文卫体工会全国委员会联合颁发了重新修订的《中小学教师职业道德规范》。请简要陈述这一《规范》对中小学教师职业道德规范提出的具体要求。

26. 遗忘是指对识记过的材料不能回忆或再认，或表现为错误的回忆或再认。请简要陈述影响遗忘进程的主要因素。

五、论述题（本大题共 10 分）

27. 人的发展是一个整体的变化过程，受到多种因素的制约。请问人的发展指什么？影响人的发展的主要因素有哪些？在这些因素中，哪个因素起主导作用，为什么？

2020年天津市南开区教师招聘考试真题试卷(六)

中小学数学

(时间:150分钟　总分:100分)

本套试卷共39小题,包括教育理论和学科专业知识两部分。教育理论部分包括单项选择题(15小题),简答题(2小题),论述题(1小题);学科专业知识部分包括单项选择题(10小题),填空题(6小题),解答题(5小题)。

教育理论部分

一、单项选择题(本大题共15小题,每小题0.6分,共9分)

1. 在学习与教学的过程中,课堂纪律、校风等属于(　　)

A. 教学媒介　　B. 教学环境　　C. 教学媒体　　D. 教学内容

2. 新冠病毒疫情当前,学生停课不停学,各个学校的老师开始学习使用各类直播软件,当起了网红,做起了直播,对学生进行在线教学。这说明教师劳动具有(　　)(易混)

A. 创造性　　B. 复杂性　　C. 示范性　　D. 隐蔽性

3. 小萌上课总是睡觉,得知此事后,班主任取消了一次小萌观看学校文艺汇演的资格,之后她很少在课堂上睡觉了,这是运用了(　　)的行为塑造原理。

A. 正强化　　B. 负强化　　C. 正惩罚　　D. 负惩罚

4. 要求学生尽可能多地列举由“大海”一词所想到的事物,是为了训练学生的(　　)

A. 发散思维　　B. 推测与假设　　C. 好奇心　　D. 独立性

5. 子曰:“温故而知新,可以为师矣”。其中的“温故而知新”属于(　　)

A. 顺向负迁移　　B. 逆向负迁移

C. 逆向正迁移　　D. 顺向正迁移

6. 读者在读《红楼梦》时,头脑中会浮现王熙凤的鲜明形象,这属于(　　)

A. 创造想象　　B. 再造想象　　C. 幻想　　D. 空想

7. 埃里克森认为,人的(　　)发展持续一生,其形成和发展过程可划分为八个阶段。

A. 自我意识　　B. 人格　　C. 能力　　D. 心理品质

8. 利用观看图片、图表、模型、幻灯片、电影等进行的直观教学是(　　)

A. 实物直观　　B. 言语直观　　C. 模像直观　　D. 形象直观

9. 王老师在给学生讲述中国科技发展进步的同时,还鼓励学生通过参加科技展,直观地了解科技发展的文化,王老师运用的德育原则是(　　)(常考)

A. 知行统一　　B. 因材施教

C. 长善救失　　D. 正面疏导

10. 小强入学前是个很顽皮的男孩子,看到班上同学都很听老师的话,他逐渐改正了自己的缺点,变成了听话的好孩子。这体现了班级的(　　)

A. 社会化功能　　B. 矫正功能

C. 满足需求的功能　　D. 诊断功能

11. 下列哪项不属于素质教育的基本任务(　　)

A. 培养学生的身体素质　　B. 培养学生的心理素质

C. 培养学生的创新能力　　D. 培养学生的社会素质

12. 王莉在学习拼音时利用了事物的形象记忆,例如一个门是n,两个门是m,这种学习策略属于(　　)

A. 组织策略　　B. 资源管理策略

C. 复述策略　　D. 精加工策略

13. “庶—富—教”的思想是由________在论述教育的________时提出的。(　　)

A. 孔子　社会功能　　B. 孟子　经济功能

C. 荀子　经济功能　　D. 老子　社会功能

14. 青少年缺乏足够的知识经验,有时不善于辨别是非善恶,甚至会染上一些坏思想、坏习气。教师需要给他们讲清道理,帮助他们提高认识,并发扬他们身上的积极因素。这体现的德育原则是(　　)

A. 知行统一原则　　B. 因材施教原则

C. 集体教育和个别教育相结合原则　　D. 疏导原则

15. 下列哪一项不属于教育部印发的《关于加强中小学教师职业道德建设的若干意见》的内容(　　)

A. 充分认识加强中小学教师职业道德建设的必要性

B. 充分调动广大教师实施素质教育的积极性和主动性

C. 积极开展多种形式的职业道德教育

D. 加强领导,建立健全中小学教师职业道德建设的保障机制

二、简答题(本大题共 2 小题,第 1 小题 2 分,第 2 小题 3 分,共 5 分)

1. 什么是合作学习?

2. 桑代克提出的三条学习定律是什么?并作简要说明?

三、论述题(本大题共 6 分)

“学生渴望学什么,希望怎样学”“什么样的课堂受学生欢迎”“学生的课堂学习体验是否愉快”……什么课算是一节好课?都说“教无定法”,那一节好课是不是就没有了标准呢?好课是有爱心、有责任、有智慧的课,是教师以实践者和研究者的双重身份,在每一天、每一年的教学实践探索中,在体验、感悟、改进中创造出来的。如今的教师真正应该反思如何才能上出一堂让学生感兴趣的好课。

请结合实际,谈谈你所认为的一节好课的标准?你会如何保证自己的课是一堂好课?

学科专业知识部分

一、单项选择题(本大题共 10 小题,每小题 2 分,共 20 分)

1. 已知集合 $A=\{x|x-1\geqslant 0\}$, $B=\{0,1,2\}$,则 $A\cap B=$(　　)(常考)

A. $\{0\}$　　B. $\{1\}$　　C. $\{1,2\}$　　D. $\{0,1,2\}$

2. 执行下面的程序框图,如果输入的 $N=4$,那么输出的 $S=$(　　)

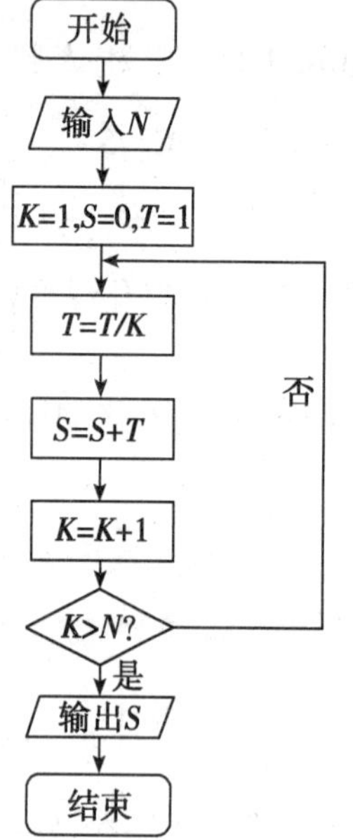

A. $1+\frac{1}{2}+\frac{1}{3}+\frac{1}{4}$　　B. $1+\frac{1}{2}+\frac{1}{3\times 2}+\frac{1}{4\times 3\times 2}$

C. $1+\frac{1}{2}+\frac{1}{3}+\frac{1}{4}+\frac{1}{5}$　　D. $1+\frac{1}{2}+\frac{1}{3\times 2}+\frac{1}{4\times 3\times 2}+\frac{1}{5\times 4\times 3\times 2}$

3. 某几何体的三视图如右图所示,则该几何体的表面积是(　　)

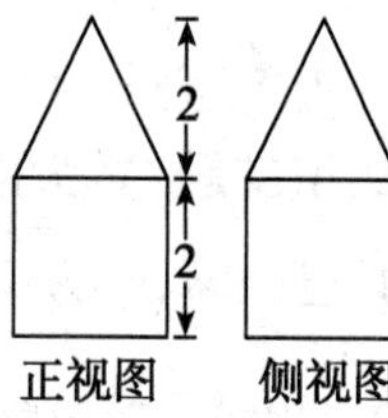

A. $\frac{32}{3}$　　B. 32

C. $20+4\sqrt{5}$　　D. $24+4\sqrt{6}$

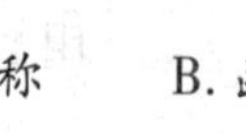

4. 若将函数 $f(x)=2\sin\left(x+\frac{\pi}{6}\right)-1$ 的图象上各点横坐标缩短到原来的 $\frac{1}{2}$(纵坐标不变),得到函数 $g(x)$ 的图象,则下列说法正确的是(　　)

A. 函数 $g(x)$ 的图象关于点 $\left(-\frac{\pi}{12},0\right)$ 对称　　B. 函数 $g(x)$ 的周期是 $\frac{\pi}{2}$

C. 函数 $g(x)$ 在 $\left(0,\frac{\pi}{6}\right)$ 上单调递增　　D. 函数 $g(x)$ 在 $\left(0,\frac{\pi}{6}\right)$ 上的最大值是 1

5. 若 $a=\log_2 0.2$，$b=2^{0.2}$，$c=\log_{0.2}0.3$，则下列结论正确的是（　　）（易错）

A. $c>b>a$　　B. $b>a>c$　　C. $a>b>c$　　D. $b>c>a$

6. 在 $\triangle OAB$ 中，C 为边 AB 上任意一点，D 为 OC 上靠近 O 的一个三等分点，若 $\overrightarrow{OD}=\lambda\overrightarrow{OA}+\mu\overrightarrow{OB}$，则 $\lambda+\mu$ 的值为（　　）

A. $\frac{1}{2}$　　B. $\frac{1}{3}$　　C. $\frac{1}{4}$　　D. 1

7. 已知双曲线 $\frac{x^2}{a^2}-\frac{y^2}{b^2}=1(a>b>0)$，以原点为圆心，双曲线的实半轴长为半径的圆与双曲线的两条渐近线相交于 A,B,C,D 四点，四边形 $ABCD$ 的面积为 ab，则双曲线的离心率为（　　）

A. $\sqrt{2}$　　B. 2　　C. $\sqrt{5}$　　D. 4

8. 已知定义域为 $\mathbf{R}$ 的函数 $g(x)$，当 $x\in(-1,1]$ 时，$g(x)=\begin{cases}\frac{1}{x+1}-1, & -1<x\leqslant 0,\\ x^2-3x+2, & 0<x\leqslant 1,\end{cases}$ 且 $g(x+2)=g(x)$，对 $x\in\mathbf{R}$ 恒成立，若函数 $f(x)=g(x)-m(x+1)$ 在区间 $[-1,5]$ 内有 6 个零点，则实数 m 的取值范围是（　　）

A. $\left(\frac{2}{5},\frac{2}{3}\right)$　　B. $\left(-\infty,\frac{2}{5}\right]\cup\left(\frac{2}{3},+\infty\right)$

C. $\left[\frac{2}{5},\frac{2}{3}\right)$　　D. $\left[\frac{2}{5},\frac{2}{3}\right]$

9. 等比数列 $\{a_n\}$ 的各项均为正数，且 $a_5a_6+a_3a_8=6$，则 $\log_3 a_1+\log_3 a_2+\cdots+\log_3 a_{10}=$（　　）（常考）

A. 6　　B. 5　　C. 4　　D. $2+\log_3 5$

10. 已知 $a,b\in\mathbf{R}$，直线 $y=ax+b+\frac{\pi}{2}$ 与函数 $f(x)=\tan x$ 的图象在 $x=-\frac{\pi}{4}$ 处相切，设 $g(x)=\mathrm{e}^x+bx^2+a$，若在区间 $[1,2]$ 上，关于 x 的不等式 $m\leqslant g(x)\leqslant m^2-2$ 恒成立，则实数 m 有（　　）

A. 最小值 $-\mathrm{e}$　　B. 最小值 e　　C. 最大值 e　　D. 最大值 $\mathrm{e}+1$

二、填空题（本大题共 6 小题，每小题 2 分，共 12 分）

11. 已知 $\boldsymbol{m},\boldsymbol{n}$ 是两个非零向量，且 $|\boldsymbol{m}|=2$，$|\boldsymbol{m}+2\boldsymbol{n}|=4$，则 $|\boldsymbol{m}+\boldsymbol{n}|+|\boldsymbol{n}|$ 的最大值为________。

12. 复数 $\frac{1+2\mathrm{i}}{2-\mathrm{i}}=$________。

13. 已知曲线 $f(x)=(ax-1)\ln x$ 在点 $(1,0)$ 处的切线方程为 $y=x-1$，则实数 a 的值为________。

14. 二项式 $\left(x^2-\frac{2}{x}\right)^6$ 展开式中的常数项为________。（用数字作答）

15. 已知函数 $f(x)=\dfrac{2-\cos\left(\frac{\pi}{4}-\frac{\pi x}{4}\right)+\sin\left(\frac{\pi}{4}-\frac{\pi x}{4}\right)}{x^2+4x+5}(-4\leqslant x\leqslant 0)$，则 $f(x)$ 的最大值为________。

16. 若 $a+b\neq 0$，则 $a^2+b^2+\frac{1}{(a+b)^2}$ 的最小值为________。

三、解答题（本大题共 5 小题，第 17 小题 8 分，第 18～21 小题每小题 10 分，共48 分）

17. 在锐角 $\triangle ABC$ 中，角 A,B,C 所对的边分别为 a,b,c，已知 $\sqrt{3}a=2c\sin A$。

（1）求 $\angle C$ 的值；

（2）若 $c=\sqrt{7}$，且 $S_{\triangle ABC}=\frac{3\sqrt{3}}{2}$，求 $a+b$ 的值。

18. 如图，在平行六面体 $ABCD-A_1B_1C_1D_1$ 中，$AA_1\perp ABCD$，且 $AB=AD=2$，$AA_1=\sqrt{3}$，$\angle BAD=120°$。

（1）求异面直线 A_1B 与 AC_1 所成的角的余弦值；

（2）求二面角 $B-A_1D-A$ 的正弦值。

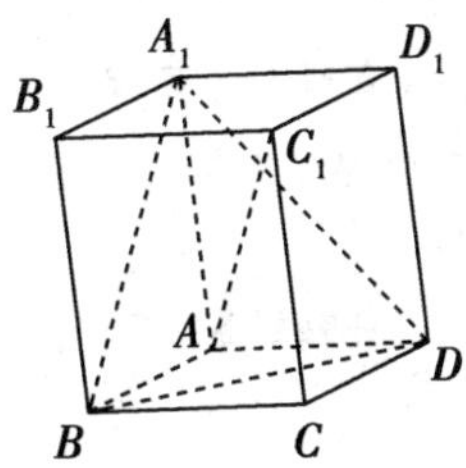

19. 已知椭圆 $W:\frac{x^2}{4}+y^2=1$，直线 l 过点 $(0,-2)$ 与椭圆 W 交于两点 A,B,O 为坐标原点。

(1)设 C 为 AB 的中点，当直线 l 的斜率为 $\frac{3}{2}$ 时，求线段 OC 的长；

(2)当 $\triangle OAB$ 的面积等于 1 时，求直线 l 的斜率。

20. 已知函数 $f(x)=x-\frac{1}{x}-a\ln x(a\in\mathbf{R})$。

(1)当 $a>0$ 时，讨论 $f(x)$ 的单调区间；

(2)设 $g(x)=x-\frac{a}{2}\ln x$，当 $f(x)$ 有两个极值点 x_1,x_2，且 $x_1\in(0,e]$ 时，求 $g(x_1)-g(x_2)$ 的最小值。

21. 在无穷数列 $\{a_n\}$ 中，$a_1=1$，对于任意 $n\in\mathbf{N}_+$，都有 $a_n\in\mathbf{R}_+$，$a_n<a_{n+1}$。设 $m\in\mathbf{N}_+$，记使得 $a_n\leqslant m$ 成立的 n 的最大值为 b_m。

(1)设数列 $\{a_n\}$ 为 1,3,5,7,…，写出 b_1,b_2,b_3 的值；

(2)若 $\{b_n\}$ 为等差数列，求出所有可能的数列 $\{a_n\}$；

(3)设 $a_p=q$，$a_1+a_2+\cdots+a_p=A$，求 $b_1+b_2+\cdots+b_q$ 的值。(用 p,q,A 表示)

2020年福建省教师招聘考试真题试卷(七)

小学数学

(时间:120分钟　总分:150分)

本套试卷共26小题,包括单项选择题(15小题),填空题(5小题),简答题(1小题),解答题(4小题),综合应用题(1小题)。

一、单项选择题(本大题共15小题,每小题4分,共60分)

1. 一个数由十个一、六个十分之一和八个千分之一组成,这个数是(　　)

A. 10.068　　B. 10.608　　C. 10.68　　D. 10.806

2. 小华踢足球,前三天每天花40分钟练习,后两天每天花25分钟练习,小华练习足球总共花了(　　)

A. 1小时15分钟　　B. 1小时30分钟

C. 2小时25分钟　　D. 2小时50分钟

3. 从长度为4,5,6,9的四根小棒中任取三根,能围成三角形的个数为(　　)

A. 1　　B. 2　　C. 3　　D. 4

4. 一个圆柱和一个圆锥的底面积相同,圆柱的体积为120立方厘米,圆锥的体积为30立方厘米,圆柱的高与圆锥的高之比为(　　)(常考)

A. 1∶1　　B. 1∶3　　C. 4∶3　　D. 3∶2

5. 一桶油,油和桶共重4.85千克,用掉一半油,油和桶共重2.45千克,桶的重量为(　　)(常考)

A. 0.05千克　　B. 2.4千克

C. 4.8千克　　D. 7.3千克

6. 一组数2,3,8,10,x,4的平均数是5,则这组数的众数和中位数之和是(　　)

A. 6.5　　B. 7　　C. 7.5　　D. 8

7. 复数z满足$z=\frac{2-\mathrm{i}}{\mathrm{i}}$(i为虚数),则$z$在复平面内所对应的点位于(　　)

A. 第一象限　　B. 第二象限

C. 第三象限　　D. 第四象限

8. 椭圆E的长轴长、焦距和双曲线$\frac{x^2}{9}-\frac{y^2}{4}=1$的焦距、实轴长相同,则椭圆$E$的离心率为(　　)(易错)

A. $\frac{2\sqrt{13}}{3}$　　B. $\frac{\sqrt{5}}{3}$　　C. $\frac{3\sqrt{13}}{13}$　　D. $\frac{2\sqrt{5}}{5}$

9. 在等差数列$\{a_n\}$中,$a_3=8$,$2a_2+a_4=15$,则数列$\{a_n\}$前5项和S_5的值是(　　)

A. 57　　B. 40　　C. 32　　D. 26

10. 已知二次函数$y=ax^2+bx+c$与x轴的负半轴交于A,B两点,与y轴交于点$C(0,\sqrt{3})$,$\triangle ABC$是顶角为120°的等腰三角形,则$a+b$的值为(　　)

A. $\frac{\sqrt{3}}{3}$　　B. $\frac{2\sqrt{3}}{3}$　　C. $\sqrt{3}$　　D. $\frac{5\sqrt{3}}{3}$

11. $\int_0^{\frac{\pi}{2}}\sin 2x\sin x\mathrm{d}x=$(　　)

A. $\frac{1}{4}$　　B. $\frac{1}{3}$　　C. $\frac{1}{2}$　　D. $\frac{2}{3}$

12. 在《义务教育数学课程标准》(2011年版)中,下列"知识技能"目标不属于第二学段要求的是(　　)

A. 能用方程表示简单的数量关系,能解简单的方程

B. 在具体情境中,能选择适当的单位进行简单的估算

C. 体验从具体情境中抽象出数的过程,认识万以上的数

D. 体验随机事件和事件发生的等可能性

13. 有限小数与无限不循环小数的关系是(　　)(常考)

A. 对立关系　　B. 从属关系　　C. 交叉关系　　D. 矛盾关系

14. 下列关于有理数系说法错误的是(　　)

A. 有理数系具有连续性

B. 有理数系具有稠密性

C. 正有理数、0、负有理数统称为有理数

D. 有理数的除法(除数不为0)具有封闭性

15. 三根有E,F,G标识的木棒,儿童第一次观察E,F,得出$E<F$的结果(E比F短);第二次观察F,G,得出$F<G$的结果(F比G短),但儿童不能推断出$E<G$,只有同时出现E,F,G时才能判断$E<G$,此时的儿童处于皮亚杰认知发展阶段理论中的(　　)(易混)

A. 感知运动阶段　　B. 前运算阶段

C. 具体运算阶段　　D. 形式运算阶段

二、填空题(本大题共5小题,16、17、18题每空4分,19、20题每空2分,共20分)

16. 地球赤道周长四千零七万五千七百米,横线部分写作________。

17. 从1,2,3,4中任取两个不同的数,两数的和为奇数的概率是________。

18. 古代数学家________,用出入相补原理计算平面图形面积。

19. 《义务教育数学课程标准》(2011年版)中提出学习评价的主要目的是全面了解学生数学学习的过程和结果,激励学生学习和改进教师教学。应建立________、________的评价体系。

20. 《义务教育数学课程标准》(2011年版)中指出创新意识的培养是现代数学教育的基本任务,应体现在数学教与学的过程之中,学生自己发现和提出问题是创新的基础;________、________是创新的核心。

三、简答题(本大题共 12 分)

21. 检测题:

教师把 840 本连环画发给各班级,每班 50 本,这些连环画可以分给多少个班级?在黑板上列出竖式计算(如下图),箭头所指向的数字表示(　　)

A. 发给 16 个班级还剩 4 本连环画

B. 发给 16 个班级还剩 40 本连环画

C. 发给 160 个班级还剩 4 本连环画

D. 发给 160 个班级还剩 40 本连环画

$$\begin{array}{r} 16 \leftarrow \\ 50\overline{)840} \\ \underline{5} \\ 34 \\ \underline{30} \\ 4 \leftarrow \end{array}$$

选 A 的学生 2 名占全班的 5%;

选 B 的学生 32 名占全班的 80%;

选 C 的学生 2 名占全班的 5%;

选 D 的学生 4 名占全班的 10%。

问题:

(1)这道题正确的选项应该选(　　);(2 分)

(2)根据数据统计的信息,请你分析这个班级的学生在计算方面的学习情况;(2 分)

(3)这些学生犯错的原因是什么?(4 分)

(4)针对这些学生所犯的错误,你有什么教学建议?(4 分)

四、解答题(本大题共 4 小题,22 小题 8 分,23、24、25 小题各 10 分,共 38 分)

22. 一辆客车和一辆货车同时从甲乙两地相向开出,客车每小时行驶 90 千米,货车每小时行驶 60 千米,3 小时后两车之间的距离与甲乙两地距离比为 3∶8(两车没有相遇),两地距离是多少千米?

23. 在△ABC 中,角 A,B,C 对边为 a,b,c,且 $2b-c=2a\cos C$。

(1)求∠A;(5 分)

(2)当 $a=2$ 时,求△ABC 面积 S 的最大值。(5 分)

24. 已知函数 $f(x)=(x+1)e^x$。

(1)求函数 $f(x)$ 的图象在点 $(1,f(1))$ 处的切线;(5 分)

(2)若 $g(x)=f(x)+m$ 不存在零点,求 m 的取值范围。(5 分)

25. 四边形 $ABCD$ 内接于圆 O,AC 是圆 O 的直径且平分 $\angle BAD$,过点 C 作圆 O 的切线,分别与 AB,AD 的延长线交于点 E,F,P 为 AD,BC 延长线的交点。

(1)求证:$CE=CF$;(3 分)

(2)求证:$PF\cdot AC=PC\cdot CE$;(3 分)

(3)若 $\tan\angle BAC=\frac{1}{2}$,求$\frac{PF}{PA}$的值。(4 分)

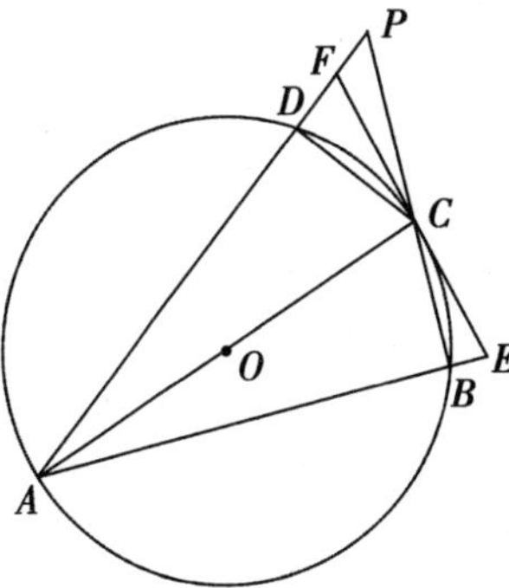

五、综合应用题(本大题共 20 分)

26. 下列材料呈现的是《义务教育教科书(人教版)数学五年级下册》中“容积和容积单位”的教学内容,请阅读并回答问题。

容积和容积单位

箱子、油桶、仓库等所能容纳物体的体积,通常叫做它们的**容积**。

计量容积,一般就用体积单位。计量液体的体积,如水、油等,常用容积单位**升**和**毫升**,也可以写成 L 和 mL。

1 L = 1000 mL

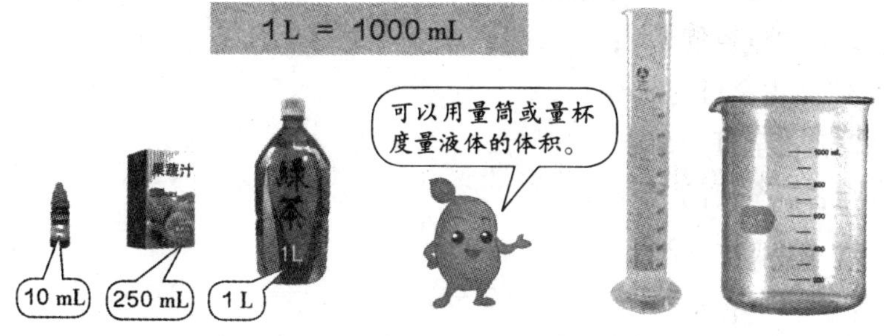

小组活动:

(1)将一瓶矿泉水倒在纸杯中,看看可以倒满几杯。

(2)估计一下,一纸杯水大约有多少毫升,几杯水大约是 1 L。

(3)说一说在哪些物品上标有毫升、升。

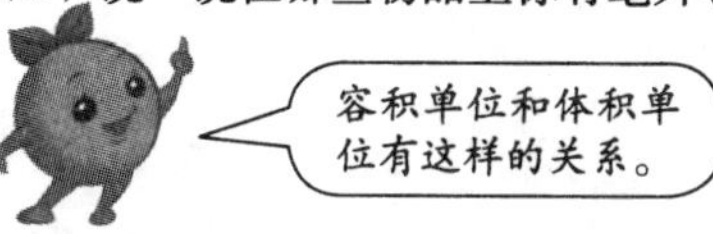

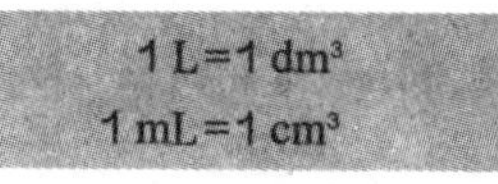

长方体或正方体容器容积的计算方法,跟体积的计算方法相同,但要从容器里面量长、宽、高。

5 一种小汽车上的长方体油箱,从里面量长 5 dm,宽 4 dm,高 2 dm。这个油箱可以装汽油多少升?

$5\times4\times2=40$ (dm^3)

$40\ dm^3=$______L

问题:

(1)在上述内容学习之前,学生已经具备哪些相关的数学知识?(4 分)

(2)写出上述内容的教学目标;(4 分)

(3)写出上述内容的教学过程。(12 分)

2019年江苏省江阴市教师招聘考试真题试卷(八)

小学数学

(时间:120分钟　总分:100分)

本套试卷共20小题,包括单项选择题(6小题),填空题(10小题),解答题(3小题),教学设计题(1小题)。

一、单项选择题(本大题共6小题,每小题2分,共12分)

1. 设 $a=\sqrt{7}-1$,则代数式 a^2+2a 的值为(　　)

A. 6　　B. 5　　C. 4　　D. 3

2. 已知A,B两地之间有4条网线并联,它们能通过的最大信息量分别为1,2,3,4。现从中任选3条网线,使这三条网线通过的最大信息量的和不小于8的方法共有(　　)种。

A. 1　　B. 2　　C. 3　　D. 4

3. 如图,矩形ABCD中,AB=3,BC=4,点E是BC边上一点,连结AE,把∠B沿AE折叠,使点B落在点B′处,当△CEB′为直角三角形时,CB′长为(　　)

A. 2　　B. $\sqrt{10}$

C. 2或 $\sqrt{10}$　　D. 都不对

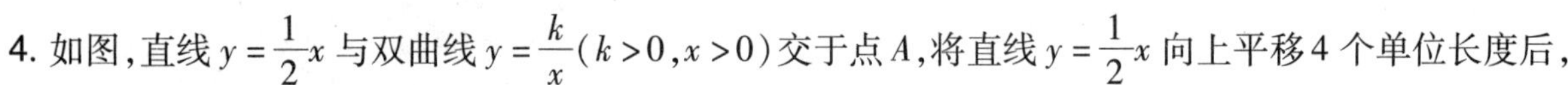

4. 如图,直线 $y=\frac{1}{2}x$ 与双曲线 $y=\frac{k}{x}(k>0,x>0)$ 交于点A,将直线 $y=\frac{1}{2}x$ 向上平移4个单位长度后,与y轴交于C,与双曲线 $y=\frac{k}{x}(k>0,x>0)$ 交于点B,若OA=3BC,则k的值为(　　)

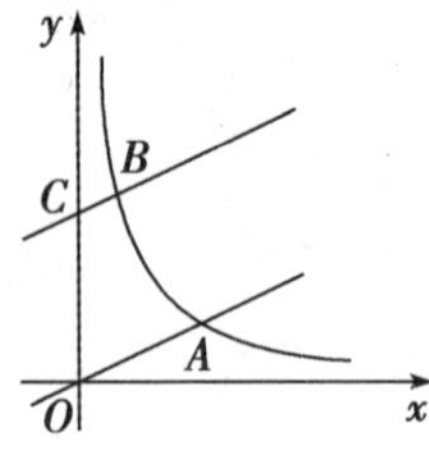

A. 3　　B. $\frac{9}{4}$

C. $\frac{9}{2}$　　D. 6

5. 如图,正方形ABCD的边长为1,以AB为直径作半圆,点P为CD中点,BP与半圆交于Q,连结DQ,给出如下结论:①$PQ=\frac{3}{2}BQ$;②$S_{\triangle PDQ}=\frac{1}{8}$;③$\cos\angle ADQ=\frac{3}{5}$。其中正确的有(　　)个。

A. 3　　B. 2

C. 1　　D. 都不对

6. 若关于x的方程 $x^2-kx+\frac{1}{2}k+2=0$ 有实数根,则k的取值范围是(　　)

A. $k\leqslant -2$　　B. $k\geqslant 4$

C. $-2\leqslant k\leqslant 4$　　D. $k\leqslant -2$ 或 $k\geqslant 4$

二、填空题(本大题共10小题,每小题3分,共30分)

7. 不等式组 $\begin{cases}2x-1>3(x-1),\\x+1>0\end{cases}$ 的解集为________。

8. 某校3位学生中,选出2名去参加全市中学生“汉字听写”大赛,已知3名学生中有男生1名,那么所选2人中恰有一男一女的概率为________。

9. 将1,$\sqrt{2}$,$\sqrt{3}$,$\sqrt{6}$,……按图排列,若规定(m,n)表示第m排从左到右第n个数,则(5,4)与(15,7)表示的两数之积是________。

1

$\sqrt{2}$　$\sqrt{3}$

$\sqrt{6}$　1　$\sqrt{2}$

$\sqrt{3}$　$\sqrt{6}$　1　$\sqrt{2}$

$\sqrt{3}$　$\sqrt{6}$　1　$\sqrt{2}$　$\sqrt{3}$

10. 如图,四边形OABC为平行四边形,点C在x轴上,反比例函数 $y=\frac{k}{x}(x>0)$ 的图象经过A(5,12)且与边BC交于点D,若AB=BD,则点D的坐标为________。

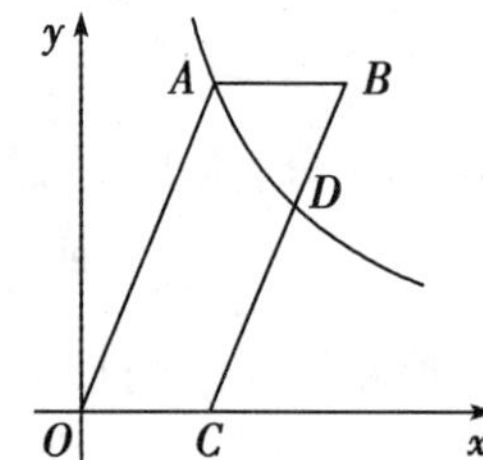

11. 已知关于x的函数 $y=mx^2-4x+m+3$ 的图象与坐标轴共有两个交点,则m的值为________。

12. 如图,矩形ABCD中,AD=2,AB=3,AM=1,弧DE是以A为圆心,2为半径的四分之一圆弧,弧NB是以M为圆心,2为半径的四分之一圆弧,则图中两段弧之间的阴影面积为________。

13. 平面直角坐标系中,一直线a向上平移3个单位后所得直线b经过点A(0,3),将直线b绕点A顺时针旋转60°所得直线经过点B($-\sqrt{3}$,0),则直线a的解析式为________。

14. 如图,在圆 O 中,点 C 在优弧 AB 上,将弧 BC 沿 BC 折叠后刚好经过 AB 的中点 D,若圆 O 的半径为$\sqrt{5}$,$AB=4$,则 BC 的长为________。

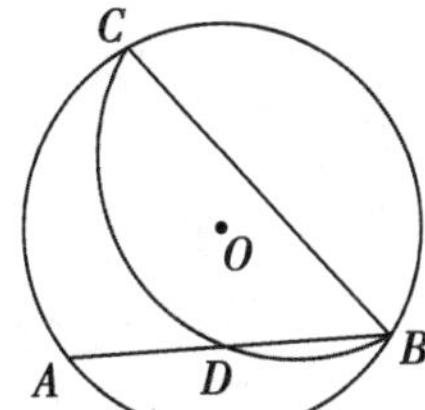

15. 如图,已知$\triangle ABC$ 中,$\angle ACB=90°$,$AC=BC=2$,将直角边 AC 绕 A 逆时针转至 AC',连结 BC',E 为 BC'中点,连结 CE,则 CE 的最大值为________。

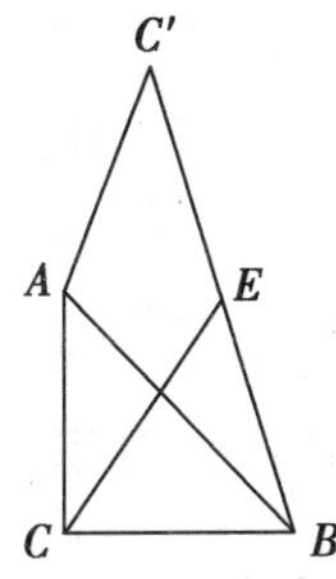

16. 如图,已知半径为 2 的圆 O 与直线 l 相切于 A,P 是左侧半圆上的动点,过点 P 作直线 l 的垂线,垂足为 B,PB 与 $\odot O$ 交于点 C,设 BP 的长为 $x(0<x<4)$,当 $PB \cdot BC$ 的值最大时,x 的值为________。

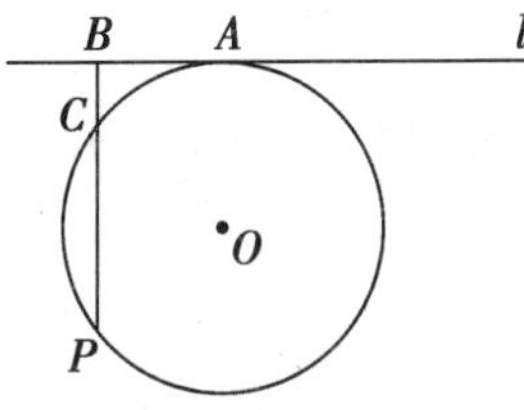

三、解答题(本大题共 3 小题,第 17 小题 10 分,第 18 小题 11 分,第 19 小题 12 分,共 33 分)

17. 把一张顶角为 36°的等腰三角形纸片剪两刀,分成 3 张小纸片,使每张小纸片都是等腰三角形,图 1 是其中一种办法,定义:如果两条线段将一个三角形分成 3 个等腰三角形,我们把这两条线段叫作这个三角形的三分线。

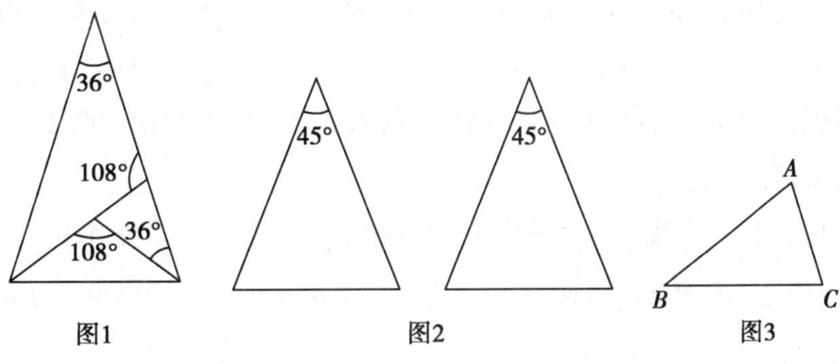

图1　　图2　　图3

(1)请你在图 2 中用两种不同的方法画出顶角为 45°的等腰三角形的三分线,并标注每个等腰三角形顶角的度数;(5 分)

(2)如图 3,$\triangle ABC$ 中,$AC=2$,$BC=3$,$\angle C=2\angle B$,请画出三分线,并求出三分线的长。(5 分)

18. 如图,已知抛物线 $y=a(x-3)(x+1)$ 与 y 轴交点为 $B(0,3)$,其顶点为 C。

(1)求抛物线的解析式;(3 分)

(2)已知点 M 为 y 轴上一动点,若$\triangle ABM$ 为等腰三角形,求点 M 的坐标;(3 分)

(3)将$\triangle AOB$ 沿 x 轴向右平移 m 个单位长度$(0<m<3)$得到另一个三角形,将所得的三角形与$\triangle ABC$ 重叠部分的面积记为 S,用 m 的代数式表示 S。(5 分)

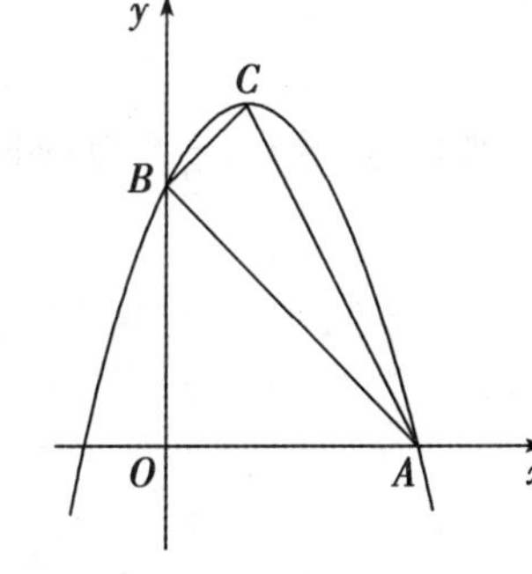

19. 如图,已知正方形 $ABCD$ 的边长为4,P 为 AB 边上一动点,连结 CP,过 P 作 PC 的垂线交 AD 于点 E,以 PE 为边作正方形 $PEFG$,顶点 G 在线段 PC 上,对角线 EG,PF 相交于点 O。

(1)若 $AP=1$,则 $AE=$________。(2 分)

(2)求证:点 O 一定在△APE 的外接圆上;(4 分)

(3)点 P 从 A 到 B 的运动过程中,△APE 的外接圆圆心也随之运动,求该圆心到 AB 边距离的最大值。(6 分)

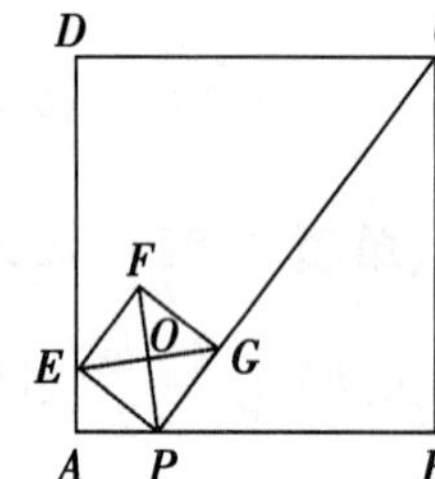

四、教学设计题(本大题共 25 分)

20. 阅读《义务教育教科书数学 · 五年级上册》(苏教版)“平行四边形的面积”的相关内容,据此回答问题。

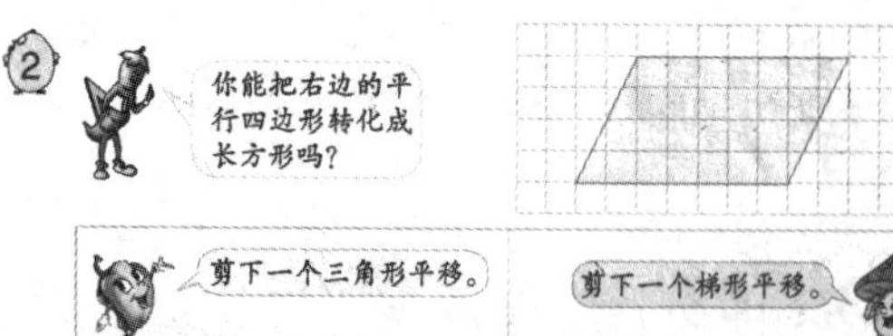

比较上面两种转化方法，说说它们有什么相同的地方。

3 在第 115 页选一个平行四边形剪下来，把它转化成长方形，求出长方形和平行四边形的面积，在小组里交流并完成下表。

转化成的长方形			平行四边形		
长/cm	宽/cm	面积/cm²	底/cm	高/cm	面积/cm²

小组讨论：

(1) 转化成的长方形与平行四边形面积相等吗?

(2) 长方形的长和宽与平行四边形的底和高有什么关系?

(3) 根据长方形的面积公式,怎样求平行四边形的面积?

平行四边形的面积 = 底 × 高

如果用 S 表示平行四边形的面积，用 a 和 h 分别表示平行四边形的底和高，上面的公式可以写成：

$$S=a\times h$$

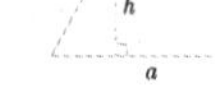

试一试

一块平行四边形玻璃，底 50 厘米，高 70 厘米，面积是多少平方厘米?

两条平行线之间画了一个长方形和一个平行四边形，长方形长 15 厘米，宽 6 厘米。求平行四边形的面积。

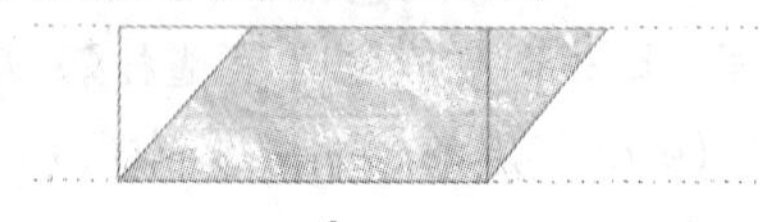

1.

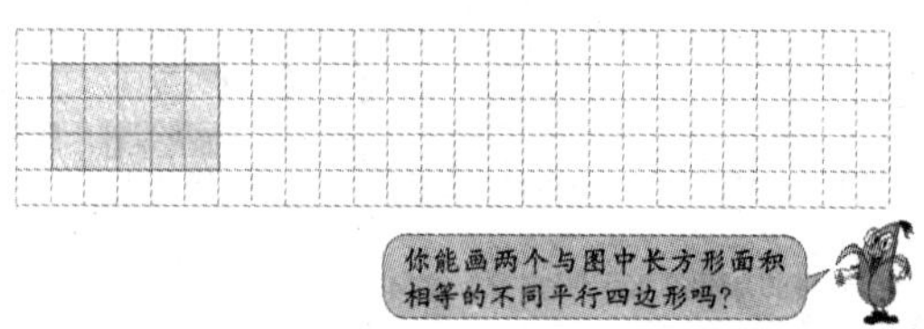

2. 计算下面平行四边形的面积。

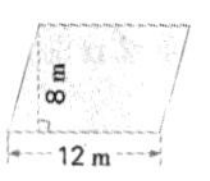

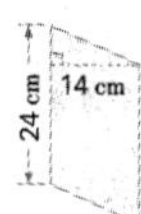

3. 一个平行四边形广告牌，底 6 米，高 2 米。按每平方米 50 元计算，制作这个广告牌需要多少元?

问题:

(1)根据教学内容制定科学合理的教学目标;(5 分)

(2)根据教学内容,列出本节课的教学重点和教学难点;(8 分)

(3)根据教学内容,设计新授部分的教学过程。(12 分)

2019年湖南省衡阳市耒阳市教师招聘考试真题试卷(九)

小学数学

(时间:120分钟　总分:100分)

本套试卷共37小题,包括公共知识和学科专业知识两部分。公共知识部分包括单项选择题(8小题);学科专业知识部分包括单项选择题(6小题),判断题(5小题),填空题(8小题),计算题(4小题),解答题(4小题),教材教法(2小题)。

公共知识部分

单项选择题(本大题共8小题,每小题1.25分,共10分)

1. 中国历史上第一部论述教育的专著是(　　)

A.《春秋》　B.《礼记》　C.《论语》　D.《学记》

2. 某教师十分重视基本概念、原理及学习方法的教学。这位教师所遵循的学习理论是(　　)

A. 认知结构学习理论　B. 认知同化学习理论

C. 行为主义学习理论　D. 建构主义学习理论

3. 某教师在课堂教学中,关注的是课堂气氛及学生的整体状况,并据此安排自己的教学。按福勒和布朗所划分的教师成长阶段,该教师所处的成长阶段是(　　)阶段。

A. 关注学生　B. 关注情境　C. 关注生存　D. 关注结果

4. 第一个提出要使教育学成为科学,并把教育理论建立在伦理学和心理学基础之上的教育家是(　　)

A. 赫尔巴特　B. 卢梭　C. 夸美纽斯　D. 康德

5. 对于一个十分害怕狗的学生,我们可以让他先看一些狗的照片,谈论关于狗的话题,然后让他远远观看关在笼中的狗,再让他靠近笼中的狗,最后让他用手触摸,逐步消除对狗的惧怕反应。这种方法在心理治疗中称为(　　)

A. 松弛训练　B. 系统脱敏法

C. 肯定性训练　D. 合理情绪疗法

6. 按照《教师资格条例》的规定,被撤销教师资格的,自撤销之日起(　　)年内不得重新取得教师资格。

A. 2　B. 3　C. 5　D. 10

7. 根据《中华人民共和国教育法》规定,下列说法错误的是(　　)

A. 学校、教师可以对学生家长提供家庭教育指导

B. 学校及其他教育机构应当无条件地积极参与当地社会公益活动

C. 企业事业单位、社会团体及其他社会组织和个人,可通过适当形式,支持学校建设,参与学校管理

D. 图书馆、博物馆、科技馆、文化馆、美术馆等社会公共文化体育设施及历史文化古迹和革命纪念馆,应当对教师、学生实行优待,为受教育者接受教育提供便利

8. 2018年的《中共中央　国务院关于全面深化新时代教师队伍建设改革的意见》指出教师队伍建设的五条基本原则:确保方向、强化保障、(　　)、深化改革和分类施策。

A. 提升学历　B. 突出师德　C. 强化科研　D. 强调教学能力

学科专业知识部分

一、单项选择题(本大题共6小题,每小题2分,共12分)

1. 如果复数$\frac{2-bi}{1+2i}$(其中i为虚数单位,b为实数)的实部和虚部互为相反数,那么b等于(　　)

A. $\sqrt{2}$　B. $\frac{2}{3}$　C. $-\frac{2}{3}$　D. 2

2. 若x是不为0的有理数,已知$M=(x^2+2x+1)(x^2-2x+1)$,$N=(x^2+x+1)(x^2-x+1)$,则M与N的大小关系是(　　)

A. $M>N$　B. $M<N$　C. $M=N$　D. 无法确定

3. 已知函数$f(x)=x\left(e^x-\frac{1}{e^x}\right)$,若$f(x_1)<f(x_2)$,则(　　)

A. $x_1>x_2$　B. $x_1+x_2=0$　C. $x_1<x_2$　D. $x_1^2<x_2^2$

4. 已知a是方程$x^3+3x-1=0$的一个实数根,则直线$y=ax+1-a$不经过(　　)

A. 第一象限　B. 第二象限

C. 第三象限　D. 第四象限

5. 总体由编号01,02,03,…,49,50的50个个体组成,利用随机数表(以下摘取了数表第1行和第2行)选取5个个体,选取方法是从随机数表第1行的第9列和第10列数字开始由左向右读取,则选出来的第4个个体的编号是(　　)

66 67 40 67 14　64 05 71 95 86　11 05 65 09 68　76 83 20 37 90

57 16 00 11 66　14 90 84 45 11　75 73 88 05 90　52 27 41 14 86

A. 05　B. 09　C. 11　D. 20

6. 设函数$f(x)=\sin(\omega x+\beta)+\cos(\omega x+\beta)(\omega>0,|\beta|<\frac{\pi}{2})$的最小正周期为$\pi$,且$f(-x)=f(x)$,则(　　)(易错)

A. $f(x)$在$\left(0,\frac{\pi}{2}\right)$上单调递减　B. $f(x)$在$\left(\frac{\pi}{4},\frac{3\pi}{4}\right)$上单调递减

C. $f(x)$在$\left(0,\frac{\pi}{2}\right)$上单调递增　D. $f(x)$在$\left(\frac{\pi}{4},\frac{3\pi}{4}\right)$上单调递增

二、判断题(本大题共 5 小题,每小题 1.6 分,共 8 分)

7. 函数 $y=4x-5+\sqrt{2x-3}$ 的值域是 $\left[\frac{7}{8},+\infty\right)$。 ( )

8. 在实数范围内,非负数一定是整数。 ( )

9. 函数 $y=x^3, x\in[-1,3]$ 是非奇非偶函数。 ( )

10. 设 p,q 是两个命题,$p:\frac{x+1}{x}\leqslant 0$,$q:|2x+1|<1$,则 p 是 q 成立的充分必要条件。 ( )

11. 在△ABC 中,若 $\sin^2 A+\sin^2 B<\sin^2 C$,则△$ABC$ 的形状是钝角三角形。 ( )

三、填空题(本大题共 8 小题,每小题 2.25 分,共 18 分)

12. 如图,直线 $l_1: y=x+1$ 与直线 $l_2: y=mx+n$ 相交于点 $P(a,2)$,则关于 x 的不等式 $x+1\geqslant mx+n$ 的解集为________。

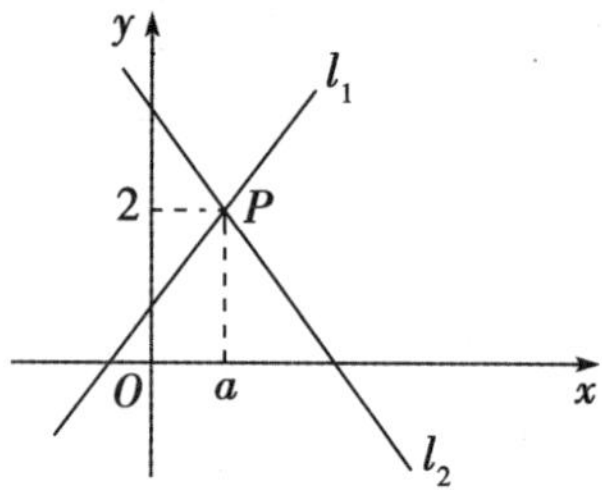

13. 现在有 30 千克含盐 10% 的盐水,要使盐水含盐 25%,需要加入________千克盐。(常考)

14. 已知正数 a,b,c,d,e,f 满足 $\frac{bcdef}{a}=4,\frac{acdef}{b}=9,\frac{abdef}{c}=16,\frac{abcef}{d}=\frac{1}{4},\frac{abcdf}{e}=\frac{1}{9},\frac{abcde}{f}=\frac{1}{16}$,则 $(a+c+e)-(b+d+f)$ 的值为________。

15. 设 x,y 均为正实数,且 $\frac{3}{2+x}+\frac{3}{2+y}=1$,则 xy 的最小值为________。(常考)

16. 用数字 0,1,2,3,4,5 组成没有重复数字的数,则能组成大于 201345 的正整数的个数为________。(用数字作答)

17. 满足 $(x-1)^{200}>3^{200}$ 的 x 的最小正整数为________。

18. $20182018\times2019-20192019\times2018=$________。

19. 某手表每小时比标准时间慢 3 分钟,若在清晨 4:30 与准确时间对准,当天上午该表指示时间 10:50,请问这时准确的时间应该是________。

得分	评卷人

四、计算题(本大题共 4 小题,每小题 3.5 分,共 14 分)

20. 计算:$\sqrt{2}-\left(\frac{1}{2}\right)^{-1}-\tan60^\circ+\sqrt[3]{-8}+|\sqrt{3}-2|$。

21. 解不等式:$\sqrt{x^2-3x+2}>x+5$。

22. 计算:$10\times11+11\times12+12\times13+\cdots+29\times30$。

23. 已知集合 $A=\{x|x^2+2x-8=0\}$,$B=\{x|x^2-5x+6=0\}$,$C=\{x|x^2-mx+m^2-19=0\}$,若 $B\cap C\neq\varnothing$,$A\cap C=\varnothing$,求 m 的值。

五、解答题(本大题共4小题,第24~26小题每小题5分,第27小题7分,共22分)

24. 有一项工程,甲单独做 a 天完成,乙单独做 b 天完成(a,b 都是整数),现在由甲先做4天,余下的由甲、乙合作3天完成,求 a,b 的值。

25. 快、中、慢三车同时从甲地出发,追赶一辆正在行驶的自行车。三车的速度分别是每小时24千米、20千米、19千米。快车追上自行车用了6小时,中车追上自行车用了10小时,慢车追上自行车用多少小时?

26. 某项工程,甲单独做20天可以完成,乙单独做30天可以完成。现在两人合作,中间甲休息了3天,乙休息了若干天,他们一共用了16天完成这项工程,那么乙休息了多少天?

27. 如图,已知 E,F 是四边形 $ABCD$ 的对角线 AC 上的两点,$AF=CE$,$DF=BE$,$DF/\!/BE$。

(1)求证:$\triangle AFD\cong\triangle CEB$;

(2)四边形 $ABCD$ 是平行四边形吗?请说明理由。

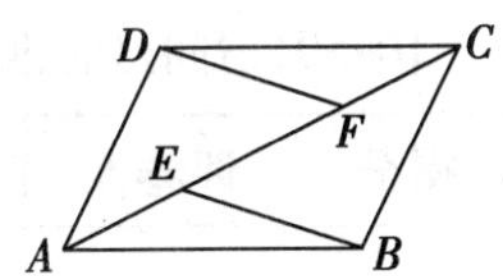

六、教材教法(本大题共 2 小题,每小题 8 分,共 16 分)

28. 根据下面给出的例题,试分析其教学重难点,并编写突出重难点的教学片段。

我们来做个实验:剪出下面 4 组纸条(单位:cm)。

(1)6,7,8;(2)4,5,9;(3)3,6,10;(4)8,11,11。

用每组纸条摆三角形,你发现了什么?

三角形任意两边之和大于第三边。

29. 案例分析。

阅读下面关于“圆形的面积计算”的教学片段,回答问题。

教师和学生们一起画同心圆,从而认识了外圆和内圆,从剪圆形的活动中形成圆环的表象,学生们自然而然地感悟出了圆形面积的计算方法。

师:能不能把圆形转化为我们已学过的其他图形来推导出圆的面积的计算方法呢?

生 1:我们想把圆转化成长方形或者平行四边形,但不知道怎么剪。

生 2:既然圆的面积和它的半径有关,我们想沿着圆的半径剪开。

师:这个主意不错!大家可以动手试试。

生 3 激动地说:那我们也可以把圆形转化成梯形!通过梯形的面积得出圆的面积。

师:我们也可以试一试哦。

生 4:梯形不怎么合适吧,毕竟圆的边是曲线……

问题:

(1)在课堂上,学生常常会出现一些老师意想不到的想法,我们称为“课堂生成”。你认为以上教学片段中,这位教师对课堂生成的处理合适吗?说说你的观点。

(2)结合以上的教学片段,请你谈谈新课改要求教师的行为有哪些改变?

2019年重庆市沙坪坝区教师招聘考试真题试卷(十)

小学数学

(时间:120分钟　总分:100分)

本套试卷共90小题,包括判断题(30小题),单项选择题(40小题),多项选择题(20小题)。

一、判断题(本大题共30小题,每小题1分,共30分)

1. 重要的数学概念与数学思想应体现螺旋上升的原则。( )
2. 在0.4和0.5之间有无数个两位小数。( )
3. 量与计量,采用我国法定计量单位。( )
4. 一个体积为0.4立方分米的木块,占地面积是0.4平方分米。( )
5. 6个老同学见面,每两人握一次手,一共将握15次手。( )
6. 新的小学数学课程中统计学习的重点是根据已知数据解决提出的问题。( )
7. “统计与概率”的教学中所提供的材料,学生越是不熟悉,学生就越会感兴趣。( )
8. 组织学生进行统计活动时,要尽量结合学生的现实生活,要让学生成为统计活动的真正主人。( )
9. 为体现统计与概率教学过程性的原则,在情境设计上不一定要做到连贯。( )
10. 开展综合实践活动的关键是要让学生多做题目。( )
11. “实践与综合应用”学习领域的设置,有利于学生体会数学的文化价值和应用价值。( )
12. 比0.9大而比1小的数只有1个。( )
13. a是b的15倍,a和b成正比例。( )
14. 五年级99人的体育成绩全部达标,五年级的体育达标率是99%。( )
15. 学校气象小组用统计图公布一周每天气温的高低和变化情况,应选用折线统计图比较合适。( )
16. 新理念下小学数学课堂教学提倡学生“自主学习,合作交流”的学习方式,因此每一节课都必须进行小组合作学习。( )
17. 《义务教育数学课程标准》(2011年版)提出“评价方式多样化”,这并不等于要取消考试。( )
18. 新一轮课改用“课程标准”代替“教学大纲”,但是教学理念、教学内容和教学要求都没改变。( )
19. 1平方厘米比1平方米大。( )
20. 同底等高的平行四边形面积相等。( )
21. 一个数的约数都比它的倍数小。( )

22. 长方形、等腰三角形和等边三角形的对称轴一共有6条。( )
23. 在比例中,若两个外项的乘积为1,那么内项的两个数就互为倒数。( )
24. 梯形是特殊的平行四边形。( )
25. 两个合数的积不一定大于它们的最小公倍数。( )
26. 小李乘车上班,因堵车,车速降低了20%。那么,他在路上的时间要增加20%。( )
27. 钝角三角形中最小的一个角不一定小于45°。( )
28. 175至少加上5,就能同时被2,3,5整除。( )
29. “一切为了每一位学生的发展”是新课程的最高宗旨和核心理念。( )
30. 学校教育的根本目的是促进学生的自主发展。( )

二、单项选择题(本大题共40小题,每小题1分,共40分)

31. 自然数中,能被2整除的数都是( )

A. 合数　B. 质数　C. 偶数　D. 奇数

32. 下列图形中,对称轴只有一条的是( )

A. 长方形　B. 等腰三角形　C. 等边三角形　D. 圆

33. 把5克白糖溶于70克水中,白糖占糖水的( )

A. $\frac{1}{18}$　B. $\frac{1}{16}$　C. $\frac{1}{15}$　D. $\frac{1}{14}$

34. 设三位数$2a3$加上326,得另一个三位数$5b9$,若$5b9$能被9整除,则$a+b$等于( )

A. 2　B. 4　C. 6　D. 10

35. 一堆木材,最上层有5根,最下层有21根,如果自然堆码,这堆木材最多能堆( )根。

A. 198　B. 221　C. 406　D. 432

36. “棱柱的一个侧面是矩形”是“棱柱为直棱柱”的( )

A. 充要条件　B. 充分但不必要条件

C. 必要但不充分条件　D. 既不充分又不必要条件

37. 有限小数的另一种表现形式是( )

A. 十进分数　B. 分数

C. 真分数　D. 假分数

38. 一个长方体和一个圆锥体的底面积和高分别相等,长方体体积是圆锥体体积的( )(常考)

A. 3倍　B. $\frac{2}{3}$倍　C. 2倍　D. 无法确定

39. 假设A与B为互不相容事件,则下列等式正确的是( )

A. $P(AB)=1$　B. $P(AB)=0$

C. $P(AB)=P(A)P(B)$　D. $P(AB)=P(A)+P(B)$

40.《九章算术》中注有“今两算得失相反,要令正负以名之”,意思是:今有两数,若其意义相反,则分别叫作正数与负数。若气温为零上10℃记作+10℃,则-3℃表示气温为(　　)

A. 零上3℃　　B. 零下3℃　　C. 零上7℃　　D. 零下7℃

41. “综合与实践”是一类以(　　)为载体,以学生自主参与为主的学习活动。

A. 知识　　B. 探讨活动　　C. 问题　　D. 调查

42. 通过义务教育阶段的数学学习,学生能了解数学的价值,提高学习数学的兴趣,增强学好数学的信心,养成良好的学习习惯,具有初步的(　　)和科学态度。

A. 推理能力　　B. 应用意识　　C. 创新意识　　D. 思维能力

43. 学习评价的主要目的是全面了解学生数学学习的(　　)和结果,激励学生学习和改进教师教学。

A. 过程　　B. 能力　　C. 目标　　D. 质量

44. 数学课堂教学应该以学生的认知发展水平和已有的经验为基础,面向全体学生,注重(　　)和因材施教。

A. 探究性　　B. 启发式　　C. 互助性　　D. 讲授性

45. 学生学习应当是一个生动活泼的、主动的和富有个性的过程。认真听讲、积极思考、动手实践、(　　)、合作交流等,都是学习数学的重要方式。

A. 自主探索　　B. 独立探究

C. 自主思考　　D. 积极创新

46. $\frac{7}{10}$的分数单位是(　　)

A. 1　　B. $\frac{1}{10}$　　C. $\frac{1}{2}$　　D. $\frac{1}{5}$

47. 某班有8名男同学、6名女同学参加活动,每次需要2名男同学、1名女同学同时上场,一共有(　　)种上场方式。(常考)

A. 156　　B. 336　　C. 148　　D. 168

48. 已知$x:y=1:2$,$x^2:y=2:5$,则x,y分别等于(　　)

A. 0,0　　B. $\frac{4}{5},\frac{8}{5}$　　C. $\frac{8}{5},\frac{4}{5}$　　D. $\frac{8}{5},\frac{16}{5}$

49. $\sqrt{(\sqrt{3}-3)^2}$的值为(　　)(易错)

A. $\sqrt{3}-3$　　B. $3-\sqrt{3}$

C. $\sqrt{3}-3$或$3-\sqrt{3}$　　D. 以上答案都不对

50. 不等式$4-2x>0$的解集在数轴上表示为(　　)

A. (数轴 −2 −1 0 1 2)　　B. (数轴 −2 −1 0 1 2)

C. (数轴 −2 −1 0 1 2)　　D. (数轴 −2 −1 0 1 2)

51. 一个比的前项是4,当它增加8时,要使比值不变,后项必须(　　)

A. 增加8　　B. 扩大2倍　　C. 乘3　　D. 扩大8倍

52. 若一个长方体的表面积为592,长:宽:高=6:5:4,则这个长方体的体积是(　　)

A. 1960　　B. 480　　C. 960　　D. 680

53. 给一个七边形的七条边分别涂上红、绿、蓝三种颜色,不论怎么样涂,至少有(　　)边涂上的颜色是相同的。

A. 4　　B. 6　　C. 5　　D. 3

54. 李老师计划一周看完《平凡的世界》这本书,第一天她看了全书的$\frac{1}{16}$,第二天看了全书的$\frac{1}{8}$,第三天看了全书的$\frac{1}{4}$,第四天看了全书的$\frac{1}{8}$,而且后面4天看书的数量呈递增的等差数列,最后一天看了全书的(　　)(常考)

A. $\frac{9}{80}$　　B. $\frac{5}{32}$　　C. $\frac{1}{96}$　　D. $\frac{1}{6}$

55. 一条直线把一个正方形分成完全一样的两部分,有(　　)种分法。

A. 2　　B. 4　　C. 8　　D. 无数

56. 甲汽车从A地开往B地,每小时88公里,乙汽车从B地开往A地,每小时112公里,两车在距中点36公里处相遇,则A、B两地的距离是(　　)公里。

A. 200　　B. 400　　C. 360　　D. 600

57. 在1,2,3,4,5,6六个数中,任选三个数组成没有重复数字且大于400的三位数数字的概率是(　　)

A. $\frac{1}{2}$　　B. $\frac{1}{3}$　　C. $\frac{1}{4}$　　D. $\frac{1}{5}$

58.《义务教育数学课程标准》(2011年版)指出,评价最关注的是学生的(　　)

A. 学习结果　　B. 学习过程

C. 学习动机　　D. 学习动力

59. 已知$(x+y):y=1:2$,$(x+1):z=2:3$,$y:z=1:3$,则x,y,z的值分别是(　　)

A. $\frac{1}{5},\frac{2}{5},\frac{6}{5}$　　B. $\frac{1}{5},-\frac{2}{5},-\frac{6}{5}$

C. $-\frac{1}{5},\frac{2}{5},\frac{6}{5}$　　D. $-\frac{1}{5},-\frac{2}{5},-\frac{6}{5}$

60. 某种服装原价为200元,连续两次涨价$a\%$后,售价为242元,则a的值为(　　)(常考)

A. 5　　B. 10　　C. 15　　D. 21

61. 圆 O_1 和圆 O_2 的圆心坐标分别为$(-1,0)$,$(2,0)$,圆 O_1 和圆 O_2 的半径分别为2和5,则这两圆的位置关系是(　　)

A. 相离　　B. 相交　　C. 外切　　D. 内切

62. 用每千克28元的咖啡糖3千克,每千克20元的奶糖2千克,每千克12元的花生糖5千克,混合成礼品糖后出售,则这种礼品糖平均每千克售价为(　　)(常考)

A. 18元　　B. 18.4元　　C. 19.6元　　D. 20元

63. 在下列各组分数中,都能化成有限小数的一组是(　　)

A. $\frac{1}{18},\frac{3}{5},\frac{3}{15}$　　B. $\frac{5}{12},\frac{5}{15},\frac{5}{14}$　　C. $\frac{3}{16},\frac{9}{15},\frac{5}{8}$　　D. $\frac{30}{32},\frac{8}{12},\frac{20}{45}$

64. 下图所示的几何体的俯视图为(　　)

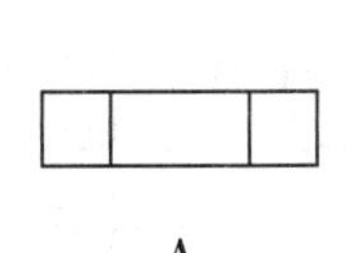
A

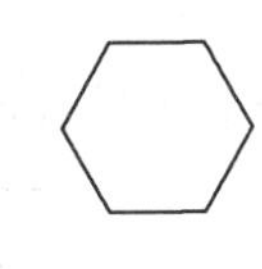
B

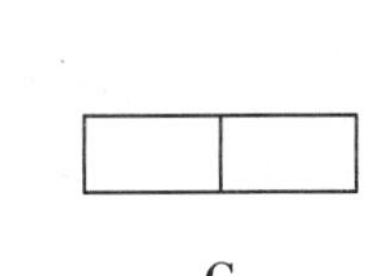
C

D

65. 火车票上的车次号有两个意义,一是数字越小表示车越快,1～100次为特快列车,101～198次为直快列车,301～398次为普快列车,401～498次为普客列车,二是单数与双数表示不同的行驶方向,其中单数表示从北京开出,双数表示开往北京,根据以上规定,杭州开往北京的某一直快列车的车次号可能是(　　)

A. 20　　B. 119　　C. 120　　D. 319

66. 下列运算正确的是(　　)

A. $3m-2m=1$　　B. $(m^3)^2=m^6$

C. $(-2m)^3=-2m^3$　　D. $m^2+m^2=m^4$

67. 某校举行"汉字听写比赛",5个班级代表队的正确答题数如图,这5个正确答题数所组成的一组数据的中位数和众数分别是(　　)

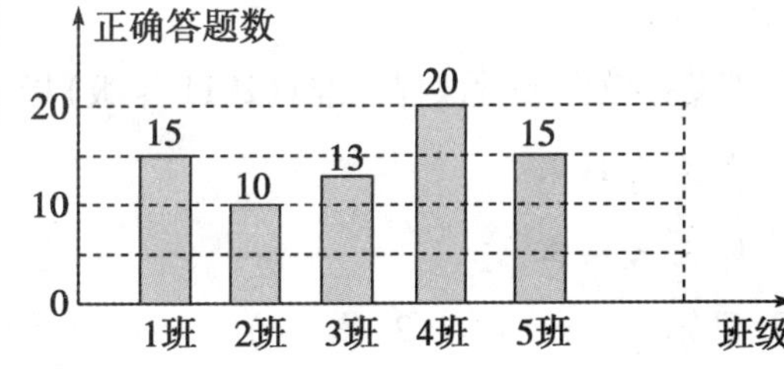

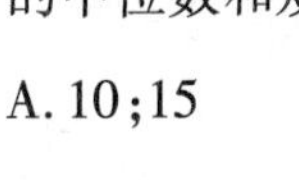

A. 10;15　　B. 13;15

C. 13;20　　D. 15;15

68. 如图,在平行四边形 $ABCD$ 中,连结 AC,$\angle ABC=\angle CAD=45°$,$AB=2$,则 BC 的长是(　　)

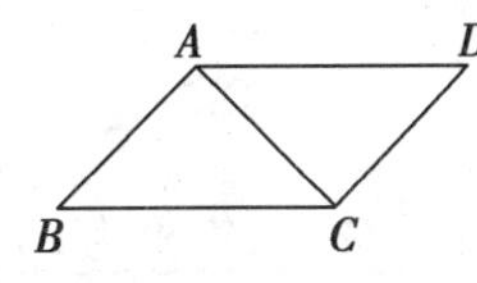

A. $\sqrt{2}$　　B. 2　　C. $2\sqrt{2}$　　D. 4

69. 若$\triangle ABC$的每条边长增加各自的10%得$\triangle A'B'C'$,则$\angle B'$的度数与其对应角$\angle B$的度数相比(　　)(易错)

A. 增加了10%　　B. 减少了10%

C. 增加了(1+10%)　　D. 没有改变

70. 如果点 $A(x_1,y_1)$和点 $B(x_2,y_2)$是直线 $y=kx-b$ 上的两点,且当 $x_1<x_2$ 时,$y_1<y_2$,那么函数 $y=\frac{k}{x}$ 的图象位于(　　)

A. 一、四象限　　B. 二、四象限　　C. 三、四象限　　D. 一、三象限

三、多项选择题(本大题共20小题,每小题1.5分,共30分)

71. 一般来说,数学基本能力分为(　　)

A. 运算能力、空间想象能力和逻辑思维能力

B. 解决实际问题的能力

C. 其他数学能力主要指观察、理解、记忆、运用的能力

D. 情感思维能力

72. 下列命题中,属于真命题的是(　　)

A. $y=\sin^2x+\frac{3}{\sin^2x}$的最小值是$2\sqrt{3}$

B. 已知$f(x)=\frac{x-\sqrt{11}}{x-\sqrt{10}}$,则$f(4)>f(3)$

C. $y=\log_a(2+a^x)(a>0,a\neq1)$在$\mathbf{R}$上是增函数

D. 函数$y=2\sin\left(2x-\frac{\pi}{6}\right)$的图象的一个对称中心是$(\frac{\pi}{12},0)$

73. 如图,正方形 $ABCD$ 中,$AB=6$,点 E 在边 CD 上,且 $CD=3DE$,将$\triangle ADE$ 沿 AE 对折至$\triangle AFE$,延长 EF 交边 BC 于点 G,连结 AG,CF。下列结论中,正确的结论是(　　)

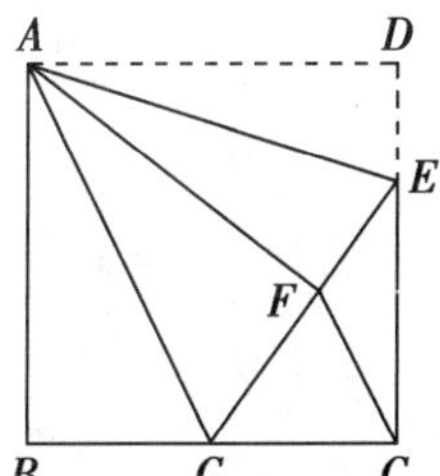

A. $\triangle ABG\cong\triangle AFG$　　B. $BG=GC$

C. $AG/\!/CF$　　D. $S_{\triangle FGC}=3$

74. 空间中任意放置的棱长为2的正四面体 $ABCD$,下列命题正确的是(　　)

A. 正四面体 $ABCD$ 的主视图面积可能是$\sqrt{2}$

B. 正四面体 $ABCD$ 的主视图面积可能是$\frac{2\sqrt{6}}{3}$

C. 正四面体 $ABCD$ 的主视图面积可能是$\sqrt{3}$

D. 正四面体 $ABCD$ 的主视图面积可能是2

75. 如果三棱锥 $A-BCD$ 的底面△BCD 是正三角形，顶点 A 在底面△BCD 上的射影是△BCD 的中心，则这样的三棱锥称为正三棱锥。下列结论中，属于真命题的是(　　)

A. 正三棱锥所有棱长都相等

B. 正三棱锥至少有一组对棱(如棱 AB 与 CD)不垂直

C. 当正三棱锥所有棱长都相等时，该棱锥内任意一点到它的四个面的距离之和为定值

D. 若正三棱锥所有棱长均为 $2\sqrt{2}$，则该棱锥外接球的表面积等于 12π

76. 数学思维的特性主要有(　　)

A. 概括性　　B. 问题性　　C. 相似性　　D. 特殊性

77. 与运算有关的数学规则统称运算规则，运算规则包括(　　)

A. 运算法则　　B. 运算性质　　C. 计算方法　　D. 运算结果

78. 学生是数学学习的主体，教师是数学学习的(　　)

A. 组织者　　B. 引导者　　C. 合作者　　D. 驱使者

79. 在四面体 $OABC$ 中，OA，OB，OC 两两垂直，且 $OA=\sqrt{3}$，$OB=OC=1$。下列命题中属于真命题的是(　　)

A. 存在点 D(点 O 除外)，使得四面体 $DABC$ 仅有 3 个面是直角三角形

B. 存在点 D，使得四面体 $DOBC$ 的 4 个面都是直角三角形

C. 存在唯一的点 D，使得四面体 $DABC$ 与四面体 $OABC$ 的体积相等

D. 存在无数个点 D，使得 AD 与 BC 垂直且相等

80. 校外课程资源主要包括校外图书馆、科技馆、博物馆、网络资源以及乡土资源等。其中，利用网络资源(　　)

A. 有利于开阔学习思路，拓宽知识面

B. 促使人们之间的交流更及时、更开放

C. 能够突破传统课程的狭隘性和时空的局限性

D. 有利于形成个性化的学习方式

81. 下列不属于数学教学内容的是(　　)

A. 数量关系　　B. 空间形式　　C. 情感逻辑　　D. 宏观政策

82. 义务教育阶段的数学课程要面向全体学生，适应学生个性发展的需要，使得(　　)

A. 人人学有价值的数学

B. 人人都能获得良好的数学教育

C. 不同的人在数学上得到不同的发展

D. 学生个性超越一切

83. 数学活动必须建立在学生的(　　)之上。

A. 认知发展水平　　B. 已有的知识经验基础

C. 兴趣　　D. 个人习惯

84. 数学课程应致力于实现义务教育阶段的培养目标，体现(　　)

A. 基础性　　B. 普及性　　C. 发展性　　D. 创新性

85. 在“数与代数”的教学中，应帮助学生(　　)

A. 建立数感　　B. 建立符号意识

C. 发展运算能力和推理能力　　D. 初步形成模型思想

86. 数学课程内容的组织要处理好的关系是(　　)

A. 过程与结果　　B. 直观与抽象

C. 直接经验与间接经验　　D. 个人兴趣与爱好

87.《义务教育数学课程标准》(2011 年版)将数学教学目标分为的几个方面有(　　)

A. 知识技能　　B. 数学思考　　C. 解决问题　　D. 情感态度

88. 课程内容的学习，强调学生的数学活动，发展学生的(　　)

A. 数感　　B. 符号感　　C. 空间观念　　D. 统计观念

89. 下列对教学评价方案的设计的理解，不正确的是(　　)

A. 收集教学系统各方面的信息，并依据一定标准对教学过程及其效果做出客观衡量和科学判定

B. 具体描述了对教与学的过程及结果进行评价的内容和方法

C. 评价之后教学方案不再被修改

D. 评价是设计过程的核心部分

90. “新教材一方面关注并充分利用学生的生活经验，另一方面也注意及时恰当地反映科学技术新成果……”这主要说明新教材(　　)

A. 为学生提供了更多现成的结论

B. 强调与现实生活的联系

C. 强调知识与技能、过程与方法的统一

D. 体现了国家基础教育课程改革的基本思想

押题试卷

教师招聘考试押题试卷(一)

小学数学

(时间:120 分钟　总分:100 分)

本套试卷共 35 小题,包括单项选择题(20 小题),填空题(10 小题),解答题(5 小题)。

一、单项选择题(本大题共 20 小题,每小题 2 分,共 40 分)

1. 甲和乙跑 100 米,甲到终点时,乙跑了 90 米;乙又和丙跑 100 米,乙到终点时,丙也只跑了 90 米。那甲和丙跑 100 米,甲到终点时,丙跑了(　　)米(甲、乙、丙三人均匀速跑步)。

A. 20　　B. 80　　C. 81　　D. 100

2. 某种农药是用药和水按照 1∶1200 的比例配制而成的药液,现有 6 kg 药,能配制这种农药(液态)(　　)kg。

A. 7200　　B. 7206　　C. 7212　　D. 7218

3. 下列图形是正方体的展开图的是(　　)

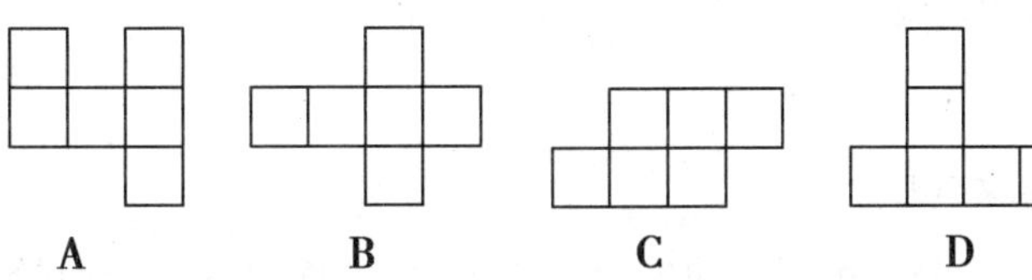

A　　B　　C　　D

4. 某中学举行电脑知识竞赛,现将高二两个班参赛学生的成绩进行整理后分成 5 组,绘制成如图所示的频率分布直方图,则参赛选手成绩的众数与中位数可能是(　　)

A. 65,65　　B. 70,65

C. 65,50　　D. 70,50

5. 平面上有 100 条直线,其中任意两条直线相交,且任意三条或三条以上的直线不相交于一点,则平面上的 100 条直线共有(　　)个交点。

A. 5000　　B. 5050　　C. 4950　　D. 4900

6. 已知函数 $f(x)=\begin{cases}x+1, x\leqslant 0,\\ \log_2 x, x>0,\end{cases}$ 则函数 $y=f(f(x))+1$ 的零点个数是(　　)

A. 4　　B. 3　　C. 2　　D. 1

7. 设 a,b,c,d 是非零实数,则“$ad=bc$”是“a,b,c,d 成等比数列”的(　　)

A. 充分不必要条件　　B. 必要不充分条件

C. 充分必要条件　　D. 既不充分也不必要条件

8. 若函数 $f(x)=\begin{cases}1-x^2, x\leqslant 1,\\ x^2+x-2, x>1,\end{cases}$ 则 $f\left(\frac{1}{f(2)}\right)$ 的值为(　　)

A. $\frac{15}{16}$　　B. $-\frac{27}{16}$　　C. $\frac{8}{9}$　　D. 18

9. 若直线 l_1 和 l_2 是异面直线,l_1 在平面 α 内,l_2 在平面 β 内,l 是平面 α 与平面 β 的交线,则下列命题正确的是(　　)

A. l 与 l_1,l_2 都不相交　　B. l 与 l_1,l_2 都相交

C. l 至多与 l_1,l_2 中的一条相交　　D. l 至少与 l_1,l_2 中的一条相交

10. 关于 x,y 的二元线性方程组 $\begin{cases}2x+my=5,\\ nx-3y=2\end{cases}$ 的增广矩阵经过变换,最后得到的矩阵为 $\begin{pmatrix}1 & 0 & 3\\ 0 & 1 & 1\end{pmatrix}$,则 $m+n=$(　　)

A. -1　　B. $\frac{2}{3}$　　C. $\frac{5}{3}$　　D. $-\frac{2}{3}$

11. 设 a,b,c 都是正数,且 $a+2b+c=1$,则 $\frac{1}{a}+\frac{1}{b}+\frac{1}{c}$ 的最小值为(　　)

A. 9　　B. 12　　C. $6+2\sqrt{2}$　　D. $6+4\sqrt{2}$

12. 一个六位数,如果它的前三位数码与后三位数码完全相同,顺序也相同,则此六位数可以被(　　)整除。

A. 111　　B. 1000　　C. 1001　　D. 1111

13. 某商店经销一批衬衣,进价为每件 m 元,零售价比进价高 $a\%$,后因市场的变化,该店把零售价调整为原来零售价的 $b\%$ 出售,那么调价后每件衬衣的零售价是(　　)

A. $m(1+a\%)(1-b\%)$　　B. $m\cdot a\%(1-b\%)$

C. $m(1+a\%)\cdot b\%$　　D. $m(1+a\%\cdot b\%)$

14. 抛物线 $y^2=4x$ 的焦点到双曲线 $x^2-\frac{y^2}{3}=1$ 的渐近线的距离是(　　)

A. $\frac{1}{2}$　　B. $\frac{\sqrt{3}}{2}$　　C. 1　　D. $\sqrt{3}$

15. 某次联欢会要安排3个歌舞类节目,2个小品类节目和1个相声节目的演出顺序,则同类节目不相邻的排法有(　　)种。

A. 72　　B. 144　　C. 168　　D. 120

16. 已知集合 $A=\{0,1,2\}$,则集合 $B=\{x-y \mid x\in A,y\in A\}$ 中元素的个数是(　　)

A. 1　　B. 3　　C. 5　　D. 9

17. "分子小于分母的分数叫作真分数",这种概念的定义方法是(　　)

A. 属加种差定义法　　B. 发生定义法

C. 列举定义法　　D. 约定式定义法

18. 以比较为基础,按照一定的标准,把具有相同性质的事物归为一类,不同性质的归入不同类别的思维方法是(　　)

A. 比较　　B. 分类　　C. 综合　　D. 分析

19. 概率研究的是随机现象,随机现象有两个最基本的特征:一是结果的随机性,二是频率的稳定性。这两个基本特征决定了概率的研究过程是在"偶然"中寻找"必然",然后再用"必然"的规律去解决"偶然"的问题,这其中体现的数学思想是(　　)

A. 偶然和必然思想　　B. 对应思想

C. 符号化思想　　D. 无限思想

20. 教师在教学过程中,应该设计适当的学习活动,引导学生通过观察、尝试、估算、归纳、类比、画图等活动发现一些规律,猜测某些结论,发展(　　)能力。

A. 逻辑推理　　B. 合情推理

C. 演绎推理　　D. 归纳推理

二、填空题(本大题共10小题,每小题2分,共20分)

21. 在一个比例中,两个外项互为倒数,其中一个内项是$\frac{15}{2}$,另一个内项是________。

22. 不等式 $\sqrt{2x^2+1}-x\leq 1$ 的解集是________。

23. 设 $a\in\mathbf{R}$,若复数 $(1+i)(a+i)$ 在复平面内对应的点位于实轴上,则 $a=$________。

24. 如右图所示,在 $\triangle ABC$ 中,$CE:BE=1:2$,$DE /\!/ AC$,若 $\triangle ABC$ 的面积为 S,则 $\triangle ADE$ 的面积为________。

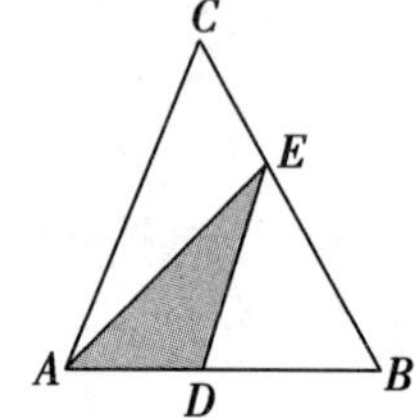

25. 已知 $(1+x)+(1+x)^2+(1+x)^3+\cdots+(1+x)^n=a_0+a_1x+a_2x^2+\cdots+a_{n-1}x^{n-1}+a_nx^n$,则 $\lim\limits_{n\to\infty}\frac{6n-5}{2a_{n-1}}=$________。

26. 设 $0<\theta<\frac{\pi}{2}$,向量 $\boldsymbol{a}=(\sin 2\theta,\cos\theta)$,$\boldsymbol{b}=(\cos\theta,1)$,若 $\boldsymbol{a}/\!/\boldsymbol{b}$,则 $\tan\theta=$________。

27. 曲线 $y=-5e^x+3$ 在点 $(0,-2)$ 处的切线方程为________。

28. 如右图,有一环形花坛分成A、B、C、D、E共5块,现有4种不同的花供选种,要求在每块花坛中种1种花,且相邻的两块种不同的花,则不同的种法总数为________。(用数字作答)

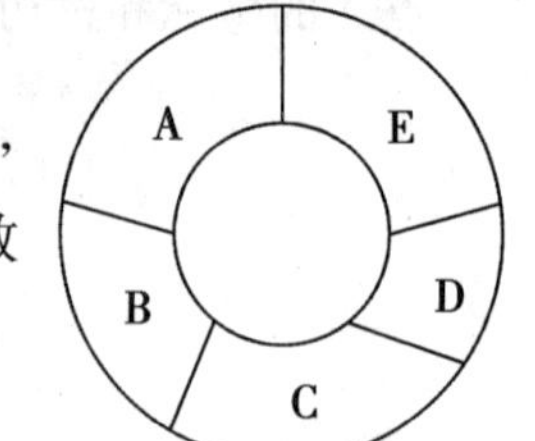

29. ________主要是指能够根据法则和运算律正确地进行运算的能力。

30. 数学教学应该是从学生的生活经验和________出发,向他们提供充分的从事数学活动和交流的机会,帮助他们在自主探索的过程中真正理解和掌握基本的________、________和________。

三、解答题(本大题共5小题,第31、32小题每小题5分,第33~35小题每小题10分,共40分)

31. 已知向量 $\boldsymbol{m}=(b\sin x,a\cos x)$,$\boldsymbol{n}=(\cos x,-\cos x)$,$f(x)=\boldsymbol{m}\cdot\boldsymbol{n}+a$,其中 $a,b,x\in\mathbf{R}$,且满足 $f\left(\frac{\pi}{6}\right)=2$,$f'(0)=2\sqrt{3}$。

(1)求 a,b 的值;(2分)

(2)若关于 x 的方程 $f(x)-\log_{\frac{1}{3}}k=0$ 在区间 $\left[0,\frac{2\pi}{3}\right]$ 上总有实数解,求实数 k 的取值范围。(3分)

32. 在曲线 $y=x^2(x\geqslant 0)$ 上某一点 A 处作一切线使之与曲线以及 x 轴所围成图形的面积为 $\frac{1}{12}$。试求切点 A 的坐标和过切点 A 的切线方程。

33. 已知椭圆 $C:\frac{x^2}{a^2}+\frac{y^2}{b^2}=1(a>b>0)$ 的离心率为 $\frac{\sqrt{2}}{2}$，点 $(2,\sqrt{2})$ 在 C 上。

(1)求椭圆 C 的方程；(4 分)

(2)直线 l 不过原点 O 且不平行于坐标轴，l 与 C 有两个交点 A,B，线段 AB 的中点为 M，证明：直线 OM 的斜率与直线 l 的斜率的乘积为定值。(6 分)

34. 已知函数$f(x)=ax-\ln x, x\in(0,e]$，$g(x)=\frac{\ln x}{x}$，其中 e 是自然常数，$a\in\mathbf{R}$。

(1)讨论 $a=1$ 时，$f(x)$的单调性、极值；(5 分)

(2)求证：在(1)的条件下，$f(x)>g(x)+\frac{1}{2}$。(5 分)

35. 等差数列$\{a_n\}$的前 n 项和为 S_n。已知 $a_1=10$，a_2为整数，且 $S_n\leqslant S_4$，$n\in\mathbf{N}_+$。

(1)求$\{a_n\}$的通项公式；(4 分)

(2)设 $b_n=\frac{1}{a_n a_{n+1}}$，求数列$\{b_n\}$的前 n 项和 T_n。(6 分)

教师招聘考试押题试卷(二)

小学数学

(时间:120 分钟　总分:100 分)

本套试卷共 26 小题,包括单项选择题(15 小题),填空题(5 小题),解答题(4 小题),简答题(1 小题),教学设计题(1 小题)。

一、单项选择题(本大题共 15 小题,每小题 2 分,共 30 分)

1. 设集合 $A=\{x|x^2+2x-3>0\}$,集合 $B=\{x|x^2-2ax-1\leqslant 0,a>0\}$,若 $A\cap B$ 中恰有一个整数,则实数 a 的取值范围是(　　)

A. $\left(0,\dfrac{3}{4}\right)$　　B. $\left[\dfrac{3}{4},\dfrac{4}{3}\right)$　　C. $\left[\dfrac{3}{4},+\infty\right)$　　D. $[1,+\infty)$

2. 如果关于 x 的一元二次方程 $x^2+4x+a=0$ 的两个不相等实数根 x_1,x_2 满足 $x_1x_2-2x_1-2x_2-5=0$,那么 a 的值为(　　)

A. 3　　B. -3　　C. 13　　D. -13

3. 已知圆柱的高为 1,它的两个底面的圆周在直径为 2 的同一个球的球面上,则该圆柱的体积为(　　)

A. π　　B. $\dfrac{3\pi}{4}$　　C. $\dfrac{\pi}{2}$　　D. $\dfrac{\pi}{4}$

4. 如图,AB 是⊙O 的直径,且经过弦 CD 的中点 H,已知 $\sin\angle CDB=\dfrac{3}{5}$,$BD=5$,则 AH 的长为(　　)

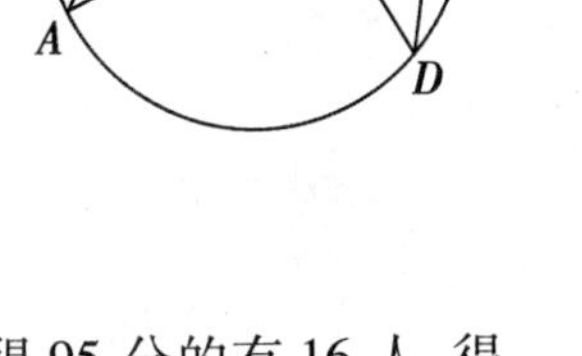

A. $\dfrac{25}{3}$　　B. $\dfrac{16}{3}$

C. $\dfrac{25}{6}$　　D. $\dfrac{16}{6}$

5. 某校举行四年级数学竞赛,获奖者中得 100 分的有 4 人,得 98 分的有 6 人,得 95 分的有 16 人,得 93 分的有 10 人,则获奖同学的平均分为(　　)分。

A. 94.5　　B. 95.5　　C. 96.5　　D. 97.5

6. 甲、乙两个容积相同的瓶子分别装满盐水,已知甲瓶中盐、水的比是 2∶9,乙瓶中盐、水的比是 3∶10,现在把甲、乙两瓶水混合在一起,则混合盐水中,盐与盐水的比是(　　)

A. 5∶24　　B. 5∶19　　C. 24∶5　　D. 59∶286

7. 已知函数 $f(x)$ 在 $\mathbf{R}$ 上满足 $f(x)=2f(2-x)-x^2+8x-8$,则曲线 $y=f(x)$ 在点 $(1,f(1))$ 处的切线方程是(　　)

A. $y=2x-1$　　B. $y=x$　　C. $y=3x-2$　　D. $y=-2x+3$

8. 设 F 为抛物线 $y^2=4x$ 的焦点,A,B,C 为该抛物线上三点,若 $\overrightarrow{FA}+\overrightarrow{FB}+\overrightarrow{FC}=\mathbf{0}$,则 $|\overrightarrow{FA}|+|\overrightarrow{FB}|+|\overrightarrow{FC}|=$(　　)

A. 9　　B. 6　　C. 4　　D. 3

9. 已知复数 z 的实部为 1,虚部为 -1,则 $\dfrac{1}{z}$ 表示的点在(　　)

A. 第一象限　　B. 第二象限　　C. 第三象限　　D. 第四象限

10. 现安排甲、乙、丙、丁、戊 5 名同学参加上海世博会志愿者服务活动,每人从事翻译、导游、礼仪、司机四项工作之一,每项工作至少有一人参加。甲、乙不会开车但能从事其他三项工作,丙、丁、戊都能胜任四项工作,则不同安排方案的种数是(　　)

A. 152　　B. 126　　C. 90　　D. 54

11. 若函数 $f(x)=\sin(3x+\varphi)$ 满足 $f(a+x)=f(a-x)$,则 $f\left(a+\dfrac{\pi}{6}\right)$ 的值为(　　)

A. $\dfrac{\sqrt{3}}{2}$　　B. ±1　　C. 0　　D. $\dfrac{1}{2}$

12. $x=-2$ 是行列式 $D=\begin{vmatrix}1 & 1 & 1\\ 1 & x & x^2\\ 1 & -2 & 4\end{vmatrix}=0$ 的(　　)

A. 充分必要条件　　B. 充分不必要条件

C. 必要不充分条件　　D. 既不充分也不必要条件

13. 已知 $f(x)=ax^2+bx$ 是定义在 $[a-3,2a]$ 上的偶函数,则 $a+b$ 的值是(　　)

A. 0　　B. 1　　C. 2　　D. 3

14. 数学是人类的一种文化,它的内容、思想、(　　)是现代文明的重要组成部分。

A. 数据与整理　　B. 推理和证明

C. 方法和语言　　D. 计算与估算

15. 解不等式 $|a-1|>4$ 的时候,需要讨论 a 的取值情况,这体现了数学思想中的(　　)

A. 分类讨论思想　　B. 数学模型思想

C. 符号化思想　　D. 归纳整理思想

二、填空题(本大题共5小题,每小题2分,共10分)

16. 设a,b均为自然数,且$3a>b$,若a除以5余1,b除以5余4,则$(3a-b)$除以5的余数是________。

17. 执行下列的程序框图,输出的T的值为________。

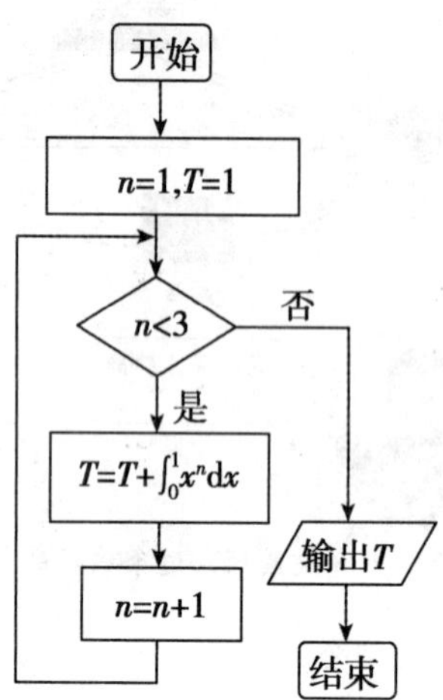

18. $a=\dfrac{1}{\sqrt{5}-3}$,$b=\dfrac{1}{\sqrt{5}+3}$,则$(a+b)^2$的值为________。

19. 已知平面向量$\boldsymbol{a},\boldsymbol{b}$满足$|\boldsymbol{a}|=2$,$|\boldsymbol{b}|=1$,$\boldsymbol{a}$与$\boldsymbol{b}$的夹角为60°,则$|\boldsymbol{a}+2\boldsymbol{b}|=$________。

20. 观察下列各式:

$C_1^0=4^0$;$C_3^0+C_3^1=4^1$;$C_5^0+C_5^1+C_5^2=4^2$;

$C_7^0+C_7^1+C_7^2+C_7^3=4^3$;……

照此规律,当$n\in\mathbf{N}^*$时,$C_{2n-1}^0+C_{2n-1}^1+C_{2n-1}^2+\cdots+C_{2n-1}^{n-1}=$________。

三、解答题(本大题共4小题,第21、22小题每小题7分,第23、24小题每小题8分,共30分)

21. 甲、乙两人从A、B两地同时出发,相向而行,25分钟后相遇,相遇后两人继续前进,5分钟后甲到达B地,甲调头并将速度提高1倍,恰好在A地追上乙。问:乙走完全程需要多少时间?

22. 某厂生产产品x件的总成本$c(x)=1200+\dfrac{2}{75}x^3$(万元),已知产品单价$p$(万元)与产品件数$x$满足:$p^2=\dfrac{k}{x}$,生产100件这样的产品单价为50万元。

(1)设产量为x件时,总利润为$L(x)$(万元),求$L(x)$的解析式;(3分)

(2)产量x定为多少件时总利润$L(x)$(万元)最大?并求最大值。(精确到1万元)(4分)

23. 如图,点D是⊙O的直径CA延长线上一点,点B在⊙O上。

(1)若$\angle D=\angle C=30°$,求证:BD是⊙O的切线;(3分)

(2)点E是劣弧BC上一点,AE与BC相交于点F,分别过B,F两点作DC的垂线,垂足分别为M,N,且$CN:CM=2:3$。若△ABC的面积为12cm^2,$\cos\angle EFC=\dfrac{2}{3}$,求△$BFE$的面积。(5分)

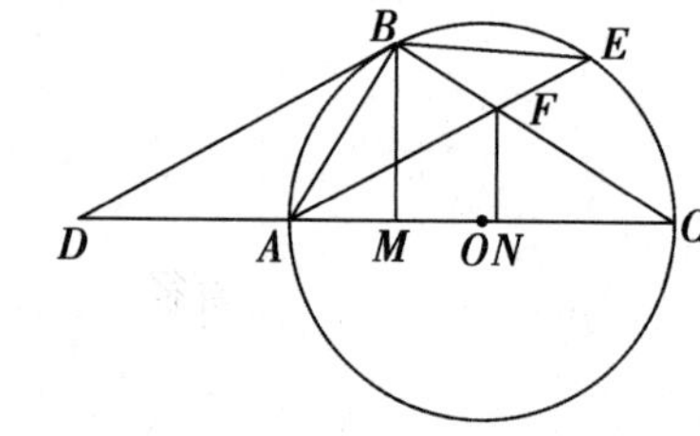

24. 已知数列$\{a_n\}$的前n项和为S_n，$a_1=1$，$S_{n+1}=4a_n+2(n\geq1,n\in\mathbf{N}_+)$。

(1)设$b_n=a_{n+1}-2a_n$，证明数列$\{b_n\}$是等比数列；(3分)

(2)求数列$\{a_n\}$的通项公式。(5分)

四、简答题(本大题共10分)

25. 简述小学数学教学方法选择的依据。

五、教学设计题(本大题共20分)

26. 先阅读以下材料(义务教育教科书人教版《数学》四年级下册的部分内容)，再回答下面的问题。

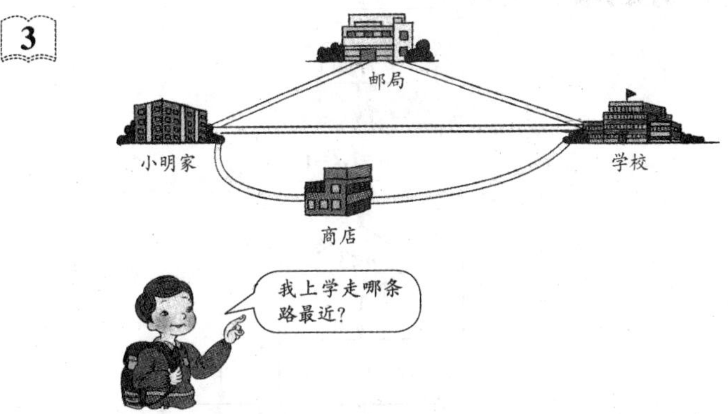

两点间所有连线中线段最短，这条线段的长度叫做**两点间的距离**。

4 我们来做个实验。

剪出下面4组纸条(单位：cm)。

(1)6、7、8。　　(2)4、5、9。

(3)3、6、10。　　(4)8、11、11。

用每组纸条摆三角形。

三角形任意两边的和大于第三边。

(1)根据教材所创设的“小明上学线路”情境，试分析编者的创设意图；(5分)

(2)教材中摆三角形的实验在本节课的学习过程中起到什么作用？(5分)

(3)对新授部分写出简单的教学设计。(10分)

教师招聘考试押题试卷(三)

小学数学

(时间:120 分钟　总分:100 分)

本套试卷共 28 小题,包括单项选择题(15 小题),填空题(8 小题),解答题(4 小题),案例分析题(1 小题)。

一、单项选择题(本大题共 15 小题,每小题 2 分,共 30 分)

1. 教学"圆的面积"时,渗透的最重要的数学思想是(　　)

A. 分类思想　　B. 集合思想

C. 极限思想　　D. 函数思想

2. 推理一般包括(　　)

A. 逻辑推理和类比推理　　B. 逻辑推理和演绎推理

C. 合情推理和演绎推理　　D. 逻辑推理和合情推理

3.《义务教育数学课程标准》(2011 年版)从问题解决方面阐述课程总目标时提出获得分析问题和解决问题的一些基本方法,体验解决问题方法的多样性,发展(　　)

A. 创新意识　　B. 模型思想

C. 合作意识　　D. 应用意识

4. 概念"实数"与"有理数"之间的关系是(　　)

A. 交叉关系　　B. 属种关系

C. 对立关系　　D. 同一关系

5. 已知 $x=\frac{1}{e}$ 是函数 $f(x)=x\ln(ax)+1$ 的极值点,则 $a=$(　　)

A. $\frac{1}{2}$　　B. 1　　C. $\frac{1}{e}$　　D. 2

6. 设 A 与 B 为相互独立事件,则下列等式正确的是(　　)

A. $P(AB)=1$　　B. $P(AB)=0$

C. $P(AB)=P(A)P(B)$　　D. $P(AB)=P(A)+P(B)$

7. 设三位数 $3a2$ 加上 336,得另一个三位数 $6b8$,若 $6b8$ 能被 9 整除,则 $a+b$ 等于(　　)

A. 3　　B. 4

C. 5　　D. 6

8. 已知正数组成的等差数列 $\{a_n\}(n\in\mathbf{N}_+)$,前 20 项和为 100,则 $a_7\cdot a_{14}$ 的最大值是(　　)

A. 25　　B. 50

C. 100　　D. 不存在

9. 正四棱锥的顶点都在同一球面上,若该棱锥的高为 4,底面边长为 2,则该球的表面积为(　　)

A. $\frac{81\pi}{4}$　　B. 16π　　C. 9π　　D. $\frac{27\pi}{4}$

10. 设 $f(x)=\frac{x^2-1}{\sqrt{3-x}-\sqrt{1+x}}$,则 $\lim\limits_{x\to 1}f(x)=$(　　)

A. 0　　B. $\sqrt{2}$

C. $-2\sqrt{2}$　　D. $2\sqrt{2}$

11. 已知向量组 $\boldsymbol{\alpha}_1,\boldsymbol{\alpha}_2,\boldsymbol{\alpha}_3,\boldsymbol{\alpha}_4$ 线性无关,则下列命题正确的是(　　)

A. $\boldsymbol{\alpha}_1+\boldsymbol{\alpha}_2,\boldsymbol{\alpha}_2+\boldsymbol{\alpha}_3,\boldsymbol{\alpha}_3+\boldsymbol{\alpha}_4,\boldsymbol{\alpha}_4+\boldsymbol{\alpha}_1$ 线性无关

B. $\boldsymbol{\alpha}_1-\boldsymbol{\alpha}_2,\boldsymbol{\alpha}_2-\boldsymbol{\alpha}_3,\boldsymbol{\alpha}_3-\boldsymbol{\alpha}_4,\boldsymbol{\alpha}_4-\boldsymbol{\alpha}_1$ 线性无关

C. $\boldsymbol{\alpha}_1+\boldsymbol{\alpha}_2,\boldsymbol{\alpha}_2+\boldsymbol{\alpha}_3,\boldsymbol{\alpha}_3-\boldsymbol{\alpha}_4,\boldsymbol{\alpha}_4-\boldsymbol{\alpha}_1$ 线性无关

D. $\boldsymbol{\alpha}_1+\boldsymbol{\alpha}_2,\boldsymbol{\alpha}_2-\boldsymbol{\alpha}_3,\boldsymbol{\alpha}_3-\boldsymbol{\alpha}_4,\boldsymbol{\alpha}_4-\boldsymbol{\alpha}_1$ 线性无关

12. 已知圆 C 的方程为 $x^2+y^2-6x-8y=0$,过点 $A(3,5)$ 的直线被圆所截,则截得的最短弦的长度为(　　)

A. $2\sqrt{6}$　　B. $3\sqrt{6}$

C. $4\sqrt{6}$　　D. $5\sqrt{6}$

13. 在检测 100 个手机芯片时发现有 1 个不合格(质量稍轻),用天平找次品的方法,我们至少称(　　)次才能保证找到这块芯片。

A. 5　　B. 4

C. 3　　D. 2

14. 已知 $x>0,y>0,x+y=1$,则 $\frac{1}{x}+\frac{4}{y+1}$ 的最小值为(　　)

A. $\frac{14}{3}$　　B. 6　　C. $\frac{9}{2}$　　D. $\frac{2}{9}$

15. 在复平面内复数 $z=\dfrac{3+4\mathrm{i}}{1-\mathrm{i}}$ 的对应点在(　　)

A. 第一象限　　B. 第二象限

C. 第三象限　　D. 第四象限

二、填空题(本大题共 8 小题,每小题 2 分,共 16 分)

16. 已知双曲线 $\dfrac{x^2}{a^2}-\dfrac{y^2}{b^2}=1(a>0,b>0)$ 与抛物线 $y^2=8x$ 有公共焦点,且双曲线上的点到坐标原点的最短距离为 1,则该双曲线的离心率为________。

17. 已知函数 $f(x)=\begin{cases}\log_3(x+1), & x>0,\\ 3^{-x}, & x\leqslant 0,\end{cases}$ 若 $f(m)>1$,则 m 的取值范围是________。

18. 有 5 本不同的书,其中语文书 2 本,数学书 2 本,物理书 1 本。若将其随机地并排摆放到图书架的同一层上,则同一科目的书都不相邻的概率是________。

19. 函数 $y=\sin 2x+2\sqrt{3}\sin^2 x$ 的最小正周期为________。

20. 已知函数 $f(x)=\sin x\tan x$,给出下列结论:

①函数 $f(x)$ 是偶函数;

②函数 $f(x)$ 在区间 $\left(-\dfrac{\pi}{2},0\right)$ 上是增函数;

③函数 $f(x)$ 的最小正周期是 2π;

④函数 $f(x)$ 的图象关于直线 $x=\pi$ 对称。

其中正确结论的序号是________。

21. 如图,矩形内有两个相邻的正方形面积分别为 4 和 2,那么阴影部分的面积为________。

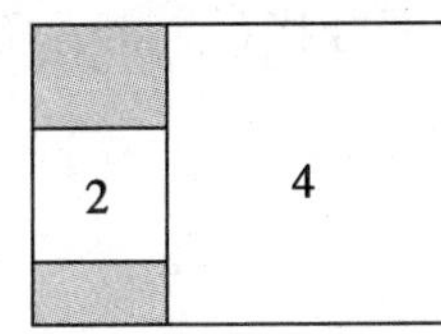

22. 已知 $a\in\left[0,\dfrac{\pi}{2}\right]$,则当 $\int_0^a(\cos x-\sin x)\mathrm{d}x$ 取最大值时,$a=$________。

23.《义务教育数学课程标准》(2011 年版)要求评价结果的呈现采用定性和定量相结合的方式,第一学段的评价是以描述性评价为主,第二学段的评价是以________和________相结合的方式。

三、解答题(本大题共 4 小题,第 24、25 小题每小题 10 分,第 26、27 小题每小题 12 分,共 44 分)

24. 如图是一块长方形区域 $ABCD$,$AD=2\mathrm{km}$,$AB=1\mathrm{km}$。在边 AD 的中点 O 处,有一个可转动的探照灯,其照射角 $\angle EOF$ 始终为 $\dfrac{\pi}{4}$,设 $\angle AOE=\alpha\left(0\leqslant\alpha\leqslant\dfrac{3\pi}{4}\right)$,探照灯 O 照射在长方形 $ABCD$ 内部区域的面积为 S。

(1)当 $0\leqslant\alpha<\dfrac{\pi}{2}$ 时,写出 S 关于 α 的函数表达式;(5 分)

(2)当 $0\leqslant\alpha\leqslant\dfrac{\pi}{4}$ 时,求 S 的最大值。(5 分)

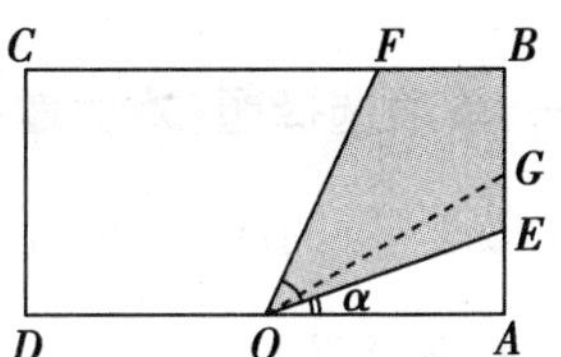

25. 如图,已知四棱锥 $P-ABCD$ 的底面为直角梯形,$AB\parallel CD$,$\angle DAB=90°$,$PA\perp$ 底面 $ABCD$,且 $PA=AD=DC=\dfrac{1}{2}AB=1$,$M$ 是 PB 的中点。

(1)求证:$AM=CM$;(5 分)

(2)若 N 是 PC 的中点,求证:$DN\parallel$ 平面 AMC。(5 分)

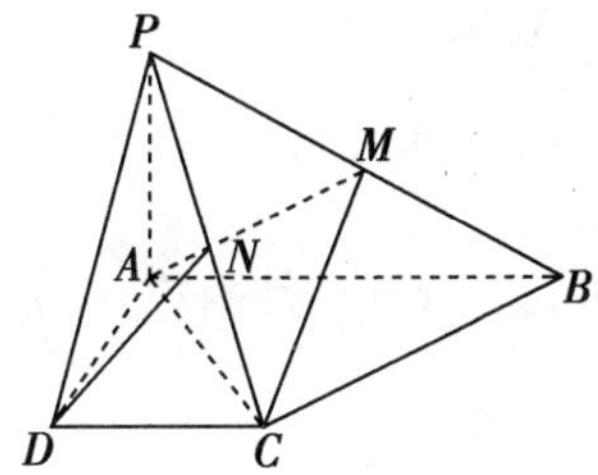

26. 已知圆 $M:x^2+(y-2)^2=1$,直线 $l:y=-1$,动圆 P 与圆 M 相外切,且与直线 l 相切。设动圆圆心 P 的轨迹为 E。

(1)求 E 的方程;(5 分)

(2)若点 A,B 是 E 上的两个动点,O 为坐标原点,且$\overrightarrow{OA}\cdot\overrightarrow{OB}=-16$,求证:直线 AB 恒过定点。(7 分)

27. 设函数 $f(x)=[ax^2-(3a+1)x+3a+2]e^x$。

(1)若曲线 $y=f(x)$ 在点 $(2,f(2))$ 处的切线斜率为 0,求 a 的值;(5 分)

(2)若 $f(x)$ 在 $x=1$ 处取得极小值,求 a 的取值范围。(7 分)

四、案例分析题(本大题共 10 分)

28. **案例**:怎样计算圆的面积,能否把圆转换成下面的图形来计算其面积?

做实验。在硬纸上画个圆,分为若干(偶)等份,剪开,用这些类似等腰三角形的小纸片拼一拼,你发现了什么?若分的份数越多,每份越小,拼成的图形越近似长方形。

问题:

(1)案例中内容体现什么样的数学思想?(2 分)

(2)拟定该内容的教学目标;(3 分)

(3)该内容的教学重点是什么?针对重点设计相应的教学活动。(5 分)

教师招聘考试押题试卷(四)

小学数学

(时间:120 分钟　总分:100 分)

本套试卷共 28 小题,包括单项选择题(15 小题),填空题(8 小题),解答题(3 小题),简答题(1 小题),教学设计题(1 小题)。

一、单项选择题(本大题共 15 小题,每小题 2 分,共 30 分)

1. 已知集合 $M=\{x|x^2-1\leqslant 0\}$,$N=\{x\in\mathbf{Z}|\frac{1}{2}<2^{x+1}\leqslant 4\}$,则 $M\cap N=$(　　)

A. $\{1\}$　　B. $\{-1\}$

C. $\{-1,0,1\}$　　D. $\varnothing$

2. 已知命题 $q:\forall x\in\mathbf{R},x^2>0$,则(　　)

A. 命题 $\neg q:\forall x\in\mathbf{R},x^2\leqslant 0$ 为假命题

B. 命题 $\neg q:\forall x\in\mathbf{R},x^2\leqslant 0$ 为真命题

C. 命题 $\neg q:\exists x_0\in\mathbf{R},x_0^2\leqslant 0$ 为假命题

D. 命题 $\neg q:\exists x_0\in\mathbf{R},x_0^2\leqslant 0$ 为真命题

3. 把一个高为 24cm 的圆锥形容器装满水,将这些水全部倒入等底的圆柱形容器里,水的高度是(　　)

A. 72cm　　B. 24cm

C. 16cm　　D. 8cm

4. 甲、乙、丙三数,乙数是甲数的$\frac{3}{5}$,丙数是甲数的$\frac{5}{9}$,乙数比丙数多 10。乙数是(　　)

A. 150　　B. 200　　C. 160　　D. 135

5. 小明做了 6 次掷质地均匀的硬币试验,在前 5 次试验中,有 2 次正面朝上,3 次正面朝下,那么第 6 次试验硬币正面朝上的概率是(　　)

A. 1　　B. 0　　C. 0.5　　D. 不稳定

6. 已知矩形 $ABCD$ 中,$AB=\sqrt{2}$,$BC=1$,则$\overrightarrow{AC}\cdot\overrightarrow{DB}$等于(　　)

A. 1　　B. -1　　C. $\sqrt{6}$　　D. $2\sqrt{2}$

7. 设函数 $f(x)=e^x+2x-4$,$g(x)=\ln x+2x^2-5$,若实数 a,b 分别是 $f(x),g(x)$ 的零点,则(　　)

A. $g(a)<0<f(b)$　　B. $f(b)<0<g(a)$

C. $0<g(a)<f(b)$　　D. $f(b)<g(a)<0$

8. 已知 $A(0,-1)$,$B(0,1)$两点,$\triangle ABC$ 的周长为 6,则$\triangle ABC$ 的顶点 C 的轨迹方程是(　　)

A. $\frac{x^2}{4}+\frac{y^2}{3}=1(x\neq\pm 2)$　　B. $\frac{y^2}{4}+\frac{x^2}{3}=1(y\neq\pm 2)$

C. $\frac{x^2}{4}+\frac{y^2}{3}=1(x\neq 0)$　　D. $\frac{y^2}{4}+\frac{x^2}{3}=1(y\neq 0)$

9. 函数 $f(x)=\cos\left(2x-\frac{\pi}{3}\right)+2\sin\left(x-\frac{\pi}{4}\right)\sin\left(x+\frac{\pi}{4}\right)$的最小正周期为(　　)

A. $\frac{\pi}{3}$　　B. $\frac{\pi}{2}$　　C. $\frac{3\pi}{4}$　　D. π

10. 如图,边长为 1 的正方形 $ABCD$ 绕点 A 逆时针旋转 30°到正方形 $AB'C'D'$,则图中阴影部分的面积为(　　)

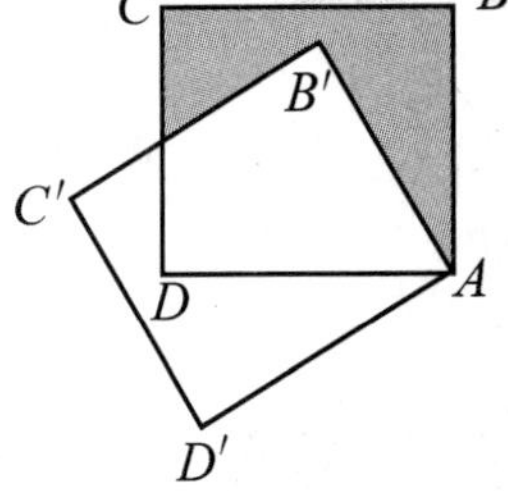

A. 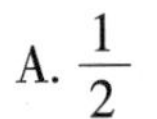 $\frac{1}{2}$　　B. 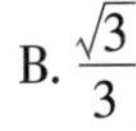 $\frac{\sqrt{3}}{3}$

C. $1-\frac{\sqrt{3}}{4}$　　D. $1-\frac{\sqrt{3}}{3}$

11. 记 S_n为等差数列$\{a_n\}$的前 n 项和。若 $3S_3=S_2+S_4$,$a_1=2$,则 $a_5=$(　　)

A. -12　　B. -10

C. 10　　D. 12

12. 曲线 $y=1+\sqrt{4-x^2}$与直线 $y=k(x-2)+4$ 有两个交点,则实数 k 的取值范围是(　　)

A. $\left(0,\frac{5}{12}\right)$　　B. $\left(\frac{5}{12},+\infty\right)$　　C. $\left(\frac{1}{3},\frac{3}{4}\right]$　　D. $\left(\frac{5}{12},\frac{3}{4}\right]$

13. 在讲解三角形的面积公式时,用平行四边形的面积公式进行推导,在这一过程中用到的数学思想方法是(　　)

A. 化繁为简　　B. 转化

C. 抽象到具体　　D. 特殊到一般

14. 下列关于《义务教育数学课程标准》(2011 年版)说法不正确的是(　　)

A. 数学课程标准并不规定内容的呈现形式和顺序

B. 在“数与代数”的领域内,函数、方程、不等式之间均存在着实质性联系,而代数与几何、统计之间不存在一定的实质性联系

C. 数学中有一些重要内容、方法、思想是需要学生经历较长的认识过程,逐步理解和掌握的

D. 配置习题时应考虑其与相应内容之间的协调性

15. 数学思维的特性主要有(　　)

A. 概括性、问题性、相对性

B. 概括性、特殊性、相似性

C. 概括性、问题性、相似性

D. 概括性、间接性、问题性

二、填空题(本大题共 8 小题,每小题 2 分,共 16 分)

16. 在自然数 0 ~ 9 中任意选三个不同的数,使得它们的积是偶数,共有________种不同的选法。

17. 已知函数 $f(x)=\sin x$,则 $\lim\limits_{\Delta x\to 0}\dfrac{f\left(\dfrac{\pi}{2}+\Delta x\right)-f\left(\dfrac{\pi}{2}\right)}{\Delta x}=$________。

18. 具有性质 $f\left(-\dfrac{1}{x}\right)=-f(x)$ 的函数,我们称其为满足"倒负"变换的函数。下列函数:①$y=x-\dfrac{1}{x}$;②$y=x+\dfrac{1}{x}$;③$y=\begin{cases}x,0<x<1,\\0,x=1,\\-\dfrac{1}{x},x>1,\end{cases}$ 其中不满足"倒负"变换的函数是________。

19. 已知椭圆 C 的中心在坐标原点,长轴在 x 轴上,离心率为 $\dfrac{\sqrt{3}}{2}$,且 C 上一点到 C 的两个焦点的距离之和为 12,则椭圆 C 的标准方程为________。

20. 已知 $x>0,y>0$ 且 $x+y=1$,则 $\dfrac{8}{x}+\dfrac{2}{y}$ 的最小值为________。

21. 设数列 $\{a_n\}$ 满足 $a_1=\dfrac{2}{3}$,且对任意的 $n\in\mathbf{N}^*$,满足 $a_{n+2}-a_n\leqslant 2^n$,$a_{n+4}-a_n\geqslant 5\times 2^n$,则 $a_{2017}=$________。

22. 推理能力的发展应贯穿于整个数学学习过程中,推理是数学的基本思维方式,一般包括________和________。

23.《义务教育数学课程标准》(2011 年版)在教学建议中提出,重视学生在学习活动中的主体地位主要体现在________。(写出所有正确结论的编号)

①学生是数学学习的主体,在积极参与学习活动的过程中不断得到发展;

②教师应成为学生学习活动的组织者、引导者、合作者,为学生的发展提供良好的环境和条件;

③处理好学生主体地位和教师主导作用的关系;

④注重学生对基础知识、基本技能的理解和掌握。

三、解答题(本大题共 3 小题,第 24 小题 7 分,第 25 小题 8 分,第 26 小题 10 分,共 25 分)

24. 解齐次线性方程组 $\begin{cases}2x_1-4x_2+2x_3+7x_4=0,\\3x_1-6x_2+4x_3+3x_4=0,\\5x_1-10x_2+4x_3+25x_4=0。\end{cases}$

25. 已知函数 $f(x)=ax^3+bx^2$ 经过点 $M(1,4)$,在点 M 处的切线恰与直线 $x+9y+5=0$ 垂直。

(1)求 a,b 的值;(3 分)

(2)求函数 $f(x)$ 的单调区间。(5 分)

26. 如图，已知△ABC 中，$AB=15$，$AC=20$，$\tan A=\frac{1}{2}$，点 P 在 AB 边上，⊙P 的半径为定长，当点 P 与点 B 重合时，⊙P 恰好与 AC 边相切；当点 P 与点 B 不重合时，⊙P 与 AC 边相交于点 M 和点 N。

(1)求⊙P 的半径；(4 分)

(2)当 $AP=6\sqrt{5}$时，试探究△APM 与△PCN 是否相似，并说明理由。(6 分)

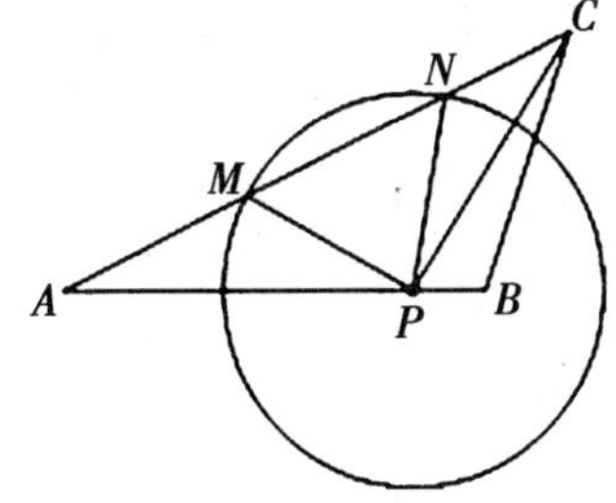

四、简答题(本大题共 9 分)

27. 小学生常常会出现如下解题错误：

$44\times25=(11\times4)\times25$

$=(11\times25)\times(4\times25)$

$=275\times100$

$=27\ 500$。

问题：

(1)指出解题过程中的错误之处，并分析导致错误的原因；(4 分)

(2)针对错误原因，给出教学建议避免此类错误再发生。(5 分)

五、教学设计题(本大题共 20 分)

28. 素材："质数与合数"是人教版五年级下册第二单元的内容，本部分知识是对整数认识的一次拓展，是在学生初步认识了自然数以及初步认识因数、倍数、奇数、偶数和 2，3，5 倍数的特征的基础上进行学习的，为后面学习求最大公因数、最小公倍数以及约分、通分打下基础。在本节课中，要求学生能用自己的方法找出 100 以内的质数，并熟练判断 20 以内的数哪个是质数，哪个是合数。

请根据素材设计"质数与合数"的教学过程。

教师招聘考试押题试卷(五)

小学数学

(时间:120 分钟　总分:100 分)

本套试卷共 35 小题,包括单项选择题(30 小题),解答题(5 小题)。

一、单项选择题(本大题共 30 小题,每小题 2 分,共 60 分)

1. 以下各数中,$\sqrt{5}$, -2, 0, $3\sqrt{4}$, $\frac{22}{7}$, -1.732, $\sqrt{25}$, $\frac{\pi}{2}$, $3+\sqrt{29}$, 0. 101 001 000 1…,无理数的个数有(　　)

A. 1 个　　B. 2 个　　C. 3 个　　D. 4 个

2. 已知 $a=\log_2 e$, $b=\ln 2$, $c=\log_{\frac{1}{2}}\frac{1}{3}$,则 a,b,c 的大小关系为(　　)

A. $a>b>c$　　B. $b>a>c$　　C. $c>b>a$　　D. $c>a>b$

3. 甲、乙、丙、丁四位同学一起去向老师询问成语竞赛的成绩。老师说:你们四人中有 2 位优秀,2 位良好,我现在给甲看乙、丙的成绩,给乙看丙的成绩,给丁看甲的成绩。看后甲对大家说:我还是不知道我的成绩。根据以上信息,则(　　)

A. 乙可以知道四人的成绩　　B. 丁可以知道四人的成绩

C. 乙、丁可以知道对方的成绩　　D. 乙、丁可以知道自己的成绩

4. 现有 2 门不同的考试要安排在 5 天之内进行,每天最多进行一门考试,且不能连续两天有考试,那么不同的考试安排方案种数是(　　)

A. 12　　B. 6　　C. 8　　D. 16

5. 设集合 $A=\left\{x\,|\,\frac{x}{x-1}<0\right\}$, $B=\{x\,|\,0<x<3\}$,那么"$x\in A$"是"$x\in B$"的(　　)

A. 充要条件　　B. 必要不充分条件

C. 充分不必要条件　　D. 既不充分也不必要条件

6. 已知函数 $f(x)$ 是定义域为 $\mathbf{R}$ 的偶函数,当 $x\leq 0$ 时,$f(x)=x^2+4x$,则 $f(x+2)>5$ 的解集为(　　)

A. $(-\infty,-5)\cup(5,+\infty)$　　B. $(-\infty,-5)\cup(3,+\infty)$

C. $(-\infty,-7)\cup(3,+\infty)$　　D. $(-\infty,-7)\cup(7,+\infty)$

7. 如图,在平面直角坐标系 xOy 中,⊙A 切 y 轴于点 B,且点 A 在反比例函数 $y=\frac{4\sqrt{3}}{x}(x>0)$ 的图象上,连结 OA 交⊙A 于点 C,且点 C 为 OA 中点,则图中阴影部分的面积为(　　)

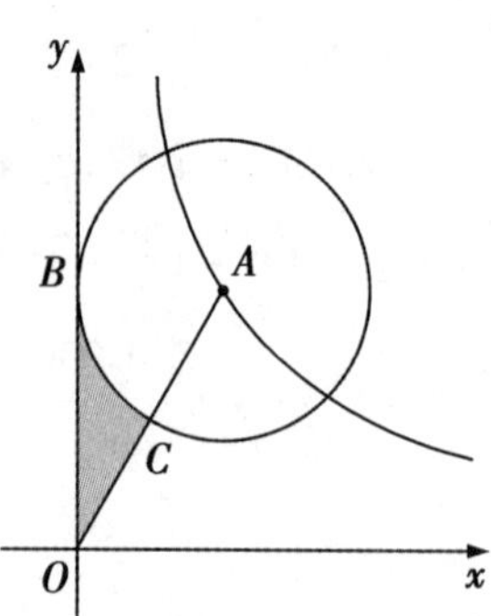

A. $4\sqrt{3}-\frac{\pi}{3}$　　B. $4\sqrt{3}-\frac{2\pi}{3}$

C. $2\sqrt{3}-\frac{\pi}{3}$　　D. $2\sqrt{3}-\frac{2\pi}{3}$

8. 近年来智能手机兴起,手机应用的图标也是纷繁多样,下面的几个图标中,能不重复地一笔画完的图标有(　　)

  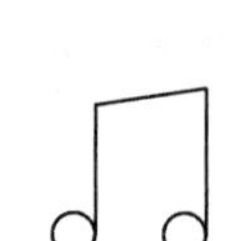 

A. 1 个　　B. 2 个　　C. 3 个　　D. 4 个

9. 一个棱锥的三视图如下图所示,则该棱锥的表面积为(　　)

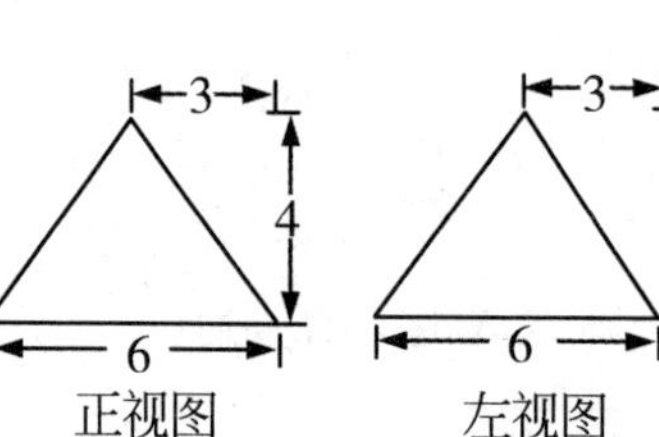

正视图

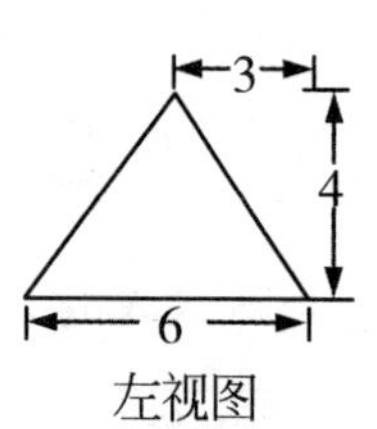

左视图

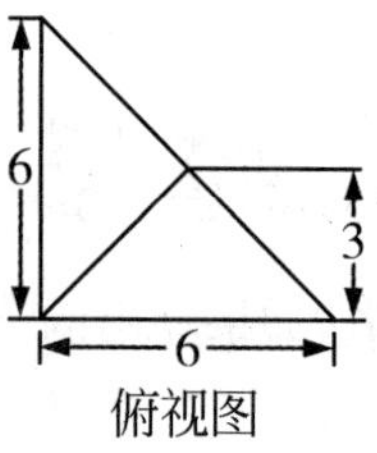

俯视图

A. $48+12\sqrt{2}$　　B. $48+24\sqrt{2}$

C. $36+12\sqrt{2}$　　D. $36+24\sqrt{2}$

10. 双曲线 $\frac{x^2}{a^2}-\frac{y^2}{b^2}=1(a>0,b>0)$ 的左、右焦点分别为 F_1, F_2,离心率为 e。过 F_2 的直线与双曲线的右支交于 A, B 两点,若 $\triangle F_1AB$ 是以 A 为直角顶点的等腰直角三角形,则 e^2 的值是(　　)

A. $1+2\sqrt{2}$　　B. $3+2\sqrt{2}$

C. $4-2\sqrt{2}$　　D. $5-2\sqrt{2}$

11. 从1,2,3,4,5,6这六个数字中任取3个不同的数字组成一个三位数,则这个三位数是偶数的概率是(　　)

A. $\frac{1}{5}$　　B. $\frac{1}{3}$　　C. $\frac{1}{2}$　　D. $\frac{1}{4}$

12. 设 $a_1,a_2,a_3,\cdots$ 是一列正整数,其中 a_1 表示第一个数,a_2 表示第二个数,依次类推,a_n 表示第 n 个数(n 是正整数),已知 $a_1=1,4a_n=(a_{n+1}-1)^2-(a_n-1)^2$,则 $a_{2019}=$(　　)

A. 4 030　　B. 4 035　　C. 4 036　　D. 4 037

13. 定积分 $\int_0^1 \frac{x^2}{1+x}dx=$(　　)

A. ln2

B. $\ln2-\frac{1}{2}$

C. $\ln3-\frac{1}{2}$

D. 1

14. 新能源汽车环保节能,越来越受到消费者的喜爱,各种品牌相继投放市场,一汽贸公司经销某品牌新能源汽车,去年销售总额为5000万元,今年1~3月份,每辆车的销售价格比去年降低1万元,销售数量与去年一整年的相同,销售总额比去年一整年的少20%,今年1~3月份每辆车的销售价格是多少万元?设今年1~3月份每辆车的销售价格为 x 万元,则可列方程为(　　)

A. $\frac{5000}{x+1}=\frac{5000(1-20\%)}{x}$

B. $\frac{5000}{x+1}=\frac{5000(1+20\%)}{x}$

C. $\frac{5000}{x-1}=\frac{5000(1-20\%)}{x}$

D. $\frac{5000}{x-1}=\frac{5000(1+20\%)}{x}$

15. 下列级数收敛的是(　　)

A. $\sum_{n=1}^{\infty}\frac{1}{n\sqrt[n]{n}}$　　B. $\sum_{n=1}^{\infty}\frac{(n!)^2}{2n^2}$　　C. $\sum_{n=1}^{\infty}\frac{n\cos^2\frac{n\pi}{3}}{2^n}$　　D. $\sum_{n=1}^{\infty}\frac{1}{n}$

16. 执行下边的程序框图,如果输出的 y 值为1,则输入的 x 的值为(　　)

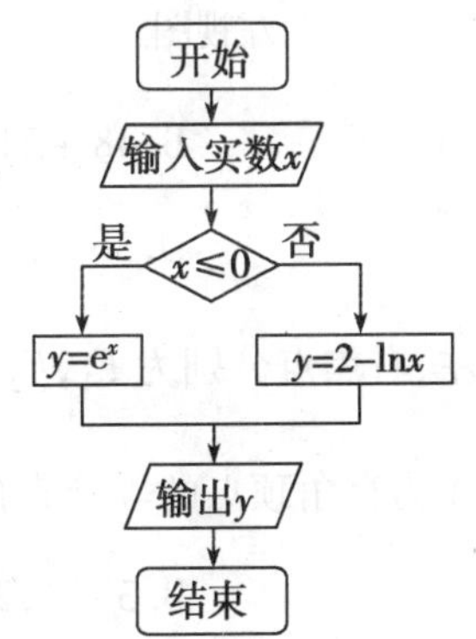

A. 0　　B. e　　C. 0或e　　D. 0或1

17. 将函数 $f(x)=\sin x$ 的图象向右平移 $\frac{\pi}{4}$ 个单位长度后得到函数 $y=g(x)$ 的图象,则函数 $f(x)g(x)$ 的最大值为(　　)

A. $\frac{2+\sqrt{2}}{4}$

B. $\frac{2-\sqrt{2}}{4}$

C. 1

D. $\frac{1}{2}$

18. 将两个棱长为10cm的正方体铜块熔化后铸成底面边长为5cm的正四棱柱,则该四棱柱的高为(　　)

A. 8cm　　B. 80cm　　C. 40cm　　D. $\frac{16}{5}$cm

19. 能被2002整除的且个位数字不为0的七位数的各个数字之和最小是(　　)

A. 4　　B. 6　　C. 8　　D. 10

20. 已知集合 $A=\{x|x^2-3x+2=0,x\in\mathbf{R}\}$,$B=\{x|0<x<5,x\in\mathbf{N}\}$,则满足条件 $A\subseteq C\subseteq B$ 的集合 C 的个数为(　　)

A. 1

B. 2

C. 3

D. 4

21. 将函数 $f(x)=\sqrt{3}\sin2x-\cos2x$ 的图象向左平移 m 个单位 $\left(m>-\frac{\pi}{2}\right)$,若所得的图象关于直线 $x=\frac{\pi}{6}$ 对称,则 m 的最小值为(　　)

A. $-\frac{\pi}{3}$　　B. $\frac{\pi}{6}$　　C. 0　　D. $\frac{\pi}{12}$

22. 已知 $\frac{x+3}{x+2}=\frac{1}{\sqrt{3}+\sqrt{2}+1}$,则 $\frac{x-3}{2x-4}\div\left(\frac{5}{x-2}-x-2\right)$ 的值为(　　)

A. $\sqrt{2}-\sqrt{3}$

B. $\sqrt{2}+\sqrt{3}$

C. $\frac{\sqrt{2}+\sqrt{3}}{2}$

D. $\frac{\sqrt{2}-\sqrt{3}}{2}$

23. 设函数 $f(x)=\begin{cases}ae^{2x},x\leqslant0,\\ \frac{1-e^{\tan x}}{\arcsin\frac{x}{2}},x>0\end{cases}$ 在 $x=0$ 处连续,则常数 $a=$(　　)

A. -2　　B. 0　　C. 1　　D. 2

24. 已知随机变量 ξ 服从正态分布 $N(2,\sigma^2)$,且 $P(\xi<4)=0.8$,则 $P(0<\xi<2)=$(　　)

A. 0.2　　B. 0.4　　C. 0.3　　D. 0.6

25. 已知函数$f(x)=|2^x-1|$,$a<b<c$,且$f(a)>f(c)>f(b)$,则下列结论中,一定成立的是(　　)

A. $a<0,b<0,c<0$　　B. $a<0,b\geqslant 0,c>0$

C. $2^{-a}<2^c$　　D. $2^a+2^c<2$

26. 极限$\lim\limits_{n\to\infty}(\sqrt{n+1}-\sqrt{n})=$(　　)

A. -1　　B. 0　　C. 1　　D. 2

27. 一个自然数在1000到1200之间,且被3除余1,被5除余2,被7除余3,则这个自然数是(　　)

A. 1100　　B. 1120　　C. 1102　　D. 1020

28. 已知函数$f(x)=ax^3-3x^2+1$,若$f(x)$在$\mathbf{R}$上存在唯一的零点x_0,且$x_0>0$,则a的取值范围是(　　)

A. $(2,+\infty)$　　B. $(1,+\infty)$　　C. $(-\infty,-2)$　　D. $(-\infty,-1)$

29. 设$\boldsymbol{A}$为n阶矩阵,对矩阵$\boldsymbol{A}$作若干次初等变换得到矩阵$\boldsymbol{B}$,则必有(　　)

A. $|\boldsymbol{A}|=|\boldsymbol{B}|$　　B. 若$|\boldsymbol{A}|=0$,则$|\boldsymbol{B}|=0$

C. $|\boldsymbol{A}|\neq|\boldsymbol{B}|$　　D. 若$|\boldsymbol{A}|>0$,则$|\boldsymbol{B}|>0$

30. 将十进制数389化为四进制数的末位数字为(　　)

A. 1　　B. 2　　C. 3　　D. 0

二、解答题(本大题共5小题,每小题8分,共40分)

31. 如图,D为圆锥的顶点,O是圆锥底面的圆心,$\triangle ABC$是底面的内接正三角形,P为DO上一点,$\angle APC=90°$。

(1)证明:平面$PAB\perp$平面PAC;(4分)

(2)设$DO=\sqrt{2}$,圆锥的侧面积为$\sqrt{3}\pi$,求三棱锥$P-ABC$的体积。(4分)

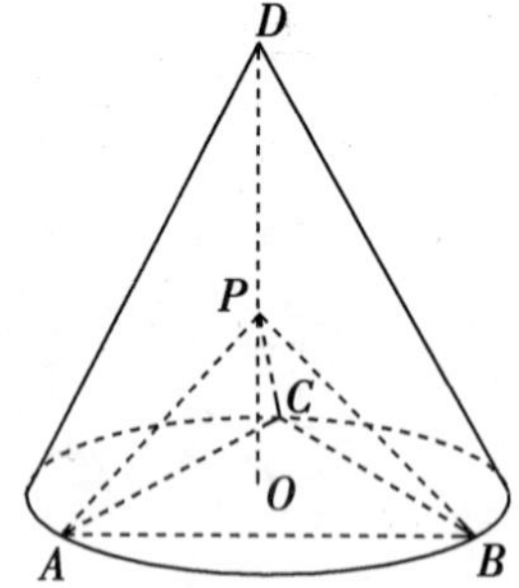

32. 一家面包房根据以往某种面包的销售记录,绘制了日销售量的频率分布直方图,如图所示。

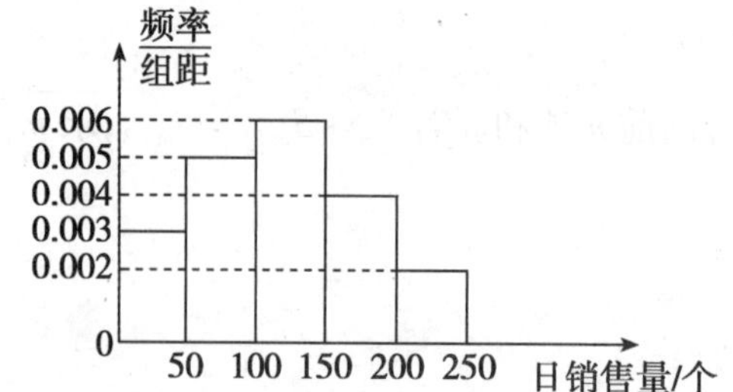

将日销售量落入各组的频率视为概率,并假设每天的销售量相互独立。

(1)求在未来连续3天里,有连续2天的日销售量都不低于100个,且另1天的日销售量低于50个的概率;(3分)

(2)用X表示在未来3天里日销售量不低于100个的天数,求随机变量X的分布列、期望$E(X)$及方差$D(X)$。(5分)

33. 设等比数列$\{a_n\}$满足 $a_1+a_2=4, a_3-a_1=8$。

(1)求$\{a_n\}$的通项公式;(4 分)

(2)记 S_n为数列$\{\log_3 a_n\}$的前 n 项和。若 $S_m+S_{m+1}=S_{m+3}$,求 m。(4 分)

34. 设椭圆中心在坐标原点,$A(2,0)$,$B(0,1)$是它的两个顶点,直线 $y=kx(k>0)$与线段 AB 相交于点 D,与椭圆相交于 E,F 两点。

(1)若$\overrightarrow{ED}=6\overrightarrow{DF}$,求 k 的值;(3 分)

(2)求四边形 $AEBF$ 面积的最大值。(5 分)

35. 设 $A=\begin{pmatrix}1&2&1\\2&3&a+2\\1&a&-2\end{pmatrix}$,$b=\begin{pmatrix}1\\3\\0\end{pmatrix}$,$x=\begin{pmatrix}x_1\\x_2\\x_3\end{pmatrix}$,已知方程组 $Ax=b$ 有无穷多解,求 a 的值并求其通解。

教师招聘考试押题试卷(六)

小学数学

(时间:120 分钟　总分:100 分)

本套试卷共 28 小题,包括单项选择题(15 小题),填空题(8 小题),解答题(3 小题),案例分析题(1 小题),教学设计题(1 小题)。

一、单项选择题(本大题共 15 小题,每小题 2 分,共 30 分)

1. 已知复数 $z=1+a\mathrm{i}(a\in\mathbf{R})$(i 是虚数单位),$\frac{\bar{z}}{z}=-\frac{3}{5}+\frac{4}{5}\mathrm{i}$,则 $a=$(　　)

A. 2　　B. -2　　C. ±2　　D. $-\frac{1}{2}$

2. 如图,菱形 $ABCD$ 中,$\angle A=60°$,$AB=2$,动点 P 从点 B 出发,以每秒 1 个单位长度的速度沿 $B\to C\to D$ 向终点 D 运动。同时动点 Q 从点 A 出发,以相同的速度沿 $A\to D\to B$ 向终点 B 运动,运动的时间为 x 秒,当点 P 到达点 D 时,点 P,Q 同时停止运动,设$\triangle APQ$ 的面积为 y,则反映 y 与 x 的函数关系的图象是(　　)

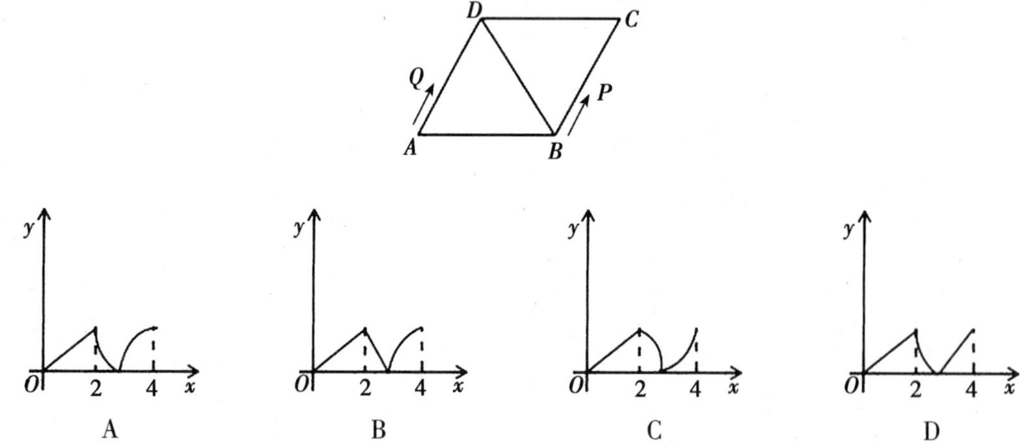

3. 已知奇函数 $f(x)$ 是 $\mathbf{R}$ 上的单调函数,若函数 $y=f(2x^2+1)+f(\lambda-x)$ 只有一个零点,则实数 λ 的值是(　　)

A. $\frac{1}{4}$　　B. $\frac{1}{8}$　　C. $-\frac{7}{8}$　　D. $-\frac{3}{8}$

4. 已知集合 $A=\{x||x|<2\}$,$B=\{-1,0,1,2,3\}$,则 $A\cap B=$(　　)

A. $\{0,1\}$　　B. $\{0,1,2\}$　　C. $\{-1,0,1\}$　　D. $\{-1,0,1,2\}$

5. 某商品按 20% 的利润定价,然后按 8.8 折卖出,共获利润 84 元,这件商品成本为(　　)元。

A. 1650　　B. 1500　　C. 1700　　D. 1800

6. 已知 $\omega>0$,函数 $f(x)=\sin\left(\omega x+\frac{\pi}{4}\right)$在$\left(\frac{\pi}{2},\pi\right)$上单调递减,则 ω 的取值范围是(　　)

A. $\left[\frac{1}{2},\frac{5}{4}\right]$　　B. $\left[\frac{1}{2},\frac{3}{4}\right]$　　C. $\left(0,\frac{1}{2}\right]$　　D. $(0,2]$

7. 一串数 1,2,4,7,11,16,22,29,…,这串数的组成规律:第 2 个数比第 1 个数多 1,第 3 个数比第 2 个数多 2,第 4 个数比第 3 个数多 3…,依次类推,那么这串数左起第 2013 个数除以 5 的余数是(　　)

A. 1　　B. 2　　C. 3　　D. 4

8. 设 $a=\log_3 2$,$b=\ln 2$,$c=5^{-\frac{1}{2}}$,则 a,b,c 的大小关系是(　　)

A. $a<b<c$　　B. $b<c<a$　　C. $b>a>c$　　D. $c<b<a$

9. 如右图所示,某个部件由 3 个棱长为 1 的正方体焊接而成。用 3 个这样的部件拼成立体图形,使得表面积尽可能小,表面积最小为(　　)

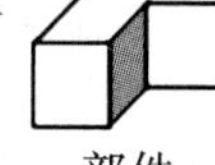

部件

A. 16　　B. 24　　C. 28　　D. 32

10. 设双曲线$\frac{x^2}{a^2}-\frac{y^2}{b^2}=1$ 的一条渐近线与抛物线 $y=2x^2+1$ 只有一个交点,则该双曲线的离心率为(　　)

A. $\frac{5}{4}$　　B. 3　　C. $\frac{5\sqrt{2}}{2}$　　D. $\sqrt{5}$

11. 现有含盐 20% 的盐水 500g,要把它变成含盐 15% 的盐水,应加入 5% 的盐水(　　)g。

A. 100　　B. 200　　C. 300　　D. 250

12. 已知将函数 $f(x)=\sin x+\sqrt{3}\cos x$ 的图象向右平移$\frac{\pi}{4}$个单位,再将其横坐标扩大到原来的 2 倍,得到函数 $g(x)$,则函数 $g(x)$ 的一条对称轴为(　　)

A. $x=\frac{\pi}{6}$　　B. $x=\frac{7\pi}{6}$　　C. $x=\frac{\pi}{12}$　　D. $x=\frac{5\pi}{6}$

13. 命题"$\forall n\in\mathbf{N}_+$,$f(n)\in\mathbf{N}_+$ 且 $f(n)\leqslant n$"的否定形式是(　　)

A. $\forall n\in\mathbf{N}_+$,$f(n)\notin\mathbf{N}_+$ 且 $f(n)>n$　　B. $\forall n\in\mathbf{N}_+$,$f(n)\notin\mathbf{N}_+$ 或 $f(n)>n$

C. $\exists n_0\in\mathbf{N}_+$,$f(n_0)\notin\mathbf{N}_+$ 且 $f(n_0)>n_0$　　D. $\exists n_0\in\mathbf{N}_+$,$f(n_0)\notin\mathbf{N}_+$ 或 $f(n_0)>n_0$

14. 自然数和正整数这两个概念从外延上看是(　　)

A. 包含关系　　B. 并列关系　　C. 交叉关系　　D. 同一关系

15. 以下概念中用概念同化方式获得的是(　　)

A. 长方体　　B. 质数　　C. 循环小数　　D. 长方形

二、填空题(本大题共 8 小题,每小题 2 分,共 16 分)

16. $\left(\dfrac{\frac{7}{18}\times4.5+\frac{1}{6}}{13\frac{1}{3}-3\frac{3}{4}\div\frac{5}{16}}\div2\frac{7}{8}\right)\times\left(\dfrac{1}{\frac{1}{2}+\frac{1}{3}+\frac{2}{15}-\frac{1}{10}}+\dfrac{1}{2}\right)=$________。

17. $\lim\limits_{x\to0}\dfrac{\tan^2 2x}{1-\cos x}=$________。

18. 观察下列一组数:$\frac{1}{4},\frac{3}{9},\frac{5}{16},\frac{7}{25},\frac{9}{36},\cdots$,它们是按一定规律排列的,那么这一组数据的第 n 个数是________。

19. 在$(\sqrt{x}-1)^4$的展开式中,x 的系数为________。

20. 已知函数$f(x)=-x^2+ax+b$,若 a,b 都是从区间$[0,3]$内任取的实数,则不等式$f(2)>0$成立的概率是________。

21. 已知一个正方体的所有顶点在同一个球面上。若球的体积为$\frac{9\pi}{2}$,则正方体的棱长为________。

22. 在"3 的倍数的特征"一课中,教师通常让学生在百数表中圈出所有 3 的倍数,再引导学生从不同角度观察所圈数的特征,最后得出 3 的倍数的特征,这样的推理是________。

23.《义务教育课程标准》(2011 年版)课程理念中指出,教学活动是师生________、________、________的过程。

三、解答题(本大题共 3 小题,第 24、25 小题每小题 10 分,第 26 小题 12 分,共32 分)

24. 已知函数$f(x)=\cos x\cos\left(x-\frac{\pi}{3}\right)-\frac{1}{4},x\in\mathbf{R}$。

(1)求函数$f(x)$的单调递增区间;(4 分)

(2)在$\triangle ABC$中,内角 A,B,C 的对边分别为 a,b,c,$f(A)=\frac{1}{2}$,$c=2$,且$\overrightarrow{AB}\cdot\overrightarrow{AC}=\frac{3}{2}$,求 a 的值。(6 分)

25. 某粮店某月初存有粮食若干千克,该月的第一个星期卖出存粮的一半,第二个星期没有卖出粮食,但买进 450 千克的粮食,第三个星期又卖出现有粮食的一半多 50 千克,第四个星期没有卖出粮食,但又买进现有(当时)粮食的$\frac{2}{3}$作为库存,月末盘库存时发现粮店还有 1000 千克的粮食,问粮店本月初原有粮食多少千克?

26. 设函数$f(x)=e^x-ax-2$。

(1)求函数$y=f(x)$的单调区间;(4 分)

(2)若$a=1$,且$x\in[2,+\infty)$,求$f(x)$的最小值;(3 分)

(3)在(2)条件下,$(x-k)f'(x)+x+1>0$恒成立,求 k 的取值范围。(5 分)

四、案例分析题(本大题共 10 分)

27. 请先看下面的教学片段,再回答相应问题。

"加法——三位数加两、三位数的进位加法"的教学片段:

师:小明做了 3 道加法的竖式计算,同学们帮他查一查有没有错误。

在黑板上出示:

65	76	334
+243	+646	+569
208	712	893

师:先仔细观察一下有没有错误,然后把你发现的问题和同桌讨论一下,看看你们找得对不对?

学生观察并讨论。

……

师:小朋友们找得很对,下面我请三个小朋友上来帮小明订正一下。

师:我们来看订正的第一个竖式,你们说他订正得对不对?

生齐喊:对!

师:看第二个竖式,你们说这个同学做得对不对?

生齐喊:对!

师:第三个呢,订正得对不对?

生齐喊:对!

师:同学们很棒,那么我们来看下一个问题。

问题:

(1)请你对该老师的提问方式做出评价;(5 分)

(2)结合新课标理念谈谈你对提高数学课堂提问的有效性的教学建议。(5 分)

五、教学设计题(本大题共 12 分)

28. "鸡兔同笼"问题是我国民间广为流传的数学趣题,最早出现在《孙子算经》中,数学广角中安排这一数学趣题,重在向学生渗透一些数学思想方法,培养学生的数学兴趣和发散思维。

以下是人教版数学四年级下册"数学广角——鸡兔同笼"的部分教材内容,请根据教材内容,设计本节课的教学过程。

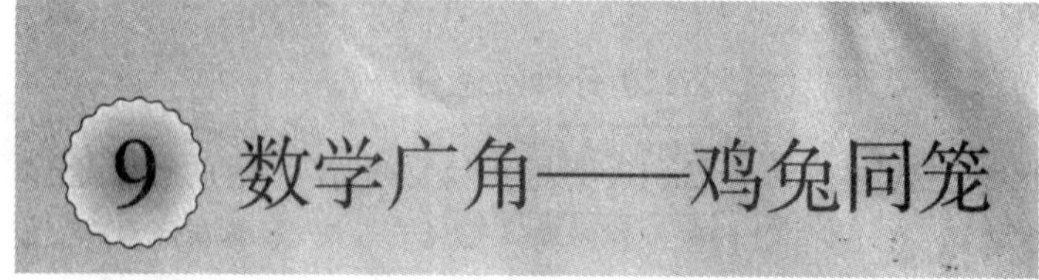

大约一千五百年前,我国古代数学名著《孙子算经》中记载了一道数学趣题——"鸡兔同笼"问题。

这道题的意思就是:

笼子里有若干只鸡和兔。从上面数,有 35 个头,从下面数,有 94 只脚。鸡和兔各有几只?

这个问题你能解决吗?

教师招聘考试押题试卷(七)

小学数学

(时间:120 分钟　总分:100 分)

本套试卷共 24 小题,包括单项选择题(12 小题),填空题(6 小题),解答题(4 小题),简答题(1 小题),教学设计题(1 小题)。

一、单项选择题(本大题共 12 小题,每小题 2 分,共 24 分)

1. 在实数$\sqrt{8}$,$\sqrt[3]{-64}$,3. 14,$-\pi$,0. 212 112 111 2…,$\frac{22}{7}$,cos60°,tan30° −3,0,123 中,无理数有(　　)

A. 3 个　　B. 4 个　　C. 5 个　　D. 6 个

2. 在一个人工湖周围每隔 6 米种一棵柳树,一共种了 180 棵。再在相邻的两棵柳树间每隔 2 米种植一株月季,则一共需要(　　)株月季。

A. 240　　B. 360　　C. 420　　D. 540

3. 如图,小明从街道的 E 处出发,先到 F 处与小红会合,再一起到位于 G 处的老年公寓参加志愿者活动,则小明到老年公寓可以选择的最短路径的条数为(　　)

A. 24　　B. 18　　C. 12　　D. 9

4. 函数$f(x)=a^{2x}+3a^{x}-2(a>1)$,若在区间$[-1,1]$上$f(x)\leqslant 8$恒成立,则 a 的最大值为(　　)

A. 2　　B. 3　　C. 4　　D. 5

5. 现要完成下列 3 项的抽样调查:①从 10 盒酸奶中抽取 3 盒进行食品卫生检查;②科技报告厅有 32 排,每排有 40 个座位,有一次报告会恰好坐满了听众,报告会结束后,为了听取意见,需要请 32 名听众进行座谈;③高新中学共有 160 名教职工,其中教师 120 名,行政人员 16 名,后勤人员 24 名。为了解教职工对学校在校务公开方面的意见,拟抽取一个容量为 20 的样本。较为合理的抽样方法是(　　)

A. ①简单随机抽样,②系统抽样,③分层抽样

B. ①简单随机抽样,②分层抽样,③系统抽样

C. ①系统抽样,②简单随机抽样,③分层抽样

D. ①分层抽样,②系统抽样,③简单随机抽样

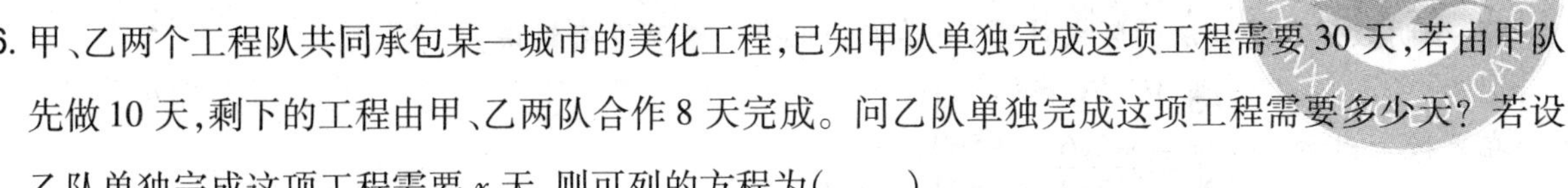

6. 甲、乙两个工程队共同承包某一城市的美化工程,已知甲队单独完成这项工程需要 30 天,若由甲队先做 10 天,剩下的工程由甲、乙两队合作 8 天完成。问乙队单独完成这项工程需要多少天?若设乙队单独完成这项工程需要 x 天,则可列的方程为(　　)

A. $\frac{10}{30}+\frac{8}{x}=1$　　B. $10+8+x=30$

C. $\frac{10}{30}+8\left(\frac{1}{30}+\frac{1}{x}\right)=1$　　D. $\left(1-\frac{10}{30}\right)+x=8$

7. 如图,据气象部门预报,台风在距离某码头南偏东 45°方向 600km 处的热带风暴中心正以 20km/h 的速度向正北方向移动,距风暴中心 450km 以内的地区都将受到影响,则该码头将受到热带风暴影响的时间为(　　)

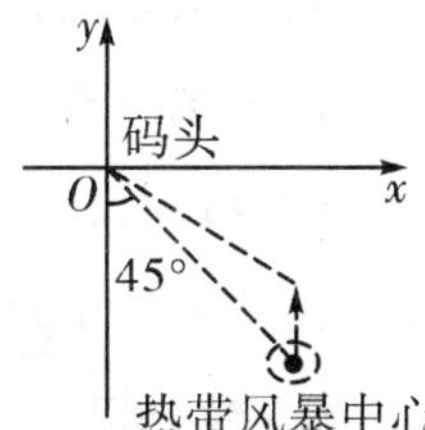

A. 14h　　B. 15h　　C. 16h　　D. 17h

8. 已知函数 $y=2ax^2-4ax+b(a<0)$,当自变量 $x>m$ 时,$y<b-a$;当自变量 $x<n$ 时,$y<b-a$。则下列 m,n 关系正确的是(　　)

A. $m-n=1$　　B. $m-n=2$　　C. $m+n=1$　　D. $m+n=2$

9. 已知抛物线 $y^2=4x$ 的焦点为 F,准线为 l,P 是 l 上一点,直线 PF 与抛物线交于 M,N 两点,若$\overrightarrow{PF}=3\overrightarrow{MF}$,则$|MN|=$(　　)

A. $\frac{16}{3}$　　B. 8　　C. 16　　D. $\frac{8\sqrt{3}}{3}$

10. 在平面直角坐标系 xOy 中,$A(x,y)$为二元一次不等式组$\begin{cases}x+y\leqslant 2,\\2x-y\leqslant 1,\\4x-y\geqslant -2\end{cases}$所表示区域中的一点,则$2x+y$的最大值为(　　)

A. 0　　B. 1　　C. 2　　D. 3

11.《义务教育数学课程标准》(2011 年版)在课程目标的总目标中指出,通过义务教育阶段的数学学习,学生能获得适应社会生活和进一步发展所必需的数学的基础知识、(　　)、基本思想、基本活动经验。

A. 知识技能　　B. 基本技能　　C. 数学思考　　D. 问题解决

12. 学生学习了 $A\times B=B\times A$ 后,得出 $3\times5=5\times3$ 的结果,这属于(　　)

A. 垂直迁移　　B. 水平迁移　　C. 逆向迁移　　D. 负迁移

二、填空题(本大题共 6 小题,每小题 3 分,共 18 分)

13. 若 $4x-3y-6z=0, x+2y-7z=0(xyz\neq 0)$,则$\frac{5x^2+2y^2-z^2}{2x^2-3y^2-10z^2}$的值等于________。

14. 如图,点 C 是半径为 1 的半圆弧 AB 的一个三等分点,分别以弦 AC,BC 为直径向外侧作 2 个半圆,点 D,E 分别是半圆弧 AC,BC 的三等分点,再分别以弦 AD,DC,CE,BE 为直径向外侧作 4 个半圆。则图中阴影部分(4 个新月牙)的面积和是________

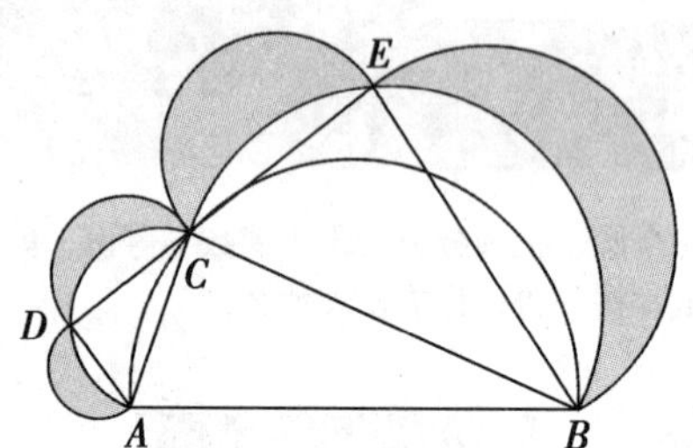

15. 过点 $P(-4,0)$ 作曲线 $y=xe^x$ 的切线,则切线方程为________。

16. 已知 a,b 表示两条不同的直线,α,β,γ 表示三个不同的平面,给出下列命题:

①若 $\alpha\cap\beta=a, b\subset\alpha, a\perp b$,则 $\alpha\perp\beta$;

②若 $a\subset\alpha$,a 垂直于 β 内的任意一条直线,则 $\alpha\perp\beta$;

③若 $\alpha\perp\beta, \alpha\cap\beta=a, \alpha\cap\gamma=b$,则 $a\perp b$;

④若 a 不垂直于平面 α,则 a 不可能垂直于平面 α 内的无数条直线;

⑤若 $a\perp\alpha, a\perp\beta$,则 $\alpha/\!/\beta$。

其中正确命题的序号是________。

17. 当 $x\to 0$ 时,ax^b 与 $\tan x-\sin x$ 为等价无穷小,则 $a=$________,$b=$________。

18. 数感主要是指关于________、数量关系、________等方面的感悟。

三、解答题(本大题共 4 小题,第 19、20 小题每小题 6 分,第 21 小题 10 分,第 22 小题 8 分,共 30 分)

19. 已知在数列 $\{a_n\}$ 中,$a_1=1$,前 n 项和为 S_n,对任意的自然数 $n\geq 2$,a_n 是 $3S_n-4$ 与 $2-\frac{3}{2}S_{n-1}$ 的等差中项。

(1)求通项 a_n;(3 分)

(2)求 S_n。(3 分)

20. 已知 a,b,c 分别为 $\triangle ABC$ 三个内角 $\angle A,\angle B,\angle C$ 的对边,$a\cos C+\sqrt{3}a\sin C-b-c=0$。

(1)求 $\angle A$;(3 分)

(2)若 $a=2$,$\triangle ABC$ 的面积为$\sqrt{3}$,求 b,c。(3 分)

21. 将一个两条直角边长分别为 3 厘米和 4 厘米的直角三角形以斜边为轴进行旋转,所得的几何体的体积和表面积分别是多少?(π 取 3.14)

22. 为研究家用轿车在高速公路上的车速情况，交通部门随机选取 100 名家用轿车驾驶员进行调查，得到其在高速公路上行驶时的平均车速情况为：在 55 名男性驾驶员中，平均车速超过 100km/h 的有 40 人，不超过 100km/h 的有 15 人；在 45 名女性驾驶员中，平均车速超过 100km/h 的有 20 人，不超过 100km/h 的有 25 人。

(1)在被调查的驾驶员中，从平均车速不超过 100km/h 的人中随机抽取 2 人，求这 2 人恰好有 1 名男性驾驶员和 1 名女性驾驶员的概率；(4 分)

(2)以上述样本数据估计总体，从高速公路上行驶的家用轿车中随机抽取 3 辆，记这 3 辆车平均车速超过 100km/h 且为男性驾驶员的车辆为 X，求 X 的概率分布。(4 分)

四、简答题(本大题共 10 分)

23. 在教学时，如何培养学生形成初步的空间观念？

五、教学设计题(本大题共 18 分)

24. 根据材料回答问题。

在硬纸上画一个圆，把圆分成若干（偶数）等份，剪开后，用这些近似于等腰三角形的小纸片拼一拼，你能发现什么？

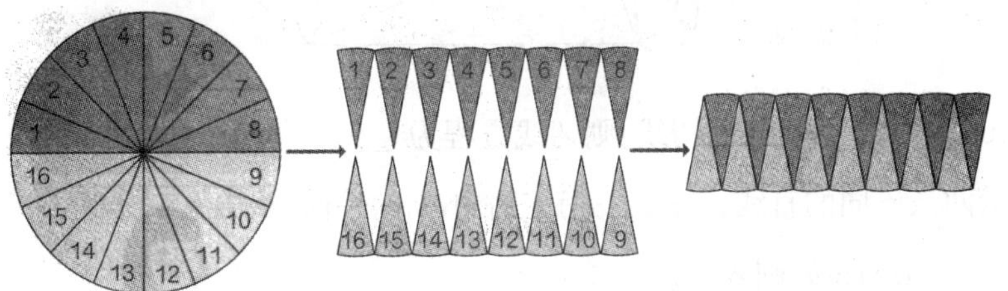

分的份数越多，每一份就会越小，拼成的图形就会越接近于一个长方形。

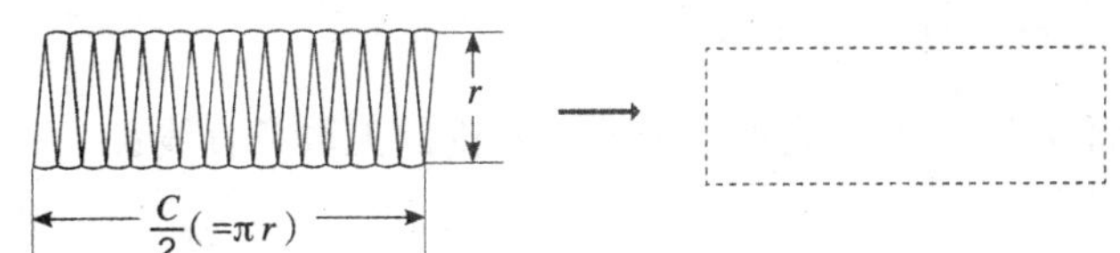

这个近似的长方形的长和宽与圆的周长、半径有什么关系？

从上图中可以看出圆的半径是 r，长方形的长近似于(　)，宽近似于(　)。
因为长方形的面积 = (　　) × (　　)，
所以圆的面积 = (　　) × (　　) = (　　)。
如果用 S 表示圆的面积，那么圆的面积计算公式就是：

$$S=\pi r^2$$

(1)请分析上述材料所体现的数学思想；(6 分)

(2)若指导高年级小学生学习该段内容，试拟定教学目标；(5 分)

(3)根据拟定的教学目标，说明本节课的教学重难点，并据此设计相应的教学活动并说明理由。(7 分)

教师招聘考试押题试卷(八)

小学数学

(时间:120 分钟　总分:100 分)

本套试卷共 30 小题,包括数学教育教学基础知识和数学专业知识两部分。数学教育教学基础知识部分包括单项选择题(7 小题),简答题(2 小题),案例分析题(1 小题);数学专业知识部分包括单项选择题(11 小题),填空题(5 小题),解答题(4 小题)。

第一部分　数学教育教学基础知识

一、单项选择题(本大题共 7 小题,每小题 2 分,共 14 分)

1. (　　)是创新的核心。

A. 掌握知识、发展思维　　B. 发现问题、提出问题

C. 独立思考、学会思考　　D. 归纳概括、学会应用

2. 建立成长记录袋是学生开展(　　)的一个重要方式,它能够反映出学生发展与进步的历程。

A. 自我评价　　B. 相互评价　　C. 教师评价　　D. 多样评价

3. “在参与观察、实验、猜想、证明、综合实践等数学活动中,发展合情推理和演绎推理能力,清晰地表达自己的想法”属于(　　)目标。

A. 知识技能　　B. 数学思考

C. 问题解决　　D. 情感态度

4. 给平行四边形下定义为“两组边相等的四边形”违反了(　　)的规则。

A. 定义应当是相称的　　B. 定义不能循环

C. 定义必须清楚确切　　D. 定义一般不用否定

5. 综合与实践作为一种探索性的学习活动,发展学生的思维能力主要是通过为学生创设启发性的问题情境,引导学生(　　)来实现的。

A. 多做题目　　B. 经历探索过程

C. 科学研究　　D. 勤于训练

6. 下列数学概念属于矛盾关系的是(　　)

A. 优弧与劣弧　　B. 正数与负数

C. 直角梯形与等腰梯形　　D. 单项式与多项式

7. 模型思想的建立是学生体会和理解数学与外部世界联系的(　　)

A. 基本方法　　B. 基本思维

C. 基本途径　　D. 基本技能

二、简答题(本大题共 2 小题,每小题 5 分,共 10 分)

8. 举例说明什么是预设性情感态度与价值观目标和非预设性情感态度与价值观目标。

9. 教师作为学生学习活动的引导者,其引导作用体现在哪些方面?

三、案例分析题(本大题共 16 分)

10. 以下是“10 以内的加减”的教学片段,请你从预设与生成的角度对其进行分析。

师出示题目:小明有 9 张邮票,小亮有 6 张邮票,小明的邮票比小亮的多几张?

生列式解答,出现了以下几种情况。

(1)9 - 3 = 6;(2)6 + 3 = 9;(3)9 - 6 = 3。

师:同学们,这三种算法正确吗?

生:正确。

师:那么你喜欢哪一种呢?并告诉老师你喜欢的理由。

生 1:我喜欢第一种,因为 9 减 3 得 6,所以小明的邮票比小亮的多 3 张。

生 2:我喜欢第二种,因为 6 加 3 得 9,所以小明的邮票比小亮的多 3 张。

生 3:我喜欢第三种,因为 9 减 6 得 3,所以小明的邮票比小亮的多 3 张。

师:那你们最喜欢哪种解法呢?(师预设是第三种)

学生有的喜欢第一种,有的喜欢第二种,有的喜欢第三种。

师:再想一想呢?

生沉默不语。

师:(无可奈何)那我们今天先这样,以后再讨论吧。

第二部分　数学专业知识

一、单项选择题(本大题共 11 小题,每小题 2 分,共 22 分)

1. 若集合 $A=\{x|x-2<0\}$,$B=\{x|e^x>1\}$,则 $A\cap B=$(　　)

A. $\mathbf{R}$　　B. $(-\infty,2)$

C. $(0,2)$　　D. $(2,+\infty)$

2. 直线 $y=kx+1$ 与曲线 $y=x^3+ax+b$ 相切于点 $A(1,3)$,则 $a-b$ 等于(　　)

A. -4　　B. -1　　C. 3　　D. -2

3. 若 l,m 是两条不同的直线,$m\perp$ 平面 α,则“$l\perp m$”是“$l/\!/\alpha$”的(　　)

A. 充分不必要条件　　B. 必要不充分条件

C. 充分必要条件　　D. 既不充分也不必要条件

4. 将正奇数按下表排成五列,按照这样的排列规律,2023 应该在(　　)

	第 1 列	第 2 列	第 3 列	第 4 列	第 5 列
第 1 行		1	3	5	7
第 2 行	15	13	11	9	
第 3 行		17	19	21	23
第 4 行	31	29	27	25	
……					

A. 251 行第 1 列　　B. 251 行第 5 列

C. 253 行第 1 列　　D. 253 行第 5 列

5. 将函数 $y=\sin 2x$ 的图象向左平移 $\frac{\pi}{4}$ 个单位,再向上平移 1 个单位,所得图象的函数解析式是(　　)

A. $y=\cos 2x$　　B. $y=2\cos^2 x$

C. $y=1+\sin\left(2x+\frac{\pi}{4}\right)$　　D. $y=2\sin^2 x$

6. 已知双曲线 $C:\frac{x^2}{a^2}-\frac{y^2}{b^2}=1(a>0,b>0)$ 的离心率为 $\frac{\sqrt{5}}{2}$,则 C 的渐近线方程为(　　)

A. $y=\pm\frac{1}{4}x$　　B. $y=\pm\frac{1}{3}x$

C. $y=\pm\frac{1}{2}x$　　D. $y=\pm x$

7. 函数$f(x)=\sqrt{x}-\cos x$在区间$(0,+\infty)$内(　　)

A. 没有零点　　B. 有且仅有一个零点

C. 有且仅有两个零点　　D. 有无穷多个零点

8. 已知$|\overrightarrow{OA}|=|\overrightarrow{OB}|=1$,$\angle AOB=\frac{2\pi}{3}$,$\overrightarrow{OC}=\overrightarrow{OA}+2\overrightarrow{OB}$,则$\overrightarrow{OC}$与$\overrightarrow{OB}$的夹角为(　　)

A. $\frac{\pi}{6}$　　B. $\frac{\pi}{3}$　　C. $\frac{\pi}{2}$　　D. $\frac{2\pi}{3}$

9. 已知数列$\{a_n\}$为等比数列,S_n是它的前n项和,若$a_2\cdot a_3=2a_1$,且a_4与$2a_7$的等差中项为$\frac{5}{4}$,则$S_5=$(　　)

A. 35　　B. 33　　C. 31　　D. 29

10. 若某射击手每次射击击中目标的概率为$p(0<p<1)$,每次射击的结果相互独立,在他连续8次射击中,“恰有3次击中目标”的概率是“恰有5次击中目标”的概率的$\frac{1}{25}$,则p的值为(　　)

A. $\frac{1}{6}$　　B. $\frac{1}{5}$　　C. $\frac{4}{5}$　　D. $\frac{5}{6}$

11. 已知函数$f(x)$是定义在$\mathbf{R}$上的可导函数,对于任意的实数x,都有$\frac{f(-x)}{f(x)}=e^{2x}$,当$x<0$时,$f(x)+f'(x)>0$,若$e^a f(2a+1)\geqslant f(a+1)$,则实数$a$的取值范围是(　　)

A. $\left[0,\frac{2}{3}\right]$　　B. $\left[-\frac{2}{3},0\right]$

C. $[0,+\infty)$　　D. $(-\infty,0]$

二、填空题(本大题共5小题,每小题2分,共10分)

12. 甲、乙、丙三种溶液分别为$3\frac{3}{4}$千克、$1\frac{2}{3}$千克、$1\frac{3}{7}$千克,现在将它们分别放入小瓶中,使得每个小瓶的溶液重量相等,至少可以装________瓶。

13. 一种商品,甲超市比乙商店进价便宜10%,甲超市按20%的利润定价,乙商店按15%的利润定价,结果甲超市的定价比乙商店的定价便宜0.14元。那么乙商店的进价是________元。

14. 函数$y=(1+x)\arctan\frac{1}{1-x^2}$的间断点为________。

15. 函数$y=\log_a(x+3)-1(a>0,a\neq1)$的图象恒过定点$A$,若点$A$在直线$mx+ny+1=0$上,其中$mn>0$,则$\frac{1}{m}+\frac{2}{n}$的最小值为________。

16. 函数$y=e^x$的图象与两坐标轴及直线$x=2$所围成的封闭图形的面积为________。

三、解答题(本大题共4小题,每小题7分,共28分)

17. 已知椭圆$\frac{x^2}{a^2}+\frac{y^2}{b^2}=1(a>b>0)$,左、右两个焦点分别为$F_1,F_2$,上顶点为$M(0,b)$,$\triangle MF_1F_2$为正三角形且周长为6,直线$l:x=my+4$与椭圆$C$相交于$A,B$两点。

(1)求椭圆C的方程;(3分)

(2)求$\overrightarrow{OA}\cdot\overrightarrow{OB}$的取值范围。(4分)

18. $\triangle ABC$的外接圆半径$R=\sqrt{3}$,角A,B,C的对边分别是a,b,c,且$\frac{2\sin A-\sin C}{\sin B}=\frac{\cos C}{\cos B}$。

(1)求$\angle B$和边长b;(3分)

(2)求$S_{\triangle ABC}$的最大值及取得最大值时a,c的值,并判断此时三角形的形状。(4分)

19. 如图,三棱锥 $P-ABC$ 中,$PC\perp$ 平面 ABC,$PC=AC=2$,$AB=BC$,D 是 PB 上一点,且 $CD\perp$ 平面 PAB。

(1)求证:$AB\perp$ 平面 PCB;(3 分)

(2)求二面角 $C-PA-B$ 的余弦值。(4 分)

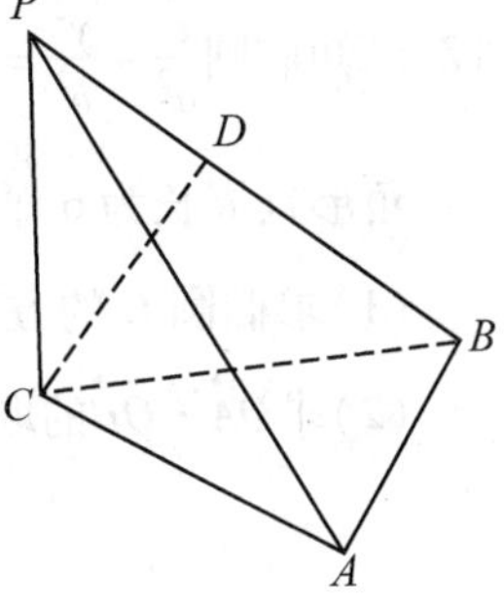

20. 已知函数 $F(x)=|2x-t|-x^3+x+1$。(t 为常数,$x,t\in\mathbf{R}$)

(1)求函数 $F(x)$ 在 $\mathbf{R}$ 上的单调性;(3 分)

(2)若方程 $F(x)-m=0$ 恰有两解,求实数 m 的值。(4 分)

教师招聘考试押题试卷(九)

小学数学

(时间:120 分钟　总分:100 分)

本套试卷共30小题,包括数学教育教学基础知识和数学专业知识两部分。数学教育教学基础知识部分包括单项选择题(8小题),论述题(1小题),综合应用题(1小题);数学专业知识部分包括单项选择题(11小题),填空题(5小题),解答题(4小题)。

第一部分　数学教育教学基础知识

一、单项选择题(本大题共8小题,每小题2分,共16分)

1. 小学数学教学中的新授课分三种类型,不包括(　　)

A. 讲练课　　B. 探究研讨课

C. 自学辅导课　　D. 小组学习课

2. 以下(　　)不属于《义务教育数学课程标准》(2011年版)倡导的质性评价方法。

A. 成长记录袋　　B. 学习日记

C. 甄别考试　　D. 情景测验

3. 下列关于启发式教学的描述,正确的是(　　)

A. 启发式教学是每个人都必须遵循的方法

B. 启发式教学是教学的一种指导思想

C. 启发式教学提倡对话法教学

D. 启发式教学的根本目的是使教学发生根本性的变化

4. 下列概念属于同一关系的有(　　)

①等边三角形与正三角形;②质数与素数;③奇数与偶数。

A. ①②　　B. ②③　　C. ①③　　D. ①②③

5. 学生小明已经知道"先乘除,后加减"的运算法则,但他在计算 $6+3\times5$ 时,还是先把6和3加起来再乘5,这种情况是受(　　)影响的表现。

A. 思维定势　　B. 正向迁移

C. 逆向迁移　　D. 水平迁移

6. (　　)是积累数学活动经验的重要载体。

A. 数与代数　　B. 统计与概率

C. 图形与几何　　D. 综合与实践

7. 在讲解"相向而行的行程问题"时,教师在幻灯片上画一条线段表示两地间的距离,并出示两个小人,通过幻灯机显示在屏幕上,教师的这种教学方法属于(　　)

A. 实验法　　B. 演示法

C. 尝试教学法　　D. 问题探索法

8. 《义务教育数学课程标准》(2011年版)指出,能够理解并且运用符号表示数、数量关系和变化规律;知道使用符号可以进行运算和推理,得到的结论具有一般性是指培养学生的(　　)

A. 数感　　B. 符号意识　　C. 数学建模　　D. 几何直观

二、论述题(本大题共12分)

9. 在小学阶段"综合与实践"的教学中选取什么样的主题和素材能有较强的趣味性、能激发学生的学习兴趣?它的综合性特点反映在什么地方?

三、综合应用题(本大题共 12 分)

10. 阅读下面的案例,回答问题。

练习 1:请在下面每小题的括号里填上适当的数,使等式成立。

(1)$\frac{3}{5}=\frac{3\times(\quad)}{5\times(\quad)}=\frac{9}{(\quad)}$;

(2)$\frac{7}{8}=\frac{(\quad)}{48}$;

(3)$\frac{4}{18}=\frac{(\quad)}{(\quad)}=\frac{4\times 5}{18\times(\quad)}=\frac{2}{(\quad)}$。

练习 2:请分别找出与$\frac{1}{3}$和$\frac{1}{2}$相等的数。

$\frac{7}{14}$ $\frac{5}{25}$ $\frac{3}{9}$ $\frac{6}{18}$ $\frac{5}{10}$ $\frac{3}{15}$ $\frac{4}{12}$ $\frac{2}{4}$ $\frac{18}{54}$ $\frac{18}{36}$ $\frac{9}{18}$ $\frac{5}{15}$ $\frac{26}{52}$ $\frac{2}{6}$

问题:

(1)试简要说明"分数的基本性质"和"商不变性质";(3 分)

(2)若指导高年级小学生学习"分数的基本性质",试拟定教学目标;(3 分)

(3)根据拟定的教学目标,设计三道练习题,并说明设计意图。(6 分)

第二部分　数学专业知识

一、单项选择题(本大题共 11 小题,每小题 2 分,共 22 分)

1. 已知两个质数的平方差等于 21,那么,这两个质数的平方和等于(　　)

A. 22　B. 24　C. 25　D. 29

2. 筐里装有一些苹果,数量在 100 ~ 400 之间。如果每次 4 个、每次 5 个、每次 6 个地取出来,筐里都只剩下 1 个苹果;如果每次 7 个地取出来,筐里苹果正好可以取完。筐里原来有苹果(　　)个。

A. 105　B. 181　C. 252　D. 301

3. 某商品 3 月的价格比 2 月降了 20%,4 月的价格比 3 月又涨了 20%,该商品 4 月的价格是 2 月的(　　)

A. 60%　B. 80%

C. 96%　D. 100%

4. 如图,已知 $A(-3,0)$,$B(0,-4)$,P 为双曲线 $y=\frac{12}{x}(x>0)$ 上的任意一点,过点 P 作 $PC\perp x$ 轴于点 C,$PD\perp y$ 轴于点 D,则四边形 $ABCD$ 面积的最小值为(　　)

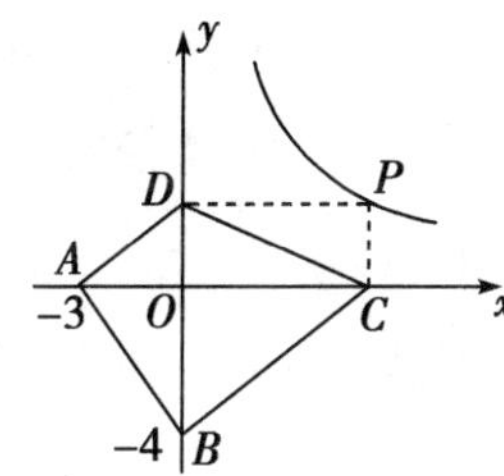

A. 22　B. 23　C. 24　D. 26

5. 若直线 $y=x+b$ 与曲线 $y=3-\sqrt{4x-x^2}$ 有公共点,则 b 的取值范围是(　　)

A. $[1-\sqrt{2},1+\sqrt{2}]$　B. $[1-\sqrt{2},3]$

C. $[1-2\sqrt{2},3]$　D. $[-1,1+\sqrt{2}]$

6. 甲组有 5 名男同学、3 名女同学;乙组有 6 名男同学、2 名女同学。若从甲、乙两组中各选出 2 名同学,则选出的 4 人中恰有 1 名女同学的不同选法共有(　　)

A. 150 种　B. 180 种

C. 300 种　D. 345 种

7. 如图，有一个水平放置的透明无盖的正方体容器，容器高 8cm，将一个球放在容器口，再向容器内注水，当球面恰好接触水面时测得水深为 6cm，如果不计容器的厚度，则球的体积为(　　)

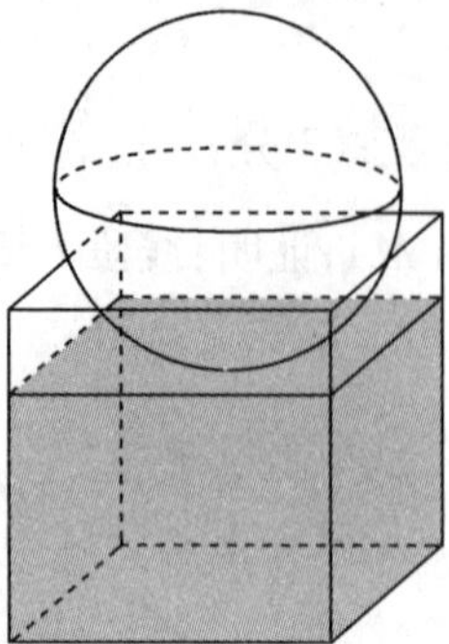

A. $\frac{500\pi}{3}\text{cm}^3$　　B. $\frac{866\pi}{3}\text{cm}^3$

C. $\frac{1372\pi}{3}\text{cm}^3$　　D. $\frac{2048\pi}{3}\text{cm}^3$

8. 设 $(2-x)^6=a_0+a_1x+a_2x^2+\cdots+a_6x^6$，则 $|a_1|+|a_2|+\cdots+|a_6|$ 的值是(　　)

A. 665　　B. 729　　C. 728　　D. 63

9. 已知函数 $f(x)$ 在 $\mathbf{R}$ 上可导，其导函数为 $f'(x)$，若 $f'(x)$ 满足 $\frac{f'(x)-f(x)}{x-1}>0$，$f(2-x)=f(x)e^{2-2x}$，则下列判断一定正确的是(　　)

A. $f(3)>e^3f(0)$　　B. $f(1)<f(0)$

C. $f(2)<ef(0)$　　D. $f(4)<e^4f(0)$

10. 设 $f(x)=(1+x)^x-1$，$g(x)=x^2$，当 $x\to0$ 时，$f(x)$ 是 $g(x)$ 的(　　)

A. 高阶无穷小　　B. 低阶无穷小

C. 等价无穷小　　D. 同阶但非等价无穷小

11. 已知函数 $f(x)=ax^3-3x^2+1$，若 $f(x)$ 存在唯一的零点 x_0，且 $x_0>0$，则 a 的取值范围是(　　)

A. $(2,+\infty)$　　B. $(1,+\infty)$

C. $(-\infty,-2)$　　D. $(-\infty,-1)$

二、填空题(本大题共 5 小题，每小题 2 分，共 10 分)

12. 如果一个大于 1 的自然数的所有约数的乘积恰好等于这个自然数的平方，则称这个数是“好数”，则最小的 5 个“好数”之和是________。

13. 在 $\triangle ABC$ 中，N 是 AC 边上一点，且 $\overrightarrow{AN}=\frac{1}{2}\overrightarrow{NC}$，$P$ 是 BN 上的一点，若 $\overrightarrow{AP}=m\overrightarrow{AB}+\frac{2}{9}\overrightarrow{AC}$，则实数 m 的值为________。

14. 已知圆锥曲线 $mx^2+4y^2=4m$ 的离心率 e 为方程 $2x^2-5x+2=0$ 的根，则满足条件的圆锥曲线的个数为________。

15. 甲、乙、丙三人沿着 400 米环形跑道进行 800 米跑步比赛，当甲跑 1 圈时，乙比甲多跑 $\frac{1}{7}$ 圈，丙比甲少跑 $\frac{1}{7}$ 圈。如果他们各自跑步的速度始终不变，那么，当乙到达终点时，甲在丙前面________米。

16. 如右图，在 $\triangle ABC$ 中，已知点 D 在 BC 边上，$AD\perp AC$，$\sin\angle BAC=\frac{2\sqrt{2}}{3}$，$AB=3\sqrt{2}$，$AD=3$，则 BD 的长为________。

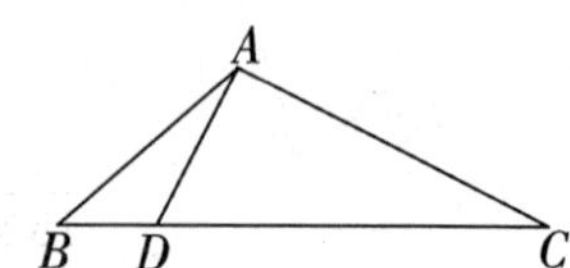

三、解答题(本大题共 4 小题，每小题 7 分，共 28 分)

17. 已知等差数列 $\{a_n\}$ 的前 n 项和为 $S_n(n\in\mathbf{N}_+)$，$a_2=2$，$S_5=15$。

(1)求数列 $\{a_n\}$ 的通项公式；(3 分)

(2)若 $b_n=\frac{1}{a_n\cdot a_{n+1}}$，求数列 $\{b_n\}$ 前 10 项的和。(4 分)

18. $\triangle ABC$ 的内角 A,B,C 所对的边分别为 a,b,c,向量 $\boldsymbol{m}=(a,\sqrt{3}b)$ 与 $\boldsymbol{n}=(\cos A,\sin B)$ 平行。

(1)求 $\angle A$;(3 分)

(2)若 $a=\sqrt{7}$,$b=2$,求 $\triangle ABC$ 的面积。(4 分)

19. 如图,四边形 $ABCD$ 中,$AD\parallel BC$,$\angle A=90°$,$AD=1$ 厘米,$AB=3$ 厘米,$BC=5$ 厘米,动点 P 从点 B 出发以 1 厘米/秒的速度沿 BC 方向运动,动点 Q 从点 C 出发以 2 厘米/秒的速度沿 CD 方向运动,P,Q 两点同时出发,当点 Q 到达点 D 时停止运动,点 P 也随之停止,设运动时间为 t 秒($t>0$)。

(1)求线段 CD 的长;(3 分)

(2)t 为何值时,线段 PQ 将四边形 $ABCD$ 的面积分为 1:2两部分?(4 分)

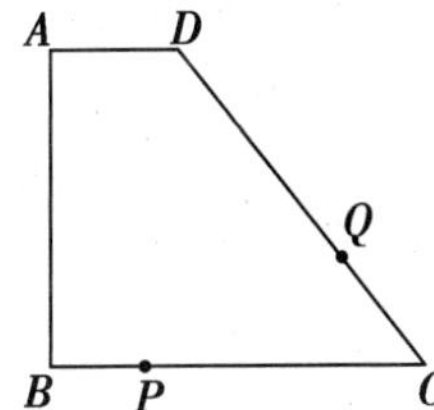

20. 抛物线 C 的方程为 $y=ax^2(a<0)$,过抛物线 C 上一点 $P(x_0,y_0)(x_0\neq0)$ 作斜率为 k_1,k_2 的两条直线分别交抛物线 C 于 $A(x_1,y_1)$,$B(x_2,y_2)$ 两点(P,A,B 三点互不相同),且满足 $k_2+\lambda k_1=0(\lambda\neq0$ 且 $\lambda\neq-1)$。

(1)求抛物线 C 的焦点坐标和准线方程;(3 分)

(2)设直线 AB 上一点 M,满足 $\overrightarrow{BM}=\lambda\,\overrightarrow{MA}$,证明:线段 PM 的中点在 y 轴上。(4 分)

教师招聘考试押题试卷(十)

小学数学

(时间:120 分钟　总分:100 分)

本套试卷共 35 小题,包括判断题(10 小题),单项选择题(15 小题),填空题(5 小题),解答题(5 小题)。

一、判断题(本大题共 10 小题,每小题 1 分,共 10 分)

1. 一根绳子长$\frac{97}{100}$米,也可以写成 97% 米。　(　　)

2. 在一个正方形内画一个最大的圆,这个圆的面积一定大于正方形面积的$\frac{3}{4}$。　(　　)

3. 如果对于任意实数 $x \in \mathbf{R}$,恒有 $f'(x)=0$,那么 $y=f(x)$ 为常函数。　(　　)

4. 关于 x 的分式方程$\frac{3-2x}{x-3}+\frac{9-mx}{3-x}=-1$ 无解,则 $m=1$。　(　　)

5. $y=\ln\frac{1-x}{1+x}$是奇函数。　(　　)

6. 若函数 $f(x)$ 在 x_0 处极限存在,则 $f(x)$ 在 x_0 处连续。　(　　)

7. 若矩阵 $\boldsymbol{A}$ 中有一个 r 级子式不为零,同时所有 $r+1$ 级子式全为零,则 $\boldsymbol{A}$ 的秩为 r。　(　　)

8. 数学教学目标既是教学的出发点又是教学的归宿,它对整个数学教学过程具有重要的激励作用。　(　　)

9. 有效的数学教学活动是教师的教与学生学的统一,应体现"以人为本"的理念,促进学生的全面发展。　(　　)

10. 发现法能够充分调动学生自主学习的积极性,正确发挥学生的主体作用与教师的主导作用。(　　)

二、单项选择题(本大题共 15 小题,每小题 2 分,共 30 分)

11. 下列说法正确的是(　　)

A. 2016 年是闰年,它有 366 天

B. 互质的两个数没有公约数

C. 圆锥的体积等于圆柱体积的$\frac{1}{3}$

D. 一个自然数与$\frac{7}{8}$相乘所得的积,一定小于这个自然数

12. 设复数 z 满足 $|z+i|=1$,z 在复平面内对应的点为 (x,y),则(　　)

A. $x^2+y^2=1$　　B. $(x-1)^2+y^2=1$

C. $x^2+(y-1)^2=1$　　D. $x^2+(y+1)^2=1$

13. 在区间 $[-\pi,\pi]$ 内随机取两个数分别记为 a,b,则使得函数 $f(x)=x^2+2ax-b^2+\pi$ 有零点的概率为(　　)

A. $\frac{7}{8}$　　B. $\frac{3}{4}$　　C. $\frac{1}{2}$　　D. $\frac{1}{4}$

14. 已知函数 $f(x)=\frac{5}{3}x-\ln(2x+1)$,则 $\lim\limits_{\Delta x\to 0}\frac{f(1+\Delta x)-f(1)}{\Delta x}=$(　　)

A. 1　　B. 0　　C. $\frac{4}{3}$　　D. $\frac{5}{3}$

15. 执行如图所示的算法语句,当输入 x 为 60 时,输出 y 的值为(　　)

```
INPUT   x
IF   x < =50   THEN
   y =0.5 * x
ELSE
   y =25 +0.6 * (x -50)
END   IF
PRINT   y
END
```

A. 25　　B. 30　　C. 31　　D. 61

16. 下列图形中,既是轴对称图形又是中心对称图形的是(　　)

A

B

C

D

17. 已知双曲线 $C:\frac{x^2}{a^2}-\frac{y^2}{b^2}=1(a>b>0)$ 的一条渐近线与函数 $y=1+\ln x+\ln 2$ 的图象相切,则双曲线 C 的离心率是(　　)

A. 2　　B. $\sqrt{5}$　　C. $\sqrt{3}$　　D. $\frac{\sqrt{5}}{2}$

18. 如下左图，分别沿长方形 $ABCD$ 和正方形 $EFGH$ 的对角线 AC，EG 将其剪开，拼成如下右图所示的平行四边形 $KLMN$，若中间空白部分四边形 $OPQR$ 恰好是正方形，且平行四边形 $KLMN$ 的面积为 50，则正方形 $EFGH$ 的面积为(　　)

A. 24　　B. 25　　C. 26　　D. 27

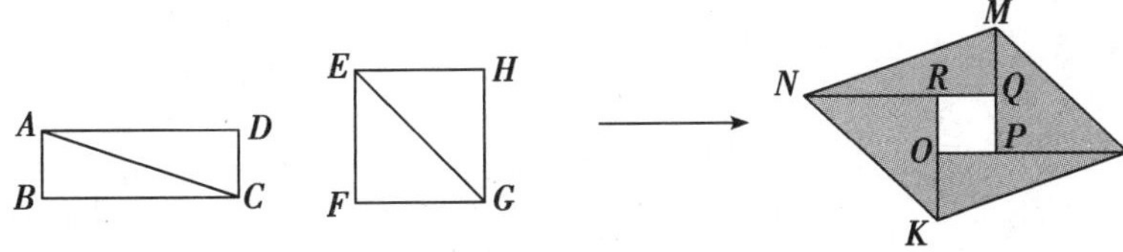

19. $\angle A$ 为 $\triangle ABC$ 的一个内角，若 $\sin A+\cos A=\frac{2}{5}$，则这个三角形为(　　)

A. 锐角三角形　　B. 钝角三角形

C. 等腰直角三角形　　D. 等腰三角形

20. 已知 $f'(x)$ 是 $f(x)$ 的导函数，在区间 $[0,+\infty)$ 上 $f'(x)>0$，且偶函数 $f(x)$ 满足 $f(2x-1)<f\left(\frac{1}{3}\right)$，则 x 的取值范围是(　　)

A. $\left(\frac{1}{3},\frac{2}{3}\right)$　　B. $\left[\frac{1}{3},\frac{2}{3}\right)$　　C. $\left(\frac{1}{2},\frac{2}{3}\right)$　　D. $\left[\frac{1}{2},\frac{2}{3}\right)$

21. 5 位同学站成一排准备照相的时候，有两位老师碰巧路过，同学们强烈要求与老师合影留念，如果 5 位同学顺序一定，那么两位老师与同学们站成一排照相的站法总数为(　　)种。

A. 6　　B. 20　　C. 30　　D. 42

22. 某三棱锥的三视图如图所示，网格纸上小正方形的边长为 1，则该三棱锥外接球的表面积为(　　)

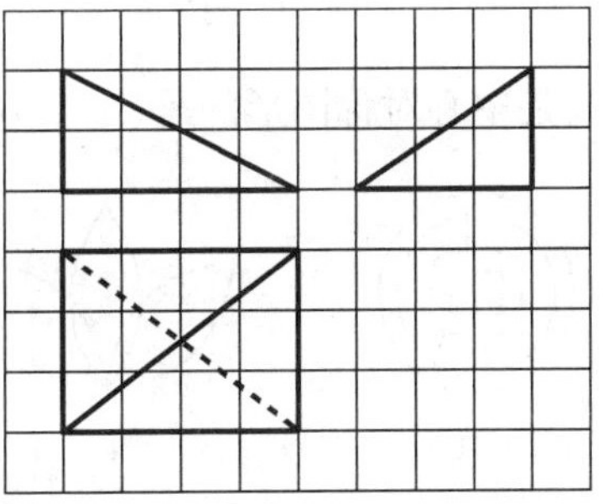

A. 27π　　B. 28π　　C. 29π　　D. 30π

23. 已知点 $A(-2,-\frac{\pi}{2})$，$B(\sqrt{2},\frac{3}{4}\pi)$，$O(0,0)$，则 $\triangle ABO$ 为(　　)

A. 正三角形　　B. 直角三角形

C. 等腰锐角三角形　　D. 等腰直角三角形

24. 在义务教育第二学段情感态度目标中要求学生初步养成(　　)、勇于质疑、言必有据等良好品质。

A. 克服困难　　B. 解决问题　　C. 相信自己　　D. 乐于思考

25.《义务教育数学课程标准》(2011 年版)提出在基本技能的教学中，不仅要使学生掌握技能操作的程序和步骤，还要使学生理解程序和步骤的(　　)

A. 方法　　B. 技巧　　C. 原因　　D. 道理

三、填空题(本大题共 5 小题，每小题 2 分，共 10 分)

26. 设 x,y 满足约束条件 $\begin{cases}3x-y-6\leqslant 0,\\ x-y+2\geqslant 0,\\ x\geqslant 0,y\geqslant 0,\end{cases}$ 若目标函数 $z=ax+by(a>0,b>0)$ 的最大值为 12，则 $\frac{2}{a}+\frac{3}{b}$ 的最小值为________。

27. 观察下列等式：

$1^3=1$；$1^3+2^3=9$；$1^3+2^3+3^3=36$；$1^3+2^3+3^3+4^3=100$；……照此规律，第 6 个等式为________。

28. 极限 $\lim\limits_{n\to\infty}\frac{n^2-n-2}{3n^2+1}=$________。

29. 已知向量 $\boldsymbol{a}$，$\boldsymbol{b}$ 满足 $|\boldsymbol{a}|=1$，$\boldsymbol{b}=(2,1)$，且 $\lambda\boldsymbol{a}+\boldsymbol{b}=\mathbf{0}(\lambda\in\mathbf{R})$，则 $|\lambda|=$________。

30. 小学阶段数学课程目标从知识技能、数学思考、________、情感态度四个方面加以阐述。

四、解答题(本大题共 5 小题，第 31、32 小题每小题 8 分，第 33 小题 12 分，第 34 小题 10 分，第 35 小题 12 分，共 50 分)

31. 甲、乙、丙三人环湖跑步锻炼，同时从湖边一固定点出发，乙、丙二人同向，甲与乙、丙反向，在甲第一次遇上乙 1.25 分钟后第一次遇上丙，再经过 3.75 分钟第二次遇上乙。已知甲的速度与乙的速度之比是 3∶2，湖的周长是 2000 米。求甲、乙、丙三人的速度各是多少？

32. 已知 CD 为 $\mathrm{Rt}\triangle ABC$ 斜边 AB 上的高，以 CD 为直径的圆交 BC 于 E 点，交 AC 于 F 点，G 为 BD 的中点。

(1)求证：GE 为⊙O 的切线；(4 分)

(2)若 $\tan B=\frac{1}{2}$，$GE=5$，求 AD 的长。(4 分)

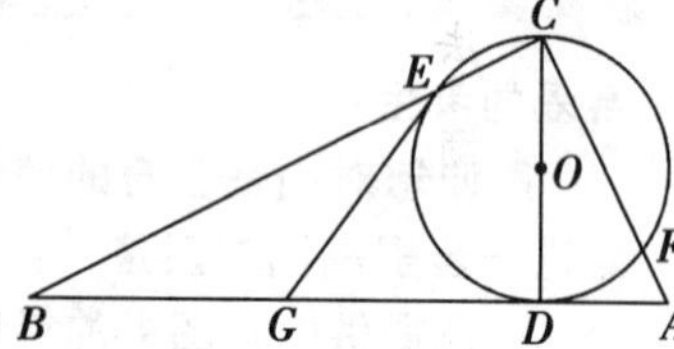

33. 在平面直角坐标系 xOy 中，椭圆 $C:\frac{x^2}{a^2}+\frac{y^2}{b^2}=1(a>b>0)$ 的短轴长为 $2\sqrt{2}$，离心率为 $\frac{\sqrt{6}}{3}$。

(1)求椭圆 C 的方程；(5 分)

(2)已知点 A 为椭圆 C 的上顶点，点 M 为 x 轴正半轴上的一点，过点 A 作 AM 的垂线 AN 与椭圆 C 交于另一点 N。若 $\angle AMN=60°$，求点 M 的坐标。(7 分)

34. 已知等比数列 $\{a_n\}$ 的首项为 1，公比为 q，它的前 n 项和为 S_n。

(1)若 $S_3=3$，$S_6=-21$，求公比 q；(4 分)

(2)若 $q>0$，且 $T_n=a_1+a_3+\cdots+a_{2n-1}$，求 $\lim\limits_{n\to\infty}\frac{S_n}{T_n}$。(6 分)

35. 我国是世界上严重缺水的国家之一，某市政府为了鼓励居民节约用水，计划调整居民生活用水收费方案，拟确定一个合理的月用水量标准 x（吨），一位居民的月用水量不超过 x 的部分按平价收费，超出 x 的部分按议价收费，为了了解居民用水情况，通过抽样，获得了某年 100 位居民每人的月平均用水量（单位：吨），将数据按照[0,0.5)，[0.5,1)，…，[4,4.5)分成 9 组，制成了如图所示的频率分布直方图。

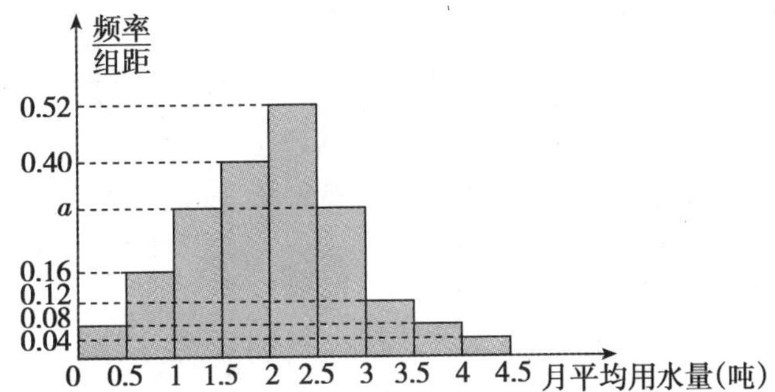

(1)求直方图中 a 的值；(3 分)

(2)设该市有 30 万居民，估计全市居民中月平均用水量不低于 3 吨的人数，并说明理由；(4 分)

(3)若该市政府希望使 85% 的居民每月的用水量不超过标准 x（吨），估计 x 的值，并说明理由。(5 分)

真题试卷

2021年山西省特岗教师招聘考试数学真题试卷(一)

一、单项选择题

1. C 【解析】本题考查教师劳动的特点。教师劳动具有复杂性、创造性、连续性、广延性、长期性、间接性、主体性和示范性等特点。其中,示范性指教师的言行举止,如人品、才能、治学态度等都会成为学生学习的对象。由题干教师要做学生的“引路人”可知,教师必然要以身作则、为人师表,为学生树立榜样。这体现了教师职业的示范性特点。故选C项。

2. B 【解析】本题考查选择课程内容应坚持的原则。把党的历史作为学校思想政治课的重要内容,对学生进行社会主义教育,体现了课程内容选择的方向性;形式各样的党史教育能够帮助学生从小树立正确的世界观、人生观、价值观,体现了课程内容选择的价值性。选项B符合题意。

3. B 【解析】本题考查学习策略。元认知策略是指个体为实现最佳的认知效果而对自己的认知活动所进行的调节和控制;组织策略是指将经过精加工提炼出来的知识点加以构造,形成更高水平的知识结构的信息加工策略;精细加工策略是指把新信息与头脑中的旧信息联系起来从而增加新信息意义的深层加工策略;资源管理策略是辅助学生管理可用的环境和资源的策略。题干中通过自我监控、自我调节等方式来促进学习,这利用了元认知策略。因此,答案选B项。

4. D 【解析】本题考查《大中小学劳动教育指导纲要(试行)》。教育部印发的《大中小学劳动教育指导纲要(试行)》中提到:“劳动教育是新时代党对教育的新要求,是中国特色社会主义教育制度的重要内容,是全面发展教育体系的重要组成部分,是大中小学必须开展的教育活动。”另外,小学中高年级要“指导学生:(1)参与家居清洁、收纳整理,制作简单的家常餐等,每年学会1~2项生活技能,增强生活自理能力和勤俭节约意识,培养家庭责任感;(2)参加校园卫生保洁、垃圾分类处理、绿化美化等,适当参加社区环保、公共卫生等力所能及的公益劳动,增强公共服务意识;(3)初步体验种植、养殖、手工制作等简单的生产劳动,初步学会与他人合作劳动,懂得生活用品、食品来之不易,珍惜劳动成果。”因此,A、B、C三项劳动均适宜小学生参加。D项,实习实训属于职业院校和普通高等学校组织学生参加的劳动。故本题选D项。

5. C 【解析】本题考查课的类型。根据教学的任务,课可分为传授新知识课(新授课)、巩固新知识课(巩固课)、培养技能技巧课(技能课)和检查知识课(检查课)。其中,新授课是以教师传授新知识、学生学习新知识为主要目的,努力使学生掌握新的概念、原理,形成新的观点的课型。新授课的特征包括:(1)目标单一。(2)新授课联着旧知识。新授课中的知识并不是独立存在的,它与学生已有的旧知识有着千丝万缕的联系。(3)难度较大。根据题干中的“对新知识探究”和“有效衔接”可知,这位教师备课的课型属于新授课。

6. B 【解析】本题考查集合的运算。$\complement_{\mathbf{R}}M=\left\{x\mid x>\frac{1}{2}\right\}$,$N=\{x\mid x^2\leqslant1\}=\{x\mid -1\leqslant x\leqslant1\}$,则$(\complement_{\mathbf{R}}M)\cap N=\left(\frac{1}{2},1\right]$。故选B。

7. D 【解析】本题考查复数的运算。$z=\frac{-1+\mathrm{i}}{\mathrm{i}}=\frac{(-1+\mathrm{i})\mathrm{i}}{\mathrm{i}^2}=1+\mathrm{i}$。故选D。

8. C 【解析】本题考查对数大小的比较。因为$2^a=3$,所以$a=\log_2 3$,$c=\log_{\frac{1}{2}}3=-\log_2 3<\log_2 3=a$,$a=\log_2 3<\log_2 4=\log_3 9<\log_3 10=b$,所以$b>a>c$。故选C。

9. A 【解析】本题考查三角函数的诱导公式。$\sin\left(\alpha+\frac{\pi}{6}\right)=\sin\left(\frac{\pi}{2}+\alpha-\frac{\pi}{3}\right)=\cos\left(\alpha-\frac{\pi}{3}\right)=\frac{4}{5}$。

10. B 【解析】本题考查平均数和方差的性质。10个数中一个数由4改为1,减少了3,另一个数由6改为9,增加了3,而其他数不变,所以平均数$\bar{x}$不变。设没有改变的8个数为$x_1,x_2,x_3,x_4,x_5,x_6,x_7,x_8$,原先一组数的方差$s_1^2=\frac{1}{10}[(x_1-\bar{x})^2+(x_2-\bar{x})^2+(x_3-\bar{x})^2+(x_4-\bar{x})^2+(x_5-\bar{x})^2+(x_6-\bar{x})^2+(x_7-\bar{x})^2+(x_8-\bar{x})^2+(4-\bar{x})^2+(6-\bar{x})^2]$,新的一组数的方差$s_2^2=\frac{1}{10}[(x_1-\bar{x})^2+(x_2-\bar{x})^2+(x_3-\bar{x})^2+(x_4-\bar{x})^2+(x_5-\bar{x})^2+(x_6-\bar{x})^2+(x_7-\bar{x})^2+(x_8-\bar{x})^2+(1-\bar{x})^2+(9-\bar{x})^2]$,所以$s_2^2-s_1^2=\frac{1}{10}[(1-\bar{x})^2+(9-\bar{x})^2-(4-\bar{x})^2-$

$(6-\bar{x})^2]=\frac{1}{10}\times30=3$。所以新的一组数的方差比原来一组数的方差增加3。故选B。

11. C 【解析】本题考查不等式恒成立问题。$a^2+b^2-ab\geqslant2ab-ab=ab$，所以$ab\leqslant2$，故A、B两项错误；由$ab\leqslant\left(\frac{a+b}{2}\right)^2$得$a^2+b^2-ab=(a+b)^2-3ab\geqslant(a+b)^2-3\left(\frac{a+b}{2}\right)^2=\frac{1}{4}(a+b)^2$，即$\frac{1}{4}(a+b)^2\leqslant2$，则$a+b\leqslant2\sqrt{2}$，故C项正确。

方法技巧：当式子中出现求解(最)值时，首先要分析所给式子的特点，如果可以运用柯西不等式或者基本不等式时，直接运用公式求解即可，公式如下：

(1)$a^2+b^2\geqslant2ab$(当且仅当$a=b$时等号成立)。

(2)若$a>0,b>0$，则$a+b\geqslant2\sqrt{ab}$(当且仅当$a=b$时等号成立)；

若$a>0,b>0,c>0$，则$a+b+c\geqslant3\sqrt[3]{abc}$(当且仅当$a=b=c$时等号成立)。

(3)二维柯西不等式：$(a^2+b^2)(c^2+d^2)\geqslant(ac+bd)^2$(当且仅当$\frac{a}{c}=\frac{b}{d}$时等号成立)；

三维柯西不等式：$(a^2+b^2+e^2)(c^2+d^2+f^2)\geqslant(ac+bd+ef)^2$(当且仅当$\frac{a}{c}=\frac{b}{d}=\frac{e}{f}$时等号成立)。

12. C 【解析】本题考查二项式定理。二项式$(x-2y)^5$的展开式为$T_{r+1}=C_5^rx^{5-r}(-2y)^r=C_5^r(-2)^rx^{5-r}(y)^r$，而二项式系数之和$A=C_5^0+C_5^1+C_5^2+C_5^3+C_5^4+C_5^5$，各项系数之和$B=C_5^0-2C_5^1+2^2\cdot C_5^2-2^3\cdot C_5^3+2^4\cdot C_5^4-2^5\cdot C_5^5$。当$x=1,y=-\frac{1}{2}$时，$A=\left[1-2\times\left(-\frac{1}{2}\right)\right]^5=2^5=32$；当$x=1,y=1$时，$B=(1-2\times1)^5=-1$，故$A+B=31$。

13. A 【解析】本题考查等差数列的基本性质。$\{b_n\}$是公差为2的等差数列，$b_1=a_2-a_1=3-1=2$，所以$b_n=2+2(n-1)=2n$，则有$a_{10}=a_{10}-a_9+a_9-a_8+\cdots+a_2-a_1+a_1=b_9+b_8+\cdots+b_2+b_1+a_1=2\times9+2\times8+\cdots+2\times2+2\times1+1=2\times\frac{(1+9)\times9}{2}+1=91$。故选A。

14. B 【解析】本题考查立体几何中正方体的基本性质。由于BD'为正方体$ABCD-A'B'C'D'$的体对角线，所以$BD'\perp$平面$AB'C$。设过点M且垂直于BD'的平面为α，则$BD'\perp$平面α，所以平面$\alpha//$平面$AB'C$。因为$MA=2MB$，所以M为AB的三等分点，所以平面α截正方体所得截面面积$S=\frac{1}{9}S_{\triangle AB'C}$，因为正方体$ABCD-A'B'C'D'$的棱长为3，所以$S_{\triangle AB'C}=\frac{1}{2}\times3\sqrt{2}\times3\sqrt{2}\times\sin60^\circ=\frac{9\sqrt{3}}{2}$，所以$S=\frac{\sqrt{3}}{2}$，故选B。

15. B 【解析】本题考查函数的综合应用。当$x\in[0,+\infty)$时，$f(x)\geqslant g(x)$恒成立，即$x\geqslant0$时，$\frac{ax}{e^x}\geqslant-x^2+x$恒成立。(1)当$x=0$时，满足题意，此时$a\in\mathbf{R}$；(2)当$x>0$时，将$\frac{ax}{e^x}\geqslant-x^2+x$两边同时除以$x$，得$\frac{a}{e^x}\geqslant1-x$，因为$e^x>0$，所以$a\geqslant(1-x)e^x$，故只需$a\geqslant[(1-x)e^x]_{\max}$。令$h(x)=(1-x)e^x$，则$h'(x)=-e^x+(1-x)e^x=-xe^x<0$，所以$h(x)$在$(0,+\infty)$上单调递减，所以$h(x)<h(0)=(1-0)\times e^0=1$，故$a\geqslant1$，故选B。

16. C 【解析】本题考查平面几何中椭圆的基本性质。如图，连结IF_1,IF_2,I是$\triangle PF_1F_2$的内心，可得IF_1,IF_2分别是$\angle PF_1F_2,\angle PF_2F_1$的角平分线，则由三角形角平分线性质可知$\frac{|PI|}{|IQ|}=\frac{|PF_1|}{|F_1Q|},\frac{|PI|}{|IQ|}=\frac{|PF_2|}{|F_2Q|}$，由比例关系性质可知，$\frac{|PI|}{|IQ|}=\frac{|PF_1|+|PF_2|}{|F_1Q|+|F_2Q|}=\frac{2a}{2c}=\frac{1}{e}=2$，所以椭圆的离心率$e=\frac{1}{2}$，故选C。

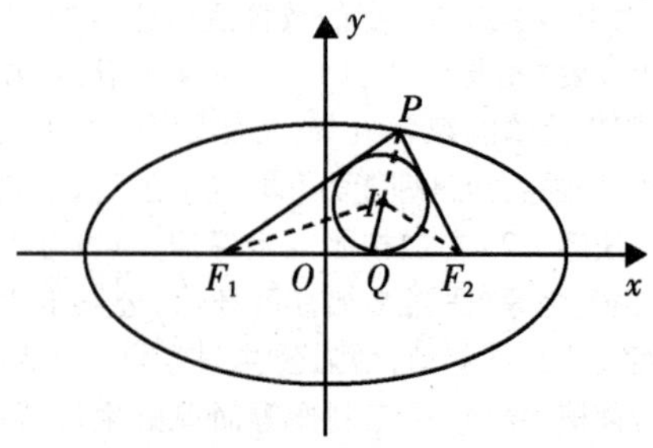

17. D 【解析】本题考查函数和数列的综合应用。当$x\in[1,2)$时，$f(x)=\frac{1-f(x-1)}{1+f(x-1)}=\frac{1-(2-x)}{1+(2-x)}=$

$\frac{x-1}{3-x}$,当 $x\in[2,+\infty)$时,$f(x)=\frac{1-f(x-1)}{1+f(x-1)}=\frac{1-\frac{1-f(x-2)}{1+f(x-2)}}{1+\frac{1-f(x-2)}{1+f(x-2)}}=f(x-2)$,故函数$f(x)$的周期为2,当$k=0$时,方程$f(x)=0$的根恰好是1,3,5,…,成等差数列,2021在此数列中;当$k=1$时,方程$f(x)=1$的根恰好是0,2,4,…,成等差数列,2020在此数列中;当$0<k<1$时,要使方程$f(x)=k$的根成等差数列,则公差只能为1,设方程的根依次为$a,a+1,a+2,\cdots$,其中$a\in(0,1)$,则$f(a)=f(a+1)$,即$1-a=\frac{a}{2-a}$,解得$a=2-\sqrt{2}$或$2+\sqrt{2}$(舍去),所以$2\ 020-\sqrt{2}$在此数列中。故选 D。

二、填空题

18. $(-3,2)$

【解析】本题考查圆的标准方程。$x^2+y^2+6x-4y+1=0$即为$(x+3)^2+(y-2)^2=12$,所以圆心C的坐标为$(-3,2)$。

19. $2\ln3-\frac{9}{2}$

【解析】本题考查函数的单调性。$f'(x)=\frac{2}{x}+x-3(x>0)$,令$f'(x)=0$,则$x=1$或2,所以当$x\in(0,1)$时,$f'(x)>0$,此时$f(x)$单调递增;当$x\in(1,2)$时,$f'(x)<0$,此时$f(x)$单调递减;当$x\in(2,+\infty)$时,$f'(x)>0$,此时$f(x)$单调递增,所以$f(x)$在$\left[\frac{1}{3},3\right]$上的最大值在$x=1$或$x=3$处,$f(1)=-\frac{5}{2}$,$f(3)=2\ln3+\frac{1}{2}\times3^2-3\times3=2\ln3-\frac{9}{2}$,故$f(x)$在$\left[\frac{1}{3},3\right]$上的最大值为$2\ln3-\frac{9}{2}$。

20. $60°$

【解析】本题考查抛物线的基本性质。分别过点A,B作AM,BN垂直于准线$x=-\frac{p}{2}$,垂足分别为M,N,过点B作$BC\perp AM$于点C,由抛物线定义知$|BF|=|BN|$,$|AF|=|AM|$,$|BF|=\frac{1}{4}|AB|$,$|AF|=3|BF|$,所以$|AC|=|AM|-|BN|=|AF|-|BF|=2|BF|=\frac{1}{2}|AB|$。又因为$BC\perp AM$,所以$\angle BAC=60°$,即直线$L$的倾斜角为$60°$。

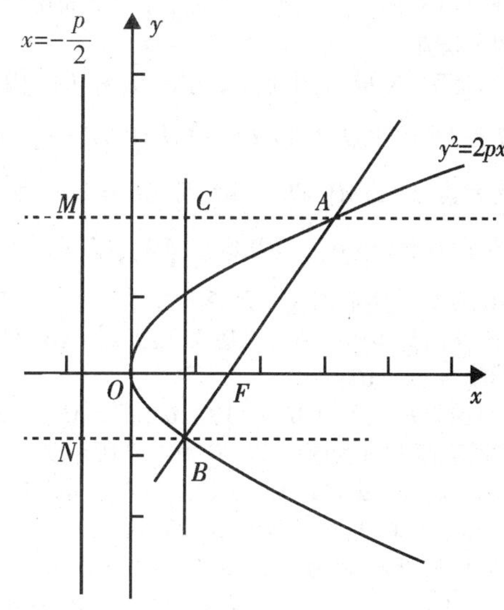

21. $\frac{3}{2}$

【解析】本题考查平面向量的运算。$\overrightarrow{AC}\cdot\overrightarrow{BD}=(\overrightarrow{AB}+\overrightarrow{BC})\cdot\overrightarrow{BD}=\overrightarrow{AB}\cdot\overrightarrow{BD}+\overrightarrow{BC}\cdot\overrightarrow{BD}$,因为$AB$是圆$O$的直径,所以$\angle ADB=90°$,因为$BC/\!/AD$,所以$BD\perp BC$,所以$\overrightarrow{BC}\cdot\overrightarrow{BD}=0$,则$\overrightarrow{AC}\cdot\overrightarrow{BD}=\overrightarrow{AB}\cdot\overrightarrow{BD}=-1$,在 Rt$\triangle ABD$中,$\cos\angle ABD=\frac{|\overrightarrow{BD}|}{|\overrightarrow{AB}|}$,所以$\overrightarrow{AB}\cdot\overrightarrow{BD}=|\overrightarrow{AB}||\overrightarrow{BD}|(-\cos\angle ABD)=|\overrightarrow{AB}||\overrightarrow{BD}|\cdot\left(-\frac{|\overrightarrow{BD}|}{|\overrightarrow{AB}|}\right)=-|\overrightarrow{BD}|^2=-1$。

所以$|\overrightarrow{BD}|=1$,故$\overrightarrow{AD}\cdot\overrightarrow{OD}=(\overrightarrow{AB}+\overrightarrow{BD})\cdot(\overrightarrow{OB}+\overrightarrow{BD})=(\overrightarrow{AB}+\overrightarrow{BD})\cdot(\frac{1}{2}\overrightarrow{AB}+\overrightarrow{BD})=\frac{1}{2}|\overrightarrow{AB}|^2+|\overrightarrow{BD}|^2+\frac{3}{2}\overrightarrow{AB}\cdot\overrightarrow{BD}=\frac{1}{2}\times4+1^2+\frac{3}{2}\times(-1)=\frac{3}{2}$。

三、解答题

22.【解析】本题考查三角函数的综合应用。

(1)$f(x)=\sqrt{3}\sin x+2\cos^2\frac{x}{2}=\sqrt{3}\sin x+2\cos^2\frac{x}{2}-1+1=\sqrt{3}\sin x+\cos x+1=2\left(\frac{\sqrt{3}}{2}\sin x+\frac{1}{2}\cos x\right)+1=2\sin(x+\frac{\pi}{6})+1$,又$f(A)=3$,所以$f(A)=2\sin(A+\frac{\pi}{6})+1=3$,解得$\angle A=2k\pi+\frac{\pi}{3}(k\in\mathbf{Z})$,又因为$\angle A\in(0,\pi)$,所以$\angle A=\frac{\pi}{3}$。

(2)在$\triangle ABC$中,由余弦定理可得$\cos A=$

$\dfrac{b^2+c^2-a^2}{2bc}=\dfrac{16+c^2-13}{2\times4c}=\dfrac{1}{2}$,解得 $c=1$ 或 3。

23.【解析】本题考查线面平行和直线与平面所成角的正弦值。

(1)证明:取 PD 的中点 E,连结 AE 和 EM,因为 M 是 PC 的中点,所以 $EM/\!/CD$ 且 $EM=\dfrac{1}{2}CD$,又因为 $AB\perp AD$,$CD\perp AD$,且 $CD=2AB$,所以 $AB/\!/CD$ 且 $AB=\dfrac{1}{2}CD$,所以 $AB/\!/EM$ 且 $AB=EM$,所以四边形 $ABME$ 为平行四边形,所以 $BM/\!/AE$,又因为 $MB\not\subset$ 平面 PAD,$AE\subset$ 平面 PAD,所以 $BM/\!/$ 平面 PAD。

(2)因为 $PA\perp$ 平面 $ABCD$,$AB\perp AD$,所以 AB,AP,AD 两两垂直,以 A 为原点,以 AB,AD,AP 所在直线为 x 轴、y 轴、z 轴,建立如图所示的空间直角坐标系,则 $A(0,0,0)$,$M(1,1,1)$,$P(0,0,2)$,因为 $PA\perp$ 平面 $ABCD$,所以 PA 可为平面 $ABCD$ 的法向量,$\overrightarrow{AP}=(0,0,2)$,$\overrightarrow{AM}=(1,1,1)$,设直线 MA 与平面 $ABCD$ 所成的角为 θ,$\sin\theta=\cos<\overrightarrow{AM},\overrightarrow{AP}>=\left|\dfrac{\overrightarrow{AM}\cdot\overrightarrow{AP}}{|\overrightarrow{AM}||\overrightarrow{AP}|}\right|=\left|\dfrac{0\times1+0\times1+2\times1}{|\sqrt{0^2+0^2+2^2}||\sqrt{1^2+1^2+1^2}|}\right|=\dfrac{\sqrt{3}}{3}$。

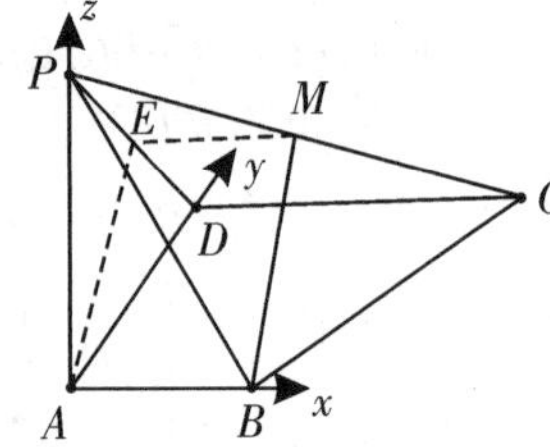

24.【解析】本题考查概率统计。(1)因为 $0.025+0.15+0.20=0.375<0.5$,$0.025+0.15+0.20+0.25=0.625>0.5$,设这 200 名同学竞赛成绩的中位数为 x,则 $0.025+0.15+0.20+0.025(x-60)=0.5$,解得 $x=65$,竞赛成绩不低于 80 分的学生的人数为 $200\times(0.10+0.05)=30$。

(2)由(1)可知,低于 90 分但不低于 80 分的有 20 人,不低于 90 分的有 10 人,设这名学生获得书籍数量为 ξ,则 ξ 的可能取值为 2,4,6,8,$P(\xi=2)=\dfrac{2}{3}\times\dfrac{3}{4}=\dfrac{1}{2}$,$P(\xi=4)=\dfrac{1}{3}\times\left(\dfrac{3}{4}\right)^2+\dfrac{2}{3}\times\dfrac{1}{4}=\dfrac{17}{48}$,$P(\xi=6)=\dfrac{1}{3}\times2\times\dfrac{3}{4}\times\dfrac{1}{4}=\dfrac{1}{8}$,$P(\xi=8)=\dfrac{1}{3}\times\left(\dfrac{1}{4}\right)^2=\dfrac{1}{48}$。

ξ	2	4	6	8
P	$\dfrac{1}{2}$	$\dfrac{17}{48}$	$\dfrac{1}{8}$	$\dfrac{1}{48}$

$E(\xi)=2\times\dfrac{1}{2}+4\times\dfrac{17}{48}+6\times\dfrac{1}{8}+8\times\dfrac{1}{48}=\dfrac{10}{3}$。

25.【解析】本题考查平面解析几何中双曲线的综合应用。(1)双曲线的渐近线方程为 $y=\pm\dfrac{b}{a}x$,即 $bx\pm ay=0$,所以点 $F(c,0)$ 到渐近线的距离为 $\dfrac{|bc|}{\sqrt{a^2+b^2}}=\dfrac{bc}{c}=b$,所以 $\triangle FOG$ 的面积为 $\dfrac{1}{2}|GF|\cdot|OG|=\dfrac{1}{2}b\cdot\sqrt{c^2-b^2}=\dfrac{1}{2}ab=\sqrt{5}$,即 $ab=2\sqrt{5}$,由 $e=\dfrac{c}{a}=\sqrt{1+\dfrac{b^2}{a^2}}=\dfrac{3}{2}$,得 $b=\dfrac{\sqrt{5}}{2}a$,解得 $a=2$,$b=\sqrt{5}$,所以双曲线的方程为 $\dfrac{x^2}{4}-\dfrac{y^2}{5}=1$。

(2)设 $l:x=ky+3$,$M(x_1,y_1)$,$N(x_2,y_2)$,且 $k\neq\pm\dfrac{2\sqrt{5}}{5}$。联立 $\begin{cases}x=ky+3,\\ \dfrac{x^2}{4}-\dfrac{y^2}{5}=1,\end{cases}$ 整理得 $(5k^2-4)y^2+30ky+25=0$,则 $y_1+y_2=\dfrac{30k}{4-5k^2}$,$y_1y_2=\dfrac{25}{5k^2-4}$,

所以 $|y_1-y_2|=\sqrt{(y_1+y_2)^2-4y_1y_2}=\sqrt{\dfrac{400k^2+400}{(4-5k^2)^2}}$,令 $4-5k^2=t$,$0<t\leqslant4$,则 $400k^2+400=400(k^2+1)=400\times(\dfrac{4}{5}-\dfrac{t}{5}+1)=400\times(\dfrac{9}{5}-\dfrac{t}{5})$,$|y_1-y_2|=20\sqrt{\dfrac{9-t}{5t^2}}=20\sqrt{\dfrac{9}{5}\cdot\dfrac{1}{t^2}-\dfrac{1}{5t}}=20\sqrt{\dfrac{1}{5}\left(\dfrac{9}{t^2}-\dfrac{1}{t}+\dfrac{1}{36}-\dfrac{1}{36}\right)}$

$=4\sqrt{5}\times\sqrt{\left(\dfrac{3}{t}-\dfrac{1}{6}\right)^2-\dfrac{1}{36}}$,

因为 $0<t\leqslant4$,所以 $\dfrac{3}{t}\geqslant\dfrac{3}{4}$,所以 $|y_1-y_2|=4\sqrt{5}\times\sqrt{\left(\dfrac{3}{t}-\dfrac{1}{6}\right)^2-\dfrac{1}{36}}\geqslant5$。

所以 $S_{\triangle MON}=\dfrac{1}{2}|OF||y_1-y_2|\geqslant\dfrac{1}{2}\times3\times5=\dfrac{15}{2}$,即 $\triangle MON$ 面积的最小值为 $\dfrac{15}{2}$。

26.【解析】本题考查函数与导数的综合应用。

(1)由题意,设该切线方程为 $y=kx+b$,由 $g'(x)=\cos x-\sin x+2x-2$,故 $k=g'(0)=-1$,由 $g(0)=1$,解得 $b=1$,故该切线方程为 $y=-x+1$。

(2)设 $h(x)=\dfrac{1}{3}x^3-2x+2\sin x+1$,则 $h'(x)=$

$x^2-2+2\cos x$，则 $h''(x)=2x-2\sin x\geqslant 0$，故 $h'(x)$ 在 $[0,+\infty)$ 上单调递增，$h'(x)\geqslant h'(0)=0$，故 $h(x)$ 在 $[0,+\infty)$ 上单调递增，所以 $h(x)\geqslant h(0)>0$，所以 $f(x)>0$ 在 $[0,+\infty)$ 上恒成立，又 $a\leqslant 1$，故 $g(x)-af(x)\geqslant g(x)-f(x)$，只需证 $g(x)-f(x)\geqslant 0$，即证 $e^x(\sin x+\cos x+x^2-2x)-(\frac{1}{3}x^3-2x+2\sin x+1)\geqslant 0$，设 $F(x)=e^x(\sin x+\cos x+x^2-2x)-(\frac{1}{3}x^3-2x+2\sin x+1)$，则 $F'(x)=e^x(2\cos x+x^2-2)-(2\cos x+x^2-2)=(2\cos x+x^2-2)(e^x-1)\geqslant 0$，则 $F(x)$ 在 $[0,+\infty)$ 上单调递增，$F(x)\geqslant F(0)=0$，故对任意的 $a\in(-\infty,1]$，$g(x)\geqslant af(x)$ 在 $[0,+\infty)$ 上恒成立。

2021 年江西省教师招聘考试小学数学真题试卷(二)

第一部分　客观题

单项选择题

1. B 【解析】本题考查教学设计原则。
2. C 【解析】本题考查《义务教育数学课程标准》(2011 年版)中的十大核心概念。运算能力是指能够根据法则和运算律正确地进行运算的能力。培养运算能力有助于学生理解运算的算理，寻求合理简洁的运算途径解决问题。
3. D 【解析】本题考查教学评价。评价既要关注学生数学学习的水平，也要重视学生在数学活动中所表现出来的情感与态度。
4. C 【解析】本题考查课程基本理念。数学教学活动，特别是课堂教学应激发学生兴趣，调动学生的积极性，引发学生的数学思考，鼓励学生的创造性思维；要注重培养学生良好的数学学习习惯，使学生掌握恰当的数学学习方法。
5. C 【解析】本题考查教学设计。
6. D 【解析】本题考查课程内容。在第二学段要求体会两点间所有连线中线段最短，知道两点间的距离。
7. C 【解析】本题考查课程标准教材编写建议。对于第二学段的学生，教材的呈现在运用学生感兴趣的图片、表格等形式的同时，逐渐增加数学语言的比重。
8. C 【解析】本题考查合情推理和演绎推理。合情推理是根据已有的事实，经过观察、分析、比较、联想，再进行归纳，类比，然后提出猜想的推理。演绎推理是从已有的事实(包括定义、公理、定理等)和确定的规则(包括运算的定义、法则、顺序等)出发，按照逻辑推理的法则证明和计算。在解决问题的过程中，合情推理用于探索思路，发现结论；演绎推理用于证明结论。
9. C 【解析】本题考查《义务教育数学课程标准》(2011 年版)中的教学建议。“知识技能”既是学生发展的基础目标，又是落实“数学思考”“问题解决”“情感态度”目标的载体。
10. B 【解析】本题考查课程内容。体会平均数的作用，属于统计与概率领域的知识。
11. D 【解析】本题考查圆的基本性质。圆的周长的公式为 $2\pi r$，圆的周长扩大 5 倍，说明圆的半径扩大了 5 倍，为 $5r$。圆的面积公式为 πr^2，圆的周长扩大 5 倍后，此时圆的面积为 $\pi(5r)^2=25\pi r^2$，比原来扩大了 25 倍。
12. D 【解析】本题考查列方程解应用题。设丙为 x，则乙为 $(1+\frac{1}{2})x=\frac{3}{2}x$，甲为 $\frac{3}{2}x(1+3)=6x$，则甲:乙:丙 $=12:3:2$。
13. A 【解析】本题考查新定义运算。因为 $a\blacktriangle b=2a-b$，所以 $5\blacktriangle 6=2\times 5-6=4$，$x\blacktriangle(5\blacktriangle 6)=x\blacktriangle 4=2x-4=8$，解得 $x=6$。
14. C 【解析】本题考查点在平面直角坐标系中的平移。点向上或向下移动时，纵坐标变化；点左右移动时，横坐标变化。向上平移 4 格，纵坐标增加 4；向左平移 3 格，横坐标减少 3，此时点 A 用数对表示为(2,10)。
15. D 【解析】本题考查探索规律。从第 6 个数开始，每 4 个数为 1 组，且偶数组的最大数为大拇指对应的数，奇数组中最大的数为小指对应的数。$(2021-5)\div 4=2016\div 4=504$。$504+1=505$(组)，为奇数组，故 2021 对应的指头为第 505 组的最后一个数所对应的小指。
16. B 【解析】本题考查三角形的基本性质。三角形的内角和为 180°，所以这个三角形三个内角度数分别为 45°,45°,90°，为一个等腰直角三角形，直角边长都为 12 厘米，则这个三角形的面积为 $\frac{1}{2}\times 12\times 12=72$ 平方厘米。
17. C 【解析】本题考查小学数学应用题中的工程问题。甲的工作效率是 $\frac{1}{12}$，甲做剩下的工程用了 $(1-\frac{7}{10})\div\frac{1}{12}=\frac{18}{5}$ 天，则甲和乙一共合作了

$9\frac{3}{5}-\frac{18}{5}=6$天。则乙做了这项工程的$\frac{7}{10}-6\times\frac{1}{12}=\frac{1}{5}$,故乙单独做需要$1\div(\frac{1}{5}\div6)=30$天。

18. D 【解析】本题考查小学数学中的相遇问题。两车相向而行,总路程为两车的车长和,时间为15秒,可设另一辆火车的速度为 x 米/秒,则 $15(16+x)=360+240$,解得 $x=24$。则另一列火车的速度是24米/秒。

19. C 【解析】本题考查小学数学分数与百分数应用题。现在每袋的质量是 $10+6=16$(千克),$\left(\frac{1}{10}-\frac{1}{16}\right)\div\frac{1}{10}=37.5\%$,所以每盒的袋数应减少37.5%。

20. B 【解析】本题考查比例尺。图上甲乙两地的距离是4.6厘米,比例尺是1∶30 000 000,所以甲乙两地的实际距离是 $4.6\times30\ 000\ 000=138\ 000\ 000$ 厘米 $=1380$ 千米。这辆汽车按3∶2的比例分两天行完全程,则两天行的路程差是 $1380\times\left(\frac{3}{3+2}-\frac{2}{3+2}\right)=276$ 千米。

21. C 【解析】本题考查时间问题。时针每720分钟转一圈,分针每60分钟转一圈,时针的速度是分针速度的$\frac{\frac{1}{720}}{\frac{1}{60}}=\frac{1}{12}$。

22. B 【解析】本题考查正方体的性质和分解质因数。$210=2\times3\times5\times7$,当长、宽、高分别为5,6,7时,表面积最小,最小面积为$(5\times6+5\times7+6\times7)\times2=214$平方厘米。

23. A 【解析】本题考查小学数学应用题中的工程问题。$12\times8=96$,每人每天完成这项工程的$\frac{1}{96}$,如果要提前4天完成,则应增加$96\div(12-4)-8=4$(人)。

24. A 【解析】本题考查小学数学应用题中的浓度问题。设需要加盐 x 千克,则$\frac{20\times85\%}{x+20}=80\%$,解得 $x=1.25$。故需要加盐1.25千克。

25. B 【解析】本题考查长方形的基本性质。设小长方形的长为 x,宽为 y,则大长方形的长为 $3y=2x$,宽为 $x+y$,拼成的大长方形的长和宽的比为$\frac{3y}{x+y}=\frac{3y}{y+\frac{3}{2}y}=6∶5$。

26. D 【解析】本题考查数的基本运算。$8\times(1+\frac{1}{4})-\frac{1}{4}=\frac{39}{4}=9\frac{3}{4}$米。

27. A 【解析】本题考查圆柱和圆锥的基本性质。一个圆柱体和一个圆锥体底面周长的比是2∶3,则它们的底面半径之比为2∶3,设圆柱和圆锥的高分别是 h_1 和 h_2,因为它们的体积比是5∶6,则$\frac{\pi2^2h_1}{\frac{1}{3}\pi3^2h_2}=\frac{5}{6}$,所以$\frac{h_1}{h_2}=\frac{5}{8}$。

28. B 【解析】本题考查最大公因数和最小公倍数的基本性质。$5=1\times5$,$140=2\times2\times5\times7$,则一个数是$2\times2\times5=20$,另一个数是$5\times7=35$,此时符合题干要求。

29. D 【解析】本题考查三角形的面积。这个三角形两条直角边按比例放大后的直角边长分别为$4\times4=16$厘米,$3\times4=12$厘米,此时这个三角形的面积为$16\times12\times\frac{1}{2}=96$平方厘米。

30. B 【解析】本题考查小学数学应用题。进价苹果10元4个,则苹果是$10\div4=2.5$元/个,售价是20元5个,$20\div5=4$元/个。想挣150元利润,则必须卖出$150\div(4-2.5)=100$个。

31. C 【解析】本题考查小学数学应用题中的间隔问题。锯成3段,需要锯2次,每次$6\div2=3$分钟,锯成8段,需要锯7次,共需要$7\times3=21$分钟。

32. B 【解析】本题考查列方程解应用题。设长9米的有 x 根,长4米的有 y 根,则 $9x+4y=58$,x,y 为正整数,解得$\begin{cases}x=6,\\y=1,\end{cases}$或$\begin{cases}x=2,\\y=10。\end{cases}$则所有的分割方法有2种。

33. A 【解析】本题考查古典概型。抛两枚骰子,一共有$6\times6=36$种情况出现,点数之和为7的情况有(1,6),(6,1),(2,5),(5,2),(3,4),(4,3),共6种。则两枚骰子的点数之和为7的概率为$\frac{6}{36}=\frac{1}{6}$。

34. B 【解析】本题考查路程问题。平均速度$=\frac{总路程}{总时间}=\frac{2s}{\frac{s}{4}+\frac{s}{6}}=4.8$米/秒。

35. D 【解析】本题考查三角形的性质。三角形的任意两边之和大于第三边,则可组成三角形的有(2,3,4),(3,4,5),(2,4,5),共3种。

36. D 【解析】本题考查方位问题。小明旋转一周是360°,也就是连续4次左转,此时回到原来面向的方向。然后再连续左转 2 次，旋转了 180°，此时面向南的相反方向北面。

37. C 【解析】本题考查小学数学应用题。当一双鞋卖 160 元，可以赚 60%，则进价为 $160 \div 160\% = 100$ 元，卖 130 元可赚 $(130-100) \div 100 = 30\%$。

38. B 【解析】本题考查小学数学应用题。时间 $=\frac{路程}{速度}$，则他们所需时间之比为 $\frac{8}{3}:\frac{3}{4}=32:9$。

39. A 【解析】本题考查圆锥和圆柱的基本性质。因为圆柱与圆锥等底等高，所以圆锥的体积是圆柱体积的 $\frac{1}{3}$。当把圆锥盛满水倒入和它等底等高的圆柱体容器内，水的高度是圆柱高度的 $\frac{1}{3}$。容器口到水面的距离是 $30 \times \left(1-\frac{1}{3}\right)=20$ 厘米。

40. C 【解析】本题考查平面图形的基本性质。设正方形的边长为 a，则甲中圆的半径为 $\frac{1}{4}a$，甲中所有圆的面积之和为 $4\pi\left(\frac{1}{4}a\right)^2=\frac{1}{4}\pi a^2$。乙中圆的半径为 $\frac{1}{6}a$，乙中所有圆的面积之和为 $9\pi\left(\frac{1}{6}a\right)^2=\frac{1}{4}\pi a^2$。则甲、乙中所有圆的面积之和相等，剩下的边角面积相等，边角质量也相等。

41. C 【解析】本题考查数轴。观察数轴，被覆盖的数在 -3 和 -1 之间，只有 C 项符合要求。

42. B 【解析】本题考查科学计数法。把一个数表示成 a 与 10 的 n 次幂相乘的形式（$1 \leqslant |a| < 10$，a 不为分数形式，n 为整数），这种计数方法叫作科学计数法。故 $666\ 000\ 000 = 6.66 \times 10^8$。

43. D 【解析】本题考查代数式的运算。$x^3 \cdot x^2 = x^5$，A 项错误；$x^3 + x^3 = 2x^3$，B 项错误；$(2x^3)^2 = 4x^6$，C 项错误。所以只有 D 项正确。

44. C 【解析】本题考查中位数。将这位同学的成绩按照从小到大的顺序排列为 $62<68<72<75<77<82<86<90$，则成绩的中位数为 $\frac{75+77}{2}=76$。

45. A 【解析】本题考查正方体的平面展开图。点 A 与点 B 刚好在对角线上，经过折叠后，只有选项 A 的点 A 和点 B 刚好在对角线上。

46. A 【解析】本题考查平面直角坐标系中点的性质。点 C 的坐标为 $(3,0)$，点 B 的坐标为 $(1,-4)$，则 BC 的中点的横坐标为 $\frac{1+3}{2}=2$，纵坐标为 $\frac{-4+0}{2}=-2$，所以 BC 的中点坐标为 $(2,-2)$。

47. B 【解析】如图，易知正五边形每个内角的度数为 $180°-\frac{360°}{5}=108°$，即 $\angle A=\angle 5=\angle 6=108°$，因为 $\angle 1+\angle 3+\angle 5=180°$，$\angle 3+\angle 4+\angle A=180°$，所以 $\angle 4=\angle 1=30°$，所以 $\angle 2=180°-\angle 4-\angle 6=180°-30°-108°=42°$。

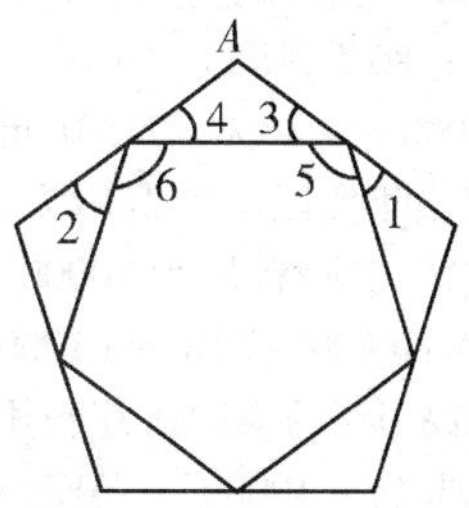

48. C 【解析】本题考查一元二次方程根的性质。设方程两个不相等的实根分别为 x_1, x_2，则有 $(-14)^2-4ab>0$，$x_1=6x_2$，$x_1+x_2=\frac{14}{a}$，$x_1x_2=\frac{b}{a}$，解得 $ab=24$。

49. D 【解析】本题考查更相减损术。$18 \div 2=9$，$24 \div 2=12$，$12-9=3$，$9-3=6$，$6-3=3$，则最终所得的差为 3。

50. B 【解析】本题考查函数的图象与性质、轴对称的性质。因为函数的图象 C 与函数 $y=\frac{3}{x}$ 的图象关于直线：$y=2$ 对称，图象 C 与函数 $y=\frac{3}{x}$ 的图象的交点在直线 $y=2$ 上，又点 $(1,3)$ 不在直线 $y=2$ 上，故 A 项错误；点 $(\frac{1}{2},-2)$ 关于直线 $y=2$ 对称的点为 $(\frac{1}{2},6)$，因为点 $(\frac{1}{2},6)$ 在函数 $y=\frac{3}{x}$ 的图象上，所以点 $(\frac{1}{2},-2)$ 在图象 C 上，故 B 项正确；设点 $\left(x,\frac{3}{x}\right)$ $(x\neq 0)$ 为函数 $y=\frac{3}{x}$ 的图象上任意一点，点 $\left(x,\frac{3}{x}\right)$ 关于直线 $y=2$ 对称的点的纵坐标为 $4-\frac{3}{x}$，当 $x<0$ 时，$4-\frac{3}{x}>4$，故 C 项错误；因为点 (x_1,y_1)，(x_2,y_2) 关于直线 $y=2$ 对称的点 $(x_1,4-y_1)$，$(x_2,4-y_2)$ 在函数 $y=\frac{3}{x}$ 的图象上，所以 $4-y_1=\frac{3}{x_1}$，$4-y_2=\frac{3}{x_2}$，若 $x_1>0>x_2$，则 $4-y_1>4-y_2$，所以 $y_1<y_2$；若 $x_1>x_2>0$ 或 $0>x_1>x_2$，则 $4-y_1<4-y_2$，所以 $y_1>y_2$，故 D

项错误。故选 B。

第二部分　主观题

一、计算题

1.【解析】本题考查列方程解应用题。

(1)500 元以下(含 500 元)不报销,超过 500 元且不超过 10000 元的部分报销 70%,超过 10000 元的部分报销 80%,所以(10000 - 500)×70% +(11000 - 10000)×80% =7450(元)。

(2)设农民当年实际医疗费用为 x 元,由题意得:当该农民当年实际费用为 10000 元时,农民需要自付费用为:10000 - 70% ×(10000 - 500)=3350 元,所以农民当年的实际医疗费用大于 10000 元,则有 x - 80%(x - 10000) - 70% ×(10000 - 500) =5850,解得 x =22500 元。所以该农民当年实际费用为 22500 元。

二、解答题

2.【解析】本题考查二次函数的综合应用。(1)因为二次函数与 x 轴有两个不同的交点,所以 $\begin{cases} m\neq0, \\ \Delta=[-(3m-1)]^2-4m(-4m+1)>0, \end{cases}$ 解得 $\begin{cases} m\neq0, \\ (5m-1)^2>0, \end{cases}$ 综上,m 的取值范围为 $\left\{m\mid m\neq0 \text{ 且 } m\neq\frac{1}{5}\right\}$。

(2)$y=mx^2-(3m-1)x-4m+1=mx^2-3mx+x-4m+1=(x+1)[m(x-4)+1]$,

当 $x=4$ 时,无论 m 为何值,$y=5$,且(4,5)为非坐标轴上的点,所以点 B 为(4,5)。

(3)当 $m=1$ 时,$y=x^2-2x-3$,要使第四象限图象上存在一点 E,使得 $\triangle CED$ 面积最大,只需连结 CD,作关于 CD 平行的直线 l,使得直线 l 与二次函数 $y=x^2-2x-3$ 图象相切,则切点就是所求的点 E,如图所示:

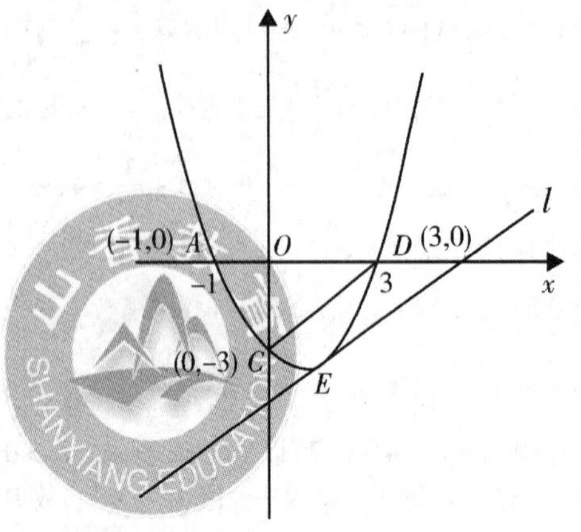

因为线段 CD 所在的直线为 $y=x-3$,则可设直线 l 为 $y=x+b$,联立 $\begin{cases} y=x+b, \\ y=x^2-2x-3, \end{cases}$ 可得 $x^2-3x-(3+b)=0$,此时 $\Delta=(-3)^2-4\times1\times[-(3+b)]=0$,得到 $b=-\frac{21}{4}$。故直线 l 的方程为 $y=x-\frac{21}{4}$。

联立 $\begin{cases} y=x-\frac{21}{4}, \\ y=x^2-2x-3, \end{cases}$ 解得 $x=\frac{3}{2}$,$y=-\frac{15}{4}$,因此点 E 为 $\left(\frac{3}{2},-\frac{15}{4}\right)$。

点 E 到直线 CD 的距离为 $d=\frac{\left|\frac{3}{2}-\left(-\frac{15}{4}\right)-3\right|}{\sqrt{2}}=\frac{9\sqrt{2}}{8}$,此时 $\triangle CDE$ 面积最大,为 $S=\frac{1}{2}\cdot CD\cdot d=\frac{1}{2}\times3\sqrt{2}\times\frac{9\sqrt{2}}{8}=\frac{27}{8}$。

三、案例分析题

3.【参考答案】本题考查案例分析。

(1)《义务教育数学课程标准》(2011 年版)中指出教材编写应体现科学性,整体性和可读性。教材内容的呈现应体现过程性,教材内容的素材应贴近学生现实,教材内容的设计要有一定的弹性。

案例中五个例题的编写意图如下:

①例 1 结合现实生活教学小数乘整数。学生根据"元""角"之间的进率来计算,并体现解题策略的多样化。

②例 2 脱离具体实际来教学小数乘整数,以帮助学生更好地理解小数乘整数的算理和计算方法。

③例 3 教学小数乘小数,以实际问题引入,为学生提供生活素材,并引起认知冲突,引导学生学会细分问题,有序思考。

④例 4 教学小数乘小数,当积的小数位数不够时,应利用小数点移动引起小数大小的变化规律,理解积的小数位数不够时,应在前面用 0 补足,再点小数点。

⑤例 5 教学"小数倍",教材通过创设童话情境,引入"倍数是小数",使学生领会倍数可以是整数也可以是小数。

(2)《义务教育数学课程标准》(2011 年版)中指出"数学知识的教学,应注重学生对所学知识的理解,体会数学知识之间的关联。在基本技能教学中,不仅要使学生掌握技能操作的程序和步骤,还要使学生理解程序和步骤的道理。”因此小数乘整数的教学应做到以下几点：①充分利用贴近学生现实的问题情境进行导入；②放手让学生利用自己已有的知识经验独立解决问题，并对不同的合理思路给予肯定；③引导学生分析不同的解题思路，培养学生的数学思维能力；④引导学生脱离具体量列出竖式，并尝试对计算过程做出合理解释；⑤引导学生梳理和总结小数乘整数的竖式计算要点。

(3)《义务教育数学课程标准》(2011 年版)指出“培养运算能力有助于学生理解运算的算理，寻求合理简洁的运算途径解决问题”，在教学中发展学生的运算能力，可采取以下几个策略：①由例题 3 的编写意图可知，应明确运算教学的改革思路，明确运算能力意义与范畴的拓展之处；②由例题 1 的编写意图可知，应重视帮助学生深刻理解各种数的内涵；③由例题 2 的编写意图可知，应重视帮助学生深刻理解四则运算的意义，注重学生对算理的理解，而不是拘泥于表面的会计算。

四、教学设计题

4.**【参考答案】**本题考查教学设计。

一、创设情境，引入课题

1. 课件出示：套圈游戏图片，引导学生仔细观察。

2. 师：你们玩过套圈游戏吗？你在图片中发现哪些我们学过的图形？

3. 师：(根据学生回答进一步提出问题)这些图形的站立方式哪种更公平？为什么？

4. 师：明确圆形更公平后引出课题，并板书：圆的认识。

[设计意图]通过情境图片和巧妙的设问，激发学生的学习热情，引发学生学习圆的兴趣，同时让学生感受到数学与生活的密切联系。

二、动手实践，探究新知

环节一：作图认识圆

师：提出问题，你们自己能想办法画一个圆吗？可以用什么样的工具？画圆时应注意什么？

师：组织学生动手操作，并给予足够的时间，教师进行巡视指导。

师：点名学生回答。

生 1：我可以用手指画圆，把拇指和食指张开，拇指摁住不动。食指旋转一周就画好了。

生 2：我用一个图钉套住一根线钉在白纸上，线的另一端拴在笔上，线拉紧画圈就得到一个圆。

生 3：我用圆规画了一个圆，把圆规的一脚的针尖固定在一点上，另一只脚旋转一周就可以了。

根据学生的回答，教师及时评价并共同总结出：在画圆的过程中，中间的点要固定，两点之间的距离不能改变。用尺规作图更准确便捷。

教师顺势解释圆的各部分名称：

①圆中间的一点是圆心，一般用字母 O 表示。

②连结圆心和圆上任意一点的线段叫半径，如线段 OA 是半径，通常用字母 r 表示。

③通过圆心并且两端都在圆上的线段叫直径，如线段 BC 是直径，通常用字母 d 表示。

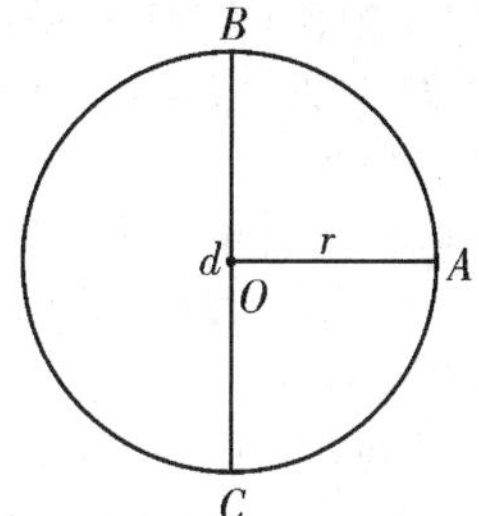

环节二：认识圆各部分之间的关系

教师再进一步提问：半径之间，直径之间、半径与直径之间各有什么关系呢？

学生先独立思考，用尺子测量后，再互相交流讨论自己的发现。

(1)各组汇报探究结果，教师评价并选择有代表性的进行小结：圆有无数条直径，有无数条半径。同一个圆中所有的半径都相等，所有的直径都相等，且直径是半径的 2 倍，用字母表示是 $d=2r$。

教师再抛出问题：想一想圆的大小与什么有关，圆的位置与什么有关？

(2)请学生发言回答。

生 4：圆的大小与半径和直径的长短有关。

生 5：圆的位置与圆心的位置有关。

[设计意图]从生活常见的图形中探究学习圆各部分的名称和特征，理解尺规作图的便捷性、准确性和半径和直径之间的相互关系，提高学生的动手实践能力和空间观念，从而有效突破本课重难点。

三、随堂练习，巩固提高

全班分小组进行比赛，派出代表在黑板上画出标准的圆。

[设计意图]以比赛的形式调动学生学习画圆的积极性，巩固本课内容。

四、课堂小结，升华新知

在本节课的学习中，你有什么感悟？有哪些收获？

[设计意图]加深学生对知识点的印象，提高学生总结归纳的能力。

五、布置作业，课后复习

课后想一想,用今天学习的知识能解决生活中的哪些问题?

[设计意图]增强学生用数学知识解决实际问题的能力和意识。

2021 年安徽省特岗教师招聘考试数学真题试卷(三)

第一部分　教育基础知识

一、单项选择题

1. A 【解析】本题考查《中华人民共和国教育法》的内容。根据《中华人民共和国教育法》第三十五条规定,国家实行教师资格、职务、聘任制度,通过考核、奖励、培养和培训,提高教师素质,加强教师队伍建设。故选 A 项。

2. C 【解析】本题考查《中华人民共和国预防未成年人犯罪法》的内容。根据 2012 年修正的《中华人民共和国预防未成年人犯罪法》第五十条规定,未成年人的父母或者其他监护人,让不满十六周岁的未成年人脱离监护单独居住的,由公安机关对未成年人的父母或者其他监护人予以训诫,责令其立即改正。故选 C 项。

3. A 【解析】本题考查《中华人民共和国教师法》的内容。根据《中华人民共和国教师法》第七条规定,教师享有"按时获取工资报酬,享受国家规定的福利待遇以及寒暑假期的带薪休假"的权利。故答案选 A 项。

4. B 【解析】本题考查《安徽省中小学办学行为规范(试行)》的内容。《安徽省中小学办学行为规范(试行)》规定,学校选用的专题教育读本,必须经省中小学教材审定委员会审查通过,作为学校图书馆用书,所需费用列入学校公用经费预算开支,不得强制学生个人购买,也不得代为统一订购。故选 B 项。

5. C 【解析】本题考查我国第一部马克思主义教育理论的著作。我国教育家杨贤江以李浩吾为化名出版的《新教育大纲》(1930 年)是我国第一部马克思主义的教育学著作。故本题选 C 项。

易错警示:世界上第一部马克思主义的教育学著作和我国第一部马克思主义的教育学著作是易混点,考生可结合下列表述来区分记忆:世界上第一部马克思主义的教育学著作:1939 年——凯洛夫——《教育学》;我国第一部马克思主义的教育学著作:1930 年——杨贤江(以李浩吾为化名)——《新教育大纲》。

6. D 【解析】本题考查教育信息化的内涵。教育信息化是指在教育领域全面、深入地运用现代信息技术来促进教育改革与发展的过程。其技术特点是数字化、网络化、智能化和多媒体化,基本特征是开放、共享、交互、协作。故题干所述体现的教育发展趋势是教育信息化。

7. D 【解析】本题考查教师职业理想的内涵。教师的职业理想是在对教育事业伟大意义的深刻理解的基础上产生的从事教育事业的志向、抱负和追求。具体而言,它是教师对自己未来职业的选择和向往,也是教师在职业活动中追求的事业成就或奋斗目标。故本题选 D 项。(具体参看杨春茂主编的《师德修养培训教材——师德修养与师德建设理论与实践》)

8. C 【解析】本题考查 2008 年修订的《中小学教师职业道德规范》的内容。2008 年修订的《中小学教师职业道德规范》中关于"关爱学生"方面所规定的具体职业行为要求之一是:不讽刺、挖苦、歧视学生,不体罚或变相体罚学生。故本题选 C 项。

9. B 【解析】本题考查班杜拉对强化的重新解释。替代强化是指观察者因看到榜样的行为被强化而受到强化。题干中的琪琪看到丽丽的书法作品被学校悬挂在展览墙上,于是琪琪也想练好书法,作品能被学校展览,说明琪琪受到了替代强化。因此,答案选 B 项。

10. C 【解析】本题考查韦纳的成败归因理论。根据韦纳的成败归因理论可知,努力属于内部、可控、不稳定的归因。A 项,稳定的内部归因,例如能力;B 项,稳定的外部归因,例如工作难度;D 项不属于韦纳的归因方式。因此,答案选 C 项。

方法技巧:关于韦纳的成败归因理论中的六种归因方式,考生可用以下口诀帮助记忆:浑(环境)身(身心)力(努力)气(运气)不稳,内在两力(能力 + 努力)与身心,只有努力是可控。

11. B 【解析】本题考查气质的类型。多血质的人以情感丰富、工作能力强、适应能力强,但注意力不够集中,兴趣容易转移为特征。不符合题意。胆汁质的人以精力旺盛、直率热情,但易冲动,脾气暴躁为特征。符合题意。黏液质的人以安静沉稳,但可能过于刻板、缺乏激情为特征。不符合题意。抑郁质的人以敏感细腻,情感体验丰富而深刻,但也容易多疑多虑为特征。不符合题意。(具体内容参见于冬娟、李天源主编的《新编大学生心理健康教育》)

12. A 【解析】本题考查耶克斯—多德森定律。“耶克斯—多德森定律”表明,动机不足或过分强烈都会影响学习效果。动机的最佳水平随任务性质的不同而不同。在比较容易的任务中,行为效果(工作效率)随动机的提高而上升;随着任务难度的增加,动机的最佳水平有逐渐下降的趋势。一般来讲,最佳水平为中等强度的动机。因此,在解决难度大的问题和完成复杂任务时,最有利的动机水平是中等偏下水平。

二、判断题

13. √ 【解析】《中共中央国务院关于全面加强新时代大中小学劳动教育的意见》指出,劳动教育是国民教育体系的重要内容,是学生成长的必要途径,具有树德、增智、强体、育美的综合育人价值。

14. × 【解析】讲授法是教师通过语言系统地向学生传授科学文化知识,并促进他们的智能与品德发展的方法。谈话法是教师和学生相互交谈,以引导学生根据已有的知识和经验,通过独立思考去获得新知识的教学方法,也叫问答法。故题干所述错误。

15. √ 【解析】活动课程的特点是:重视儿童的兴趣、需要、能力和阅历,以及儿童在学习中的自我指导作用与内在动力;注重引导儿童从做中学,通过探究、交往、合作等活动使学生的经验得到改组与改造,智能与品德得到养成与提高;强调解决问题的动态活动的过程,注重教学活动过程的灵活性、综合性、形成性,因人而异的弹性,以及把课程资源作为解决问题的工具,反对预先确定目标的观念。(具体参看王道俊、郭文安主编的《教育学》第七版)

16. × 【解析】皮亚杰认为,儿童的心理发展是一个连续的过程,这个过程具有阶段性,可以分为感知运动、前运算、具体运算和形式运算四个阶段。同时,每两个阶段之间都不是截然分开的,而是有着一定的交叉和重叠。他认为四个阶段的顺序是不变的,因为每个阶段都是下一个阶段的必要条件,前一个阶段的认知图式是后一阶段的基础。所有的儿童都要依次经历这四个发展阶段,不能跨越,也不能颠倒。但是,由于环境、文化、教育等差异,这些阶段可能加速或推迟。因此,题干说法错误。

17. × 【解析】激情发生时,意识范围缩小,意识对行为的控制作用明显降低,理解力降低,判断力减弱,易感情用事,不考虑后果。有人用激情爆发来原谅自己的错误,认为“激情时完全失去理智,自己无法控制”。这种说法是不对的,人能够意识到自己的激情状态,也能够有意识地调节和控制它。所以,人在激情状态下,并不总是做错事。

18. × 【解析】认知方式没有优劣、好坏之分,只是表现为学生对信息加工方式的某种偏爱,主要影响学生的学习方式。冲动型的学生在运用低层次事实性信息的问题解决中占优势,沉思型的学生在解决高层次问题时占优势。故题干说法错误。

19. √ 【解析】在教学中,教师主导作用与学生主体作用相统一,这是教学过程的双边性规律。故题干说法正确。

20. × 【解析】知识的掌握是技能形成的前提,技能的形成一般都需要经过由陈述性知识向程序性知识转化的过程。在技能形成之初,学习者接受他人指导,了解操作过程,保存运动图式,模仿活动方式,乃至力求完成动作时,首先存留在头脑中的信息基本都是陈述性知识。因此,技能的掌握与陈述性知识有关。

三、简答题

21.【参考答案】本题考查中小学班主任的工作任务。《中小学班主任工作规定》第三章中规定了班主任的职责与任务。具体内容如下:

(1)全面了解班级内每一个学生,深入分析学生的思想、心理、学习、生活状况。关心爱护全体学生,平等对待每一个学生,尊重学生人格。采取多种方式与学生沟通,有针对性地进行思想道德教育,促进学生德智体美全面发展。

(2)认真做好班级的日常管理工作,维护班级良好秩序,培养学生的规则意识、责任意识和集体荣誉感,营造民主和谐、团结互助、健康向上的集体氛围。指导班委会和团队工作。

(3)组织、指导开展班会、团队会(日)、文体娱乐、社会实践、春(秋)游等形式多样的班级活动,注重调动学生的积极性和主动性,并做好安全防护工作。

(4)组织做好学生的综合素质评价工作,指导学生认真记载成长记录,实事求是地评定学生操行,向学校提出奖惩建议。

(5)经常与任课教师和其他教职员工沟通,主动与学生家长、学生所在社区联系,努力形成教育合力。

22.【参考答案】本题考查有效组织复习的方法。有效组织复习的方法有：

(1)复习时机要得当。①及时复习；②合理分配复习时间；③间隔复习；④循环复习。

(2)复习方法要合理。①分散复习与集中复习相结合；②复习方法多样化；③运用多种感官参与复习；④尝试回忆与反复识记相结合。

(3)复习次数要适宜，要掌握复习的量。

(4)重视对记忆品质的培养。

(5)注意用脑卫生。

四、材料分析题

23.【参考答案】(1)作业是结合教学内容，要求学生独立完成的各种类型的练习。作业的作用在于加深和加强学生对教材的理解和巩固，帮助学生掌握相关的技能、技巧。通过作业的布置、检查和批改，教师可以及时发现学生在知识或技能方面的缺陷并加以纠正，同时对学生的作业完成情况做出评价并提出进一步学习的建议。

(2)①作业内容符合课程标准的要求；②考虑不同学生的能力需求；③分量适宜、难易适度；④作业形式多样，具有多选性；⑤要求明确，规定作业完成时间；⑥作业反馈清晰、及时；⑦作业要具有典型意义和举一反三的作用；⑧作业应有助于启发学生的思维，含有鼓励学生独立探索并进行创造性思维的因素；⑨尽量同现代生产和社会生活中的实际问题结合起来，力求理论联系实际。

第二部分　数学学科专业知识

一、单项选择题

1. C 【解析】本题考查数的认识。因为 $2^2<7<3^2$，所以 $2<\sqrt{7}<3$，因为 a,b 是两个连续的整数，所以 $a=2,b=3$，故 $a+b=5$。

2. B 【解析】本题考查三角函数的诱导公式。$\cos(\pi-A)=-\cos A=-\frac{1}{2}$，则 $\cos A=\frac{1}{2}$。

3. D 【解析】本题考查平面向量的运算。$\cos\theta=\frac{\boldsymbol{a}\cdot\boldsymbol{b}}{|\boldsymbol{a}||\boldsymbol{b}|}=\frac{-2+\sqrt{3}\times2\sqrt{3}}{\left|\sqrt{1^2+(\sqrt{3})^2}\right|\left|\sqrt{(-2)^2+(2\sqrt{3})^2}\right|}=\frac{1}{2}$。

4. B 【解析】本题考查正弦定理与余弦定理的应用。$\because(a+b)(\sin A-\sin B)=(c-b)\sin C$，$\therefore$ 由正弦定理得 $(a+b)(a-b)=(c-b)c$，即 $b^2+c^2-a^2=bc$，由余弦定理得 $\cos A=\frac{b^2+c^2-a^2}{2bc}=\frac{bc}{2bc}=\frac{1}{2}$，又 $\because 0<\angle A<\pi$，$\therefore \angle A=\frac{\pi}{3}$。

5. C 【解析】本题考查立体几何图形的基本性质。正方体内切球球心位于正方体的对角线上，因为 $OA=\sqrt{3}$，所以正方体的对角线为 $2OA=2\sqrt{3}$。设正方体的边长为 a，则 $3a^2=(2\sqrt{3})^2$，解得 $a=2$，因为球内切于正方体，所以球 O 的半径 $r=2\times\frac{1}{2}=1$，故球 O 的表面积为 $4\pi r^2=4\pi$。

6. B 【解析】本题考查三角形的基本性质。如图所示，过点 A 作 $AG\perp BD$，过点 C 作 $CH\perp BD$，交 BD 的延长线于点 H，过点 A 作 $AM\perp CE$，交 CE 的延长线于点 M。因为 E 为 BD 的中点，所以 $BE=ED$，所以 $S_{\triangle ABE}=S_{\triangle ADE}=\frac{1}{2}S_{\triangle ABD}$，同理可得，$S_{\triangle CBE}=S_{\triangle CDE}=\frac{1}{2}S_{\triangle CBD}$，$S_{\triangle AEF}=S_{\triangle AFC}=\frac{1}{2}S_{\triangle AEC}$，所以 $S_{\triangle AEC}=S_{\triangle ADE}+S_{\triangle CDE}=\frac{1}{2}S_{\triangle ABD}+\frac{1}{2}S_{\triangle CBD}$，所以 $S_{\triangle AEF}=\frac{1}{2}S_{\triangle AEC}=\frac{1}{4}(S_{\triangle ABD}+S_{\triangle CBD})$，又因为 $S_{\triangle ABC}=S_{\triangle ABD}+S_{\triangle CBD}$，所以 $S_{\triangle AEF}=\frac{1}{4}S_{\triangle ABC}$，即 $S_{\triangle AEF}:S_{\triangle ABC}=1:4$，选 B。

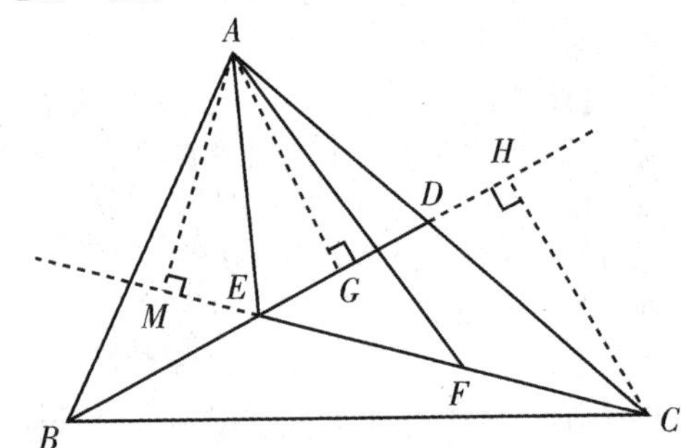

7. D 【解析】本题考查《义务教育数学课程标准》(2011 年版)中对“空间观念”教学的基本要求。在小学阶段，应逐步培养学生的抽象思维，而不是将数学思维形象化。

二、填空题

8. $y=2x+1$

【解析】本题考查切线方程。对曲线方程求导得 $y'=e^x+\cos x$，当 $x=0$ 时，$y'=1+1=2$，即曲线在点(0,1)处切线方程的斜率 $k=2$，代入点(0,1)得该切线方程为 $y=2x+1$。

9. 50

【解析】本题考查平均数的性质。由题意得 $\frac{50+70+30+x+60+40}{6}=50$，解得 $x=50$。

10. e^{-3}

【解析】本题考查函数极限的计算。设 $t=-\frac{1}{x}$，

$\lim\limits_{x\to0}(1-3x)^{\frac{1}{x}} = \lim\limits_{t\to\infty}(1+\frac{3}{t})^{-t} = \lim\limits_{t\to\infty}[(1+\frac{3}{t})^{\frac{t}{3}}]^{-3} = e^{-3}$。

11. 演绎推理

【解析】本题考查《义务教育数学课程标准》(2011 年版)中的合情推理和演绎推理。《义务教育数学课程标准》(2011 年版)指出：推理是数学的基本思维方式，也是人们学习和生活中经常使用的思维方式。推理一般包括合情推理和演绎推理，合情推理是从已有的事实出发，凭借经验和直觉，通过归纳和类比等推断某些结果；演绎推理是从已有的事实(包括定义、公理、定理等)和确定的规则(包括运算的定义、法则、顺序等)出发，按照逻辑推理的法则证明和计算。在解决问题的过程中，两种推理功能不同，相辅相成：合情推理用于探索思路，发现结论；演绎推理用于证明结论。

三、解答题

12.【解析】本题考查平面几何中圆的基本性质。根据圆的相交弦定理可得，$DE\cdot EC=AE\cdot EB$，即 $DE(CD-DE)=BE(AB-BE)$，因为 $AB=CD$，所以 $DE=BE$，又因为 $\angle A=\angle C$，$\angle AED=\angle CEB$，所以可证得 $\triangle AED\cong\triangle CEB$(AAS)，则 $AE=EC$。

13.【解析】本题考查路程问题。因为甲乙两车速度之比为 4∶5，那么在相同时间内，甲乙两车行驶的路程之比也为 4∶5，即相遇时，乙车行驶了路程的 $\frac{5}{9}$，则 A、B 两地相距 $30\div\left(\frac{5}{9}-\frac{1}{2}\right)=540$(千米)，故乙车速度为 $540\times\frac{5}{9}\div3=100$(千米/小时)。

14.【解析】本题考查数列的通项公式。

(1)当 $n=1$ 时，$a_1=4S_1+1$，又因为 $a_1=S_1$，所以 $a_1=-\frac{1}{3}$。

(2)当 $n\geqslant2$ 时，由 $a_n=4S_n+1$ 可得 $a_{n-1}=4S_{n-1}+1$，即 $a_n-a_{n-1}=4a_n$，所以 $\frac{a_n}{a_{n-1}}=-\frac{1}{3}$，所以 $a_n=(-\frac{1}{3})^n(n\geqslant2)$，因为当 $n=1$ 时，满足 $a_1=(-\frac{1}{3})^1=-\frac{1}{3}$，所以数列$\{a_n\}$的通项公式为 $a_n=(-\frac{1}{3})^n$。

15.【解析】本题考查导数的综合应用。(1)对函数求导，得 $f'(x)=3x^2+2\lambda x$，当 $x=1$ 时，$f'(1)=3+2\lambda$，因为函数 $f(x)$ 在 $x=1$ 处的切线与直线 $y=x+1$ 垂直，所以 $(3+2\lambda)\cdot1=-1$，解得 $\lambda=-2$。

(2)由(1)可得 $f'(x)=3x^2-4x$，当 $f'(x)=0$ 时，解得 $x=0$ 或 $x=\frac{4}{3}$。当 $x<0$ 时，$f'(x)>0$，$f(x)$ 单调递增；当 $0<x<\frac{4}{3}$ 时，$f'(x)<0$，$f(x)$ 单调递减；当 $x>\frac{4}{3}$ 时，$f'(x)>0$，$f(x)$ 单调递增。所以 $f(x)$ 在 $x=0$ 处有极大值，为 $f(0)=1$；在 $x=\frac{4}{3}$ 处有极小值，为 $f(\frac{4}{3})=-\frac{5}{27}$。

四、案例分析题

16.【参考答案】本题考查案例分析。

(1)①呈现概念，促进理解。教学设计的开头呈现分式的概念，学生明确概念的内涵和外延，明确概念的表达和限制条件。

②实例呈现，概念辨析。用实际的例子对概念进行辨析，消除学生对概念模糊的地方，加深学生的理解。

③归纳概括，揭示本质。总结归纳出分式概念的本质，进一步理解分式概念。

(2)该案例存在的问题：

①没有处理好面向全体学生与关注学生个体差异的关系。王老师只是先呈现出概念，然后进行了例题辨析教学，没有考虑到个别学生无法理解和掌握这个概念。

②没有重视学生在学习活动中的主体地位。王老师的教学虽然高效，但学生处于被动地位，没有主动去获取知识，自己的思考很少。教师单方面的教，学生单方面的学。

③没有课堂互动，不能调动学生的学习热情。

2021 年广东省广州市增城区教师招聘考试小学数学真题试卷(精编)(四)

一、单项选择题

1. D 【解析】本题考查时政热点。教育部 2020 年 12 月 10 日表示，截至 2019 年底，我国九年义务教育巩固率达 94.8%，全国高中阶段教育毛入学率达 89.5%，即将实现基本普及。

2. D 【解析】本题考查品德评价法相关知识。品德评价法是指通过对学生的言行给予肯定或否定的评价来培养学生思想品质的一种德育方法。品德评价的方式有表扬与奖励、批评与处分以及操行评定等。表扬与奖励是对学生好的思想品德和行为给予肯定的评价;批评与处分是对学生不良思想品德和行为给予否定的评价;操行评定是用一定的文字形式对学生在某一时期内的思想品德表现作出全面评价,给予一定肯定或否定。

3. C 【解析】本题考查教师教学的相关知识。田老师在课前测试时,发现大部分学生没有掌握上节课的知识,于是改讲授新知识课为复习课,这说明田老师并未做好备课工作,尤其是忽视了“备学生”这一环节,没有提前了解学生的学习现状,以至于不得不调整教学计划。

4. C 【解析】本题考查情境模式相关知识。情境模式被视为既能包含目标模式,又能包含过程模式的综合化课程开发模式,是一种灵活的、适应性较强的课程开发模式。该模式的理论基础是英国著名课程理论家劳顿提出的“文化分析”理论。

5. D 【解析】本题考查学生综合素质评价实施的基本原则相关知识。学生综合素质评价实施的基本原则包括导向性原则、发展性原则、公平性原则、多样性原则以及可行性原则。其中,发展性原则认为,学生综合素质评价应是基于以促进学生发展为根本目的的一种评价制度,其评价的目标、内容、方法和评价结果的处理等都应是为了促进学生的有效发展服务的,应坚持形成性评价与终结性评价相结合,注重学生的日常行为表现,注意收录反映学生成长过程和发展水平的描述与实证材料,关注和体现学生的个体差异或特长,用发展的眼光全面评价学生的综合素质。

6. B 【解析】本题考查学生的特点相关知识。从学生自身特点看,学生具有可塑性、依赖性和向师性。其中,学生具有向师性是指学生入学后,会自然地亲近、信赖、尊敬甚至崇拜教师,把教师作为获取知识的智囊、解决问题的顾问、行为举止的楷模。“小红和她的同学们模仿老师写字、读书”体现了学生具有向师性的特点。

7. A 【解析】本题考查班集体的特征相关知识。班集体必须具备以下四个基本特征:(1)明确的共同目标。这是班集体形成的基础。(2)一定的组织结构,有力的领导集体。(3)共同生活的准则,健全的规章制度。(4)具有正确的集体舆论以及团结、和谐、向上的人际关系。题干中班主任的话说明班主任与学生有共同的目标,故答案选 A。

8. B 【解析】本题考查行为主义学习理论。行为主义学习理论的核心观点认为,学习过程是有机体在一定条件下形成刺激与反应的联系从而获得新经验的过程。孙老师对于没有违反班规的学生给予奖励,运用了行为主义学习理论中的强化原理。

9. B 【解析】本题考查教学原则相关知识。启发性原则是指在教学活动中,教师要调动学生的主动性和积极性,引导他们通过独立思考、积极探索,生动活泼地学习,自觉地掌握科学知识,提高分析问题和解决问题的能力。题干中的数学老师在教学时注重调动学生的学习兴趣,注重启发学生思考,遵循的是启发性原则。

10. C 【解析】本题考查影响创造性的因素。影响创造性的因素包括环境、智力、个性等。其中,环境方面主要包括家庭、学校教育和社会文化。在学校教育方面,如果学校气氛较为民主,教师不以权威管理学生;教师鼓励学生的自主性,允许学生表达不同意见;学习活动有较多自由,教师允许学生在自行探索中去发现知识,这样的教育就有利于创造性的培养。因此,题干中老师的做法不利于吴浩创造性的培养。

11. C 【解析】本题考查教育行动研究中研究课题的特点相关知识。教育行动研究中的研究课题应该具有实践性,即所选课题一定是针对自己教学实践改进的需要。A 项不选。教育行动研究中的研究课题还应该具有科学性,即所选问题不能是“伪问题”。如惩罚或体罚,尽管在实际中被相当一部分教师认为有效,但不能去研究如何惩罚或体罚会更有效。再如一位教师认为,学习后进生常因不会做而不交作业,于是便想采用“让差生抄优生作业”的办法解决不交作业的问题,认为抄作业总比不交作业好。但不能提出“如何让差生抄作业”这样的课题,因为这些问题的研究,既不符合教育规律,也不符合学生身心发展的要求。B、D 项也不选。

12. A 【解析】本题考查影响遗忘的因素。前摄抑制是先学习的材料对识记和回忆后学习的材料的干扰作用。后学习的材料对保持和回忆先学习的材料的干扰作用,称为倒摄抑制。因此,前面对于长方形面积公式的学习干扰了后面对三角形面积公式的学习属于前摄抑制。

13. D 【解析】本题考查强化的分类。强化分为直接强化、替代强化和自我强化。直接强化是指观察者因表现出观察行为而受到强化。替代强化是指观察者因看到榜样的行为被强化而受到强化。因此，老师没有批评小陶，转而表扬遵守课堂纪律、认真学习的同学，这种做法是运用了替代性强化。答案选D项。自我强化是指对自己表现出的符合或超出标准的行为进行自我奖励。

14. D 【解析】本题考查教师对于学生与家长问题的处理。题干中所述的问题牵涉小丽、家长与教师三方，因此，宁老师应促进三方沟通，实现家校合作共育。

15. C 【解析】本题考查奥苏贝尔对学习动机的分类。根据学校情境中的学业成就动机的不同，奥苏贝尔等人把动机分为认知内驱力、自我提高内驱力和附属内驱力三个方面。认知内驱力是指要求了解、理解和掌握知识以及解决问题的需要。一般来说，这种内驱力大多是从好奇倾向中派生出来的。这种动机指向学习任务本身(为了获得知识)，满足这种动机的奖励(知识的实际获得)是由学习本身提供的，属于内部动机。因此，题干中洋洋出于对立体图形的兴趣而学习属于认知内驱力。答案选C项。自我提高内驱力是指个体因自己的胜任或工作能力而赢得相应地位的需要。自我提高内驱力并非直接指向学习任务本身，而是把成就看作赢得地位与自尊心的根源，属于外部动机。附属内驱力是指个体为了获得长者们(如家长、教师)的赞许或认可而表现出把工作、学习做好的一种需要，属于外部动机。

16. C 【解析】本题考查迁移的分类。根据迁移发生的方向，可分为顺向迁移和逆向迁移。顺向迁移是指先前学习对后继学习产生的影响。逆向迁移是指后继学习对先前学习产生的影响。明明读六年级之后对之前中、低年级知识的影响属于逆向迁移。根据迁移的性质和结果，可分为正迁移、负迁移和零迁移。正迁移也叫"助长性迁移"，是指一种学习对另一种学习的促进作用。负迁移也叫"抑制性迁移"，是指一种学习对另一种学习产生阻碍作用。两种学习也可能不发生影响，这种状态称为零迁移。明明读六年级之后所学的内容促进了之前的知识的学习，这属于正迁移。因此题干所述属于逆向正迁移。

17. B 【解析】本题考查教师的权利。根据《中华人民共和国教师法》规定，教师的权利包括：(1)教育教学权；(2)科学研究权(学术自由权)；(3)管理学生权(指导评价权)；(4)获得报酬权；(5)民主管理权；(6)进修培训权。其中，管理学生权指，指导学生的学习和发展，评定学生的品行和学业成绩。因此，题干所述的王老师行使的是管理学生权。

18. D 【解析】本题考查《中华人民共和国义务教育法》中关于学生的规定。根据我国《义务教育法》第十一条规定，适龄儿童、少年因身体状况需要延缓入学或者休学的，其父母或者其他法定监护人应当提出申请，由当地乡镇人民政府或者县级人民政府教育行政部门批准。

19. D 【解析】本题考查一元一次方程的实际应用。设第二个加入团队的人为 x 岁，由题意可列方程 $35-\frac{(35+1)\times 6+x}{7}=1$，解得 $x=22$。

20. D 【解析】本题考查等差数列的应用。由题意得，每排学生的个数构成以1为首项，以2为公差的等差数列。由等差数列的前 n 项和公式 $S_n=na_1+\frac{n(n-1)}{2}d$，得 $S_7=7+\frac{7\times(7-1)}{2}\times 2=49$，故该班共有49名学生。

21. B 【解析】本题考查乘法算式的运算。根据题意可知，○发○×1=○○8，而1×8=8，则被乘数的个位数是8；由竖式9+9+8=26，可得"强"代表的数字是6或7。若"强"代表的数字是7，因为○发8×奋=○○97，找不到一个一位数与8相乘末尾是7，不符合题意，故"强"代表的数字只能是6，"图+强"的结果小于10，即图+6<10，即图<4，则有○发8×奋=○○96，而48×2=96，28×7=196，可以得出"奋"代表的数字是2或7。当"奋"代表的数字是2时，"发"代表的数字是4，被乘数的百位数字大于4，因为○发8×○=9图○，被乘数的百位与乘数的个位相乘的结果是9或加上进位是9，只有9×1=9，所以被乘数的百位数字是9，乘数的个位数字是1，因为1×948=9图○，则"图"代表的数字是4，与题意不符；当"奋"代表的数字是7时，"发"代表的数字是2，被乘数的百位数字大于1，228×4=912，符合题意，则被乘数是228，乘数是174，故这个乘法算式的乘积为228×174=39672。

22. A 【解析】本题考查小学数学路程问题。由题意得，火车和行人队伍的相对速度相同，当行人队伍看向火车时，设行人队伍静止，则相对速度为 $\frac{90}{6}=15$ m/s。当火车看向行人队伍时，$t=\frac{60}{15}=4$s，故火车上的人见行人队伍完全走过的时间为4秒。

23. A 【解析】本题考查分配问题。由题意得，A原来的价格为 8.8 ÷ (1 - 20%) = 11 元，B 原来的价格为 8.8 ÷ (1 + 10%) = 8 元。设小明妈妈买了 A 种食材 x 千克，则 B 种食材买了 $(1-x)$ 千克，由题意可列方程 $11x+8(1-x)=8.8\times1+1$，解得 $x=0.6$，所以 A 种食材为 0.6 千克，B 种食材为 0.4 千克。

24. C 【解析】本题考查行程问题。设 A、B 两地之间的公路长为 x 千米，由题意得驾车 3 小时后甲乙两车已经相遇，则 $\frac{3}{5}x-\frac{3}{6}x=58$，解得 $x=580$。

25. D 【解析】本题考查列方程解应用题。设作业本、铅笔、圆珠笔、橡皮擦的价格分别为 x 元、y 元、z 元、w 元。由题意可列方程组 $\begin{cases}\frac{x+y}{2}=8.8,\\\frac{y+z}{2}=9.1,\\\frac{z+w}{2}=8.9,\\w-x=1,\end{cases}$ 解得 $y=9.5$。故铅笔的价格为 9.5 元。

26. C 【解析】本题考查平面直角坐标系中点的对称性。点 $A(1,2)$ 关于直线 $x=2$ 对称的点为 $B(3,2)$，点 $B(3,2)$ 关于直线 $y=3$ 对称的点为 $C(3,4)$，故选 C。

27. B 【解析】本题考查一次函数的图象问题。将直线 $y=kx+b$ 向右平移 2 个单位得 $y=k(x-2)+b$，再向上平移 3 个单位得 $y=k(x-2)+b+3=kx-2k+b+3=2x+1$，则有 $\begin{cases}k=2,\\-2k+b+3=1,\end{cases}$ 解得 $\begin{cases}k=2,\\b=2,\end{cases}$ 所以原直线的解析式为 $y=2x+2$。当 $x=0$ 时，$y=2$，故 A 选项正确；联立 $y=2x+2$ 与 $y=x^2+4$ 得 $x^2-2x+2=0$，方程无实数解，故 B 选项错误；直线 $y=2x+2$ 到坐标原点的距离 $d=\frac{2}{\sqrt{2^2+1^2}}=\frac{2}{\sqrt{5}}>0.8$，所以直线与圆相离，故 C 选项正确；因为 $k=2>0$，$b=2>0$，所以直线经过第一、二、三象限，故 D 选项正确。故选 B。

28. B 【解析】本题考查三角函数的基本关系式。$(\sin\alpha-\cos\alpha)^2=1-2\sin\alpha\cos\alpha=\left(\frac{\sqrt{73}}{7}\right)^2=\frac{73}{49}$，则 $\sin\alpha\cos\alpha=-\frac{12}{49}$，则有 $\alpha\in\left(\frac{\pi}{2},\frac{3}{4}\pi\right)$，$(\sin\alpha+\cos\alpha)^2=\sin^2\alpha+\cos^2\alpha+2\sin\alpha\cos\alpha=1-2\times\frac{12}{49}=\frac{25}{49}$，即 $\sin\alpha+\cos\alpha=\frac{5}{7}$（负值舍去），联立 $\begin{cases}\sin\alpha+\cos\alpha=\frac{5}{7},\\\sin\alpha-\cos\alpha=\frac{\sqrt{73}}{7},\end{cases}$ 解得 $\sin\alpha=\frac{5+\sqrt{73}}{14}$，$\cos\alpha=\frac{5-\sqrt{73}}{14}$，故 $\tan\alpha=\frac{\sin\alpha}{\cos\alpha}=\frac{5+\sqrt{73}}{5-\sqrt{73}}$。

29. D 【解析】本题考查概率的计算。由题意得，没有取到红色球的概率为 $\frac{C_5^3}{C_{10}^3}=\frac{1}{12}$，故选 D。

二、判断题

30. B 【解析】本题考查新时代的教育精神。新时期，在教育过程中应坚持"五育并举，德育为先"。

31. A 【解析】本题考查师生关系。教师在与学生的相处中，应多听取学生意见，设身处地为学生着想，理解学生的意见和要求，有助于解决师生之间的矛盾。满足学生的正当要求，让学生感受到老师对他们的理解和支持，有利于建立和谐的师生关系。

32. B 【解析】本题考查启发法。常用的启发法策略包括手段—目的分析法、爬山法、逆推法。其中，爬山法的基本思想是设立一个目标，然后选取与起始点邻近的未被访问的任一节点，向目标方向运动，逐步逼近目标。因此，题干所述为爬山法的定义。逆推法就是从问题的目标状态开始搜索直至找到通往初始状态的方法。

33. A 【解析】本题考查埃里克森的心理社会发展阶段论。处于学龄期（6 ~ 12 岁）这一阶段的儿童，都应在学校接受教育。学校是训练儿童适应社会、掌握今后生活所必需的知识和技能的地方。如果他们能顺利地完成学习课程，他们就会获得勤奋感，这使他们在今后的独立生活和承担工作任务时充满信心。反之，就会产生自卑感。因此，对于这一阶段的儿童，教师应积极训练儿童适应社会，掌握今后生活所必需的知识和技能。

34. A 【解析】本题考查《中华人民共和国教育法》中关于教育对外交流与合作的内容。我国《教育法》第六十七条规定，国家鼓励开展教育对外交流与合作，支持学校及其他教育机构引进优质教育资源，依法开展中外合作办学，发展国际教育服务，培养国际化人才。因此，题干说法正确。

三、填空题

35. 1820

【解析】本题考查等差数列的性质。将每四个数看为一个整体，则构成以 20 为首项，以 80 为公差的等差数列。观察规律可得该算式为数列的前$\frac{280}{40}=7$项和,由等差数列的前n项和公式$S_n=na_1+\frac{n(n-1)}{2}d$,得$S_7=7\times20+\frac{7\times(7-1)}{2}\times80=1820$。

36. 306 656

【解析】本题考查数与代数问题。设一位数为x,二位数的十位数字为y,因为三个数的平均数是200,所以三个数相加是$200\times3=600$,则有$4+8+x=20$,即$x=8$,则有$1+2+y=10$,即$y=7$,二位数为74,则三位数为$600-8-74=518$,那么三个数的乘积为$8\times74\times518=306\ 656$。

37. 1∶6

【解析】本题考查列方程解应用题。设甲、乙两种酒精溶液的质量分别为x,y,由题意可列方程$\frac{64\%x+36\%y}{x+y}=40\%$,解得$\frac{x}{y}=\frac{1}{6}$,即$x:y=1:6$。

38. 四

【解析】本题考查规律探索问题。由题意得,那年的10月份有5个星期六、4个星期日,则最后一天为星期六。10月有31天,减去6天还有25天,除去三个完整的周还剩下4天,则1号是周四。

39. 90

【解析】本题考查三角形相似的性质。因为$\frac{DE}{BE}=\frac{1}{2}$,所以$\frac{S_{\triangle ADE}}{S_{\triangle CBE}}=\frac{1}{4}$,$\frac{S_{\triangle DEC}}{S_{\triangle CEB}}=\frac{1}{2}$,$\frac{S_{\triangle ADE}}{S_{\triangle AEB}}=\frac{1}{2}$。因为$S_{\triangle DEC}=20$,所以$S_{\triangle CEB}=40$,$S_{\triangle ADE}=10$,$S_{\triangle AEB}=20$,则梯形$ABCD$的面积为$40+10+20+20=90$。

四、解答题

40.【解析】本题考查阴影部分面积的求解。设圆的半径为r,则正方形$ABCD$的边长为$2r$。如图,连结CE,由题意得$S_{阴影①}-S_{阴影②}=(S_{\triangle BCD}-S_{③}-S_{④})-(S_{半圆}-S_{③}-S_{④})=S_{\triangle BCD}-S_{半圆}=\frac{1}{2}\times2r\times2r-\frac{1}{2}\pi r^2=10.75$平方厘米,解得$r=5$厘米,所以正方形的边长为10厘米。在正方形$ABCD$中,$\angle BDC=45°$,又因为$CD$是圆的直径,所以$\angle DEC=90°$,所以$\triangle CDE$是等腰直角三角形,即$CE=DE$,则有$S_{②}=S_{④}$,故$S_{②}=\frac{S_{半圆}-S_{\triangle CDE}}{2}=\frac{\frac{1}{2}\pi r^2-\frac{1}{2}\times2r\times r}{2}=\frac{39.25-25}{2}=7.125$平方厘米,$S_{①}=S_{②}+10.75=7.125+10.75=17.875$平方厘米,所以阴影部分①的面积为17.875平方厘米。

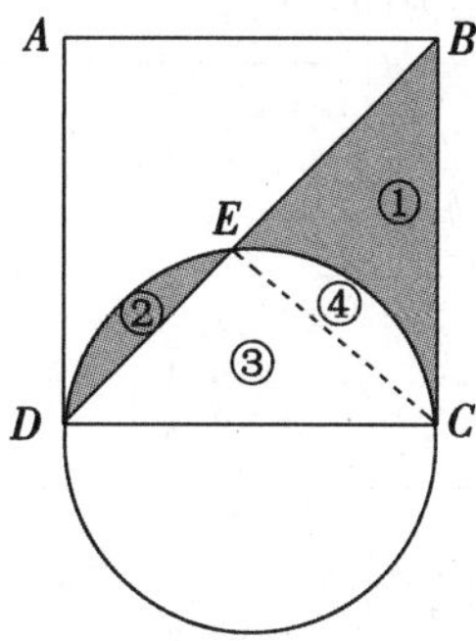

41.【解析】本题考查二次函数的综合应用。(1)由题意得二次函数图象的对称轴$-\frac{b}{2a}=-1$,将点$C(-1,-4)$代入$y=ax^2+bx-3$得$-4=a-b-3$,联立以上两式解得$a=1,b=2$,故二次函数的解析式为$y=x^2+2x-3$。

(2)令$y=x^2+2x-3=(x+3)(x-1)=0$,解得$x_1=-3,x_2=1$,所以$A(-3,0),B(1,0)$。设$D(a,b)$,由$AD=BD$得$(a+3)^2+b^2=(a-1)^2+b^2$,解得$a=-1$,将$a=-1$代入直线方程得$b=-\sqrt{3}+3\sqrt{3}=2\sqrt{3}$,所以$D(-1,2\sqrt{3})$。

(3)$\triangle ADB$是等边三角形。理由如下:点D到x轴的距离$L=2\sqrt{3}$,$AD=\sqrt{(-3+1)^2+(2\sqrt{3})^2}=4$,$BD=\sqrt{(1+1)^2+(2\sqrt{3})^2}=4$,$AB=4$,所以$\triangle ADB$是等边三角形,故$S_{\triangle ADB}=\frac{1}{2}\times4\times2\sqrt{3}=4\sqrt{3}$。

42.【解析】本题考查等差数列与等比数列的性质。(1)由$a_{n+1}=2a_n-n+1$得$a_{n+1}-(n+1)=2(a_n-n)$,化简得$\frac{a_{n+1}-(n+1)}{a_n-n}=2$,可得$a_n-n=2^n$,即$a_n=2^n+n$,因为$a_1=2^1+1=3$也符合该公式,所以数列$\{a_n\}$的通项公式为$a_n=2^n+n$。因为$b_2=b_1+d=8$,$S_9=9b_1+\frac{9(9-1)}{2}d=153$,解得$b_1=5,d=3$,所以$b_n=5+(n-1)\times3=3n+2$。

(2)由(1)得$c_n=\frac{6}{(2\log_2 2^n-1)(6n+4-1)}=\frac{2}{(2n-1)(2n+1)}=\frac{1}{2n-1}-\frac{1}{2n+1}$,所以$T_n=1-\frac{1}{3}+\frac{1}{3}-\frac{1}{5}+\cdots+\frac{1}{2n-1}-\frac{1}{2n+1}=1-\frac{1}{2n+1}=\frac{2n}{2n+1}$。

方法技巧:常见数列的裂项相消方法如下表:

数列($n\in\mathbf{N}_+$)	裂项方法($n\in\mathbf{N}_+$)
$\left\{\frac{1}{n(n+k)}\right\}$($k$ 为非零常数)	$\frac{1}{n(n+k)}=\frac{1}{k}\left(\frac{1}{n}-\frac{1}{n+k}\right)$
$\left\{\frac{1}{n(n+1)(n+2)}\right\}$	$\frac{1}{n(n+1)(n+2)}=\frac{1}{2}\left[\frac{1}{n(n+1)}-\frac{1}{(n+1)(n+2)}\right]$
$\left\{\frac{1}{\sqrt{n}+\sqrt{n+k}}\right\}$($k$ 为非零常数)	$\frac{1}{\sqrt{n}+\sqrt{n+k}}=\frac{1}{k}(\sqrt{n+k}-\sqrt{n})$
$\left\{\log_a\left(1+\frac{1}{n}\right)\right\}$	$\log_a\left(1+\frac{1}{n}\right)=\log_a(n+1)-\log_a n$
$\left\{\frac{2^n}{(2^n-1)(2^{n+1}-1)}\right\}$	$\frac{2^n}{(2^n-1)(2^{n+1}-1)}=\frac{1}{2^n-1}-\frac{1}{2^{n+1}-1}$

2020 年云南省特岗教师招聘考试小学数学真题试卷(五)

学科专业知识部分

一、单项选择题

1. D 【解析】本题考查算术平方根。$\sqrt{16}=4$ 的算术平方根是 2。

2. A 【解析】本题考查二次函数的顶点坐标。由二次函数的性质可得,二次函数 $y=-2(x-1)^2+3$ 的图象的顶点坐标是(1,3)。

3. D 【解析】本题考查三角形三边的性质。由三角形三边的性质可得,2,3,4 能够组成一个三角形。

4. B 【解析】本题考查古典概型。由题意知,任意抽取两张卡片,组成的点(a,b)有$(-1,1)$,$(-1,2)$,$(1,2)$,$(1,-1)$,$(2,-1)$,$(2,1)$六种情形,点(a,b)在第二象限只有$(-1,1)$,$(-1,2)$两种情形,故点(a,b)在第二象限的概率是$\frac{1}{3}$。

5. C 【解析】本题考查圆的性质。由圆的性质可得,$\angle AOB=90°$,$\because OA=OB$,$\therefore \triangle AOB$ 是等腰直角三角形,$\because OA=OB=2$,$\therefore AB=2\sqrt{2}$。

6. B 【解析】本题考查反比例函数的性质。因为 $k>0$,所以反比例函数 $y=\frac{k}{x}$的图象在第一、三象限,且在第一、三象限上分别单调递减,故 $y_2<y_1<0<y_3$。故选 B。

7. A 【解析】本题考查椭圆的性质。椭圆的方程即 $\frac{x^2}{25}+\frac{y^2}{16}=1$,则 $a=5,b=4$,且 $c=\sqrt{a^2-b^2}=3$,所以椭圆的离心率为 $e=\frac{c}{a}=\frac{3}{5}$。

8. D 【解析】本题考查二项式定理。$(1+2x^2)^7$ 的第四项展开式为 $C_7^3\cdot1^4\cdot(2x^2)^3=C_7^3\cdot8x^6=280x^6$。故选 D。

9. A 【解析】本题考查函数的定义域。由函数的解析式可得$\begin{cases}x\neq0,\\1-x^2\geqslant0,\end{cases}$解得 $x\in[-1,0)\cup(0,1]$。

10. B 【解析】本题考查函数的奇偶性。因为 $f(-x)=(-x)^2[1-(-x)^2]=x^2(1-x^2)=f(x)$,所以函数为偶函数。

11. C 【解析】本题考查极限的计算。$\lim\limits_{x\to0}\frac{\sin\omega x}{x}=\lim\limits_{x\to0}\frac{\omega x}{x}=\omega$。

12. A 【解析】本题考查二次曲面的方程。$x^2+y^2+z^2-2x+4y=0$ 可变形为 $(x-1)^2+(y-2)^2+z^2=5$,则此方程表示球面。

13. C 【解析】本题考查极限的计算。$\lim\limits_{x\to0}(1-x)^{\frac{1}{x}}=\lim\limits_{x\to0}(1-x)^{-\frac{1}{x}\cdot(-1)}=e^{-1}$。

14. C 【解析】本题考查函数的 n 阶导数的计算。$y'=\cos x=\sin\left(x+\frac{\pi}{2}\right)$,$y''=-\sin x=\sin\left(x+2\cdot\frac{\pi}{2}\right)$,$y'''=-\cos x=\sin\left(x+3\cdot\frac{\pi}{2}\right)$,$y^{(4)}=\sin x=\sin\left(x+4\cdot\frac{\pi}{2}\right)$,由上可知,$y=\sin x$ 的 n 阶导数为

$\sin\left(x+\frac{n\pi}{2}\right)$。

15. D 【解析】本题考查微分。$\mathrm{d}y=2\cos(2x+1)\mathrm{d}x$。

16. C 【解析】本题考查定积分的计算。$\int_0^1 x^2\mathrm{d}x=\frac{1}{3}x^3\Big|_0^1=\frac{1}{3}$。

17. A 【解析】本题考查数列极限的计算。设 $S_n=1+\frac{1}{2}+\frac{1}{4}+\cdots+\frac{1}{2^n}$，$\because S_n=1+\frac{1}{2}+\frac{1}{4}+\cdots+\frac{1}{2^n}=\frac{\left(1-\frac{1}{2^{n+1}}\right)}{1-\frac{1}{2}}=2\left(1-\frac{1}{2^{n+1}}\right)$，

$\therefore \lim\limits_{n\to\infty}\left(1+\frac{1}{2}+\frac{1}{4}+\cdots+\frac{1}{2^n}\right)=\lim\limits_{n\to\infty}S_n=2$。

二、解答题

18.【解析】本题考查平面图形的几何证明。$\because AB\parallel CD$，$\therefore \angle A=\angle D$，$\because BE\perp AD$，$CF\perp AD$，$\therefore \angle AEB=\angle CFD=90^\circ$，$\therefore BE\parallel CF$，$\because AE=DF$，$\therefore \triangle AEB\cong\triangle DFC$，$\therefore BE=CF$，$\therefore$ 四边形 $BECF$ 是平行四边形。

19.【解析】本题考查数据统计。(1)将甲组中所有人的分数由小到大排列后数据为3,6,6,6,6,6,7,8,9,10,所以甲组的中位数为6。乙组的平均数为$\frac{5+5+6+7+7+8+8+8+8+9}{10}=7.1$。

(2)甲。因为甲组的中位数为6,而乙组的中位数为7.5,7>6,7<7.5,所以7分在甲组排名属于中游略偏上,所以小明是甲组学生。

(3)中位数、平均数都是乙组高,且甲组的方差大于乙组的方差,则乙组的成绩比较稳定,故可支持乙组同学的观点。

20.【解析】本题考查余弦定理的证明。由图可知，$\boldsymbol{b}+\boldsymbol{c}=\boldsymbol{a}$，则有$(\boldsymbol{b}+\boldsymbol{c})^2=\boldsymbol{a}^2$，即$(\boldsymbol{b}+\boldsymbol{c})^2=\boldsymbol{b}^2+\boldsymbol{c}^2+2\boldsymbol{bc}\cos A=\boldsymbol{a}^2$，故有$\cos A=\frac{\boldsymbol{b}^2+\boldsymbol{c}^2-\boldsymbol{a}^2}{2\boldsymbol{bc}}$，即余弦定理得证。

21.【解析】本题考查不定积分。$\int\frac{1}{x^2-a^2}\mathrm{d}x=\frac{1}{2a}\int\left(\frac{1}{x-a}-\frac{1}{x+a}\right)\mathrm{d}x=\frac{1}{2a}\left[\int\frac{1}{x-a}\mathrm{d}(x-a)-\int\frac{1}{x+a}\mathrm{d}(x+a)\right]=\frac{1}{2a}(\ln|x-a|-\ln|x+a|)+C=\frac{1}{2a}\ln\left|\frac{x-a}{x+a}\right|+C(a\neq 0)$。

三、数学教学知识

22.【参考答案】本题考查数学教学评价。评价主体的多元化,是指教师、家长、同学及学生本人都可以作为评价者,可以综合运用教师评价、学生自我评价、学生相互评价、家长评价等方式,对学生的学习情况和教师的教学情况进行全面的考查。例如,每一个学习单元结束时,教师可以要求学生自我设计一个“学习小结”,用合适的形式(表、图、卡片、电子文本等)归纳学到的知识和方法,学习中的收获,遇到的问题等等。教师可以通过学习小结对学生的学习情况进行评价,也可以组织学生将自己的学习小结在班级展示交流,通过这种形式总结自己的进步,反思自己的不足以及需要改进的地方,汲取他人值得借鉴的经验。条件允许时,可以请家长参与评价。

23.【参考答案】本题考查数学概念的形成。概念形成就是在教学条件下,从大量的具体例子出发,以学生的感性经验为基础,形成表象,进而以归纳的方式抽象出事物的本质属性,提出各种假设加以验证,从而获得初级概念,再把这一概念的本质属性推广到同一类事物之中,并用符号表示的过程。

概念教学的一般过程为:引入概念——明确概念——巩固概念——应用概念。

24.【参考答案】本题考查教学设计。

教学目标:

知识与技能目标:能正确地应用公式计算梯形的面积,并能解决生活中一些简单的实际问题。

过程与方法目标:通过操作、观察、比较等活动,自主探索梯形面积计算公式,渗透转化的数学思想方法。

情感态度与价值观目标:进一步积累解决问题的经验,增强新图形面积研究的策略意识,获得成功体验,提高学习自信心。

教学重点:探索并掌握梯形面积计算公式。

教学难点:理解梯形面积计算公式的推导过程,体会转化的思想。

学具准备:两个完全重合的梯形、一个和之前两个梯形不重合的梯形、剪刀、尺子、透明的方格纸。

教学过程:

(1)复习引入,知识铺垫。

计算下面各图形的面积:

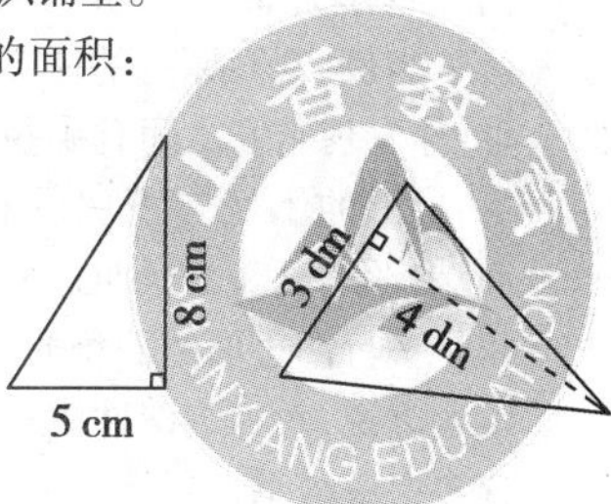

全班核对答案。

师:平行四边形、三角形的面积计算公式分别是什么?

师:它们之间有什么联系呢?

因为两个完全重合的三角形可以拼成一个平行四边形,所以平行四边形面积的计算公式的一半就是三角形面积的计算公式。

【设计意图】通过复习平行四边形、三角形的面积计算方法以及它们之间的联系,为学习新知做好方法上的准备。

(2)探究梯形面积的计算公式。

①提出问题(课件出示教材第 96 页的主题图)。

师:同学们在图中发现了什么?

师:车窗玻璃的形状是梯形,怎样求出它的面积呢?

师:你能用学过的方法推导出梯形的面积计算公式吗?

②动手操作。

选择合适的材料,进行操作。(同桌合作)

③反馈交流。

让各小组充分展示操作过程。关键了解学生是怎样想的,询问其余同学是否有疑问,在操作中学生会发现,只有两个完全重合的梯形才能拼成一个平行四边形。

预设:

(i)数方格;

(ii)拼摆,转化成平行四边形;

(iii)分割法,转化成两个三角形;

(iv)分割法,转化成一个平行四边形和一个三角形;

(v)分割法,转化成长方形和两个三角形;

(vi)割补法,转化成平行四边形。

【设计意图】这一环节让学生大胆动手操作,在实践中不断发现问题,解决问题,在与同伴的交流中拓展自己的思维、视野。

(3)公式推导。

师:方法(i) 的数方格的方法中渗透着割补法的思想,方法(ii) 到方法(vi) 都是把梯形转化成我们已经学过面积计算方法的图形。先以方法(ii) 为例,观察原有的梯形和转化后的平行四边形,你发现它们之间有哪些等量关系?

生:梯形的上底与下底的和等于平行四边形的底,梯形的高和平行四边形的高相等。梯形的面积是平行四边形的面积的一半。

学生边说,教师边课件演示。

逐步完成板书:

梯形的面积=平行四边形的面积÷2

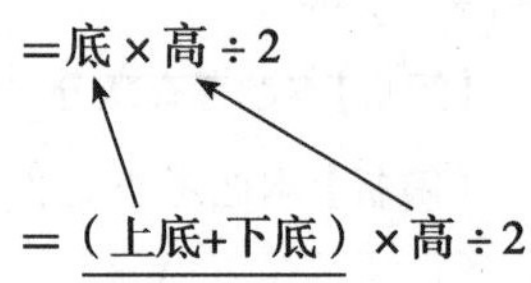

师:如果用 S 表示梯形的面积,a 表示梯形的上底,b 表示梯形的下底,h 表示梯形的高,梯形的面积计算公式还可以写成:$S=(a+b)h\div2$(板书)。

师:观察方法(iii),如果把梯形割成两个三角形,如何来推导梯形的面积计算公式呢?这两个三角形和原来的梯形有什么样的等量关系呢?

生:三角形 1 的底就是梯形的上底,三角形 2 的底就是梯形的下底,两个三角形的高都和梯形的高相等。两个三角形的面积之和就是梯形的面积。

学生说,教师课件演示。

教师:为了方便,我们直接用 a 表示梯形的上底,b 表示梯形的下底,h 表示梯形的高。

梯形的面积 = 三角形 1 的面积 + 三角形 2 的面积

$$=ah\div2+bh\div2$$
$$=(ah+bh)\div2$$
$$=(a+b)h\div2$$

$S=(a+b)h\div2$

师:这与前面推导出来的梯形面积计算公式是一样的。

师:观察方法(iv),如果把梯形分割成一个平行四边形和一个三角形,又如何推导公式呢?割成的平行四边形、三角形和原来的梯形有什么样的等量关系呢?

生:平行四边形的底就是梯形的上底,三角形的底等于梯形的下底减上底,平行四边形、三角形和梯形的高是相等的。平行四边形的面积加三角形的面积就等于梯形的面积。

学生说,教师课件演示。

梯形的面积 = 平行四边形的面积 + 三角形的面积

$$=ah+(b-a)h\div2$$
$$=ah\times2\div2+(b-a)h\div2$$
$$=[ah\times2+(b-a)h]\div2$$
$$=(ah+bh)\div2$$
$$=(a+b)h\div2$$

$S=(a+b)h\div2$

其中计算过程有些复杂,可配合教师讲解完成。

师:这和前面推导出来的结论是一样的。

师：看方法（v），把梯形分割成一个长方形和两个三角形，又如何推导公式呢？先说说它们之间有什么样的等量关系。

生：长方形的长就是梯形的上底，长方形、三角形和梯形的高是相等的。长方形的面积加两个三角形的面积就是梯形的面积。

学生发现两个三角形的底是多少，无法描述，不确定。这时，教师演示课件动画效果，把两个三角形拼成一个三角形，新三角形的底就是梯形的下底减上底。

梯形的面积 = 长方形的面积 + 三角形的面积 = $ah+(b-a)h\div 2$

师：接下来的推导过程和方法（iv）是一样的。

师：方法（vi），通过割补法把梯形转化成平行四边形。它们之间又有什么样的等量关系呢？

生：平行四边形的底就是梯形的上底和下底之和，平行四边形的高等于梯形的高的一半。平行四边形的面积和梯形的面积相等。

教师课件演示。

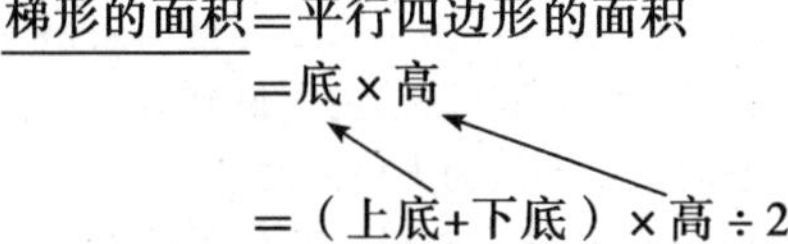

师：通过上面多种转化方法，我们知道了梯形的面积计算公式，现在你知道要计算梯形的面积需要哪些数据了吗？（上底、下底、高）

【设计意图】不满足于一种方法的公式推导，展示多种方法，开拓学生的思维，沟通多种推导方法之间的联系和区别，凸显转化思想的作用。

(4)学以致用。

①出示教材第 97 页例 3。

师：什么是横截面？请学生独立解决，全班核对答案。

师：因为我们刚刚开始学梯形的面积公式，对公式不熟，所以计算时可以先写上公式，再列算式。等以后熟练了，公式可以省略。

②做一做。

一辆汽车侧面的两块玻璃的形状是梯形（如下图），它们的面积分别是多少？

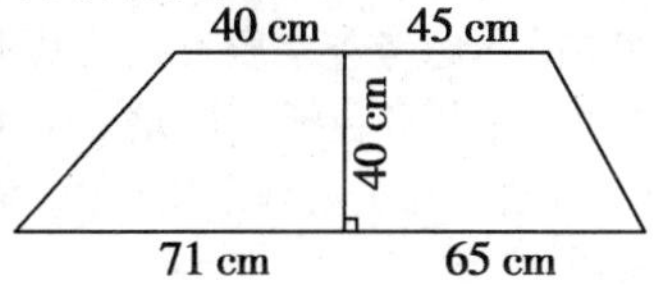

师：这道题特别要看清楚问题，问的是“它们的面积分别是多少”，所以问的是“左边梯形的面积是多少”和“右边梯形的面积是多少”，千万不要把“分别”看成“共”，变成求整个大梯形的面积。

③下面图中哪几个梯形的面积是相等的？为什么？

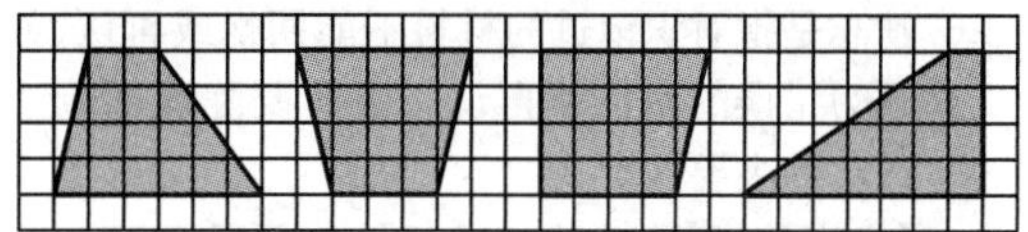

小结：这几个梯形的高相等，所以判断哪几个梯形的面积相等，只要看哪几个梯形的上底与下底的和相等就可以了。

【设计意图】因为学生第一次接触“横截面”，所以强调了对“横截面”的理解。从简到难，多层次对公式进行应用，在应用中加强对公式的理解。

(5)回顾反思。

师：回顾本节课所学的内容，你最大的收获是什么？

【设计意图】在总结回顾中，帮助学生进一步理解所学的知识。

(6)布置作业。

完成教材第 98 页第 1 题到第 5 题。

教育理论部分

四、简答题

25. 2008 年 9 月 1 日，教育部和中国教科文卫体工会全国委员会联合颁发了重新修订的《中小学教师职业道德规范》。请简要陈述这一《规范》对中小学教师职业道德规范提出的具体要求。

【参考答案】(1)爱国守法。全面贯彻国家教育方针；自觉遵守教育法律法规，依法履行教师职责权利；不得有违背党和国家方针政策的言行。(2)爱岗敬业。对工作高度负责；认真备课上课；认真批改作业；认真辅导学生；不得敷衍塞责。(3)关爱学生。关心爱护全体学生，尊重学生人格，平等公正对待学生；对学生严慈相济，做学生的良师益友；保护学生安全，关心学生健康，维护学生权益；不讽刺、挖苦、歧视学生，不体罚或变相体罚学生。(4)教书育人。遵循教育规律，实施素质教育；循循善诱，诲人不倦，因材施教；培养学生良好品行，激发学生创新精神，促进学生全面发展；不以分数作为评价学生的唯一标准。(5)为人师表。坚守高尚情操，知荣明耻，严于律己，以身作则；衣着得体，语言规范，举止文明；关心集体，团结协作，尊重同事，尊重家长；作风正派，廉洁奉公；自觉抵制有偿家教，不利用职务之便谋取私利。(6)终身学习。崇尚科学精神，树立终身学习理念，拓宽知识视野，更新知识结构；潜心钻研业务，勇于探索创新，不断提高专业素养和教育教学水平。

26. 遗忘是指对识记过的材料不能回忆或再认，或表现为错误的回忆或再认。请简要陈述影响遗忘进程的主要因素。

【参考答案】影响遗忘进程的主要因素有：(1)学习材料的性质；(2)系列位置效应；(3)识记材料的数量和学习程度；(4)记忆任务的长久性与重要性；(5)识记的方法；(6)时间因素；(7)情绪和动机。

五、论述题

27.【参考答案】人的发展指人的身心和心理的发展。影响人的发展的主要因素有遗传、环境、教育(学校教育)和个体主观能动性。其中，学校教育在人身心发展中起主导作用，原因在于：(1)学校教育是有目的、有计划、有组织地培养人的活动；(2)学校有专门负责教育工作的教师，相对而言效果较好；(3)学校教育能有效地控制和协调影响学生发展的各种因素。

2020年天津市南开区教师招聘考试中小学数学真题试卷(六)

教育理论部分

一、单项选择题

1. B 【解析】本题考查教学环境的内容。教学环境包括物质环境和社会环境两个方面，前者涉及课堂自然条件、教学设施及学校的硬件资源，后者涉及课堂气氛、同学关系及校风等。

2. A 【解析】本题考查教师劳动的创造性。教师劳动的创造性主要表现在以下三个方面：(1)因材施教。(2)教学方法上的不断更新。(3)教师需要"教育机智"。教师对学生进行在线直播教学说明了教师在教学方法上的更新，体现了教师劳动的创造性。

3. D 【解析】本题考查负惩罚的内涵。负惩罚又称为移除性惩罚，是通过取消愉快刺激来降低反应频率。小萌的班主任通过取消小萌观看学校文艺汇演的资格来降低小萌在课上睡觉的频率，这是运用了负惩罚的行为塑造原理。

4. A 【解析】本题考查发散思维的概念。发散思维，也叫求异思维、分散思维、辐射思维，是指人们解决问题时，思路朝着各种可能的方向扩散，从而求得多种答案。发散思维的过程是从给予的信息中产生多种信息的过程。要求学生列举"大海"一词所想到的事物，是为了训练学生的发散思维。

5. D 【解析】本题考查学习迁移的种类。正迁移也叫"助长性迁移"，是指一种学习对另一种学习的促进作用。顺向迁移是指先前学习对后继学习产生的影响。"温故而知新"指的是复习已经学会的知识，可以从中得到新的知识。因此，"温故而知新"属于顺向正迁移。

6. B 【解析】本题考查再造想象的概念。再造想象是依据词语或符号的描述、示意在头脑中形成与之相应的新形象的过程。人在阅读文艺作品、历史文献，工人看建筑或机械图纸，学生听教师对课文生动形象的描述时，头脑中出现的有关事物的形象，都属于再造想象。本题所叙述的事例是再造想象的典型事例。

7. B 【解析】本题考查埃里克森的心理社会发展阶段论。埃里克森提出了相当完整的人格发展阶段理论。许多心理学家认为人格到青年阶段已经定型，但埃里克森认为人格的发展持续一生。

8. C 【解析】本题考查模像直观的概念。模像直观指观察与教材相关的模型与图像(如图片、图表、幻灯片、电影、录像、电视等)，形成感知表象。

9. A 【解析】本题考查德育原则。知行统一原则是指教育者在进行德育时，既要重视对学生进行系统的思想道德的理论教育，又要重视组织学生参加实践锻炼，把提高认识和行为养成结合起来，使学生做到言行一致。王老师给学生讲述中国科技发展进步的同时，还鼓励学生参加科技展，从而直观地了解科技发展的文化，就体现了知行统一原则。

10. B 【解析】本题考查班级的功能。班级组织既具有社会化功能，又具有个体化功能。班级的个体化功能主要表现在：(1)促进发展的功能；(2)满足需求的功能；(3)诊断功能；(4)矫正功能。小强加入班级后改正了缺点，体现了班级的个体化功能中的矫正功能。

11. C 【解析】本题考查素质教育的基本任务。素质教育的基本任务包括：(1)培养学生的身体素质。(2)培养学生的心理素质。(3)培养学生的社会素质。

12. D 【解析】本题考查学习策略的种类。精加工策略是指把新信息与头脑中的旧信息联系起来从而增加新信息意义的深层加工策略。它常被描述成一种理解记忆的策略,其要旨在于建立信息间的联系。王莉在学习拼音时利用了事物的形象进行记忆,这属于精加工策略中的形象联想法。

13. A 【解析】本题考查孔子的教育思想。孔子在论述教育的社会功能时,提出了“庶—富—教”的思想。

14. D 【解析】本题考查德育原则。疏导原则是指进行德育时要循循善诱、以理服人,从提高学生认识入手,调动学生的主动性,使他们积极向上。题干中,教师给学生讲道理,帮助他们提高认识,并发扬他们身上的积极因素,就体现了德育的疏导原则。

15. B 【解析】本题考查《关于加强中小学教师职业道德建设的若干意见》的内容。《关于加强中小学教师职业道德建设的若干意见》的内容包括:(1)充分认识加强中小学教师职业道德建设的必要性;(2)加强中小学教师职业道德建设的基本要求;(3)积极开展多种形式的职业道德教育;(4)加强领导,建立健全中小学教师职业道德建设的保障机制。

二、简答题(参考答案)

1. 什么是合作学习?

合作学习是指学生以小组为单位进行学习的方式。合作学习是相对于“个体学习”而言的。合作学习的展开往往是在自学基础上进行的小组合作学习和小组内讨论。

2. 桑代克提出的三条学习定律是什么?并作简要说明。

桑代克提出的三条学习定律是效果律、练习律、准备律。

效果律是指刺激和反应之间的联结可因导致满意的结果而加强,也可因导致烦恼的结果而减弱。

练习律是指刺激与反应之间的联结会由于重复或练习而加强,不重复或不练习联结的力量就会减弱。

准备律是指联结的加强或削弱取决于学习者的心理准备和心理调节状态。

三、论述题

【参考答案】(1)一节好课的标准包括:要使学生的注意力集中;要使学生的思维活跃;要使学生积极参与到课堂中来;要使个别学生得到照顾。

(2)上好一节课的要求:①明确教学目的。②保证教学的科学性与思想性。③调动学生的学习积极性。④注重解惑纠错,关注学生是否学会。⑤组织好教学活动,提供好的素材、好的学习任务。⑥布置好课外作业。⑦不断学习,在实践反思中改进教学。

(考生可结合自身实际加以阐述,言之有理即可)

学科专业知识部分

四、单项选择题

1. C 【解析】本题考查集合的运算。由题意可得 $A=\{x|x\geqslant1\}$,故 $A\cap B=\{1,2\}$。

2. B 【解析】本题考查程序框图。由题意知 $N=4$,当 $K=1$ 时,$S=1$,$K=2$,循环执行,$T=\frac{1}{2}$,$S=1+\frac{1}{2}$,$K=3$,循环执行,$T=\frac{1}{3\times2}$,$S=1+\frac{1}{2}+\frac{1}{3\times2}$,$K=4$,循环执行,$T=\frac{1}{4\times3\times2}$,$S=1+\frac{1}{2}+\frac{1}{3\times2}+\frac{1}{4\times3\times2}$,此时 $K=5$,$K>N$,程序终止。故选 B。

3. C 【解析】本题考查三视图所对几何体的表面积。由三视图可得,该几何体是由正四棱锥与正方体组成的,正方体和正四棱锥的高为 2,正四棱锥的四个侧面是高为$\sqrt{5}$,底边为 2 的等腰三角形,每个侧面的面积为$S_1=\frac{1}{2}\times2\times\sqrt{5}=\sqrt{5}$,正方体的侧面积为 $S_2=2\times2=4$,故该几何体的表面积为 $S=4S_1+5S_2=4\sqrt{5}+20$。

4. C 【解析】本题考查三角函数的变换。由题意知,函数 $f(x)=2\sin\left(x+\frac{\pi}{6}\right)-1$ 经过变换得 $g(x)=2\sin\left(2x+\frac{\pi}{6}\right)-1$,由三角函数图象的性质可得,函数 $g(x)$ 的对称中心为 $\left(-\frac{\pi}{12}+\frac{k\pi}{2},-1\right)(k\in\mathbf{Z})$,当 $k=0$ 时,$g(x)$ 的图象关于点 $\left(-\frac{\pi}{12},-1\right)$ 对称,故 A 项错误;函数 $g(x)$ 的周期为 $T=\pi$,故 B 项错误;函数 $g(x)$ 的单调递增区间为 $\left(-\frac{\pi}{3}+k\pi,\frac{\pi}{6}+k\pi\right)(k\in\mathbf{Z})$,当 $k=0$ 时,函数 $g(x)$ 的单调增区间为$\left(-\frac{\pi}{3},\frac{\pi}{6}\right)$,故函数$g(x)$在$\left(0,\frac{\pi}{6}\right)$上单调递增,故 C 项正确;由选项 C 可知,函数 $g(x)$ 在$\left(0,\frac{\pi}{6}\right)$上单调递增,$g(x)_{\max}=g\left(\frac{\pi}{6}\right)=1$,因为 $x\neq\frac{\pi}{6}$,所以 $g(x)<1$,

故 D 项错误。故选 C。

5. D 【解析】本题考查指数函数与对数函数的性质。因为 $a=\log_2 0.2<\log_2 1=0$，$b=2^{0.2}>1$，$c=\log_{0.2}0.3<\log_{0.2}0.2=1$，$c=\log_{0.2}0.3>\log_{0.2}1=0$，所以 $a<c<b$。

6. B 【解析】本题考查平面向量的基本定理。由题意得，$\overrightarrow{OD}=\lambda\overrightarrow{OA}+\mu\overrightarrow{OB}=\frac{1}{3}\overrightarrow{OC}$，则 $\overrightarrow{OC}=3\lambda\overrightarrow{OA}+3\mu\overrightarrow{OB}$，因为点 A,B,C 三点共线，所以由三点共线定理得 $3\lambda+3\mu=1$，即 $\lambda+\mu=\frac{1}{3}$。

7. B 【解析】本题考查双曲线的性质。由题意得，圆的方程为 $x^2+y^2=a^2$，与双曲线的渐近线 $y=\pm\frac{b}{a}x$ 的交点为 $\left(\pm\frac{a^2}{c},\pm\frac{ab}{c}\right)$，则四边形 $ABCD$ 为矩形，面积为 $S=\frac{2a^2}{c}\cdot\frac{2ab}{c}=ab$，解得 $\frac{4a^2}{c^2}=1$，故双曲线的离心率为 $e=\frac{c}{a}=2$。

8. A 【解析】本题考查分段函数的性质。由 $g(x+2)=g(x)$ 可知，函数 $g(x)$ 的周期为 2，由题意知，函数 $g(x)$ 的图象如下图所示，函数 $f(x)=g(x)-m(x+1)$ 在区间 $[-1,5]$ 内有 6 个零点，则可知函数 $g(x)$ 与直线 $y=m(x+1)$ 在区间 $[-1,5]$ 内有 6 个不同的交点，因为直线 $y=m(x+1)$ 恒过点 $(-1,0)$，由图象可得，过点 $(-1,0)$ 与 $(4,2)$ 的直线的斜率为 $\frac{2}{5}$，过 $(-1,0)$ 与 $(2,2)$ 的直线的斜率为 $\frac{2}{3}$，故直线 $y=m(x+1)$ 的斜率 m 的取值范围为 $\left(\frac{2}{5},\frac{2}{3}\right)$。

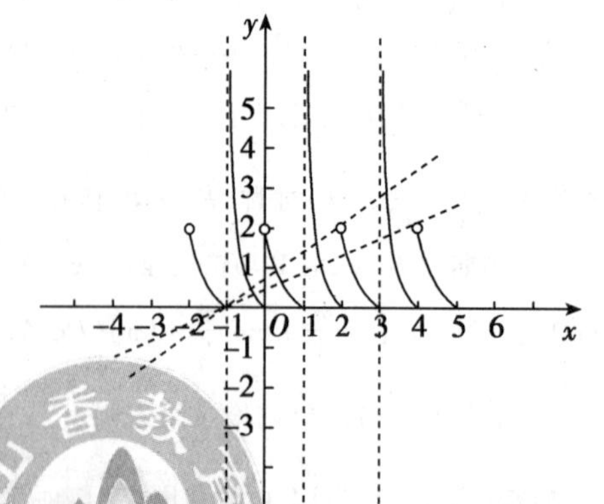

9. B 【解析】本题考查等比数列的性质。由等比数列的性质可知，$a_5a_6=a_3a_8$，$\therefore a_5a_6=a_3a_8=3$，$\therefore \log_3 a_1+\log_3 a_2+\cdots+\log_3 a_{10}=\log_3(a_1a_2\cdots a_9a_{10})=\log_3(a_5a_6)^5=\log_3 3^5=5$。

10. D 【解析】本题考查函数的综合应用。由题意知，函数 $f(x)=\tan x$ 在 $x=-\frac{\pi}{4}$ 处的切线的斜率为 $y'\Big|_{x=-\frac{\pi}{4}}=\frac{1}{\cos^2 x}=2$，$\because$ 函数 $y=ax+b+\frac{\pi}{2}$ 为函数 $f(x)=\tan x$ 的切线，切点为 $\left(-\frac{\pi}{4},-1\right)$，$\therefore a=2,b=-1$，$\therefore g(x)=e^x-x^2+2$，$g'(x)=e^x-2x$，$g''(x)=e^x-2$，当 $x\in[1,2]$ 时，$g''(x)>0$，$\therefore g'(x)$ 在 $[1,2]$ 上单调递增，$\therefore g'(x)_{\min}=g'(1)=e-2>0$，$\therefore g(x)$ 在 $[1,2]$ 上单调递增，$\therefore \begin{cases}m\leqslant g(x)_{\min}=g(1)=e+1,\\ m^2-2\geqslant g(x)_{\max}=g(2)=e^2-2,\end{cases}$ $\therefore m\leqslant -e$ 或 $e\leqslant m\leqslant e+1$，$\therefore m$ 的最大值为 $e+1$，无最小值。故选 D。

五、填空题

11. $2\sqrt{5}$

【解析】本题考查向量的运算。设 $\boldsymbol{m}+\boldsymbol{n}=\boldsymbol{a}$，则 $|\boldsymbol{a}-\boldsymbol{n}|=2$，$|\boldsymbol{m}+2\boldsymbol{n}|=|\boldsymbol{a}+\boldsymbol{n}|=4$，于是有 $|\boldsymbol{a}-\boldsymbol{n}|^2+|\boldsymbol{a}+\boldsymbol{n}|^2=20$，即 $(\boldsymbol{a}-\boldsymbol{n})^2+(\boldsymbol{a}+\boldsymbol{n})^2=20$，$2(|\boldsymbol{a}|^2+|\boldsymbol{n}|^2)=20$，故 $|\boldsymbol{a}|+|\boldsymbol{n}|\leqslant\sqrt{2(|\boldsymbol{a}|^2+|\boldsymbol{n}|^2)}=2\sqrt{5}$，即 $|\boldsymbol{m}+\boldsymbol{n}|+|\boldsymbol{n}|\leqslant 2\sqrt{5}$，当且仅当 $|\boldsymbol{m}+\boldsymbol{n}|=|\boldsymbol{n}|$ 时取等号，因此 $|\boldsymbol{m}+\boldsymbol{n}|+|\boldsymbol{n}|$ 的最大值为 $2\sqrt{5}$。

12. i

【解析】本题考查复数的运算。$\frac{1+2i}{2-i}=\frac{(1+2i)(2+i)}{(2-i)(2+i)}=i$。

13. 2

【解析】本题考查曲线的切线方程。由题意知，$f'(x)=a\ln x+\frac{ax-1}{x}$，函数 $f(x)$ 经过点 $(1,0)$，在点 $(1,0)$ 处的切线斜率为 $f'(1)=a-1=1$，则 $a=2$。

14. 240

【解析】本题考查二项式定理。$\left(x^2-\frac{2}{x}\right)^6$ 的展开式为 $T_{r+1}=C_6^r(x^2)^r(-1)^{6-r}\left(\frac{2}{x}\right)^{6-r}=C_6^r(-1)^{6-r}2^{6-r}x^{3r-6}$，当 $3r-6=0$ 时，$r=2$，则 $\left(x^2-\frac{2}{x}\right)^6$ 的展开式的常数项为 $C_6^2(-1)^{6-2}2^{6-2}=240$。

15. $2+\sqrt{2}$

【解析】本题考查函数的最值。$f(x)=$

$\frac{2-\cos\left(\frac{\pi}{4}-\frac{\pi x}{4}\right)+\sin\left(\frac{\pi}{4}-\frac{\pi x}{4}\right)}{x^2+4x+5}=\frac{2-\sqrt{2}\sin\frac{\pi}{4}x}{(x+2)^2+1}\leqslant$ $\frac{2+\sqrt{2}}{(x+2)^2+1}\leqslant 2+\sqrt{2}$，即 $f(x)\leqslant 2+\sqrt{2}$，当且仅当 $x=-2$ 时取等号，因此函数 $f(x)$ 的最大值为 $2+\sqrt{2}$。

16. $\sqrt{2}$

【解析】本题考查均值不等式的应用。∵ $2(a^2+b^2)\geqslant a^2+b^2+2ab=(a+b)^2$，∴ $a^2+b^2\geqslant\frac{(a+b)^2}{2}$，∴ $a^2+b^2+\frac{1}{(a+b)^2}\geqslant\frac{(a+b)^2}{2}+\frac{1}{(a+b)^2}\geqslant 2\sqrt{\frac{(a+b)^2}{2}\times\frac{1}{(a+b)^2}}=\sqrt{2}$，当且仅当 $a=b$，且 $\frac{(a+b)^2}{2}=\frac{1}{(a+b)^2}$ 时取等号。

六、解答题

17.【解析】本题考查正弦定理与余弦定理。

(1) ∵ $\sqrt{3}a=2c\sin A$，∴ 由正弦定理得，$\sqrt{3}\sin A=2\sin C\sin A$，$\sqrt{3}\sin A-2\sin C\sin A=\sin A(\sqrt{3}-2\sin C)=0$，∵ $\sin A\neq 0$，∴ $\sin C=\frac{\sqrt{3}}{2}$，∵ $\angle C\in\left(0,\frac{\pi}{2}\right)$，∴ $\angle C=\frac{\pi}{3}$。

(2) ∵ $c=\sqrt{7}$，$S_{\triangle ABC}=\frac{1}{2}ab\sin C=\frac{3\sqrt{3}}{2}$，∴ $ab=6$，由(1)知，$\cos C=\frac{1}{2}$，由余弦定理得 $\cos C=\frac{a^2+b^2-c^2}{2ab}=\frac{1}{2}$，∴ $a^2+b^2-7=ab=6$，∴ $a^2+b^2=(a+b)^2-2ab=13$，∴ $a+b=\sqrt{13+12}=5$。

18.【解析】本题考查异面直线所成的角与二面角。在平面 $ABCD$ 内，过点 A 作 $AE\perp AD$ 交 BC 于点 E，∵ $AA_1\perp$ 平面 $ABCD$，∴ $AA_1\perp AE$，$AA_1\perp AD$，如图所示，以 A 为原点，$\overrightarrow{AD}$ 所在的直线为 y 轴，$\overrightarrow{AE}$ 所在的直线为 x 轴，$\overrightarrow{AA_1}$ 所在的直线为 z 轴建立空间直角坐标系。∵ $AB=AD=2$，$AA_1=\sqrt{3}$，$\angle BAD=120°$，∴ $A(0,0,0)$，$B(\sqrt{3},-1,0)$，$C_1(\sqrt{3},1,\sqrt{3})$，$D(0,2,0)$，$E(\sqrt{3},0,0)$，$A_1(0,0,\sqrt{3})$。

(1) $\overrightarrow{A_1B}=(\sqrt{3},-1,-\sqrt{3})$，$\overrightarrow{AC_1}=(\sqrt{3},1,\sqrt{3})$，则 $\cos\langle\overrightarrow{A_1B},\overrightarrow{AC_1}\rangle=\frac{\overrightarrow{A_1B}\cdot\overrightarrow{AC_1}}{|\overrightarrow{A_1B}|\cdot|\overrightarrow{AC_1}|}=-\frac{1}{7}$，因为异面直线所成的角的范围为 $\left(0,\frac{\pi}{2}\right]$，所以异面直线 A_1B 与 AC_1 所成的角的余弦值为 $\frac{1}{7}$。

(2) 平面 A_1DA 的一个法向量为 $\overrightarrow{AE}=(\sqrt{3},0,0)$，设 $\boldsymbol{m}=(x,y,z)$ 为平面 BA_1D 的法向量，∵ $\overrightarrow{A_1B}=(\sqrt{3},-1,-\sqrt{3})$，$\overrightarrow{BD}=(-\sqrt{3},3,0)$，∴ $\begin{cases}\boldsymbol{m}\cdot\overrightarrow{A_1B}=0,\\ \boldsymbol{m}\cdot\overrightarrow{BD}=0,\end{cases}$ 即 $\begin{cases}\sqrt{3}x-y-\sqrt{3}z=0,\\ -\sqrt{3}x+3y=0,\end{cases}$ 不妨取 $x=3$，则 $y=\sqrt{3}$，$z=2$，∴ $\boldsymbol{m}=(3,\sqrt{3},2)$ 为平面 BA_1D 的一个法向量，∴ $\cos\langle\overrightarrow{AE},\boldsymbol{m}\rangle=\frac{\overrightarrow{AE}\cdot\boldsymbol{m}}{|\overrightarrow{AE}|\cdot|\boldsymbol{m}|}=\frac{3}{4}$，设二面角 $B-A_1D-A$ 的大小为 θ，则 $|\cos\theta|=\frac{3}{4}$，∵ $\theta\in[0,\pi]$，∴ $\sin\theta=\sqrt{1-\cos^2\theta}=\frac{\sqrt{7}}{4}$，∴ 二面角 $B-A_1D-A$ 的正弦值为 $\frac{\sqrt{7}}{4}$。

19.【解析】本题考查圆锥曲线。设 $A(x_1,y_1)$，$B(x_2,y_2)$。(1) 由题意知，直线 l 的方程为 $y=\frac{3}{2}x-2$，与椭圆方程 $\frac{x^2}{4}+y^2=1$ 联立得，$5x^2-12x+6=0$，解得 $x_1x_2=\frac{6}{5}$，$x_1+x_2=\frac{12}{5}$，∵ C 是 AB 的中点，∴ 点 C 的坐标为 $\left(\frac{x_1+x_2}{2},\frac{y_1+y_2}{2}\right)$，即点 C 的坐标为 $\left(\frac{6}{5},-\frac{1}{5}\right)$，∴ $OC=\frac{\sqrt{37}}{5}$。

(2) 由题意知直线 l 的斜率不为 0 且存在，设直线 l 的斜率为 k，则直线 l 的方程为 $y=kx-2$，将直线 l 的方程与椭圆 W 的方程联立得 $\begin{cases}\frac{x^2}{4}+y^2=1,\\ y=kx-2,\end{cases}$ 整理得 $(1+4k^2)x^2-16kx+12=0$，$\Delta=16(4k^2-3)>0$，$x_1+x_2=\frac{16k}{1+4k^2}$，$x_1x_2=\frac{12}{1+4k^2}$，∴ $|AB|=\sqrt{1+k^2}|x_1-x_2|=\sqrt{1+k^2}\sqrt{(x_1+x_2)^2-4x_1x_2}=\sqrt{1+k^2}\cdot\frac{4\sqrt{4k^2-3}}{1+4k^2}$，点 O 到直线 l 的距离为 $d=\frac{2}{\sqrt{1+k^2}}$，∴ $S_{\triangle OAB}=$

$\frac{1}{2}|AB|\cdot d=\frac{1}{2}\sqrt{1+k^2}\cdot\frac{4\sqrt{4k^2-3}}{1+4k^2}\cdot\frac{2}{\sqrt{1+k^2}}=1$，解得 $k^2=\frac{7}{4}$，$\therefore k=\pm\frac{\sqrt{7}}{2}$。

20.【解析】本题考查函数的综合应用。(1)由题意得，$f'(x)=1+\frac{1}{x^2}-\frac{a}{x}=\frac{x^2+1-ax}{x^2}$，令 $f'(x)=0$ 得，$x=\frac{a\pm\sqrt{a^2-4}}{2}$，分以下两种情况讨论：

①当 $a^2-4\leqslant 0$ 时，$0<a\leqslant 2$，函数 $f'(x)>0$ 恒成立，此时函数 $f(x)$ 在 $x>0$ 上单调递增；

②当 $a^2-4>0$ 时，$a>2$，由于 $\sqrt{a^2-4}<a$，$\therefore$ 当 $x\in\left(0,\frac{a-\sqrt{a^2-4}}{2}\right)$ 时，$f'(x)>0$，函数 $f(x)$ 在 $\left(0,\frac{a-\sqrt{a^2-4}}{2}\right)$ 上单调递增；当 $x\in\left(\frac{a-\sqrt{a^2-4}}{2},\frac{a+\sqrt{a^2-4}}{2}\right)$ 时，$f'(x)<0$，函数 $f(x)$ 在 $\left(\frac{a-\sqrt{a^2-4}}{2},\frac{a+\sqrt{a^2-4}}{2}\right)$ 上单调递减；当 $x\in\left(\frac{a+\sqrt{a^2-4}}{2},+\infty\right)$ 时，$f'(x)>0$，函数 $f(x)$ 在 $\left(\frac{a+\sqrt{a^2-4}}{2},+\infty\right)$ 上单调递增。

(2)由(1)知，$f(x)$ 的两个极值点 x_1,x_2 是方程 $x^2+1-ax=0$ 的两根，则 $x_1+x_2=a$，$x_1x_2=1$，$\therefore x_2=\frac{1}{x_1}$，$\therefore a=x_1+\frac{1}{x_1}$，$\therefore g(x_1)-g(x_2)=x_1-\frac{a}{2}\ln x_1-\left(\frac{1}{x_1}-\frac{a}{2}\ln\frac{1}{x_1}\right)=x_1-\frac{1}{x_1}-a\ln x_1=x_1-\frac{1}{x_1}-\left(x_1+\frac{1}{x_1}\right)\ln x_1$，设 $h(x)=x-\frac{1}{x}-\left(x+\frac{1}{x}\right)\ln x$，$x\in(0,\mathrm{e}]$，则 $[g(x_1)-g(x_2)]_{\min}=h(x)_{\min}$，$\because h'(x)=\left(1+\frac{1}{x^2}\right)-\left[\left(1-\frac{1}{x^2}\right)\ln x+\left(x+\frac{1}{x}\right)\cdot\frac{1}{x}\right]=\frac{(1+x)(1-x)\ln x}{x^2}$，当 $x\in(0,\mathrm{e}]$ 时，恒有 $h'(x)\leqslant 0$，$\therefore h(x)$ 在 $(0,\mathrm{e}]$ 上单调递减，$\therefore h(x)_{\min}=h(\mathrm{e})=-\frac{2}{\mathrm{e}}$，即 $[g(x_1)-g(x_2)]_{\min}=-\frac{2}{\mathrm{e}}$。

21.【解析】本题考查数列的综合应用。(1)由题意可知，数列 $\{a_n\}$ 是等差数列，公差为 2，则 $a_n=2n-1(n\in\mathbf{N}_+)$，$\because a_n\leqslant m$ 成立的 n 的最大值为 b_m，$\therefore$ 当 $m=1$ 时，$b_1=1$；当 $m=2$ 时，$b_2=1$；当 $m=3$ 时，$b_3=2$。

(2)由题意得，$1=a_1<a_2<a_3<\cdots<a_n<\cdots$，$\because a_n\in\mathbf{R}_+$，$\therefore a_n\geqslant n$，$\because$ 使得 $a_n\leqslant m$ 成立的 n 的最大值为 b_m，使得 $a_n\leqslant m+1$ 成立的 n 的最大值为 b_{m+1}，$\therefore b_1=1$，$b_m\leqslant b_{m+1}(m\in\mathbf{N}_+)$，设 $a_2=k$，则 $k\geqslant 2$，假设 $k>2$，即 $a_2=k>2$，则当 $n\geqslant 2$ 时，$a_n>2$；当 $n\geqslant 3$ 时，$a_n\geqslant k+1$。$\therefore b_2=1$，$b_k=2$。$\because\{b_n\}$ 为等差数列，$\therefore$ 公差 $d=b_2-b_1=0$，$\therefore b_n=1$，这与 $b_k=2(k>2)$ 矛盾，$\therefore a_2=2$，又 $\because a_1<a_2<\cdots<a_n<\cdots$，$\therefore b_2=2$，由 $\{b_n\}$ 等差数列，得 $b_n=n(n\in\mathbf{N}_+)$，$\because$ 使得 $a_n\leqslant m$ 成立的 n 的最大值为 b_m，$\therefore a_n\leqslant n$，$\because a_n\geqslant n$，$\therefore a_n=n$。

(3)假设 $a_2=k(k>1)$，$\because a_1<a_2<a_3<\cdots<a_n<\cdots$，$\therefore b_1=b_2=\cdots=b_{k-1}=1$，$b_k=2$，$\therefore$ 数列 $\{b_n\}$ 中等于 1 的项有 $k-1$ 个，即 a_2-a_1 个；设 $a_3=l(l>k)$，则 $b_k=b_{k+1}=\cdots=b_{l-1}=2$，且 $b_l=3$，$\therefore$ 数列 $\{b_n\}$ 中等于 2 的项有 $l-k$ 个，即 a_3-a_2 个……以此类推，数列 $\{b_n\}$ 中等于 $p-1$ 的项有 a_p-a_{p-1} 个；$b_q=p$，$\therefore b_1+b_2+\cdots+b_q=(a_2-a_1)+2(a_3-a_2)+\cdots+(p-1)(a_p-a_{p-1})+p=-a_1-a_2-\cdots-a_{p-1}+(p-1)a_p+p=pa_p+p-(a_1+a_2+\cdots+a_{p-1}+a_p)=p(q+1)-A$，即 $b_1+b_2+\cdots+b_q=p(q+1)-A$。

2020 年福建省教师招聘考试小学数学真题试卷(七)

一、单项选择题

1. B 【解析】本题考查数的认识。十个一是 10，六个十分之一是 0.6，八个千分之一是 0.008，故这个数是 10.608。故选 B。

2. D 【解析】本题考查时间问题。小华踢足球，前三天共花 $40\times 3=120$ 分钟 $=2$ 小时练习，后两天共花 $25\times 2=50$ 分钟练习，故小华练习足球共花了 2 小时 50 分钟。故选 D。

3. C 【解析】本题考查三角形的性质。从长度为 4，5，6，9 的四根小棒中任取三根，有(4,5,6)，(4,5,9)，(4,6,9)，(5,6,9)四种情况，其中能围成三角形的有(4,5,6)，(4,6,9)，(5,6,9)。故选 C。

4. C 【解析】本题考查简单几何体的体积问题。设圆柱与圆锥的底面积为 $S\mathrm{cm}^2$，高分别为 h_1 cm，

h_2 cm,则 $V_{圆柱}=Sh_1=120$(立方厘米),$V_{圆锥}=\frac{1}{3}Sh_2=30$(立方厘米),则$\frac{V_{圆柱}}{V_{圆锥}}=\frac{Sh_1}{\frac{1}{3}Sh_2}=\frac{120}{30}$,故$\frac{h_1}{h_2}=\frac{4}{3}$。故选 C。

5. A 【解析】本题考查小学数学应用题。由题意得,半桶油的重量为 $4.85-2.45=2.4$ 千克,则一桶油的重量为 4.8 千克,故桶的重量为 $4.85-4.8=0.05$ 千克。故选 A。

6. A 【解析】本题考查统计数据的特征。根据平均数的定义得 $(2+3+8+10+x+4)\div 6=5$,解得 $x=3$,则这组数的众数为 3,中位数为$\frac{3+4}{2}=3.5$,故众数和中位数之和是 6.5。故选 A。

7. C 【解析】本题考查复数与复平面。$z=\frac{2-i}{i}=\frac{(2-i)i}{i^2}=-1-2i$,则 z 在复平面内所对应的点为 $(-1,-2)$。故选 C。

8. C 【解析】本题考查椭圆与双曲线的性质。在双曲线$\frac{x^2}{9}-\frac{y^2}{4}=1$ 中,$c=\sqrt{9+4}=\sqrt{13}$,$a=\sqrt{9}=3$,则在椭圆 E 中,$a=\sqrt{13}$,$c=3$,故椭圆 E 的离心率 $e=\frac{c}{a}=\frac{3\sqrt{13}}{13}$。故选 C。

9. B 【解析】本题考查等差数列的通项公式及其前 n 项和公式。因为数列 $\{a_n\}$ 是等差数列,所以 $\begin{cases}a_1+2d=8,\\3a_1+5d=15,\end{cases}$ 解得 $\begin{cases}a_1=-10,\\d=9,\end{cases}$ 则 $a_n=9n-19$,故 $S_5=\frac{5(a_1+a_5)}{2}=\frac{5(-10+26)}{2}=40$。故选 B。

10. D 【解析】本题考查待定系数法求二次函数解析式。因为△ABC 是顶角为 120°的等腰三角形,所以∠$CAO=30°$,∠$CBO=60°$,在 Rt△AOC 和 Rt△BOC中,因为 $OC=\sqrt{3}$,所以 $OA=3$,$OB=1$,即 $A(-3,0)$,$B(-1,0)$,代入二次函数 $y=ax^2+bx+c$ 得 $\begin{cases}a-b+c=0,\\9a-3b+c=0,\\c=\sqrt{3},\end{cases}$ 解得 $a=\frac{\sqrt{3}}{3}$,$b=\frac{4\sqrt{3}}{3}$,故 $a+b=\frac{5\sqrt{3}}{3}$。故选 D。

11. D 【解析】本题考查定积分的计算。$\int_0^{\frac{\pi}{2}}\sin 2x\sin x\mathrm{d}x=2\int_0^{\frac{\pi}{2}}\sin^2x\cos x\mathrm{d}x=2\int_0^{\frac{\pi}{2}}\sin^2x\mathrm{d}\sin x=\frac{2}{3}\sin^3x\Big|_0^{\frac{\pi}{2}}=\frac{2}{3}$。故选 D。

12. B 【解析】本题考查《义务教育数学课程标准》(2011 年版)中的知识技能目标。“在具体情境中,能选择适当的单位进行简单的估算”属于第一学段目标。

13. A 【解析】本题考查概念间的关系。在同一属概念下的两个种概念,如果它们的外延之和小于属概念的外延,而且这两个种概念具有全异关系,那么,这两个种概念的关系为反对关系或者对立关系。小数包括有限小数与无限小数,其中无限小数包括无限循环小数和无限不循环小数,故有限小数与无限不循环小数属于对立关系。故选 A。

14. A 【解析】本题考查有理数系的性质。有理数系不具有连续性。

15. B 【解析】本题考查皮亚杰认知发展阶段理论。在前运算阶段,儿童只能以表象进行思维,所以他们的思维是表象的、原始的和混乱的。前运算阶段具有以下特点:万物有灵论;以自我为中心;思维不可逆;没有守恒概念。故选 B。

二、填空题

16. 40 075 700

【解析】本题考查数的读写。四千零七万五千七百写作 40 075 700。

17. $\frac{2}{3}$

【解析】本题考查古典概型。从 1,2,3,4 中任取两个不同的数有(1,2),(1,3),(1,4),(2,3),(2,4),(3,4)六种情况,其中两数的和为奇数的有(1,2),(1,4),(2,3),(3,4),故和为奇数的概率是$\frac{2}{3}$。

18. 刘徽

【解析】本题考查数学史。

19. 目标多元;方法多样

【解析】本题考查《义务教育数学课程标准》(2011 年版)中的课程基本理念。

20. 独立思考;学会思考

【解析】本题考查《义务教育数学课程标准》(2011 年版)中的创新意识。

三、简答题

21.【参考答案】本题考查数学教学知识。(1)840 本连环画发给 16 个班级还剩 40 本连环画,故正确的选项应该选 B。

(2)根据数据统计的信息,有 80% 的学生对“用商不变的规律进行除法简算"已基本掌握,但还有20%的学生未掌握,会出现不同的计算性或理解性错误。

(3)这些学生都犯了知识性错误,具体有以下几个方面的原因:①选择A的学生出现了余数错误,是对"被除数和除数同时除以同一个数(0除外),商不变"的概念理解不透彻,不变的是"商",并不是"余数"。②选择C的学生商和余数都出现了错误,是对"用商不变规律进行除法简算"的算理不明。③选择D的学生出现了商值错误,是对"被除数和除数同时除以同一个数(0除外),商不变"中"商不变"这个性质不熟。

(4)①知识上,找准学生出错的原因,对症施教。②教学方式上,通过旧的知识引入新的知识,以比较的形式,让学生感受到应用商不变规律运算的简便性;引导学生对所得的结果进行验算,在验算中发现余数的问题,让学生明确认识到在此转化过程中,商是不变的,但余数是变化的。③巩固练习,加深学生对知识的理解,提高学生灵活运算的能力。

四、解答题

22.【解析】本题考查行程问题。由题意可得,3小时后客车和货车行驶的路程为$3\times(90+60)=450$千米,而两车行驶的路程为甲乙两地距离的$\frac{5}{8}$,所以甲乙两地距离是$450\div\frac{5}{8}=720$千米。

答:两地距离是720千米。

23.【解析】本题考查余弦定理及均值不等式。

(1)由余弦定理得$\cos C=\frac{a^2+b^2-c^2}{2ab}$,则$2b-c=2a\cdot\frac{a^2+b^2-c^2}{2ab}$,即$b^2+c^2-a^2=bc$,所以$\cos A=\frac{b^2+c^2-a^2}{2bc}=\frac{1}{2}$,故$\angle A=\frac{\pi}{3}$。

(2)由(1)可知,$b^2+c^2-a^2=bc$,即$b^2+c^2-bc=4$,由均值不等式得$b^2+c^2-bc=4\geqslant bc$,当且仅当$b=c=2$时等号成立,所以$S=\frac{1}{2}bc\sin A=\frac{\sqrt{3}}{4}bc\leqslant\sqrt{3}$,故$\triangle ABC$面积$S$的最大值为$\sqrt{3}$。

24.【解析】本题考查导数的应用。(1)$f'(x)=(x+2)e^x$,则有$f(1)=2e$,$f'(1)=3e$,故函数$f(x)$的图象在点$(1,f(1))$处的切线为$y-2e=3e(x-1)$,即$3ex-y-e=0$。

(2)$g(x)=(x+1)e^x+m$,则$g'(x)=(x+2)e^x$,令$g'(x)=0$,得$x=-2$,所以当$x<-2$时,$g'(x)<0$,此时$g(x)$单调递减;当$x>-2$时,$g'(x)>0$,此时$g(x)$单调递增。故要使$g(x)=f(x)+m$不存在零点,只需$g(-2)>0$,即$-e^{-2}+m>0$,故$m>e^{-2}$。

25.【解析】本题考查圆的综合应用。(1)因为AC平分$\angle BAD$,所以$\angle CAE=\angle CAF$,因为EF是圆O的切线,所以$\angle ACE=\angle ACF=90°$,又$AC=AC$,所以$\triangle ACE\cong\triangle ACF$,所以$CE=CF$。

(2)因为EF是圆O的切线,所以$\angle CAE=\angle ECB$,因为$\angle CAE=\angle CAF$,$\angle ECB=\angle FCP$,所以$\angle CAF=\angle FCP$,即$\angle CAP=\angle FCP$,又$\angle APC=\angle CPF$,所以$\triangle ACP\backsim\triangle CFP$,所以$\frac{AC}{CF}=\frac{PC}{PF}$,则$\frac{AC}{CE}=\frac{PC}{PF}$,故$PF\cdot AC=PC\cdot CE$。

(3)因为$\angle CAE=\angle CAF$,所以$\tan\angle BAC=\tan\angle CAF=\frac{1}{2}$,即$\frac{FC}{CA}=\frac{1}{2}$,因为$\triangle ACP\backsim\triangle CFP$,所以$\frac{FC}{CA}=\frac{PC}{PA}=\frac{PF}{PC}=\frac{1}{2}$,由(1)(2)知$PF=\frac{PC\cdot CE}{AC}=\frac{PC\cdot CF}{AC}$,故$\frac{PF}{PA}=\frac{PC}{PA}\cdot\frac{FC}{AC}=\frac{1}{4}$。

方法技巧:三角形全等的判定方法

(1)已知两边
- 找夹角→SAS,
- 找直角→HL,
- 找第三边→SSS。

(2)已知一边、一角
- 一边为角的对边→找另一角→AAS;
- 一边为角的邻边
  - 找夹角的另一边→SAS,
  - 找夹边的另一角→ASA,
  - 找边的对角→AAS。

(3)已知两角
- 找夹边→ASA,
- 找其中一角的对边→AAS。

五、综合应用题

26.【参考答案】本题考查教学设计。(1)对长方体和正方体的特征的认识;对体积概念的认识;对长方体和正方体的表面积、体积的掌握;常见的体积单位间进率的掌握。

(2)知识与技能目标:认识常用的容积单位:升、毫升;掌握升与毫升间的进率以及它们和体积单位的关系。

过程与方法目标:通过动手操作、小组合作等探究活动,理解容积和体积的联系与区别,培养自主学习能力。

情感态度与价值观目标:体会数学与生活的联系,激发学习兴趣。

(3)教学过程:

一、情境导入

师:同学们,我们在生活中经常会见到这些物体(大屏幕出示:药瓶、汽油桶、垃圾桶、茶叶罐、仓库)。你们知道,它们都是干什么用的吗?

师:对,它们都是用来盛放物品的。在我们的数学知识中,把这种能容纳别的物品的物体叫作容器。

师:生活中还有哪些物体是容器呢?(学生举一些例子,如:注射器、包装箱等)

(板书:容积)

二、探究新知

(一)学习容积的概念

师:刚才我们大家所说的容器,它们都有一个共同点,是什么?(能容纳别的物品)通常我们把箱子、油桶、仓库等能容纳物体的体积,叫作它们的容积。

(二)容积与体积的区别与联系

大屏幕出示水池图片。

问:这是一个水池,要想计算这个水池的体积,需要知道哪些条件?(生:水池的长、宽、高)怎样计算?

师:有人说这个水池的容积和它的体积一样,也是280立方分米。你们同意吗?(错,一个物体的容积比它的体积小。当一个物体的壁很薄时,可以忽略壁的厚度,认为容积和体积相等)

师:那么,物体的容积和体积有什么相同点和不同点呢?(相同点:计算方法一样;不同点:体积从外面量,容积从里面量)

师:是不是所有的物体都有容积呢?举例说明。(只有容器才有容积,实心的物体没有容积)

(三)认识容积单位

1. 计量容积,一般用体积单位。(板书:立方米、立方分米、立方厘米)但是计量液体的体积,如水、油等,常用容积单位升和毫升。(板书:升、毫升)用字母表示是L、mL。(板书:L、mL)看着黑板说一说,容积单位都有哪些?

2. 认识1升、1毫升。

(1)师:1升到底有多大呢?

(出示1升的量杯)这个量杯的容积就是1升。它能装多少水呢?(教师把事先用饮料瓶装好的水往量杯里倒,最后大约倒了两瓶。使学生建立1升大约就是两瓶水的概念)

(2)师:1毫升又是多少呢?

出示医用注射器,用注射器抽出1毫升水。

师:1毫升的水大约有多少滴?

师推动注射器,学生观察,并计数,大约17滴水。(师强调,如果想要得出的数据准确,需要多做几次实验,取平均值)

(四)探究容积单位间的进率

1. 师:认识了容积单位,也知晓了1升、1毫升的大小,那么容积单位间的进率又是多少呢?

课件出示进率关系:(师板书)1升 = 1立方分米;1毫升 = 1立方厘米;1升 = 1000毫升。字母表示:$1L = 1dm^3$;$1mL = 1cm^3$;$1L = 1000\ mL$。

2. 反馈练习。

3升 = (　　)毫升;2700毫升 = (　　)升;

2.57升 = (　　)毫升;640毫升 = (　　)升;

$2L =$ (　　) dm^3;$270mL =$ (　　) cm^3;

$200mL =$ (　　) dm^3;$0.21L =$ (　　) cm^3。

3. 1立方米 = (　　)升呢?

(五)解决生活中的问题

师:同学们,我们学习了容积的计算方法、容积单位以及容积单位间进率的知识,那你们能不能根据这些知识,解决一些生活中出现的问题?

大屏幕出示:一种汽车上的油箱,里面长8分米,宽5分米,高4分米。这个油箱可以装汽油多少升?

学生自主探究后,师总结:求可以装多少升汽油?就是求什么?需要什么条件?用什么公式?

三、巩固练习

师:同学们刚才的知识学得可真好,下面三关的题目就是要综合检测一下大家掌握的水平,下面我们就来过关斩将。

大屏幕出示:第一关:

1. 容积的计算方法跟(　　)的计算方法相同,但要从(　　)量长、宽、高。

2. 一瓶墨水的容积约是50(　　)。

3. 判断:

(1)冰箱的容积就是冰箱的体积。　(　　)

(2)一个薄塑料长方体(厚度不计),它的体积就是容积。　(　　)

第二关:

1. 求做一个无盖木箱用料的多少,是求木箱的(　　)

A. 表面积　　B. 体积　　C. 容积

2. 求一个无盖木箱占的空间有多大,是求木箱的(　　)

A. 表面积　　B. 体积　　C. 容积

第三关:

1. 油箱底面是边长为10分米的正方形,高15分米。这个油箱的容积是多少升?

2. 一辆卡车的车箱,从里面量长3米,宽2米,高0.5米,每立方米小麦重0.75吨。这辆车可装小麦多少吨?

四、小结

这节课你有什么收获或感想?

五、作业

P40第1、2题。

2019 年江苏省江阴市教师招聘考试小学数学真题试卷(八)

一、单项选择题

1. A 【解析】本题考查代数式的运算。$a^2+2a=(a+1)^2-1=7-1=6$。

2. B 【解析】本题考查概率统计问题。从 4 条网线中任选 3 条且这三条网线通过的最大信息量的和不小于 8 的方法有(1,3,4),(2,3,4)两种。

3. C 【解析】本题考查平面图形的折叠问题。当$\triangle CEB'$为直角三角形时,可分两种情况讨论:①如图 1,当$\angle B'EC=90°$时,四边形 $ABE B'$是正方形,则 $B'E=3$,$CE=1$,故在 Rt$\triangle CEB'$中,$CB'=\sqrt{CE^2+B'E^2}=\sqrt{10}$;②如图 2,当$\angle CB'E=90°$时,$A,B',C$ 三点共线,则 $AC=5$,$AB'=3$,故 $CB'=2$。

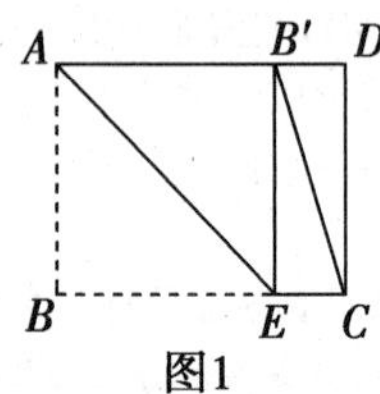

图1

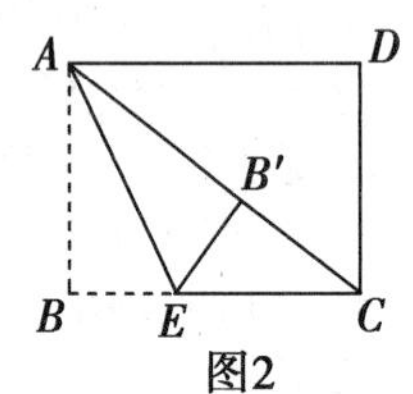

图2

4. C 【解析】本题考查反比例函数与直线的交点问题。将直线 $y=\frac{1}{2}x$ 向上平移 4 个单位长度后得直线 BC 的解析式为 $y=\frac{1}{2}x+4$。如图,分别过点 A,B,C 作 $AD\perp x$ 轴,$BE\perp x$ 轴,$CF\perp BE$,则 $CF\,/\!/\,x$ 轴,$BC\,/\!/\,AO$,$\therefore\triangle BCF\backsim\triangle AOD$,$\therefore\frac{CF}{OD}=\frac{BC}{OA}=\frac{1}{3}$。设$A(3x,\frac{3}{2}x)$,则 $B(x,\frac{1}{2}x+4)$,又$\because$ 点 A,B 都在双曲线 $y=\frac{k}{x}$ 上,$\therefore 3x\cdot\frac{3}{2}x=x\cdot\left(\frac{1}{2}x+4\right)$,解得 $x=1$($x=0$ 舍去),故 $k=\frac{9}{2}$。

5. B 【解析】本题考查正方形的性质以及三角形相似的性质。对于①,如图 1,连结 AQ,则有 $CP=\frac{1}{2}$,$BP=\sqrt{1^2+\left(\frac{1}{2}\right)^2}=\frac{\sqrt{5}}{2}$,易证 Rt$\triangle AQB\backsim$ Rt$\triangle BCP$,则有$\frac{AB}{BP}=\frac{BQ}{CP}$,故 $BQ=\frac{\sqrt{5}}{5}$,$PQ=\frac{3\sqrt{5}}{10}$,即 $PQ=\frac{3}{2}BQ$,正确;对于②,如图 2,过点 Q 作 $QH\perp DC$ 于点 H,易证$\triangle PHQ\backsim\triangle PCB$,则有$\frac{HQ}{CB}=\frac{PQ}{PB}=\frac{3}{5}$,故 $HQ=\frac{3}{5}$,所以 $S_{\triangle PDQ}=\frac{1}{2}DP\cdot HQ=\frac{1}{2}\times\frac{1}{2}\times\frac{3}{5}=\frac{3}{20}$,错误;对于③,如图 3,过点 Q 作 $QN\perp AD$于点 N,延长 NQ 交 BC 于点 M,易得 $DP\,/\!/\,NQ\,/\!/\,AB$,则有$\frac{DN}{AN}=\frac{PQ}{BQ}=\frac{3}{2}$,即$\frac{DN}{1-DN}=\frac{3}{2}$,解得 $DN=\frac{3}{5}$,$\because\frac{MQ}{PC}=\frac{BQ}{BP}=\frac{2}{5}$,$\therefore MQ=\frac{1}{5}$,$\therefore NQ=1-\frac{1}{5}=\frac{4}{5}$,由 $DQ=\sqrt{DN^2+NQ^2}=\sqrt{\left(\frac{3}{5}\right)^2+\left(\frac{4}{5}\right)^2}=1$,得 $\cos\angle ADQ=\frac{DN}{DQ}=\frac{3}{5}$,正确。

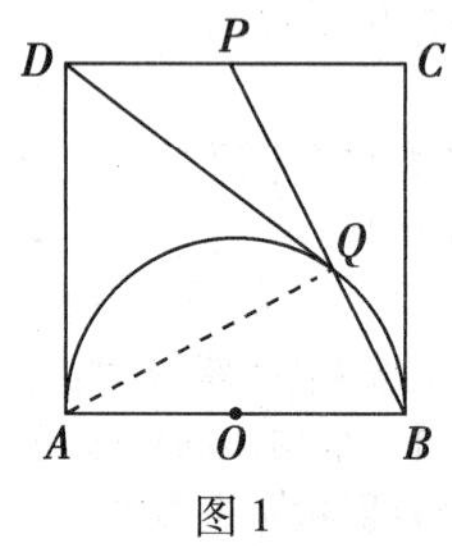

图 1

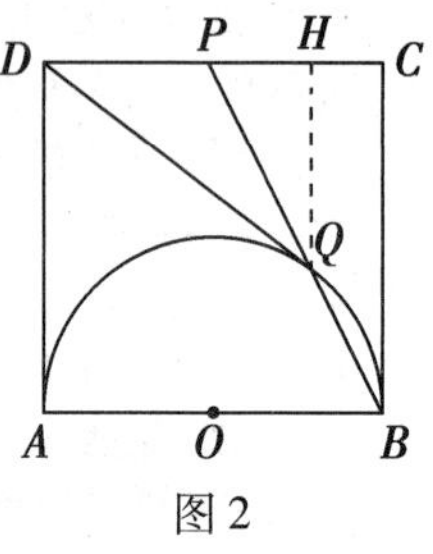

图 2

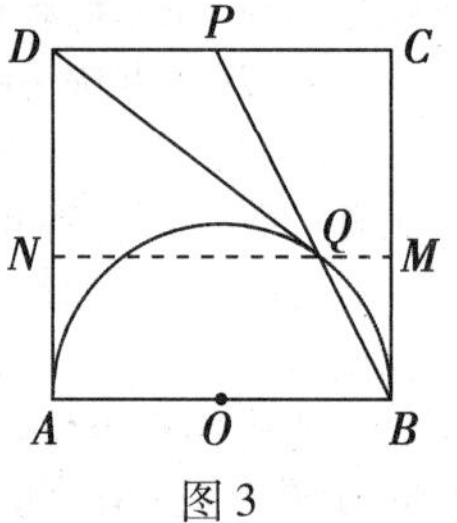

图 3

6. D 【解析】本题考查一元二次方程根的判别式。由 $x^2-kx+\frac{1}{2}k+2=0$ 有实数根得 $\Delta=k^2-4\left(\frac{1}{2}k+2\right)\geqslant 0$,解得 $k\leqslant -2$ 或 $k\geqslant 4$。

二、填空题

7. $\{x|-1<x<2\}$

【解析】本题考查解不等式组。解不等式 $2x-1>3(x-1)$得 $x<2$;解不等式 $x+1>0$ 得 $x>-1$,故不等式组的解集为$\{x|-1<x<2\}$。

8. $\frac{2}{3}$

【解析】本题考查古典概型。设 A 表示男生,B_1,B_2 表示女生,从 3 位学生中选出 2 名共有 $C_3^2=3$ 种选法,其中一男一女的情况有 AB_1,AB_2 两种,故所选 2 人中恰有一男一女的概率为$\frac{2}{3}$。

9. $2\sqrt{3}$

【解析】本题考查规律探究问题。由图观察可得该图按照 $1,\sqrt{2},\sqrt{3},\sqrt{6}$ 循环排列，循环数是4。(5,4)表示的数为 $\sqrt{2}$，(15,7)表示第 $\frac{14(1+14)}{2}+7=112$ 个数，因为 $112\div4=28$，所以(15,7)表示的数为 $\sqrt{6}$，故两数之积是 $\sqrt{2}\cdot\sqrt{6}=2\sqrt{3}$。

10. $\left(8,\frac{15}{2}\right)$

【解析】本题考查反比例函数图象和平行四边形性质。如图，连结 AD 并延长，交 x 轴于点 E，$\because A$ 点坐标为 $(5,12)$，$\therefore OA=BC=\sqrt{5^2+12^2}=13$，$\because AB\parallel CE$，$AB=BD$，$\therefore\angle CED=\angle BAD=\angle ADB=\angle CDE$，$\therefore CD=CE$，$\therefore OE=OC+CE=AB+CE=BD+CD=13$，$\therefore E$ 点坐标为 $(13,0)$，则直线 AE 的解析式为 $y=-\frac{3}{2}x+\frac{39}{2}$，$\because$ 点 $A(5,12)$ 在反比例函数 $y=\frac{k}{x}(x>0)$ 上，$\therefore$ 反比例函数的解析式为 $y=\frac{60}{x}$，联立 $\begin{cases}y=-\frac{3}{2}x+\frac{39}{2},\\ y=\frac{60}{x},\end{cases}$ 解得 $\begin{cases}x=5,\\ y=12\end{cases}$ 或 $\begin{cases}x=8,\\ y=\frac{15}{2},\end{cases}$ 故 D 点坐标为 $\left(8,\frac{15}{2}\right)$。

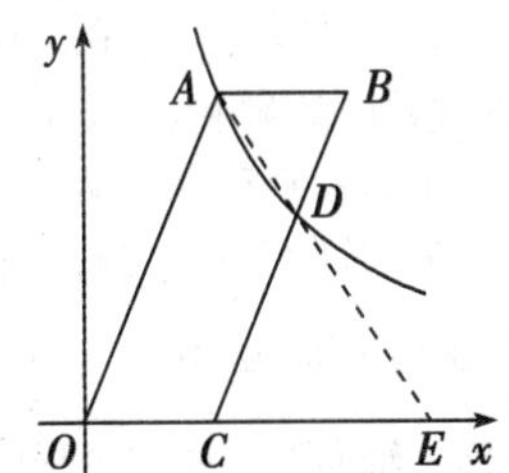

11. 0，−3，1，−4

【解析】本题考查二次函数的性质。①当 $m=0$ 时，$y=-4x+3$，此时函数图象与坐标轴共有两个交点，满足题意；②当 $m\neq0$ 时，$y=mx^2-4x+m+3$，若函数图象与 x 轴有两个交点，则必过原点，故 $\begin{cases}\Delta=16-4m(m+3)>0,\\ m+3=0,\end{cases}$ 解得 $m=-3$；若函数图象与 x 轴只有一个交点，则图象不经过原点，故 $\begin{cases}\Delta=16-4m(m+3)=0,\\ m+3\neq0,\end{cases}$ 解得 $m=1$ 或 $m=-4$；若函数图象与 x 轴没有交点，则图象与坐标轴只有一个交点，不满足题意。综上所述，m 的值为 0，−3，1，−4。

12. 2

【解析】本题考查扇形阴影部分面积的计算。由图可得，$S_{阴影}=S_{矩形AMND}+S_{扇形MBN}-S_{扇形AED}=1\times2+\frac{1}{4}\cdot(3-1)^2\pi-\frac{1}{4}\cdot2^2\pi=2$。

13. $y=-\sqrt{3}x$

【解析】本题考查图形的变换。由 $A(0,3)$，$B(-\sqrt{3},0)$ 得直线 AB 的解析式为 $y=\sqrt{3}x+3$，则 $\angle ABO=60^\circ$，$\angle BAO=30^\circ$，所以将直线 AB 绕点 A 逆时针旋转 60° 所得，则直线 b 经过 $A(0,3)$，点 $(\sqrt{3},0)$，故直线 b 的解析式为 $y=-\sqrt{3}x+3$，将直线 b 向下平移 3 个单位即可得到直线 a 的解析式 $y=-\sqrt{3}x$。

14. $3\sqrt{2}$

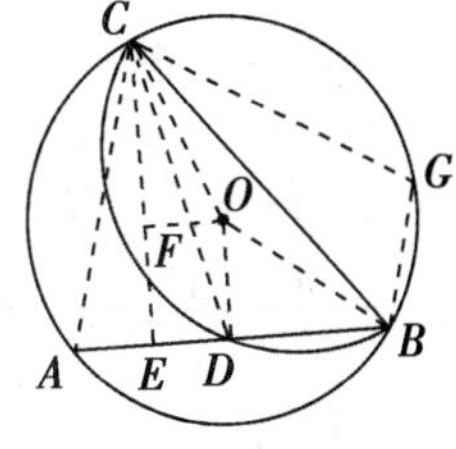

【解析】本题考查圆的综合。如图，连结 OD，OB，OC，DC，AC，作 $CE\perp AB$ 于点 E，$OF\perp CE$ 于点 F，作 D 点关于 BC 的对称点 G，则 $\angle BDC=\angle G$，$\because A,B,G,C$ 四点共圆，$\therefore\angle CAD+\angle G=\angle CAD+\angle BDC=\angle CDA+\angle BDC=180^\circ$，$\therefore\angle CAD=\angle CDA$，即 $CA=CD$，$\because CE\perp AD$，$\therefore E$ 为 AD 的中点。又 $\because D$ 是 AB 的中点，$\therefore OD\perp AB$，$AD=BD=\frac{1}{2}AB=2$，$DE=\frac{1}{2}AD=1$，在 $Rt\triangle ODB$ 中，$OD=\sqrt{OB^2-BD^2}=1$，故四边形 $ODEF$ 是正方形，$\therefore EF=OF=1$，在 $Rt\triangle COF$ 中，$CF=\sqrt{OC^2-OF^2}=2$，$\therefore CE=CF+EF=3$，在 $Rt\triangle CEB$ 中，$BC=\sqrt{CE^2+BE^2}=3\sqrt{2}$。

15. $\sqrt{2}+1$

【解析】本题考查三角形的性质。取 AB 的中点 M，连结 CM，EM，根据三角形的性质可知，当 $CE=CM+EM$ 时，CE 的值最大。将直角边 AC 绕 A 逆时针转至 AC' 得 $AC'=AC=2$，$\because E$ 为 BC' 中点，$\therefore EM=\frac{1}{2}AC'=1$，在 $Rt\triangle ACB$ 中，$AC=BC=2$，$\therefore AB=2\sqrt{2}$，$\therefore CM=\frac{1}{2}AB=\sqrt{2}$，$\therefore CE$ 的最大值为 $CM+EM=\sqrt{2}+1$。

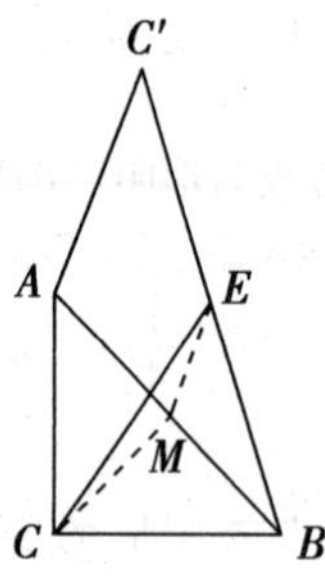

16. 2

【解析】①如图 1,当 $2\leqslant x<4$ 时,连结 OA,过点 O 作 $OD\perp PB$,易证四边形 $AODB$ 是矩形,$\therefore DB=OA=2$,又$\because PB=x$,$\therefore DP=x-2$,则 $BC=x-2(x-2)=4-x$,$\therefore PB\cdot BC=x(4-x)=-(x-2)^2+4$,当 $x=2$ 时,$PB\cdot BC$ 取最大值;②如图 2,当 $0<x\leqslant 2$ 时,连结 OA,过点 O 作 $OD\perp BC$,则 $DP=2-x$,$BC=2+2-x=4-x$,$\therefore PB\cdot BC=x(4-x)$,当 $x=2$ 时,$PB\cdot BC$ 取最大值。综上所述,当 $x=2$ 时,$PB\cdot BC$ 的值最大。

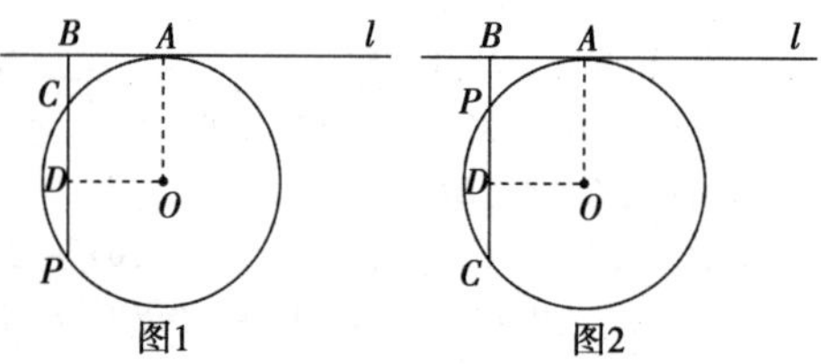

图1　　图2

三、解答题

17.【解析】(1)切分方式如图 1 和图 2 所示。

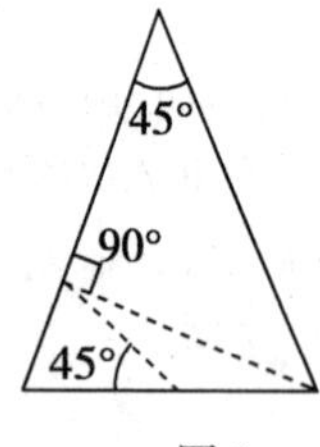

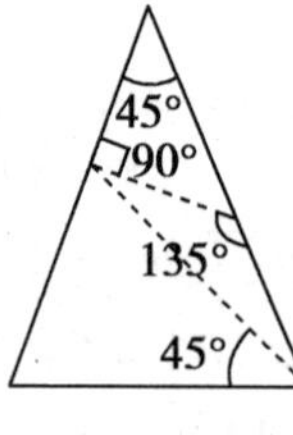

图 1　　图 2

(2)如图 3 所示,CD,AE 即为所求的三分线。

设 $\angle B=\alpha$,则 $\angle DCB=\angle DCA=\angle EAC=\alpha$,$\angle ADE=\angle AED=2\alpha$,此时 $\triangle AEC\backsim\triangle BDC$,$\triangle ACD\backsim\triangle ABC$,设 $AE=AD=x$,$BD=CD=y$,$\because \triangle AEC\backsim\triangle BDC$,$AC=2$,$BC=3$,$\therefore x:y=2:3$,$\because \triangle ACD\backsim\triangle ABC$,$\therefore 2:x=(x+y):2$,联立 $\begin{cases}x:y=2:3,\\2:x=(x+y):2,\end{cases}$ 解得 $\begin{cases}x=\frac{2\sqrt{10}}{5},\\y=\frac{3\sqrt{10}}{5}\end{cases}$ 或 $\begin{cases}x=-\frac{2\sqrt{10}}{5},\\y=-\frac{3\sqrt{10}}{5}\end{cases}$(舍去),即 $AE=\frac{2\sqrt{10}}{5}$,$CD=\frac{3\sqrt{10}}{5}$。

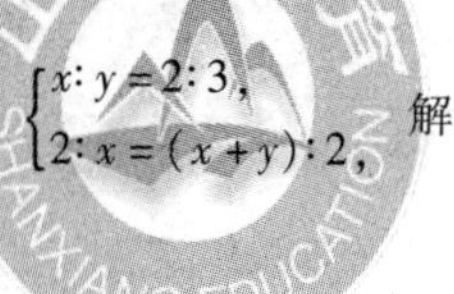

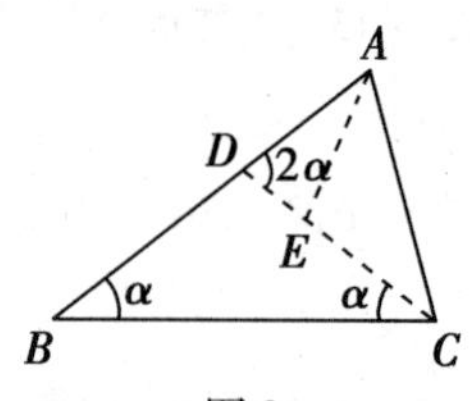

图 3

18.【解析】本题考查二次函数的综合。(1)将点 $B(0,3)$ 代入抛物线 $y=a(x-3)(x+1)$ 得 $-3a=3$,解得 $a=-1$,所以抛物线的解析式为 $y=-x^2+2x+3$。

(2)令 $y=0$,则 $-x^2+2x+3=0$,解得 $x=-1$ 或 3,故 $A(3,0)$。

设 M 点坐标为 $(0,t)$,当 $AM=BM$ 时,$\sqrt{3^2+t^2}=\sqrt{(3-t)^2}$,解得 $t=0$,故 $M(0,0)$;

当 $AB=AM$ 时,$\sqrt{3^2+3^2}=\sqrt{3^2+t^2}$,解得 $t=3$(舍去)或 -3,故 $M(0,-3)$;

当 $AB=BM$ 时,$\sqrt{3^2+3^2}=\sqrt{(3-t)^2}$,解得 $t=3\pm3\sqrt{2}$,故 $M(0,3+3\sqrt{2})$ 或 $M(0,3-3\sqrt{2})$。

综上所述,M 坐标为 $(0,0)$,$(0,-3)$,$(0,3+3\sqrt{2})$ 或 $(0,3-3\sqrt{2})$。

(3)平移后的三角形记为 $\triangle PFE$,由 $A(3,0)$,$B(0,3)$,$C(1,4)$ 易得直线 AB 的解析式为 $y=-x+3$,直线 AC 的解析式为 $y=-2x+6$,将 $\triangle AOB$ 沿 x 轴向右平移 m 个单位长度 $(0<m<3)$ 得到 $\triangle PFE$,则直线 EF 的解析式为 $y=-x+3+m$。作 $BG/\!/x$ 轴,交 AC 于点 G,则 $G(\frac{3}{2},3)$。在 $\triangle AOB$ 沿 x 轴向右平移的过程中,分以下两种情况讨论:①如图 1,当 $0<m\leqslant\frac{3}{2}$ 时,设 PE 交 AB 于点 K,FE 交 AC 于点 M,则 $BE=EK=AF=m$,$PK=PA=3-m$,联立 $\begin{cases}y=-2x+6,\\y=-x+3+m,\end{cases}$ 解得 $\begin{cases}x=3-m,\\y=2m,\end{cases}$ 即 $M(3-m,2m)$,故 $S=S_{\triangle PEF}-S_{\triangle PAK}-S_{\triangle AFM}=\frac{1}{2}PE^2-\frac{1}{2}PK^2-\frac{1}{2}AF\cdot h=\frac{9}{2}-\frac{1}{2}(3-m)^2-\frac{1}{2}m\cdot 2m=-\frac{3}{2}m^2+3m$;②如图 2,当 $\frac{3}{2}<m<3$ 时,设 PE 分别交 AB,AC 于点 K,H,因为 $BE=m$,所以 $H(m,-2m+6)$,$PK=PA=3-m$,故

$S=S_{\triangle PAH}-S_{\triangle PAK}=\frac{1}{2}PA\cdot PH-\frac{1}{2}PK^2=\frac{1}{2}(3-m)(-2m+6)-\frac{1}{2}(3-m)^2=\frac{1}{2}m^2-3m+\frac{9}{2}$。

综上所述，$S=\begin{cases}-\frac{3}{2}m^2+3m, 0<m\leqslant\frac{3}{2},\\ \frac{1}{2}m^2-3m+\frac{9}{2}, \frac{3}{2}<m<3。\end{cases}$

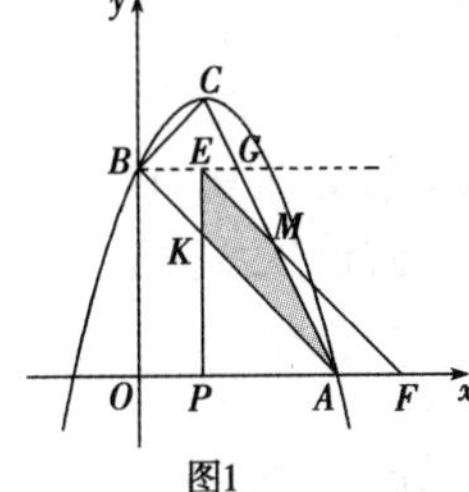

图1

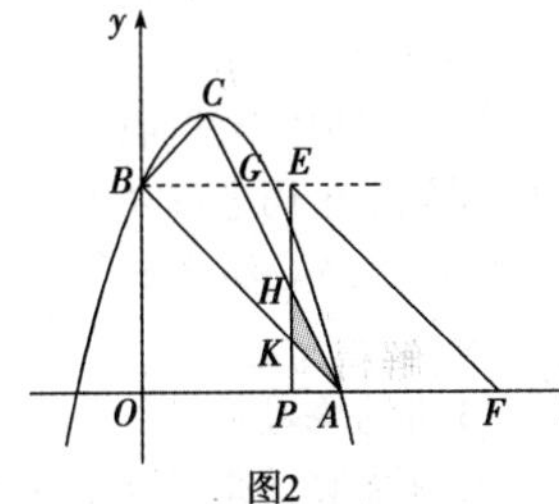

图2

19.【解析】本题考查几何探究问题。(1)因为四边形 $ABCD$ 和 $PEFG$ 是正方形，所以 $\angle APE+\angle BPC=\angle BCP+\angle BPC=90°$，所以 $\angle APE=\angle BCP$，所以 $\triangle EAP\backsim\triangle PBC$，故 $\frac{AE}{BP}=\frac{AP}{BC}$，即 $\frac{AE}{4-1}=\frac{1}{4}$，解得 $AE=\frac{3}{4}$。

(2)因为四边形 $PEFG$ 是正方形，所以 $EG\perp FP$，即 $\angle EOP=90°$，所以 $\angle EAP+\angle EOP=180°$，故 O,P,A,E 四点共圆，即点 O 一定在 $\triangle APE$ 的外接圆上。

(3)根据圆的性质可得 $\triangle APE$ 的外接圆圆心为 EP 的中点，记为 M，作 $MN\perp AB$ 于点 N，易得 $MN\parallel AE$，所以 $MN=\frac{1}{2}AE$。设 $AP=x(0<x<4)$，则 $PB=4-x$，由(1)可知 $\frac{AE}{BP}=\frac{AP}{BC}$，即 $AE=\frac{x(4-x)}{4}$，所以 $MN=\frac{x(4-x)}{8}=-\frac{1}{8}(x-2)^2+\frac{1}{2}$，故当 $x=2$ 时，该圆心到 AB 边的距离最大，为 $\frac{1}{2}$。

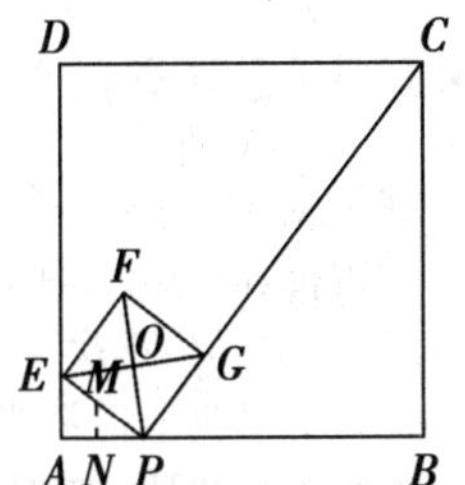

四、教学设计题

20.【参考答案】本题考查教学设计。

(1)教学目标：

知识与技能目标：通过实际操作和讨论分析，探索并掌握平行四边形的面积公式，能应用公式正确计算平行四边形的面积，解决一些简单的实际问题。

过程与方法目标：经历观察、操作、测量、填表、讨论、分析、归纳等数学活动过程，初步体会图形转化的意义和价值，培养空间观念，发展初步的逻辑思维。

情感态度与价值观目标：在探索平行四边形面积公式的活动中，进一步增强与同伴合作交流的意识，初步感受"变"和"不变"的辩证思想。

(2)教学重点：理解并掌握平行四边形的面积公式。

教学难点：理解平行四边形面积公式的推导过程。

(3)教学过程：

①情境导入

师：同学们，你们的好朋友喜羊羊和美羊羊呀，今天发生了争执。它们各自在家门前种了块草圃，在互相欣赏了对方家的草圃后，它们都觉得自己家的草圃大，于是两人争执起来。(喜羊羊的是长方形，美羊羊的是平行四边形)作为它们的好朋友，我们要帮忙辨别出究竟哪块的面积大。

师：你们会求它们的面积吗？

师：谁来回忆一下怎样求长方形的面积？(板书：长方形的面积 = 长 × 宽)

师：长方形面积的大小和它的长与宽有关，下面老师请同学们猜想一下平行四边形的面积会和谁有关？(板书：底、高)

师：老师请同学们再大胆地推想一下平行四边形的面积会和它的底和高有什么样的关系呢？引发学生思考。

师：那么这节课我们就来学习平行四边形的面积。(板书：平行四边形的面积)

②合作探索

A. 用数方格的方法计算平行四边形面积。

在方格纸上数一数，然后填写下表。(一个方格代表 1 m^2，不足一格的按半格算)

平行四边形	底	高	面积
长方形	长	宽	面积

安排学生小组讨论，观察比较两个图形的关系，并完成表格。

提问：你发现了什么，平行四边形的底和长方形的长、平行四边形的高和长方形的宽它们有什么关系呢？

生1：平行四边形的底和长方形的长，平行四边形的高和长方形的宽分别相等。

生2：它们的面积也相等。

生3：平行四边形的面积可以用底乘高来计算。

师：非常好。接下来我们就来验证一下平行四边形的面积计算公式是不是底乘高。

B. 操作验证。

a. 提问：不数方格，你能用其他方法来证明它们面积相等吗？打开学具袋并提示学生利用里面的工具想办法验证。（一张平行四边形的纸，一把三角尺和一把剪刀）

b. 提示：刚刚有同学说可以把平行四边形变成长方形后再计算它的面积，那我们要怎么剪才能使平行四边形变成长方形呢？这其实就是计算平行四边形面积的第二个方法——割补法。（板书：割补法）

c. 四人一小组，先通过自己的思考向组员介绍你的研究方案；组员商议如何通过画一画、剪一剪等方法来进行操作研究；由组长进行操作，组员协助。

d. 展示学生作品：不同的方法将平行四边形变成长方形。

提问：观察拼出的长方形和原来的平行四边形，你发现了什么？

（平行四边形的面积 = 底 × 高）

引导学生用字母来表示：S 表示面积，a 表示底，h 表示高。那么平行四边形的面积公式就是 $S = ah$。

③巩固练习

A. 平行四边形花坛的底是 6 m，高是 4 m，它的面积是多少？

B. 计算下面平行四边形的面积。

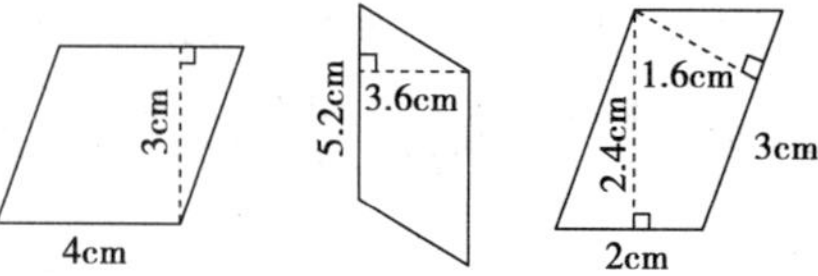

④课堂小结

计算平行四边形的面积必须知道什么条件，平行四边形的面积公式是怎样推导出来的？

2019 年湖南省衡阳市耒阳市教师招聘考试小学数学真题试卷（九）

公共知识部分

单项选择题

1. D 【解析】本题考查学记的历史地位。《学记》（收入《礼记》）是中国古代最早的一篇专门论述教育、教学问题的论著，也是世界教育史上的第一部教育专著，成文大约在战国末期。

2. A 【解析】本题考查布鲁纳的认知结构学习理论。布鲁纳的认知结构学习理论主张学习的目的在于以发现学习的方式，使学科的基本结构转变为学生头脑中的认知结构。他主张教学的最终目标是促进学生对学科结构的一般理解。所谓学科的基本结构，是指学科的基本概念、基本原理、基本态度和方法。

3. B 【解析】本题考查教师的成长阶段。福勒和布朗根据教师的需要和不同时期所关注的焦点问题，把教师的成长划分为关注生存、关注情境和关注学生三个阶段。处于关注生存阶段的一般是新教师，他们非常关注自己的生存适应性，最担心的问题是“学生喜欢我吗”“同事们如何看我”“领导是否觉得我干得不错”等。处于关注情境阶段的教师关心的是如何教好每一堂课，以及班级大小、时间压力和备课材料是否充分等与教学情境有关的问题。处于关注学生阶段的教师将考虑学生的个别差异，认识到不同发展水平的学生有不同的需要，根据学生的差异采取适当的教学，促进学生发展。题干所述该教师处于关注情境阶段。

4. A 【解析】本题考查赫尔巴特的教育思想。赫尔巴特是康德哲学教席的继承者，近代德国著名的心理学家和教育学家，在世界教育史上被认为是“现代教育学之父”或“科学教育学的奠基人”。赫尔巴特的贡献在于：把道德教育理论建立在伦理学的基础上，把教学理论建立在心理学的基础上，可以说是奠定了科学教育学的基础。

5. B 【解析】本题考查心理治疗中的系统脱敏法。系统脱敏是指当某些人对某事物、某环境产生敏感反应(害怕、焦虑、不安)时,我们可以在当事人身上发展起一种不相容的反应,使其对本来可引起敏感反应的事物,不再发生敏感反应。系统脱敏法由沃尔帕首创,它包括以下几个步骤:(1)进行全身放松训练;(2)建立焦虑刺激等级表;(3)焦虑刺激与松弛活动相配合。

6. C 【解析】本题考查《教师资格条例》的有关内容。根据《教师资格条例》第十九条规定,被撤销教师资格的,自撤销之日起5年内不得重新申请认定教师资格,其教师资格证书由县级以上人民政府教育行政部门收缴。

7. B 【解析】本题考查《中华人民共和国教育法》的有关内容。根据《中华人民共和国教育法》第五十条规定,学校、教师可以对学生家长提供家庭教育指导。A项正确。根据《中华人民共和国教育法》第四十九条规定,学校及其他教育机构在不影响正常教育教学活动的前提下,应当积极参加当地的社会公益活动。故B项错误。根据《中华人民共和国教育法》第四十七条规定,企业事业组织、社会团体及其他社会组织和个人,可以通过适当形式,支持学校的建设,参与学校管理。C项正确。根据《中华人民共和国教育法》第五十一条规定,图书馆、博物馆、科技馆、文化馆、美术馆、体育馆(场)等社会公共文化体育设施,以及历史文化古迹和革命纪念馆(地),应当对教师、学生实行优待,为受教育者接受教育提供便利。D项正确。

8. B 【解析】本题考查教师队伍建设的基本原则。2018年的《中共中央 国务院关于全面深化新时代教师队伍建设改革的意见》指出教师队伍建设的五条基本原则:确保方向、强化保障、突出师德、深化改革和分类施策。

学科专业知识部分

一、单项选择题

1. C 【解析】本题考查复数的概念。$\frac{2-bi}{1+2i}=\frac{(2-bi)(1-2i)}{(1+2i)(1-2i)}=\frac{2-2b}{5}-\frac{b+4}{5}i$,因为该复数的实部与虚部互为相反数,所以$\frac{2-2b}{5}=\frac{b+4}{5}$,解得$b=-\frac{2}{3}$。

2. B 【解析】本题考查代数式的计算。$M=(x^2+1+2x)\cdot(x^2+1-2x)=(x^2+1)^2-4x^2$,$N=(x^2+1+x)(x^2+1-x)=(x^2+1)^2-x^2$,则$N-M=(x^2+1)^2-x^2-(x^2+1)^2+4x^2=3x^2>0$。故选B。

3. D 【解析】本题考查函数性质的应用。因为$f(-x)=-x(\frac{1}{e^x}-e^x)=x(e^x-\frac{1}{e^x})=f(x)$,所以$f(x)$是偶函数。因为$f'(x)=x\left(e^x+\frac{1}{e^x}\right)+\left(e^x-\frac{1}{e^x}\right)$,且当$x>0$时,$e^x>\frac{1}{e^x}$,则$f'(x)>0$在$(0,+\infty)$上恒成立,所以$f(x)$在$(0,+\infty)$上单调递增。而由$f(x_1)<f(x_2)$,得$f(|x_1|)<f(|x_2|)$,则有$|x_1|<|x_2|$,即$x_1^2<x_2^2$。故选D。

4. D 【解析】本题考查方程的根与直线方程的性质。令$f(x)=x^3+3x-1$,则$f'(x)=3x^2+3\geqslant3$,所以$f(x)$在$\mathbf{R}$上单调递增,又$f(0)=-1$,$f(1)=3$,所以$f(x)$在$(0,1)$内存在唯一零点,因此$0<a<1$,由此可知直线$y=ax+1-a$的斜率为正且与y轴相交于y轴正半轴,所以直线$y=ax+1-a$不经过第四象限。故选D。

5. B 【解析】本题考查随机数表法的应用。由题意,从随机数表第1行的第9列和第10列数字开始,由左到右依次选取两个数字,其中小于或等于50的编号依次为14,05,11,05(重复,舍去),09,20,所以选出的第4个个体编号是09。故选B。

6. A 【解析】本题考查三角函数的性质。$f(x)=\sin(\omega x+\beta)+\cos(\omega x+\beta)=\sqrt{2}\sin\left(\omega x+\beta+\frac{\pi}{4}\right)$。因为$f(x)$的最小正周期为$\pi$,所以$\omega=\frac{2\pi}{\pi}=2$,又$f(-x)=f(x)$,所以$f(x)$是偶函数,则有$\beta+\frac{\pi}{4}=\frac{\pi}{2}+k\pi(k\in\mathbf{Z})$,又$|\beta|<\frac{\pi}{2}$,故$\beta=\frac{\pi}{4}$,则$f(x)=\sqrt{2}\sin\left(2x+\frac{\pi}{2}\right)=\sqrt{2}\cos2x$。由余弦函数图象可知,$f(x)$在$\left(0,\frac{\pi}{2}\right)$上单调递减,在$\left(\frac{\pi}{4},\frac{3\pi}{4}\right)$上先减后增。故选A。

二、判断题

7. × 【解析】本题考查函数的值域。$y=4x-5+\sqrt{2x-3}=2(\sqrt{2x-3})^2+\sqrt{2x-3}+1$,令$\sqrt{2x-3}=t$,则$y=2t^2+t+1$,其中$t\geqslant0$。二次函数$y=2t^2+t+1$的对称轴为$t=-\frac{1}{4}$,则$y=2t^2+t+1$在$[0,+\infty)$单调递增,又$t=0$时,$y=1$,故函数的值域为$[1,+\infty)$。

8. × 【解析】本题考查实数的分类。实数包括有理数和无理数，非负数包括0和正数，而正数不只包括正整数。

9. √ 【解析】本题考查函数的性质。奇、偶函数的定义域关于原点对称，$[-1,3]$不满足条件。

10. × 【解析】本题考查命题的充分必要条件。$\frac{x+1}{x}\leqslant 0$，解得$-1\leqslant x<0$；$|2x+1|<1$，解得$-1<x<0$，所以p是q的必要非充分条件。

11. √ 【解析】本题考查正余弦定理的应用。$\sin^2A+\sin^2B<\sin^2C$，由正弦定理可得$a^2+b^2<c^2$，又根据余弦定理$\cos C=\frac{a^2+b^2-c^2}{2ab}<0$，所以$\angle C$为钝角，则$\triangle ABC$是钝角三角形。

三、填空题

12. $[1,+\infty)$

【解析】本题考查不等式与函数。根据题意，点$P(a,2)$是直线l_1和直线l_2的交点，所以$2=a+1$，$a=1$，由图象可知$x+1\geqslant mx+n$的解集即为$[1,+\infty)$。

13. 6

【解析】本题考查浓度问题。30千克含盐10%的盐水中有盐$30\times 10\%=3$（千克）。设加入x千克盐后盐水浓度为25%，可列方程$\frac{3+x}{30+x}\times 100\%=25\%$，解得$x=6$。

14. $-\frac{31}{12}$

【解析】本题考查代数式的计算。$\frac{bcdef}{a}=4$，$\frac{acdef}{b}=9$，则$\frac{a^2}{b^2}=\frac{9}{4}$，因为$a,b$都是正数，所以$b=\frac{2}{3}a$，同理可得$c=\frac{1}{2}a$，$d=4a$，$e=6a$，$f=8a$，代入$\frac{bcdef}{a}=4$，解得$a=\frac{1}{2}$，则$(a+c+e)-(b+d+f)=(\frac{1}{2}+\frac{1}{4}+3)-(\frac{1}{3}+2+4)=-\frac{31}{12}$。

15. 16

【解析】本题考查不等式的应用。$\frac{3}{2+x}+\frac{3}{2+y}=1$，可化为$xy=(2+x)+(2+y)+4$，所以要求$xy$的最小值，即求$(2+x)+(2+y)$的最小值。由于$x,y>0$，由均值不等式得$(2+x)+(2+y)=(2+x)\times(\frac{3}{2+x}+\frac{3}{2+y})+(2+y)\times(\frac{3}{2+x}+\frac{3}{2+y})=6+3(\frac{2+y}{2+x}+\frac{2+x}{2+y})\geqslant 6+2\times 3\sqrt{\frac{2+y}{2+x}\cdot\frac{2+x}{2+y}}=12$，当且仅当$2+x=2+y=6$时，$(2+x)+(2+y)$取最小值12，此时$xy$取最小值$12+4=16$。

16. 479

【解析】本题考查排列组合问题。用0，1，2，3，4，5组成没有重复数字的数共有$A_6^6-A_5^5$个。201345是以2为最高数位数字时的最小数字，所以组成比201345小的数字即以1为十万位的共有A_5^5个，则能组成大于201345的正整数个数为$A_6^6-2A_5^5-1=479$。

17. 5

【解析】本题考查不等式的应用。$(x-1)^{200}$在$[1,+\infty)$上单调递增，若$(x-1)^{200}>3^{200}$，则有$x-1>3$，即$x>4$，所以满足条件的x的最小正整数为5。

18. 0

【解析】本题考查代数式的计算。因为$20182018=2018\times 10001$，$20192019=2019\times 10001$，所以原式$=2018\times 10001\times 2019-2019\times 10001\times 2018=0$。

19. 上午11:10

【解析】本题考查钟表问题。根据题意知，该表每走57分钟，对应标准时间为60分钟。因为清晨4:30到当天上午10:50共经过6小时20分钟，共380分钟，所以标准时间对应$380\times\frac{60}{57}=400$（分钟），故准确时间应为上午11:10。

四、计算题

20. 【解析】本题考查代数式的计算。$\sqrt{2}-\left(\frac{1}{2}\right)^{-1}-\tan 60°+\sqrt[3]{-8}+\left|\sqrt{3}-2\right|=\sqrt{2}-2-\sqrt{3}-2+2-\sqrt{3}=\sqrt{2}-2\sqrt{3}-2$。

21. 【解析】本题考查不等式的求解。$\sqrt{x^2-3x+2}$的定义域为$(-\infty,1]\cup[2,+\infty)$。当$x+5<0$，即$x<-5$时，不等式显然成立；当$-5\leqslant x\leqslant 1$时，有$x^2-3x+2>(x+5)^2$，解得$-5\leqslant x<-\frac{23}{13}$；当$x\geqslant 2$时，无解。故不等式的解集为$(-\infty,-\frac{23}{13})$。

22. 【解析】本题考查代数式的计算。因为$10\times 11=\frac{1}{3}(10\times 11\times 12-9\times 10\times 11)$，$11\times 12=\frac{1}{3}(11\times 12\times 13-10\times 11\times 12)$，所以原式$=\frac{1}{3}(10\times 11\times 12-9\times 10\times 11+11\times 12\times 13-10\times 11\times 12+\cdots+29\times 30\times 31-28\times 29\times 30)=\frac{1}{3}(29\times 30\times 31-9\times 10\times 11)=8660$。

23.【解析】本题考查集合的运算。$A=\{x|x^2+2x-8=0\}=\{-4,2\}$，$B=\{x|x^2-5x+6=0\}=\{2,3\}$。因为$B\cap C\neq\varnothing$，$A\cap C=\varnothing$，所以$3\in C$，则有$9-3m+m^2-19=0$，解得$m_1=5$，$m_2=-2$。当$m=5$时，$C=\{x|x^2-5x+6=0\}=\{2,3\}$，此时$A\cap C=\{2\}\neq\varnothing$，不满足题意；当$m=-2$时，$C=\{x|x^2+2x-15=0\}=\{-5,3\}$，此时$A\cap C=\varnothing$，满足题意。故$m$的值为$-2$。

五、解答题

24.【解析】本题考查工程问题。甲每天完成总工程量的$\frac{1}{a}$，乙每天完成总工程量的$\frac{1}{b}$，则由题意可得$\frac{7}{a}+\frac{3}{b}=1$，则$b=\frac{3a}{a-7}=\frac{3(a-7)+21}{a-7}=3+\frac{21}{a-7}$。因为$a$，$b$都是整数，所以$a-7$可以整除21，则$a$可以取8或10或14或28，对应的$b$分别为24，10，6，4。

25.【解析】本题考查追及问题。设自行车的速度为v千米/小时，且最初自行车与甲地相距S千米，根据题意可列方程，$\begin{cases}S=(24-v)\times6,\\S=(20-v)\times10,\end{cases}$解得$\begin{cases}S=60,\\v=14。\end{cases}$

$60\div(19-14)=12$小时。

答：慢车追上自行车用12小时。

26.【解析】本题考查工程问题。由题意可知，甲每天完成总工程量的$\frac{1}{20}$，乙每天完成总工程量的$\frac{1}{30}$，甲总共工作了13天，则乙工作了$\frac{1-\frac{1}{20}\times13}{\frac{1}{30}}=10.5$(天)，所以乙休息了$16-10.5=5.5$(天)。

答：乙休息了5.5天。

27.【解析】本题考查平面几何图形中三角形相似与平行四边形的判定。(1)$\because DF/\!/BE$，$\therefore\angle DFA=\angle BEC$，又$AF=CE$，$DF=BE$，$\therefore\triangle AFD\cong\triangle CEB$(SAS)。

(2)由(1)知，$\triangle AFD\cong\triangle CEB$，则$\angle DAF=\angle ECB$，$AD=CB$，$\therefore AD$平行且等于$CB$，$\therefore$四边形$ABCD$是平行四边形。

六、教材教法

28.【参考答案】本题考查教学设计。

①教学重难点。

教学重点：理解三角形任意两边之和大于第三边。

教学难点：发现三角形的三边关系。

②教学片段。

活动1：教师让学生用4组纸条做实验，观察哪几组可以摆出三角形。

得出结论：(1)(4)两组可以摆出三角形，其余两组不可以。

教师提问：可以摆出三角形的(1)(4)两组纸条的长度有什么关系？不能摆出三角形的(2)(3)两组纸条的长度又有什么关系？

活动2：教师让学生观察(1)(4)两组纸条围成三角形的边长之间的关系。学生小组讨论，教师引导。得出结论：三角形任意两边之和大于第三边。

教师提问：对于(1)(4)两组纸条摆成的三角形有这样的结论，那对任意的一个三角形是否也有这样的结论？

教师板书一个三角形($\triangle ABC$)。

活动3：教师让学生小组自主讨论是否任意三角形都满足其任意的两边之和大于第三边，并巡视启发。(教师提示：两点之间线段最短)

教师带领学生分析(结合板书)：对于一个给定的三角形任取其两个端点，如A，B，则AB是连结端点的线段，$AC+CB$是从A到C再到B的路径长度。因为两点之间线段最短，所以有$AB<AC+CB$，即三角形任意两边之和大于第三边。

29.【参考答案】本题考查教学技能。

(1)教学片段中，教师对课堂生成的处理合适。教师处理“课堂生成”的方式，都是采取让学生动手尝试的办法，体现了学生是教学活动的主体。学生亲自动手操作，教师适当引导并组织探究，体现了自主探索与合作交流的思想。教师以问题导入，非直接讲授，培养了学生独立思考、独立解决问题的能力，激发了学生的学习兴趣。

(2)在教学关系上，新课程改革强调教师在教学活动中发挥帮助和引导的作用。片段中，教师用问题一步步引导学生探究，先探究将圆转化成长方形或平行四边形，再探究将圆转化为梯形。

在师生关系上，新课程改革强调教师对学生应有更多的尊重和赞赏。片段中，学生3激动地想把圆转化成梯形。教师在明知其想法不切实际的情况下，依然鼓励学生积极尝试，通过学生亲自动手，验证了想法的“不合适”。这体现了教师本着“为了每位学生的发展”的核心理念，对想法不同的学生采取赞赏的态度。

2019 年重庆市沙坪坝区教师招聘考试小学数学真题试卷(十)

一、判断题

1. √ 【解析】本题考查《义务教育数学课程标准》(2011 年版)中的教学原则。《义务教育数学课程标准》(2011 年版)指出,“重要的数学概念与数学思想要体现螺旋上升的原则。螺旋上升是指在深度、广度等方面都要有实质性的变化,即体现出明显的阶段性要求。”

2. × 【解析】本题考查数的认识。两位小数是指小数点右边只有两位的小数,0.4 和 0.5 之间分别有 0.41,0.42,0.43,0.44,0.45,0.46,0.47,0.48,0.49 九个两位小数。

3. √ 【解析】本题考查计量单位的认识。法定计量单位,是指由国家以法令形式规定强制使用或允许使用的计量单位,包括国际单位制计量单位和国家选定的其他计量单位。

4. × 【解析】本题考查几何体的体积与面积计算。占地面积是指木块接触地面的面积,占地面积不一定是 0.4 平方分米。

5. √ 【解析】本题考查计数问题。从 6 个人中选两人握手,一共要握手 $C_6^2=15$ 次。

6. × 【解析】本题考查课程标准中的课程内容。在新的小学数学课程中统计学习的重点是研究生活中的数据和客观世界中的随机现象。

7. × 【解析】本题考查数学课程目标。“统计与概率”的教学中所提供的材料要贴近学生生活实际,让学生感受材料所具有的现实意义,这样才能激发学生的兴趣,培养学生的统计意识。

8. √ 【解析】本题考查数学教学活动。组织学生进行统计活动时,要尽量结合学生的现实生活,让学生体会统计活动中数据产生和存在的价值以及分析这些数据的意义,让学生成为统计活动的真正主人。

9. × 【解析】本题考查数学课程目标。为体现统计与概率教学过程性的原则,在情境设计上一定要做到连贯,要避免过多的情境堆积,否则会使统计过程不清晰、不完整,可以设计一个完整的情境让学生从始至终体验统计的过程。

10. × 【解析】本题考查数学课程目标。综合实践活动是基于学生的直接经验密切联系学生生活实践,引导学生运用课堂中学到的知识去分析解决问题的综合性课程形态,而不是让学生多做题目。

11. √ 【解析】本题考查数学课程设计。学生在学习和参与综合实践活动时,可以利用课本上学习的数学知识解决生活中的一些问题,通过经历发现和提出问题、分析和解决问题的过程,培养科学的思维方式,培养语言表达的正确性和逻辑性等,从而体会数学的文化价值和应用价值。

12. × 【解析】本题考查数的认识。由实数的稠密性知,比 0.9 大比 1 小的数有无数个。

13. √ 【解析】本题考查数的认识。a 是 b 的 15 倍,则有 $a=15b$,所以 a 和 b 成正比例。

14. × 【解析】本题考查统计问题。五年级共 99 人,体育成绩全部达标,则达标率是 100%。

15. √ 【解析】本题考查折线统计图的特征。折线统计图更能突出数据的变化情况。

16. × 【解析】本题考查学习方式。根据实际教学内容而定,并不是每一节课都要进行小组合作学习。

17. √ 【解析】本题考查教学评价方式。考试是对学生进行学习评价的方式之一。

18. × 【解析】本题考查课改的变化。

19. × 【解析】本题考查计量单位的比较。1 平方厘米 = 0.0001 平方米。

20. √ 【解析】本题考查平行四边形的面积计算。平行四边形的面积 = 底 × 高。

21. × 【解析】本题考查约数与倍数。一个非零整数既是自身的约数也是自身的倍数。

22. √ 【解析】本题考查图形的对称性。长方形有 2 条对称轴,等腰三角形有 1 对称轴,等边三角形有 3 条对称轴。

23. √ 【解析】本题考查比例的性质。比例的外项的乘积等于内项的乘积,即内项的两个数互为倒数。

24. × 【解析】本题考查平行四边形与梯形的定义。平行四边形的两组对边分别平行,而梯形只有一组对边互相平行,所以梯形不是特殊的平行四边形。

25. √ 【解析】本题考查最小公倍数。两个互素的合数的最小公倍数等于它们的积,如 4 和 15 是两个互素的合数,但是它们的最小公倍数是 $4\times15=60$。

26. × 【解析】本题考查路程问题。速度降低 20%,时间变为原来的 $\frac{1}{80\%}=1.25$ 倍,所以增加了25%。

27. × 【解析】本题考查三角形的性质。若三角形最小的一个角不小于45，则最大的角不大于$180-2\times45°=90°$，此时三角形不是钝角三角形。

28. √ 【解析】本题考查整除。要想被5整除，175要加上的数必须是5的倍数，所以$175+5=180$是满足题意的最小整数。

29. √ 【解析】本题考查课程标准的基本理念。新课程的最高宗旨和核心理念是“一切为了每一位学生的发展”。“一切为了”强调的是学生既是教育教学的出发点，同时又是教育教学的落脚点；“每一位学生”突出的是要关注全体学生；“发展”指的是学生全面、和谐、主动的发展。

30. √ 【解析】本题考查数学教学目标。自主学习理论认为，学校教育的根本目的是使学生成为自主学习的主人，促进学生的自主发展。

二、单项选择题

31. C 【解析】本题考查数的认识。合数是指自然数中能被除1和自身外的其他数整除的数；质数是指自然数中只能被1和自身整除的数；偶数是指能被2整除的整数；奇数是指不能被2整除的整数。故选C。

32. B 【解析】本题考查图形的对称性。长方形有2条对称轴；等腰三角形有1条对称轴；等边三角形有3条对称轴；圆有无数条对称轴。故选B。

33. C 【解析】本题考查浓度问题。白糖占糖水的$\frac{5}{5+70}=\frac{1}{15}$。故选C。

34. C 【解析】本题考查整除。$2a3$加上326得到$5b9$，则$a+2=b$，又$5b9$能被9整除，所以$5+b+9$的和能被9整除，则$b=4$，所以$a=2$，$a+b=2+4=6$。故选C。

35. B 【解析】本题考查数列前n项求和的应用。自然堆码最多时，每层根数从下到上依次减1，所以最多有$21-5+1=17$层，总共有$\frac{17\times(5+21)}{2}=221$根木材。故选B。

36. C 【解析】本题考查充分条件与必要条件。直棱柱的侧面都是矩形，但只有一个侧面是矩形的棱柱不一定是直棱柱。故选C。

37. A 【解析】本题考查有限小数的定义。分母是10^n（n为正整数）的分数叫作十进分数，有限小数都可以化为十进分数，所以其另一种表现形式是十进分数。有限小数可以直接写成分母是10，100，1000，…，10^n的分数，原来是几位小数就在1后面写几个0作分母，把原来的小数去掉小数点作分子，如果去掉小数点后，前面的数字也是零，也要去掉。化成分数后能约分的要约分成最简分数。例如，$0.0125=\frac{125}{10\ 000}=\frac{1}{80}$。故选A。

38. A 【解析】本题考查简单几何体的体积计算。长方体体积＝底面积×高，圆锥体的体积$=\frac{1}{3}\times$底面积×高，所以底面积和高都相等的长方体体积是圆锥体积的3倍。故选A。

39. B 【解析】本题考查互不相容事件。A与B为互不相容事件，所以A与B不可能同时发生，则$P(AB)=0$。故选B。

40. B 【解析】本题考查负数的定义。正数表示零上温度，负数表示零下温度，所以$-3℃$表示零下3℃。故选B。

41. C 【解析】本题考查数学课程内容。《义务教育数学课程标准》（2011年版）指出，“综合与实践是一类以问题为载体、以学生自主参与为主的学习活动。在学习活动中，学生将综合运用“数与代数”“图形与几何”“统计与概率”等知识和方法解决问题。”

42. C 【解析】本题考查数学课程目标。《义务教育数学课程标准》（2011年版）指出，“通过义务教育阶段的数学学习，学生能：①获得适应社会生活和进一步发展所必须的数学的基础知识、基本技能、基本思想、基本活动经验。②体会数学知识之间、数学与其他学科之间、数学与生活之间的联系，运用数学的思维方式进行思考，增强发现和提出问题的能力、分析和解决问题的能力。③了解数学的价值，提高学习数学的兴趣，增强学好数学的信心，养成良好的学习习惯，具有初步的创新意识和科学态度。”

43. A 【解析】本题考查课程基本理论。《义务教育数学课程标准》（2011年版）指出，学习评价的主要目的是全面了解学生数学学习的过程和结果，激励学生学习和改进教师教学。

44. B 【解析】本题考查课程基本理论。《义务教育数学课程标准》（2011年版）指出，“教师教学应该以学生的认知发展水平和已有的经验为基础，面向全体学生，注重启发式和因材施教。”

45. A 【解析】本题考查课程基本理论。《义务教育数学课程标准》（2011年版）指出，“学生学习应当是一个生动活泼的、主动的和富有个性的过程。认真听讲、积极思考、动手实践、自主探索、合作交流等，都是学习数学的重要方式。”

46. B 【解析】本题考查分数单位。$\frac{7}{10}$的分数单位是$\frac{1}{10}$。故选 B。

47. D 【解析】本题考查计数问题。从 8 名男同学中选两人，从 6 名女同学中选一人，共有 $C_8^2C_6^1=28\times6=168$ 种选法。故选 D。

48. B 【解析】本题考查比与比例。由题知，$\frac{x}{y}=\frac{1}{2},\frac{x^2}{y}=\frac{2}{5}$，两式联立解得 $x=\frac{4}{5},y=\frac{8}{5}$。故选 B。

49. B 【解析】本题考查根式的计算。$\sqrt{a^2}=|a|$，所以 $\sqrt{(\sqrt{3}-3)^2}=|\sqrt{3}-3|=3-\sqrt{3}$。故选 B。

50. D 【解析】本题考查解不等式。$4-2x>0$ 的解集为 $x<2$。故选 D。

51. C 【解析】本题考查比与比例。前项由 4 增加 8 变为 12，扩大 3 倍，要使比值不变，后项也必须扩大 3 倍。故选 C。

52. C 【解析】本题考查简单几何体的体积计算。设这个长方体的长为 $6k$，宽为 $5k$，高为 $4k(k>0)$，长方体表面积 $S=2\times(6k\times5k+6k\times4k+5k\times4k)=592$，解得 $k=2$。所以长方体的长、宽、高分别为 12，10，8，体积 $V=12\times10\times8=960$。故选 C。

53. D 【解析】本题考查抽屉原理。根据抽屉原理的最差原则，若每种颜色分别涂了两条边，则最后一条边任涂一种颜色，所以至少有 3 条边涂上的颜色是相同的。故选 D。

54. B 【解析】本题考查等差数列的性质。设等差数列的公差为 d，则有 $\frac{1}{8}+\left(\frac{1}{8}+d\right)+\left(\frac{1}{8}+2d\right)+\left(\frac{1}{8}+3d\right)=1-\left(\frac{1}{16}+\frac{1}{8}+\frac{1}{4}\right)$，解得 $d=\frac{1}{96}$，则$\frac{1}{8}+3d=\frac{5}{32}$，所以最后一天看了全书的$\frac{5}{32}$。

55. D 【解析】本题考查正方形的性质。任意经过正方形两对角线交点的直线都可以把正方形分成完全一样的两部分。故选 D。

56. D 【解析】本题考查相遇问题。两车在距中点 36 公里处相遇，所以乙车比甲车多走 $36\times2=72$（公里），因此两车行进了$\frac{72}{112-88}=3$（小时），所以 A、B 两地的距离为 $(112+88)\times3=600$（公里）。故选 D。

57. A 【解析】本题考查古典概型。只需考虑百位数字，当百位数字从 4，5，6 三个数中选取时组成的三位数一定大于 400，所以概率为$\frac{3}{6}=\frac{1}{2}$。故选 A。

58. B 【解析】本题考查教学评价。《义务教育数学课程标准》（2011 年版）指出，“评价不仅要关注学生的学习结果，更要关注学生在学习过程中的发展和变化。”

59. C 【解析】本题考查解方程组。由题意可得方程组$\begin{cases}2x+y=0,\\2z-3x=3,\\z-3y=0,\end{cases}$解得 $x=-\frac{1}{5},y=\frac{2}{5},z=\frac{6}{5}$。故选 C。

60. B 【解析】本题考查方程的应用。根据题意可列方程 $200(1+a\%)^2=242$，解得 $a=10$。故选 B。

61. D 【解析】本题考查圆与圆的位置关系。由题意可得，两圆圆心距为 3，又两圆半径分别为 2，5，且 $5-2=3$，所以两圆内切。故选 D。

62. B 【解析】本题考查平均数。每千克礼品糖售价为 $\frac{3\times28+2\times20+5\times12}{3+2+5}=18.4$（元）。故选 B。

63. C 【解析】本题考查有限小数的定义。一个最简分数，如果分母中只含有素因数 2 和 5，或者两个都含有，再无其他素因数，那么这个分数可化为有限小数。本题中先将各分数化成最简分数，再根据分母的素因数判断是否可化为有限小数。

64. D 【解析】本题考查简单几何体的三视图。几何体是一个螺母，其中 A 选项是其主视图，C 选项是其侧视图，D 选项是其俯视图。故选 D。

65. C 【解析】本题考查数的认识。由题意可知，从杭州开往北京的直快列车的车次号应该是 101 ~ 198 之间的一个偶数，只有 120 满足条件。故选 C。

66. B 【解析】本题考查代数式的运算。A 项和 D 项是合并同类项，规则是同类项的系数相加减，所得的结果作为系数，字母和字母的指数不变，所以 $3m-2m=m,m^2+m^2=2m^2$；B 项是幂的乘方，运算规则是底数不变，指数相乘，所以 $(m^3)^2=m^6$；C 项是乘积的幂，乘积的幂等于幂的乘积，所以 $(-2m)^3=(-2)^3m^3=-8m^3$。故选 B。

67. D 【解析】本题考查统计中的数据分析。中位数是一组数据按从小到大或从大到小排列,位于中间的数;众数是一组数据中出现次数最多的数。根据统计图可知,中位数为15,众数为15。故选D。

68. C 【解析】本题考查平行四边形的性质。两直线平行,内错角相等,所以$\angle CAD=\angle ACB=45°$,又$\angle ABC=45°$,则$\angle BAC=90°$,$\triangle ABC$是等腰直角三角形,$AB=AC=2$,所以$BC=2\sqrt{2}$。故选C。

69. D 【解析】本题考查相似三角形的性质。$\triangle ABC$每条边都增加各自的10%,即每条边扩大为原来的1.1倍,所以$\triangle A'B'C'\backsim\triangle ABC$,则$\angle B'=\angle B$。故选D。

70. D 【解析】本题考查一次函数与反比例函数的图象及其性质。由题意可知,函数$y=kx-b$是单调递增函数,则直线$y=kx-b$的斜率$k>0$,所以反比例函数$y=\frac{k}{x}$的图象位于一、三象限。

三、多项选择题

71. AB 【解析】本题考查数学基本能力。数学基本能力包括运算能力、空间想象能力、逻辑思维能力、分析和解决实际问题的能力等。

72. CD 【解析】本题考查命题的判断。函数$y=\sin^2x+\frac{3}{\sin^2x}$中,令$\sin^2x=t$,则$0<t\leqslant1$,因为$y=t+\frac{3}{t}$在$(0,1]$上单调递减,所以$y=\sin^2x+\frac{3}{\sin^2x}$的最小值为$1+\frac{3}{1}=4$,A项错误;$f(x)=\frac{x-\sqrt{11}}{x-\sqrt{10}}=\frac{x-\sqrt{10}+\sqrt{10}-\sqrt{11}}{x-\sqrt{10}}=1-\frac{\sqrt{11}-\sqrt{10}}{x-\sqrt{10}}$,易知$f(4)<1<f(3)$,B项错误;函数$y=\log_a(2+a^x)$,当$0<a<1$时,指数函数$y=\log_a u$单调递减,$u=2+a^x$单调递减,所以$y=\log_a(2+a^x)$单调递增;当$a>1$时,指数函数$y=\log_a u$单调递增,$u=2+a^x$单调递增,所以$y=\log_a(2+a^x)$单调递增,C项正确;函数$y=2\sin\left(2x-\frac{\pi}{6}\right)$的图象的对称中心是$\left(\frac{\pi}{12}+\frac{k\pi}{2},0\right)(k\in\mathbf{Z})$,D项正确。故选CD。

73. ABC 【解析】本题考查正方形的性质以及三角形全等的判定与性质。因为$\angle AFE=\angle ADE=90°$,所以$\angle AFG=\angle ABG=90°$,又$AF=AD=AB$,$AG$为公共线,所以$\triangle ABG\cong\triangle AFG$(HL),A项正确;设$BG=x$,则$EG=x+2$,$GC=6-x$,可列方程$(x+2)^2=4^2+(6-x)^2$,解得$x=3$,所以$BG=GC=3$,B项正确;因为$\triangle ABG\cong\triangle AFG$,所以有$\angle AGB=\frac{180°-\angle FGC}{2}$,又$BG=GC=GF$,所以$\angle FCG=\frac{180°-\angle FGC}{2}$,则$\angle AGB=\angle FCG$,同位角相等两直线平行,所以$AG\parallel CF$,C项正确;$S_{\triangle EGC}=\frac{1}{2}GC\cdot CE=\frac{1}{2}\times3\times4=6$,设$\triangle FGC$的$GC$边上的高为$h$,则$\frac{h}{EC}=\frac{GF}{GE}=\frac{3}{5}$,所以$S_{\triangle FGC}=\frac{3}{5}S_{\triangle EGC}=\frac{18}{5}\neq3$,D项错误。故选ABC。

74. ABCD 【解析】本题考查命题的判断。如图1,当四面体的主视图为$\triangle ADE$时,主视图的面积为$S_{\triangle ADE}=\frac{1}{2}\times2\times\sqrt{2}=\sqrt{2}$;如图2,当主视视线平行于面$BCD$时,主视图是一个三角形,三角形的底等于四面体的棱,高等于四面体的高,面积等于$\frac{1}{2}\times2\times\frac{2\sqrt{6}}{3}=\frac{2\sqrt{6}}{3}$;当主视视线与四面体的一个面垂直时,主视图为边长为2的等边三角形,面积为$\frac{1}{2}\times2\times\sqrt{3}=\sqrt{3}$;如图3,主视图是正方形,正方形的对角线是四面体的棱长2,所以主视图的面积为$\sqrt{2}\times\sqrt{2}=2$。事实上,棱长为2的正四面体的主视图面积最大为2,最小为$\sqrt{2}$。故选ABCD。

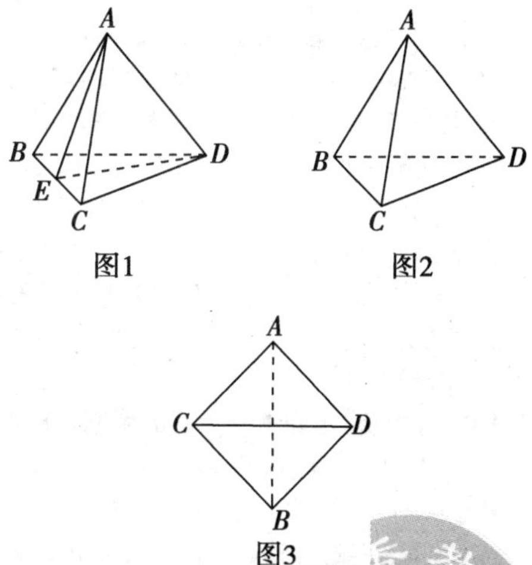

75. CD 【解析】本题考查命题的判断。正三棱锥的侧棱不一定与底面三角形边长相等,A项错误;如图1,O是底面BCD的中心,则$AO\perp$底面BCD,又$BO\perp CD$,根据三垂线定理得$AB\perp CD$,同理可得其他两组对棱也分别垂直,B项错误;当所有棱长都相等时,三棱锥是正四面体,四个面

的面积相等，记为 S，棱锥内任意一点记为 P，设 P 到四个面的距离和等于 d，则 $V_{棱锥P-ABC}+V_{棱锥P-ACD}+V_{棱锥P-ABD}+V_{棱锥P-BCD}=\frac{1}{3}Sd=V$，所以 d 是定值，C 项正确；如图 2，O 是底面 BCD 的中心，O'是球心，则 $AO\perp$ 底面 BCD，根据正四面体的性质，可求得 $BO=\frac{\sqrt{3}}{3}BC=\frac{2\sqrt{6}}{3}$，$AO=\frac{\sqrt{6}}{3}BC=\frac{4\sqrt{3}}{3}$，设外接球半径为 r，在 $\triangle BOO'$ 中，$BO^2+OO'^2=BO'^2$，即 $(\frac{2\sqrt{6}}{3})^2+(\frac{4\sqrt{3}}{3}-r)^2=r^2$，解得 $r=\sqrt{3}$，所以外接球表面积等于 $4\pi(\sqrt{3})^2=12\pi$，D 项正确。故选 CD。

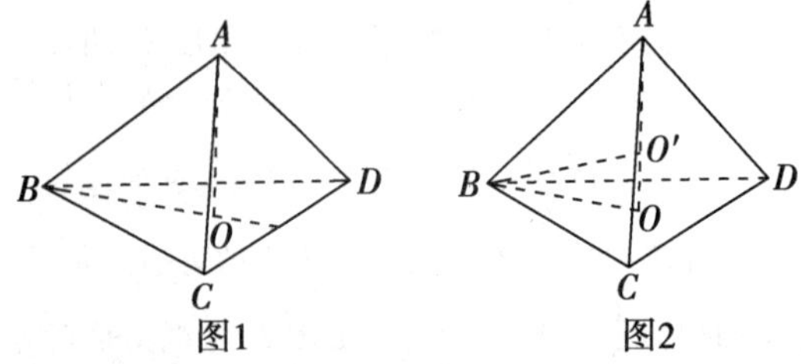

图1　　图2

76. ABC　【解析】本题考查数学思维的特征。数学思维的特性主要是概括性、问题性和相似性。这三个特性是相互联系的，概括性和相似性寓于问题性之中，概括性是问题性和相似性的基础，相似性是概括性和问题性本身及相互间的联系，即应用已知的数学关系去解决有关问题。

77. ABC　【解析】本题考查运算规则的定义。运算规则包括运算法则、运算性质和计算方法。

78. ABC　【解析】本题考查数学课程基本理念。《义务教育数学课程标准》(2011 年版)指出，“教学活动是师生积极参与、交往互动、共同发展的过程。有效的教学活动是学生学与教师教的统一，学生是学习的主体，教师是学习的组织者、引导者与合作者。”

79. ABD　【解析】本题考查命题的判断。作点 O 关于面 ABC 的对称点 O'，由对称性知，四面体 $O'ABC$ 仅有三个面是直角三角形，A 项正确；$\triangle OBC$ 以 BC 边为轴旋转得到 $\triangle O'BC$，当 $OO'=\sqrt{2}$ 时，四面体 $O'OBC$ 的 4 个面都是直角三角形，B 项正确；当点 D 到面 ABC 的距离与点 O 到面 ABC 的距离相等时，四面体 $DABC$ 与四面体 $OABC$ 的体积相等，到面 ABC 的距离为定值的点构成两个平行的平面，所以有无数个点满足条件，C 项错误；过点 A 作平面 α，使得 $BC\perp\alpha$，在平面 α 上以点 A 为圆心，BC 长为半径作圆，则圆上任取一点 D，都有 $AD\perp BC$，且 $AD=BC$，D 项正确。故选 ABD。

80. ABCD　【解析】本题考查网络资源的优点。网络资源的开发在于突破传统课程的狭隘性，在相当程度上突破时空的局限。网上充足的信息可以使思路更开阔，多媒体强大的模拟功能可以提供实践或实验的模拟情境，操作平台网络便捷的交互性可以使交流更及时、开放，所以可以重复利用网络这巨大的信息载体，进行课程资源的开发和内容重组。教师可以通过网络使学生以独特的方式进行学习，学生也可以在适合自己的时间、地点获得有关学习资料。

81. CD　【解析】本题考查数学教学内容。数学是研究数量关系和空间形式的科学。

82. BC　【解析】本题考查数学教学目标。义务教育阶段的数学课程应致力于实现义务教育阶段的培养目标，要面向全体学生，适应学生个性的需要，使得：人人都能获得良好的数学教育，不同的人在数学上得到不同的发展。

83. AB　【解析】本题考查数学教学活动。数学教学活动必须建立在学生的认知发展水平和已有的知识经验基础之上。在教学过程中，教师要转变思想，更新教育观念，把学习的主动权交给学生，鼓励学生积极参与教学活动。教师要走出演讲者的角色，成为全体学生学习的组织者、激励者、引导者、协调者和合作者。

84. ABC　【解析】本题考查数学课程性质。义务教育阶段的数学课程是培养公民素质的基础课程，具有基础性、普及性和发展性。

85. ABCD　【解析】本题考查数学基本能力。在数学课程中，应当注重发展学生的数感、符号意识、空间观念、几何直观、数据分析观念、运算能力、推理能力和模型思想。

86. ABC　【解析】本题考查数学课程内容。《义务教育数学课程标准》(2011 年版)指出，“课程内容的组织要重视过程，处理好过程与结果的关系；要重视直观，处理好直观与抽象的关系；要重视直接经验，处理好直接经验与间接经验的关系。”

87. ABCD　【解析】本题考查数学课程总目标。《义务教育数学课程标准》(2011 年版)在具体阐述课程总目标时，分为知识技能、数学思考、问题解决、情感态度四个方面。

88. ABCD　【解析】本题考查数学课程内容的设计。课程内容的学习，强调学生的数学活动，发展学生的数感、符号感、空间观念、统计观念以及应用意识和推理意识。

89. CD 【解析】本题考查教学评价。教学评价是依据教学目标对教学过程及结果进行价值判断并为教学决策服务的活动,是对教学活动现实的或潜在的价值做出判断的过程。教学评价调节控制整个教学过程,使教学过程朝着预定的教学目标进行,它既包括对教师教的评价又包括对学生学的评价。教学评价方案具体描述了对教与学的过程及结果进行评价的内容与方法。实施预先设计好的教学设计方案,根据教学评价方案,评价实施过程中教与学的效果,为修订与完善教学设计提供依据。教与学的过程是教学设计的核心部分。

90. BD 【解析】本题考查教材编写建议。新教材强调与现实生活的联系,体现了国家基础教育课程改革的基本思想。

押题试卷

教师招聘考试小学数学押题试卷(一)

一、单项选择题

1. C 【解析】本题考查比与比例类应用题。由题意可知,乙的速度是甲的$\frac{9}{10}$,丙的速度是乙的$\frac{9}{10}$,因此,丙的速度是甲的$\frac{9}{10}\times\frac{9}{10}=\frac{81}{100}$,所以甲和丙跑100米,甲到终点时,丙跑了81米。

2. B 【解析】本题考查小学数学浓度类应用题。药:水=1:1200,则6 kg药需要水的量为$6\times1200=7200$ kg,则配制成的药液的量为$7200+6=7206$ kg。故选B。

3. B 【解析】本题考查几何体的表面展开图。正方体的表面展开图一共有11种情况,记忆口诀如下:"一四一"有6种,"一三二"有3种,"二二二"与"三三"各1种。A、C、D均不能被还原。

4. A 【解析】本题考查统计中的数据分析。根据频率分布直方图可知,成绩在[60,70)之间的人数最多,故众数在60~70之间,由于$(0.03+0.04)\times10=0.7>0.5$,故成绩按照从低到高的顺序排列,中位数介于60~70(不包括60与70)。故选A。

5. C 【解析】本题考查探索规律问题。根据题意,平面上直线的条数与交点个数的规律如下表:

直线的条数	交点个数	交点规律
1	0	0
2	1	1
3	3	1+2
4	6	1+2+3
5	10	1+2+3+4
…	…	…

从上表可看出,当平面内的直线有n条时,交点个数为$1+2+3+4+5+\cdots+(n-1)=\frac{n(n-1)}{2}$,则当平面上的直线为100条时,交点个数为$\frac{100\times(100-1)}{2}=4950$个。故选C。

6. A 【解析】本题考查函数的零点问题。由$f(f(x))+1=0$,得$f(f(x))=-1$,由$f(-2)=f\left(\frac{1}{2}\right)=-1$,得$f(x)=-2$或$\frac{1}{2}$。若$f(x)=-2$,则$x=-3$或$x=\frac{1}{4}$;若$f(x)=\frac{1}{2}$,则$x=-\frac{1}{2}$或$x=\sqrt{2}$。综上可得,函数$y=f(f(x))+1$的零点个数是4。

7. B 【解析】本题考查充分必要条件的判断。由a,b,c,d成等比数列得$\frac{a}{b}=\frac{c}{d}$,即$ad=bc$,反之不成立。故选B。

8. A 【解析】本题考查分段函数的计算。根据函数的定义域,可得$f(2)=2^2+2-2=4$,则$\frac{1}{f(2)}=\frac{1}{4}$,$f\left(\frac{1}{4}\right)=1-\left(\frac{1}{4}\right)^2=\frac{15}{16}$。故选A。

9. D 【解析】本题考查空间点、线、面的关系。A项,如图1所示,l_2与l相交,故A项错误;B项,如图1所示,$l_1/\!/l$,l_1与l不相交,故B项错误;C项,如图2所示,l分别与l_1,l_2相交,故C项错误;D项,假设l与l_1,l_2不相交,因为l与l_1共面且l与l_2共面,所以$l_1/\!/l/\!/l_2$,这与l_1,l_2为异面直线相矛盾,故l至少与l_1,l_2中的一条相交,故D项正确。

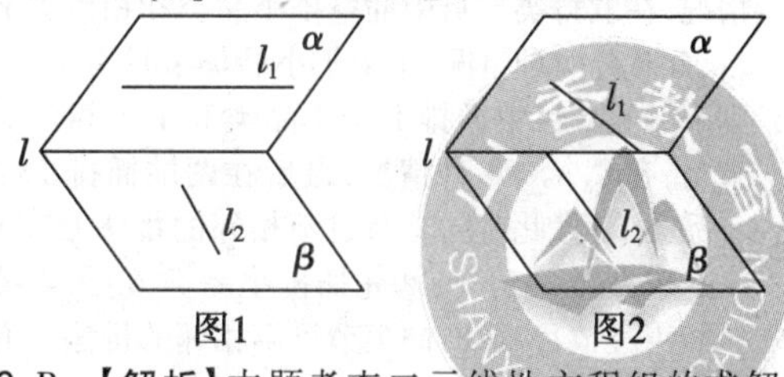

图1　　图2

10. B 【解析】本题考查二元线性方程组的求解。根据增广矩阵可得出二元线性方程组的解为$x=$

3，$y=1$，将方程组的解代入原方程组，解得 $m=-1$，$n=\frac{5}{3}$，则$m+n=-1+\frac{5}{3}=\frac{2}{3}$。

11. D 【解析】本题考查均值不等式的应用。$\because a+2b+c=1$，$\therefore \frac{1}{a}+\frac{1}{b}+\frac{1}{c}=\frac{a+2b+c}{a}+\frac{a+2b+c}{b}+\frac{a+2b+c}{c}=1+2+1+\left(\frac{2b}{a}+\frac{a}{b}\right)+\left(\frac{c}{a}+\frac{a}{c}\right)+\left(\frac{c}{b}+\frac{2b}{c}\right)$，由于$a,b,c$ 都是正数，由均值不等式得，$\frac{2b}{a}+\frac{a}{b}\geqslant 2\sqrt{2}$，$\frac{c}{a}+\frac{a}{c}\geqslant 2$，$\frac{c}{b}+\frac{2b}{c}\geqslant 2\sqrt{2}$，当且仅当$a^2=2b^2=c^2$，即$a=c=\sqrt{2}b$ 时等号成立，故$\frac{1}{a}+\frac{1}{b}+\frac{1}{c}$的最小值为$1+2+1+2\sqrt{2}+2+2\sqrt{2}=6+4\sqrt{2}$。

12. C 【解析】本题考查数的整除。依题意，设此六位数为$\overline{abcabc}$，则$\overline{abcabc}=a\times 10^5+b\times 10^4+c\times 10^3+a\times 10^2+b\times 10+c=100a\times(10^3+1)+10b\times(10^3+1)+c\times(10^3+1)=(100a+10b+c)\times(10^3+1)=1001(100a+10b+c)$，因为$100a+10b+c$ 为整数，所以此六位数能被 1001 整除。

13. C 【解析】本题考查代数式的应用。根据题意，这批衬衣原来的零售价为每件 $m(1+a\%)$元，因调整后的零售价为原零售价的 $b\%$，所以调价后每件衬衣的零售价为 $m(1+a\%)\cdot b\%$元。

14. B 【解析】本题考查抛物线与双曲线的性质。$\because$ 抛物线方程为 $y^2=4x$，$\therefore 2p=4$，可得$\frac{p}{2}=1$，$\therefore$ 抛物线的焦点坐标为 $F(1,0)$。令 $x^2-\frac{y^2}{3}=0$，可得双曲线的渐近线方程为$y=\pm\sqrt{3}x$，化成一般式得$\sqrt{3}x\pm y=0$，故抛物线 $y^2=4x$ 的焦点到双曲线的渐近线的距离为 $d=\frac{|\sqrt{3}\times 1\pm 0|}{\sqrt{3+1}}=\frac{\sqrt{3}}{2}$。

15. D 【解析】本题考查排列组合。由于同类节目不相邻，则首先将歌舞类节目全排共有 $A_3^3=6$ 种情况；在歌舞类节目中插空排小品类和相声类节目，此时分两种情况：①由于小品类节目有 1 个，则歌舞类节目中插排 1 个小品类和 1 个相声类节目，有 $C_2^1A_2^2=4$ 种情况，最后在两端插排 1 个小品类节目，此时同类节目不相邻的排法共有 $6\times 4\times 2=48$ 种情况；②先插排小品类节目，再插排相声类节目，此时同类节目不相邻的排法共有 $A_3^3A_2^2C_6^1=72$ 种情况。综上可得，同类节目不相邻的排法有 $48+72=120$ 种。故选 D。

16. C 【解析】本题考查集合元素的性质。因为 $A=\{0,1,2\}$，所以 $B=\{x-y|x\in A,y\in A\}=\{0,-1,-2,1,2\}$。故集合 B 中有 5 个元素。

17. D 【解析】本题考查概念的定义方法。为了数学的某种需要，通过约定的方式下定义的方法是约定式定义法。在数学中，我们约定分子比分母小的分数叫作真分数。

18. B 【解析】本题考查思维方法的定义。题干所述思维方法是分类。

19. A 【解析】本题考查数学思想。概率的研究过程体现了偶然和必然的数学思想。

20. B 【解析】本题考查合情推理与演绎推理。教师在教学过程中，应该设计适当的学习活动，引导学生通过观察、尝试、估算、归纳、类比、画图等活动发现一些规律，猜测某些结论，发展合情推理能力。

二、填空题

21. $\frac{2}{15}$

【解析】本题考查比例的基本性质。根据比例的运算规则，两个外项之积等于两个内项之积。故两个内项的乘积为 1，则另一个内项是$\frac{2}{15}$。

22. $\{x|0\leqslant x\leqslant 2\}$

【解析】本题考查不等式的解。$\sqrt{2x^2+1}-x\leqslant 1\Rightarrow\sqrt{2x^2+1}\leqslant 1+x\Rightarrow 2x^2+1\leqslant(1+x)^2$，解得 $0\leqslant x\leqslant 2$，故解集为$\{x|0\leqslant x\leqslant 2\}$。

23. -1

【解析】本题考查复数与复平面。由于复数$(1+i)(a+i)=a-1+(1+a)i$，且其在复平面内对应的点位于实轴上，则该复数只有实数部分，虚数部分 $1+a=0$，即 $a=-1$。

24. $\frac{2}{9}S$

【解析】本题考查平面图形的面积。$\because CE:BE=1:2$，$\therefore BE:BC=2:3$，$\because DE/\!/AC$，$\therefore AD:BD=1:2$，$S_{\triangle BDE}:S_{\triangle ABC}=4:9$，$S_{\triangle ADE}:S_{\triangle BDE}=1:2$，$\therefore S_{\triangle ADE}=\frac{1}{2}S_{\triangle BDE}=\frac{2}{9}S$。

25. 3

【解析】本题考查数列极限的计算。由二项式定理可知，$a_{n-1}=C_{n-1}^{n-1}+C_n^{n-1}=1+n-1=n$，则$\lim\limits_{n\to\infty}\frac{6n-5}{2a_{n-1}}=\lim\limits_{n\to\infty}\frac{6n-5}{2n}=3$。

26. $\frac{1}{2}$

【解析】本题考查平面向量的坐标运算。$\because \boldsymbol{a}/\!/\boldsymbol{b}$，$\boldsymbol{a}=(\sin 2\theta,\cos\theta)$，$\boldsymbol{b}=(\cos\theta,1)$，$\therefore \sin 2\theta-\cos^2\theta=$

0，即 $\cos\theta(2\sin\theta-\cos\theta)=0$，$\because 0<\theta<\frac{\pi}{2}$，

$\therefore 2\sin\theta=\cos\theta$，$\therefore \tan\theta=\frac{\sin\theta}{\cos\theta}=\frac{1}{2}$。

27. $y=-5x-2$

【解析】本题考查曲线的切线方程。由题意知，点 $(0,-2)$ 在曲线 $y=-5e^x+3$ 上，导函数为 $y'=-5e^x$，在点 $(0,-2)$ 处的切线斜率为 $y'|_{x=0}=-5$，故曲线 $y=-5e^x+3$ 在点 $(0,-2)$ 处的切线方程为 $y=-5x-2$。

28. 240

【解析】本题考查计数原理。任选一处进行选种，先在 A 处选一种花共有 4 种选法，此时与 A 相邻的 B 处共有 3 种不同的选法，C 处有两种情况：①若 C 与 A 相同，则 D 共有 3 种不同的选法，E 有 2 种不同的选法；②若 C 与 A 不同，则 C 共有 2 种不同的选法，此时 D 有两种情况：若 D 与 A 相同，则 E 有 3 种不同的选法；若 D 与 A 不同，则 D 有 2 种不同的选法，E 有 2 种不同的选法。综上所述，共有 $4\times3\times[1\times3\times2+2\times(1\times3+2\times2)]=240$ 种不同的选法。

29. 运算能力

【解析】本题考查运算能力的概念。

30. 已有知识背景；数学知识与技能；数学思想；方法

【解析】本题考查数学教学知识。

三、解答题

31.【解析】本题考查三角函数及函数求导的综合应用。(1) $f(x)=\boldsymbol{m}\cdot\boldsymbol{n}+a=b\sin x\cos x-a\cos^2x+a=\frac{a}{2}(1-\cos2x)+\frac{b}{2}\sin2x$，由 $f\left(\frac{\pi}{6}\right)=2$ 得 $a+\sqrt{3}b=8$，$f'(x)=a\sin2x+b\cos2x$，又 $f'(0)=2\sqrt{3}$，$\therefore b=2\sqrt{3}$，$a=2$。

(2) 由 (1) 得 $f(x)=1-\cos2x+\sqrt{3}\sin2x=2\sin\left(2x-\frac{\pi}{6}\right)+1$，$\because x\in\left[0,\frac{2\pi}{3}\right]$，$-\frac{\pi}{6}\leqslant 2x-\frac{\pi}{6}\leqslant\frac{7\pi}{6}$，$\therefore -1\leqslant 2\sin\left(2x-\frac{\pi}{6}\right)\leqslant 2$，$f(x)\in[0,3]$，又 $\because f(x)-\log_{\frac{1}{3}}k=0$ 有解，即 $f(x)=-\log_3k$ 有解，$\therefore -3\leqslant\log_3k\leqslant0$，解得 $\frac{1}{27}\leqslant k\leqslant1$，所以实数 k 的取值范围是 $\left[\frac{1}{27},1\right]$。

32.【解析】本题考查定积分的应用。如图，设切点 $A(x_0,y_0)$，由 $y'=2x$，得过 A 点的切线方程为 $y-y_0=2x_0(x-x_0)$，即 $y=2x_0x-x_0^2$。令 $y=0$，得 $x=\frac{x_0}{2}$，即 $C\left(\frac{x_0}{2},0\right)$。

设由曲线和过 A 点的切线及 x 轴所围成图形的面积为 S，则 $S=S_{曲边\triangle AOB}-S_{\triangle ABC}$。$S_{曲边\triangle AOB}=\int_0^{x_0}x^2\mathrm{d}x=\frac{1}{3}x^3\Big|_0^{x_0}=\frac{1}{3}x_0^3$，$S_{\triangle ABC}=\frac{1}{2}|BC|\cdot|AB|=\frac{1}{2}\left(x_0-\frac{x_0}{2}\right)\cdot x_0^2=\frac{1}{4}x_0^3$，

即 $S=\frac{1}{3}x_0^3-\frac{1}{4}x_0^3=\frac{1}{12}x_0^3=\frac{1}{12}$，所以 $x_0=1$。从而切点为 $A(1,1)$，切线方程为 $y=2x-1$。

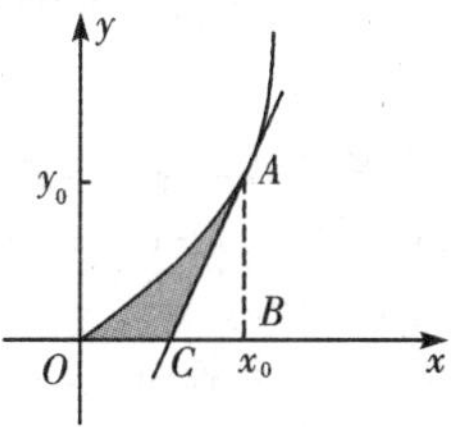

33.【解析】本题考查曲线与方程。(1) 由题意得 $\frac{\sqrt{a^2-b^2}}{a}=\frac{\sqrt{2}}{2}$，$\frac{4}{a^2}+\frac{2}{b^2}=1$，解得 $a^2=8$，$b^2=4$，所以椭圆 C 的方程为 $\frac{x^2}{8}+\frac{y^2}{4}=1$。

(2) 设直线 l：$y=kx+b(k\neq0,b\neq0)$，$A(x_1,y_1)$，$B(x_2,y_2)$，$M(x_M,y_M)$，将 $y=kx+b$ 代入 $\frac{x^2}{8}+\frac{y^2}{4}=1$ 得 $(2k^2+1)x^2+4kbx+2b^2-8=0$，故 $x_M=\frac{x_1+x_2}{2}=\frac{-2kb}{2k^2+1}$，$y_M=kx_M+b=\frac{b}{2k^2+1}$，则直线 OM 的斜率 $k_{OM}=\frac{y_M}{x_M}=-\frac{1}{2k}$，可得 $k_{OM}\cdot k=-\frac{1}{2}$，所以直线 OM 的斜率与直线 l 的斜率的乘积为定值。

34.【解析】本题考查函数导数的应用。(1) 当 $a=1$ 时，$f(x)=x-\ln x$，$f'(x)=1-\frac{1}{x}=\frac{x-1}{x}$，$\therefore$ 当 $0<x<1$ 时，$f'(x)<0$，此时 $f(x)$ 单调递减；当 $1<x\leqslant e$ 时，$f'(x)>0$，此时 $f(x)$ 单调递增。$\therefore f(x)$ 在 $x=1$ 处取得极小值，极小值为 $f(1)=1$。

(2) $\because$ 函数 $f(x)$ 的极小值为 1，即 $f(x)$ 在 $(0,e]$ 上的最小值为 1，$\therefore f(x)>0$，$f(x)_{\min}=1$，令 $h(x)=g(x)+\frac{1}{2}=\frac{\ln x}{x}+\frac{1}{2}$，则 $h'(x)=\frac{1-\ln x}{x^2}$，当 $0<x<e$ 时，$h'(x)>0$，$h(x)$ 在 $(0,e]$ 上单调递增，$\therefore h(x)_{\max}=h(e)=\frac{1}{e}+\frac{1}{2}<\frac{1}{2}+\frac{1}{2}=1=f(x)_{\min}$，$\therefore$ 在 (1) 的条件下，$f(x)>g(x)+\frac{1}{2}$。

35.【解析】本题考查数列的通项公式及数列求和。

(1)由$a_1=10$,a_2为整数知,等差数列$\{a_n\}$的公差d为整数,又$S_n\leqslant S_4$,$\therefore a_4\geqslant 0, a_5\leqslant 0$,于是$10+3d\geqslant 0, 10+4d\leqslant 0$,解得$-\frac{10}{3}\leqslant d\leqslant -\frac{5}{2}$,因此$d=-3$,数列$\{a_n\}$的通项公式$a_n=10-3(n-1)=13-3n$。

(2)$b_n=\frac{1}{a_na_{n+1}}=\frac{1}{(13-3n)(10-3n)}=\frac{1}{3}\cdot\left(\frac{1}{10-3n}-\frac{1}{13-3n}\right)$,于是$T_n=b_1+b_2+\cdots+b_n=\frac{1}{3}\left[\left(\frac{1}{7}-\frac{1}{10}\right)+\left(\frac{1}{4}-\frac{1}{7}\right)+\cdots+\left(\frac{1}{10-3n}-\frac{1}{13-3n}\right)\right]=\frac{1}{3}\left(\frac{1}{10-3n}-\frac{1}{10}\right)=\frac{n}{10(10-3n)}$。

教师招聘考试小学数学押题试卷(二)

一、单项选择题

1. B 【解析】本题考查集合与不等式的运算。由题意知,$A=\{x\mid x^2+2x-3>0\}=\{x\mid x>1$ 或 $x<-3\}$,对于集合B,设$f(x)=x^2-2ax-1$,由函数的性质知,函数$f(x)$的对称轴为$x=a(a>0)$,$f(0)=-1<0$,由对称性知若$A\cap B$中恰有一个整数,则这个整数为2,故$\begin{cases}f(2)\leqslant 0,\\ f(3)>0,\end{cases}$故$\begin{cases}4-4a-1\leqslant 0,\\ 9-6a-1>0,\end{cases}$解得$\begin{cases}a\geqslant\frac{3}{4},\\ a<\frac{4}{3},\end{cases}$即实数$a$的取值范围为$\left[\frac{3}{4},\frac{4}{3}\right)$。

2. B 【解析】本题考查方程的根与系数的关系。$\because x_1,x_2$是关于x的一元二次方程$x^2+4x+a=0$的两个不相等实数根,$\therefore x_1x_2=a, x_1+x_2=-4$,$\therefore x_1x_2-2x_1-2x_2-5=x_1x_2-2(x_1+x_2)-5=a-2\times(-4)-5=0$,即$a+3=0$,解得$a=-3$。

3. B 【解析】本题考查简单几何体的体积。如图,画出圆柱的轴截面,因为圆柱的高为1,它的两个底面的圆周在直径为2的同一个球的球面上,所以$AC=1$,$AB=\frac{1}{2}$。设圆柱的底面圆半径为r,在$\text{Rt}\triangle ABC$中,$AB^2+BC^2=AC^2$,即有$\left(\frac{1}{2}\right)^2+r^2=1^2$,解得$r=\frac{\sqrt{3}}{2}$,所以圆柱的体积$V=\pi r^2\times 1=\frac{3\pi}{4}$。

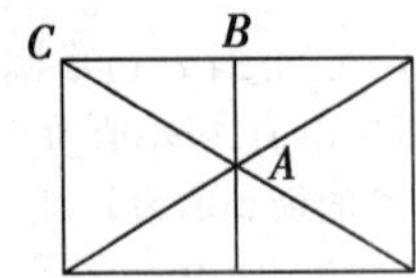

4. B 【解析】本题考查圆的性质。连结OD,如图所示,$\because AB$是$\odot O$的直径,且经过弦CD的中点H,$\therefore AB\perp CD$,$\therefore \angle OHD=\angle BHD=90°$,$\because \sin\angle CDB=\frac{3}{5}$,$BD=5$,$\therefore BH=3$,$\therefore DH=\sqrt{BD^2-BH^2}=4$,设$OH=x$,则$OD=OB=x+3$,在$\text{Rt}\triangle ODH$中,由勾股定理得,$x^2+4^2=(x+3)^2$,解得$x=\frac{7}{6}$,$\therefore AH=OA+OH=\frac{7}{6}+3+\frac{7}{6}=\frac{16}{3}$。故选B。

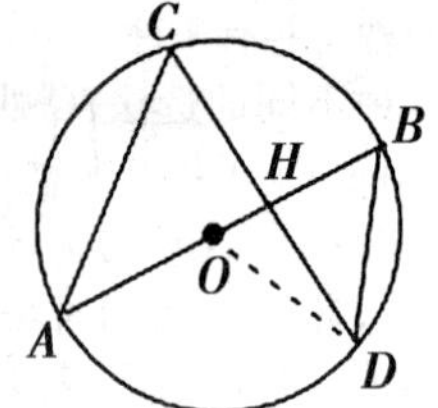

5. B 【解析】本题考查平均数的计算。根据四年级获奖学生的得分情况,可得获奖学生的平均分为$\frac{100\times 4+98\times 6+95\times 16+93\times 10}{4+6+16+10}=95.5$(分)。

6. D 【解析】本题考查比与比例。由题意知,甲瓶的含盐量为$2\div(2+9)=\frac{2}{11}$,水的含量为$1-\frac{2}{11}=\frac{9}{11}$;乙瓶的含盐量为$3\div(3+10)=\frac{3}{13}$,水的含量为$1-\frac{3}{13}=\frac{10}{13}$;两瓶混合后盐的含量为$\frac{2}{11}+\frac{3}{13}=\frac{59}{143}$,水的含量为$\frac{9}{11}+\frac{10}{13}=\frac{227}{143}$,故混合后盐与水的比例为59∶227,盐与盐水的比例为59∶(59+227)=59∶286。

7. A 【解析】本题考查导数的应用。将$x=1$代入$f(x)=2f(2-x)-x^2+8x-8(*)$,可得$f(1)=1$。同时在$(*)$两端对x求导并代入$x=1$得$f'(1)=2$。因此曲线$y=f(x)$在点$(1,f(1))$处的切线方程为$y=2(x-1)+1=2x-1$。故选A。

8. B 【解析】本题考查抛物线的性质。F为抛物线$y^2=4x$的焦点,即$F(1,0)$,A,B,C为该抛物线上三点,若$\overrightarrow{FA}+\overrightarrow{FB}+\overrightarrow{FC}=\mathbf{0}$,则$(x_A-1,y_A)+(x_B-1,y_B)+(x_C-1,y_C)=(0,0)$,故有$x_A-1+x_B-1+x_C-1=0\Rightarrow x_A+x_B+x_C=3$,因此$|\overrightarrow{FA}|+|\overrightarrow{FB}|+|\overrightarrow{FC}|=(x_A+1)+(x_B+1)+(x_C+1)=6$。故选B。

9. A 【解析】由题意知,$z=1-i$,则$\frac{1}{z}=\frac{1}{1-i}=\frac{1+i}{2}$。

故$\frac{1}{z}$表示的点在第一象限。

10. B 【解析】本题考查排列组合与计数原理。由题意知，可分为两类：①先从丙、丁、戊三人中任选一人开车，再从其余四人中任选两人作为一个元素同其他两人从事其余三项工作，共有$C_3^1C_4^2A_3^3$种方案；②先从丙、丁、戊三人中任选两人开车，其余三人从事其余三项工作，共有$C_3^2A_3^3$种方案，故不同的安排方案共有$C_3^1C_4^2A_3^3+C_3^2A_3^3=126$种方案。

11. C 【解析】本题考查三角函数的性质。对于任意$x\in\mathbf{R}$，函数$f(x)=\sin(3x+\varphi)$满足条件$f(a+x)=f(a-x)$，则函数图象关于$x=a$对称，$x=a$时，函数取得最值，$\therefore 3a+\varphi=\frac{\pi}{2}+k\pi$，$k\in\mathbf{Z}$，$\therefore f\left(a+\frac{\pi}{6}\right)=\sin\left(3a+\frac{\pi}{2}+\varphi\right)=\sin\left(k\pi+\frac{\pi}{2}+\frac{\pi}{2}\right)=0$。

12. B 【解析】本题考查行列式的性质。$D=\begin{vmatrix}1&1&1\\1&x&x^2\\1&-2&4\end{vmatrix}=3(x-1)(x+2)=0$，当$x=-2$时，行列式的值为0，但$D=0$时，$x$可为1，故$x=-2$是$D=0$的充分不必要条件。

13. B 【解析】本题考查函数的奇偶性。偶函数的定义域关于原点对称，则$a-3=-2a$，解得$a=1$，又对定义域内任意x，$f(x)=f(-x)$，则$b=0$，故$a+b=1$。

14. C 【解析】本题考查数学的定义。数学是人类的一种文化，它的内容、思想、方法和语言是现代文明的重要组成部分。

15. A 【解析】本题考查常见的数学思想。对参数a的取值进行讨论，体现的是数学思想中的分类讨论思想。

二、填空题

16. 4

【解析】本题考查带余除法。设a除以5余1的商为m，b除以5余4的商为n。由题意知，$a=5m+1$，$b=5n+4$，故$3a-b=15m-5n-1=15m-5n-5+4$。$\because 15m-5n-5$能被5整除，$\therefore 3a-b$除以5的余数为4。

17. $\frac{11}{6}$

【解析】本题考查程序框图。由程序框图可知，初始时，$n=1$，$T=1$。$\int_0^1 x^n\mathrm{d}x=\frac{1}{n+1}x^{n+1}\Big|_0^1=\frac{1}{n+1}$，$\because n=1<3$，$\therefore T=1+\frac{1}{1+1}=\frac{3}{2}$，$n=1+1=2$；$\because n=2<3$，$\therefore T=\frac{3}{2}+\frac{1}{2+1}=\frac{11}{6}$，$n=2+1=3$；$\because n=3$，不满足“$n<3$”，执行“否”，$\therefore$ 输出$T=\frac{11}{6}$。

18. $\frac{5}{4}$

【解析】本题考查根式的运算。$(a+b)^2=\left(\frac{1}{\sqrt{5}-3}+\frac{1}{\sqrt{5}+3}\right)^2=\left(\frac{\sqrt{5}+3}{-4}+\frac{\sqrt{5}-3}{-4}\right)^2=\left(\frac{2\sqrt{5}}{-4}\right)^2=\frac{5}{4}$。

19. $2\sqrt{3}$

【解析】本题考查向量的运算。$\because |\boldsymbol{a}|=2$，$|\boldsymbol{b}|=1$，$\boldsymbol{a}$与$\boldsymbol{b}$的夹角为60°，$\therefore |\boldsymbol{a}+2\boldsymbol{b}|^2=\boldsymbol{a}^2+4\boldsymbol{a}\cdot\boldsymbol{b}+4\boldsymbol{b}^2=4+4\times2\times1\times\cos60°+4\times1=4+4+4=12$，$\therefore |\boldsymbol{a}+2\boldsymbol{b}|=2\sqrt{3}$。

20. 4^{n-1}

【解析】本题考查规律探索。观察上述各式有如下规律：等号左侧第n个式子有n项，且上标分别为$0,1,2,\cdots,n-1$，第n个式子每项的下标均为$2n-1$。等号右侧指数规律为$0,1,2,\cdots,n-1$，所以第n个式子为$C_{2n-1}^0+C_{2n-1}^1+C_{2n-1}^2+\cdots+C_{2n-1}^{n-1}=4^{n-1}$。

三、解答题

21. 【解析】本题考查行程问题。甲从A出发，去时用时25+5=30(分钟)，回时因速度提高1倍，用时30÷2=15(分钟)，甲往返用时30+15=45(分钟)，即45分钟正好是乙从B到A的时间，所以乙走完全程用时45分钟。

答：乙走完全程用时45分钟。

22. 【解析】本题考查函数模型的应用。(1)由题意知，$50^2=\frac{k}{100}$，解得$k=25\times10^4$，$\therefore p=\sqrt{\frac{25\times10^4}{x}}=\frac{500}{\sqrt{x}}$，

$\therefore$ 总利润$L(x)=x\cdot\frac{500}{\sqrt{x}}-1200-\frac{2x^3}{75}=-\frac{2x^3}{75}+500\sqrt{x}-1200(x>0)$。

(2)由(1)得，$L'(x)=-\frac{2x^2}{25}+\frac{250}{\sqrt{x}}$，令$L'(x)=0$，设$t=\sqrt{x}$，则有$\frac{2t^4}{25}=\frac{250}{t}$，解得$t^5=125\times25=5^5$，$\therefore t=5$，于是$x=t^2=25$，则当$0<x<25$时，$L'(x)>0$，此时$L(x)$单调递增，当$x>25$时，$L'(x)<0$，此时$L(x)$单调递减，故当产量定为25件时，总利润最大，$L(25)\approx2500-1200-$

$416.7\approx 883$(万)。

答:产量 x 为 25 件时,总利润 $L(x)$ 最大,约为 883 万。

23.【解析】本题考查圆的综合应用。(1)证明:连结 OB。$\because OB=OC$,$\therefore\angle OBC=\angle C=30^\circ$,$\because\angle DBC=180^\circ-\angle D-\angle C=120^\circ$,$\therefore\angle OBD=120^\circ-\angle OBC=90^\circ$,$\therefore OB\perp BD$,$\therefore BD$ 是$\odot O$ 的切线。

(2)$\because BM\perp AC,FN\perp AC$,$\therefore S_{\triangle FAC}:S_{\triangle BAC}=FN:BM$,$FN/\!/BM$,$\therefore\triangle CFN\backsim\triangle CBM$,$\therefore FN:BM=CN:CM=2:3$,$\because S_{\triangle BAC}=12\text{cm}^2$,$\therefore S_{\triangle FAC}:12=FN:BM=2:3$,$\therefore S_{\triangle FAC}=8\text{cm}^2$,$\because\angle E=\angle C$,$\angle FBE=\angle CAF$,$\therefore\triangle FBE\backsim\triangle FAC$,$\therefore\frac{S_{\triangle BFE}}{S_{\triangle FAC}}=\left(\frac{FB}{FA}\right)^2$,$\because\cos\angle EFC=\frac{2}{3}$,$\therefore\cos\angle BFA=\frac{2}{3}$,$\because AC$ 是 $\odot O$ 的直径,$\therefore\angle ABF=90^\circ$,则在 $\text{Rt}\triangle ABF$ 中,$\cos\angle BFA=\frac{FB}{FA}=\frac{2}{3}$,$\therefore S_{\triangle BFE}=\frac{4}{9}\times 8=\frac{32}{9}\text{cm}^2$。

24.【解析】本题考查数列的通项公式与前 n 项和。(1)证明:由题意得,$a_1+a_2=4a_1+2$,解得 $a_2=3a_1+2=5$,则 $b_1=a_2-2a_1=3$,由 $a_1=1,a_2=5$,解得 $a_3=16$,从而得 $b_2=a_3-2a_2=6$,$\because a_{n+1}=S_{n+1}-S_n=4a_n-4a_{n-1}(n>1,n\in\mathbf{N}_+)$,$\therefore\frac{b_n}{b_{n-1}}=\frac{a_{n+1}-2a_n}{a_n-2a_{n-1}}=\frac{2(a_n-2a_{n-1})}{a_n-2a_{n-1}}=2$,即 $b_n=2b_{n-1}$,当 $n=1$ 时,$b_2=2b_1$ 成立。因此数列$\{b_n\}$是首项为 3,公比为 2 的等比数列。

(2)由(1)知等比数列$\{b_n\}$中,$b_1=3$,公比 $q=2$,所以 $b=a_{n+1}-2a_n=3\times 2^{n-1}$,于是$\frac{a_{n+1}}{2^{n+1}}-\frac{a_n}{2^n}=\frac{3}{4}$,因此数列$\left\{\frac{a_n}{2^n}\right\}$是首项为$\frac{1}{2}$,公差为$\frac{3}{4}$的等差数列,则$\frac{a_n}{2^n}=\frac{1}{2}+(n-1)\times\frac{3}{4}=\frac{3}{4}n-\frac{1}{4}$,所以 $a_n=(3n-1)\cdot 2^{n-2}$。

四、简答题

25. 简述小学数学教学方法选择的依据。

【参考答案】本题考查数学教学方法。(1)根据教学目标选择教学方法;(2)根据学生的特征选择教学方法;(3)根据不同的教学内容选择教学方法;(4)根据教师的特点选择教学方法。除了以上四个方面外,教学方法的选择还要考虑学校的物资设备条件和文化氛围;还要注意《义务教育数学课程标准》(2011 年版)规定的教学进度和教学时间等因素。教学方法的选择要综合考虑以上诸因素,忽略任何一方,都会影响教学效果。

五、教学设计题

26.【参考答案】本题考查教学设计。(1)教材编写中呈现的特点是选用素材的现实性和趣味性,根据学生已有的知识基础和能力水平,教材创设了许多便于操作的活动情境,帮助学生理解三角形的特点。这种选取于现实生活的素材,可以激发学生学习数学的兴趣,体会数学与生活之间的联系。

(2)教材中摆三角形的实验实际上就是课堂上的学生活动,这样的活动形式可以给学生创设一个生动活泼、富有个性的学习氛围,有利于学生自主探究及合作交流。

(3)教学过程:

一、激趣导入,提出问题

教师引导学生取出三个小棒,动手尝试是否可以围成三角形。

学生围一围。

教师小结:随意的给你三根小棒,有时候能围成一个三角形,有时候不能围成一个三角形。

引导学生说出这与三角形的边有关系。

板书课题:三角形三边的关系。

二、实践操作,探究学习

1. 动手操作。

电脑出示:现有两根小棒,一根长 3 厘米,一根长 6 厘米,再配一根多长的小棒,就能围成一个三角形?

学生小组活动,教师巡视指导。

2. 汇报交流。

教师:下面请同学们来汇报一下你们的操作结果。

学生分享自己的实验数据,并总结发现的规律。

3. 集体探究。

第一层次:发现不能围成的原因。

引导学生去尝试长度为 3,3,6 及 1,3,6 的小棒组合,发现规律。

第二个层次:通过猜想初步得出三角形三边的关系。

教师:两边之和小于或者等于第三边,不能围成三角形。同学们猜想一下,什么情况下能围成三角形呢?

学生猜出:两边之和大于第三边。

第三个层次:引发矛盾,突破难点。

引导学生猜测,只通过一组来判断能否围成三角形,全面吗?那应该怎么说?引导学生得出“任意”两字。

第四个层次:判断能围成三角形的最简便的方法。

教师提问:判断能围成三角形有没有更简单的方法?是不是每次都要计算三组?

让学生充分地进行交流。

引导学生发现,较小的两边的和已经大于最长的边,那么用最长的边加一条较短的边,就一定大于另一条短边了。

三、深化认知,联系实际,拓展应用

1. 判断:下面哪组的小棒能围成一个三角形?(单位:厘米)

(1)3,4,5;(2)3,3,3;(3)3,3,5;(4)2,6,2。

2. 儿童乐园要建一个凉亭,亭子上部是三角形木架,现在已经准备了两根三米长的木料,假如你是设计师,第三根木料会准备多长?并说明理由。

四、全课小结

同学们的收获可真不少,你们能用今天所学的知识判断任意的三根小棒能否组成一个三角形吗?

教师招聘考试小学数学押题试卷(三)

一、单项选择题

1. C **【解析】**本题考查数学思想。"圆的面积"的教学运用的是割圆法,即将圆进行无限分割后转化为平行四边形,整个教学过程渗透的最重要的数学思想是极限思想。

2. C **【解析】**本题考查推理的分类。推理是数学的基本思维方式,一般包括合情推理和演绎推理。

3. A **【解析】**本题考查《义务教育数学课程标准》(2011 年版)中的课程总目标。

4. B **【解析】**本题考查概念之间的关系。有理数的概念是实数概念的种概念,实数概念是有理数概念的属概念。故两者之间的关系是属种关系。

5. B **【解析】**本题考查导数的应用。$f'(x)=\ln(ax)+1$,则有$f'\left(\frac{1}{e}\right)=\ln\left(\frac{a}{e}\right)+1=0$,解得 $a=1$,所以$f'(x)=\ln x+1$。当 $x>\frac{1}{e}$时,$f'(x)>0$;当 $0<x<\frac{1}{e}$时,$f'(x)<0$,则 $x=\frac{1}{e}$是函数 $f(x)$的极值点,故 $a=1$ 成立。

6. C **【解析】**本题考查事件的运算。由 A 与 B 为相互独立事件可知,$P(AB)=P(A)P(B)$。故选 C。

7. C **【解析】**本题考查数的整除。由 $3a2+336=6b8$ 可得,$a+3=b$,又 $6b8$ 能被 9 整除,则 $6+b+8$ 为 9 的整数倍,且 b 是 0 ~ 9 中的任一数字,可知 $b=4$,则 $a=1$,所以 $a+b=1+4=5$。

8. A **【解析】**本题考查等差数列。因为前 20 项和为 100,则$\frac{20(a_1+a_{20})}{2}=100$,$a_1+a_{20}=a_7+a_{14}=10$,则 $a_7\cdot a_{14}\leqslant\left(\frac{a_7+a_{14}}{2}\right)^2=25$,当且仅当 $a_7=a_{14}=5$ 时等号成立。故选 A。

9. A **【解析】**本题考查简单立体几何的表面积计算。如图所示,设球的半径为 R,底面中心为 O',且球心为 O。因为正四棱锥 $P-ABCD$ 中 $AB=2$,所以 $AO'=\sqrt{2}$。因为 $PO'=4$,所以在 $\mathrm{Rt}\triangle AOO'$ 中,$AO^2=AO'^2+OO'^2$,即 $R^2=(\sqrt{2})^2+(4-R)^2$,解得 $R=\frac{9}{4}$,故该球的表面积为 $4\pi R^2=4\pi\times\left(\frac{9}{4}\right)^2=\frac{81\pi}{4}$。

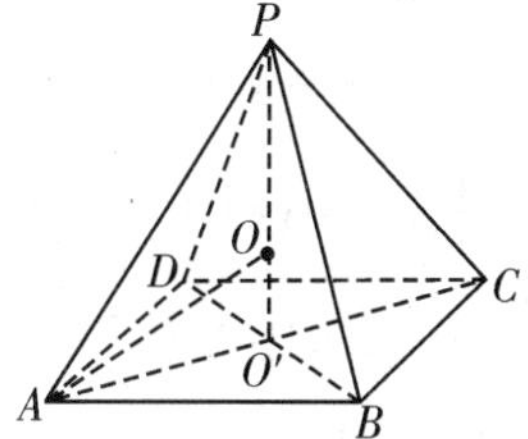

10. C **【解析】**本题考查函数的极限。$\lim\limits_{x\to1}f(x)=\lim\limits_{x\to1}\frac{x^2-1}{\sqrt{3-x}-\sqrt{1+x}}=\lim\limits_{x\to1}\frac{(x+1)(x-1)(\sqrt{3-x}+\sqrt{1+x})}{(\sqrt{3-x}-\sqrt{1+x})(\sqrt{3-x}+\sqrt{1+x})}=\lim\limits_{x\to1}\frac{-(x+1)(1-x)(\sqrt{3-x}+\sqrt{1+x})}{2(1-x)}=-2\sqrt{2}$,故选 C。

11. D **【解析】**本题考查线性组合。选项 A,$(\boldsymbol{\alpha}_1+\boldsymbol{\alpha}_2)-(\boldsymbol{\alpha}_2+\boldsymbol{\alpha}_3)+(\boldsymbol{\alpha}_3+\boldsymbol{\alpha}_4)-(\boldsymbol{\alpha}_4+\boldsymbol{\alpha}_1)=\mathbf{0}$,即 A 线性相关;选项 B,$(\boldsymbol{\alpha}_1-\boldsymbol{\alpha}_2)+(\boldsymbol{\alpha}_2-\boldsymbol{\alpha}_3)+(\boldsymbol{\alpha}_3-\boldsymbol{\alpha}_4)+(\boldsymbol{\alpha}_4-\boldsymbol{\alpha}_1)=\mathbf{0}$,即 B 线性相关;选项 C,$(\boldsymbol{\alpha}_1+\boldsymbol{\alpha}_2)-(\boldsymbol{\alpha}_2+\boldsymbol{\alpha}_3)+(\boldsymbol{\alpha}_3-\boldsymbol{\alpha}_4)+(\boldsymbol{\alpha}_4-\boldsymbol{\alpha}_1)=\mathbf{0}$,即 C 线性相关;选项 D,不能用线性组合进行表示,即 D 线性无关,正确。

12. C **【解析】**本题考查直线与圆的方程及位置关系。由题意得,圆的方程可化为$(x-3)^2+(y-4)^2=25$,则圆心 C 坐标为(3,4),半径$r=5$。过点 A 的直线被圆所截得的最短弦应与 CA 垂直。由 $CA=1$,得所求的弦的长度为$2\times\sqrt{r^2-1^2}=2\times\sqrt{25-1}=4\sqrt{6}$。故选 C。

13. B **【解析】**本题考查找次品问题。先把 100 个芯片分成 33,33,34 三份,把两份 33 个芯片分别放在天平的两端,若天平不平衡,则次品就在天平上升的一端;若天平平衡,则次品就在34个芯片里面。假设次品就在其中一份33个芯片里面,再把这份33个芯片分成11,11,11三份,把其中两份分别放在天平的两端,若天平不平衡,则次品就在天平上升的一端;若天平平衡,则次品就在剩下的11个芯片里面。假设次品就在其中一份11个芯片里面,再把这份11个芯片分成3,3,5三份,把两份3个芯片分别放在天平的两端,若天平不平衡,则次品就在天平上升的一端;若天平平衡,则次品就在剩下的5个芯片里面。假设次品就在其中一份3个芯片里面,再把这份3个芯片分成1,1,1三份,把其中两份分别放在天平的两端,若天平不平衡,则次品就在天平上升的一端;若天平平衡,则次品就是剩下的1个芯片。综上所述,至少称4次才能保证找到这块芯片。

14. C 【解析】本题考查均值不等式。因为$x>0,y>0$,$x+y=1$,所以$x+y+1=2$,则$\frac{1}{x}+\frac{4}{y+1}=\frac{1}{2}\left(\frac{1}{x}+\frac{4}{y+1}\right)[x+(y+1)]=\frac{1}{2}\left(5+\frac{y+1}{x}+\frac{4x}{y+1}\right)\geqslant\frac{1}{2}(5+4)=\frac{9}{2}$,当且仅当$\frac{y+1}{x}=\frac{4x}{y+1}$且$x+y=1$,即$x=\frac{2}{3}$,$y=\frac{1}{3}$时,原式取得最小值,为$\frac{9}{2}$。

15. B 【解析】本题考查复数与复平面。$z=\frac{3+4\mathrm{i}}{1-\mathrm{i}}=\frac{(3+4\mathrm{i})(1+\mathrm{i})}{(1-\mathrm{i})(1+\mathrm{i})}=-\frac{1}{2}+\frac{7}{2}\mathrm{i}$,对应点$\left(-\frac{1}{2},\frac{7}{2}\right)$在第二象限,故选B。

二、填空题

16. 2

【解析】本题考查圆锥曲线的性质。由双曲线上的点到坐标原点的最短距离为1可知,双曲线过点(1,0),即$a=1$。又由双曲线与抛物线有公共焦点(2,0),则$c=2$,故双曲线的离心率为$e=\frac{c}{a}=2$。

17. $(-\infty,0)\cup(2,+\infty)$

【解析】本题考查分段函数。由题意得,当$m>0$时,$\log_3(m+1)>1\Rightarrow m>2$;当$m\leqslant 0$时,$3^{-m}>1\Rightarrow m<0$。因此$m$的取值范围是$(-\infty,0)\cup(2,+\infty)$。

18. $\frac{2}{5}$

【解析】本题考查排列与组合。基本事件总数为$A_5^5=120$种,同一科目中有相邻情况的有$A_4^4A_2^2+A_4^4A_2^2-A_3^3A_2^2A_2^2=72$种,故同一科目的书都不相邻的概率是$\frac{120-72}{120}=\frac{2}{5}$。

19. π

【解析】本题考查三角函数的性质。$y=\sin 2x+2\sqrt{3}\sin^2 x=\sin 2x-\sqrt{3}(1-2\sin^2 x)+\sqrt{3}=\sin 2x-\sqrt{3}\cos 2x+\sqrt{3}=2\sin\left(2x-\frac{\pi}{3}\right)+\sqrt{3}$,故最小正周期$T=\pi$。

20. ①③④

【解析】本题考查函数的基本性质。因为$f(x)=\sin x\tan x=\cos^{-1}x-\cos x$,令$t=\cos x$,则$f(x)=t^{-1}-t$,其中$t=\cos x$是偶函数,最小正周期为$2\pi$,单调增区间是$[2k\pi-\pi,2k\pi]$,$k\in\mathbf{Z}$,单调减区间是$[2k\pi,2k\pi+\pi]$,$k\in\mathbf{Z}$,函数图象关于直线$x=k\pi$对称,所以函数$t^{-1}$和函数$-t$也都是偶函数,最小正周期为$2\pi$,函数图象关于直线$x=k\pi$对称,但是它们的单调区间发生了变化,二者在区间$[2k\pi-\pi,2k\pi]$上都是单调递减的,在区间$[2k\pi,2k\pi+\pi]$上是单调递增的,根据函数的复合规律可知,说法正确的是①③④。

21. $2\sqrt{2}-2$

【解析】本题考查二次根式的应用。由题意知,面积为2和4的正方形的边长分别为$\sqrt{2}$和2,则矩形的长和宽分别为$\sqrt{2}+2$和2,故图中阴影部分的面积为$2(\sqrt{2}+2)-2-4=2\sqrt{2}-2$。

22. $\frac{\pi}{4}$

【解析】本题考查定积分的计算。$\int_0^a(\cos x-\sin x)\mathrm{d}x=\int_0^a\sqrt{2}\cos\left(x+\frac{\pi}{4}\right)\mathrm{d}x=\sqrt{2}\sin\left(x+\frac{\pi}{4}\right)\Big|_0^a=\sqrt{2}\sin\left(a+\frac{\pi}{4}\right)-1$,$\because a\in\left[0,\frac{\pi}{2}\right]$,$\therefore a+\frac{\pi}{4}\in\left[\frac{\pi}{4},\frac{3\pi}{4}\right]$,$\therefore$由三角函数的性质可得$\sqrt{2}\sin\left(a+\frac{\pi}{4}\right)-1$的最大值为$\sqrt{2}-1$,此时$a+\frac{\pi}{4}=\frac{\pi}{2}$,即$a=\frac{\pi}{4}$。

23. 描述性评价;等级评价。

【解析】本题考查《义务教育数学课程标准》(2011年版)中的评价建议。

三、解答题

24. 【解析】本题考查三角函数的应用。(1)过点O作$OH\perp BC$,垂足为H。①当$0\leqslant\alpha\leqslant\frac{\pi}{4}$时,$E$在边$AB$上,$F$在线段$BH$上(如图①),$AD=2\text{km}$,$AO=1\text{km}$,则此时四边形$OABH$为正方形。$AE=$

$\tan\alpha \cdot AO = \tan\alpha$，$FH = \tan\left(\frac{\pi}{4}-\alpha\right)$，$\therefore S = S_{正方形OABH} - S_{\triangle OAE} - S_{\triangle OHF} = 1 - \frac{1}{2}\tan\alpha - \frac{1}{2}\tan\left(\frac{\pi}{4}-\alpha\right)$；②$\frac{\pi}{4} < \alpha < \frac{\pi}{2}$时，$E$ 在线段 BH 上，F 在线段 CH 上（如图②），此时，$EH = \frac{1}{\tan\alpha}$，$FH = \frac{1}{\tan\left(\frac{3\pi}{4}-\alpha\right)}$，$\therefore EF = \frac{1}{\tan\alpha} + \frac{1}{\tan\left(\frac{3\pi}{4}-\alpha\right)}$，

$S = S_{\triangle OEF} = \frac{1}{2}\left(\frac{1}{\tan\alpha} + \frac{1}{\tan\left(\frac{3\pi}{4}-\alpha\right)}\right)$，综上所述，

$$S = \begin{cases} 1 - \frac{1}{2}\tan\alpha - \frac{1}{2}\tan\left(\frac{\pi}{4}-\alpha\right), 0 \leqslant \alpha \leqslant \frac{\pi}{4}, \\ \frac{1}{2}\left(\frac{1}{\tan\alpha} + \frac{1}{\tan\left(\frac{3\pi}{4}-\alpha\right)}\right), \frac{\pi}{4} < \alpha < \frac{\pi}{2}。\end{cases}$$

(2)由(1)得，当$0 \leqslant \alpha \leqslant \frac{\pi}{4}$时，$S = 1 - \frac{1}{2}\tan\alpha - \frac{1}{2}\tan\left(\frac{\pi}{4}-\alpha\right)$，即 $S = 2 - \frac{1}{2}\left(1 + \tan\alpha + \frac{2}{1+\tan\alpha}\right)$，

$\because 0 \leqslant \alpha \leqslant \frac{\pi}{4}$，$\therefore 0 \leqslant \tan\alpha \leqslant 1$，即 $1 \leqslant 1 + \tan\alpha \leqslant 2$，

$\therefore 1 + \tan\alpha + \frac{2}{1+\tan\alpha} \geqslant 2\sqrt{2}$，$\therefore S \leqslant 2 - \sqrt{2}$，即当且仅当 $\tan\alpha = \sqrt{2} - 1$ 时，S 取最大值，为 $2 - \sqrt{2}$。

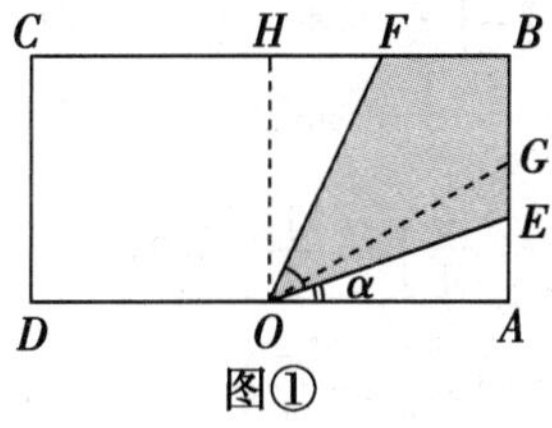

图①

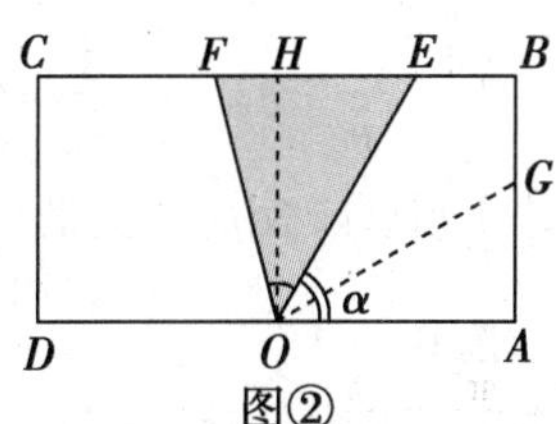

图②

25.【解析】本题考查立体几何的综合应用。

(1)$\because$ 在直角梯形 $ABCD$ 中，$AD = DC = \frac{1}{2}AB = 1$，$\therefore AC = \sqrt{2}$，$BC = \sqrt{2}$，$AB = 2$，

则 $AC^2 + BC^2 = AB^2$，$\therefore BC \perp AC$，又 $PA \perp$ 平面 $ABCD$，$BC \subset$ 平面 $ABCD$，

$\therefore BC \perp PA$，又 $PA \cap AC = A$，

$\therefore BC \perp$ 平面 PAC，$\therefore BC \perp PC$。

在 $Rt\triangle PAB$ 中，M 为 PB 的中点，则 $AM = \frac{1}{2}PB$，

在 $Rt\triangle PBC$ 中，M 为 PB 的中点，则 $CM = \frac{1}{2}PB$，

$\therefore AM = CM$。

(2)如图，连结 DB 交 AC 于点 F。

$\because DC = \frac{1}{2}AB$，$\therefore DF = \frac{1}{2}FB$。

取 PM 的中点 G，连结 DG，FM，

则 $DG /\!/ FM$，

又 $DG \not\subset$ 平面 AMC，$FM \subset$ 平面 AMC，

$\therefore DG /\!/$ 平面 AMC。

连结 GN，则 $GN /\!/ MC$，又 $GN \not\subset$ 平面 AMC，$MC \subset$ 平面 AMC，

$\therefore GN /\!/$ 平面 AMC，又 $GN \cap DG = G$，$\therefore$ 平面 $DNG /\!/$ 平面 AMC，

又 $DN \subset$ 平面 DNG，$\therefore DN /\!/$ 平面 AMC。

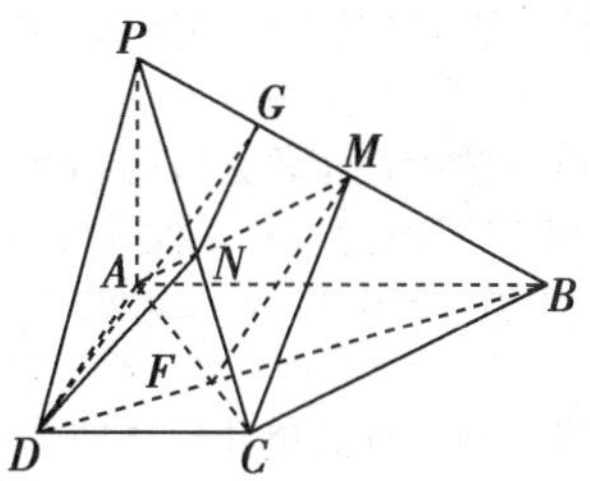

26.【解析】本题考查圆锥曲线的应用。(1)设动圆的圆心为 $P(a,b)$，则 P 到直线 $y = -1$ 的距离 $b + 1$ 为圆 P 的半径，两圆的圆心距为 $\sqrt{a^2 + (b-2)^2}$，列方程得 $b + 1 + 1 = \sqrt{a^2 + (b-2)^2}$，化简得 $a^2 = 8b$。则点 P 的轨迹 E 为 $x^2 = 8y$。

(2)证明：设 $A\left(x_1, \frac{x_1^2}{8}\right)$，$B\left(x_2, \frac{x_2^2}{8}\right)$。由于 $\overrightarrow{OA} \cdot \overrightarrow{OB} = -16$，则 $x_1x_2 + \frac{x_1^2x_2^2}{64} = -16$。计算可得 $x_1x_2 = -32$。设直线 AB 的方程为 $y = kx + t$，与抛物线 $x^2 = 8y$ 联立得 $\frac{x^2}{8} - kx - t = 0$，则 $x_1x_2 = -8t = -32$，$t = 4$。因此直线 AB 恒过点 $(0,4)$。

27.【解析】本题考查函数与导数的极值。(1)因为 $f(x) = [ax^2 - (3a+1)x + 3a + 2]e^x$，所以 $f'(x) = [ax^2 - (a+1)x + 1]e^x$，则 $f'(2) = (2a-1)e^2$，由题设知 $f'(2) = 0$，即 $(2a-1)e^2 = 0$，解得 $a = \frac{1}{2}$。

(2)由(1)得 $f'(x) = [ax^2 - (a+1)x + 1]e^x = (ax-1)(x-1)e^x$，

若 $a > 1$，则当 $x \in \left(\frac{1}{a}, 1\right)$ 时，$f'(x) < 0$；

当 $x\in(1,+\infty)$ 时，$f'(x)>0$，所以 $f(x)$ 在 $x=1$ 处取得极小值。

若 $a\leqslant1$，则当 $x\in(0,1)$ 时，$ax-1\leqslant x-1<0$，所以 $f'(x)>0$，所以 1 不是 $f(x)$ 的极小值点。

综上可知，a 的取值范围是 $(1,+\infty)$。

四、案例分析题

28.【**参考答案**】本题考查教学过程设计及教学知识。

(1)案例中内容体现了转化和极限的数学思想。

(2)教学目标：

①知识与技能目标：能利用已有的知识，推导出圆面积公式，并会用公式计算出具体圆的面积。

②过程与方法目标：经历推导圆面积公式的过程，发展分析、比较、判断、推理、归纳、概括的能力。

③情感态度与价值观目标：通过对圆面积公式的推导，体会转化的思想方法，初步感受极限思想。

(3)本节课的教学重点在于推导圆面积公式。针对这一教学重点，可以设计这样一个活动：发给每个学生一个画着 16 等分的圆与一把小剪刀，让学生用剪子把圆剪成 16 份后，由他们自己动手拼摆出学到的平面图形，如平行四边形、三角形、梯形、长方形等。然后找到求所拼成图形面积的条件，从转化成的图形面积推导出圆面积的公式。为了展示由不同图形推导圆面积公式的过程，教师应在电脑上准备好相应的图形，在学生阐述推导公式的过程中配合展示。这样能够增加直观效果，有利于同学间互相学习，互相交流。

教师招聘考试小学数学押题试卷(四)

一、单项选择题

1. C 【**解析**】本题考查集合间的运算。$M=\{x|-1\leqslant x\leqslant1\}$，$N=\{-1,0,1\}$，则 $M\cap N=\{-1,0,1\}$。

2. D 【**解析**】本题考查命题真假的判断。全称命题的否定是将“$\forall$”改为“$\exists$”，然后再否定结论，排除 A、B。又当 $x=0$ 时，$x^2\leqslant0$ 成立，所以 D 项正确。

3. D 【**解析**】本题考查简单几何体的体积。设圆锥形容器的底面积为 S，则圆锥形容器的体积为 $\frac{1}{3}S\times24=8S(\text{cm}^3)$。因为圆柱形容器与圆锥形容器等底，所以圆柱形容器中水的高度为 $8S\div S=8(\text{cm})$。

4. D 【**解析**】本题考查分数的运算。根据题意可知，乙数占甲数比丙数占甲数多 $\frac{3}{5}-\frac{5}{9}=\frac{2}{45}$，乙数比丙数多 10，则甲数为 $10\div\frac{2}{45}=225$，则乙数是 $225\times\frac{3}{5}=135$。

5. C 【**解析**】本题考查概率的计算。因为一枚质地均匀的硬币只有正、反两面，所以不管抛多少次，硬币正面朝上的概率都是 0.5。

6. A 【**解析**】本题考查平面向量的运算。记 $\overrightarrow{AB}=\boldsymbol{a}$，$\overrightarrow{AD}=\boldsymbol{b}$，则 $\boldsymbol{a}\cdot\boldsymbol{b}=0$，$\because|\boldsymbol{a}|=\sqrt{2}$，$|\boldsymbol{b}|=1$，$\therefore\overrightarrow{AC}\cdot\overrightarrow{DB}=(\overrightarrow{AB}+\overrightarrow{BC})(\overrightarrow{DA}+\overrightarrow{AB})=(\boldsymbol{a}+\boldsymbol{b})\cdot(\boldsymbol{a}-\boldsymbol{b})=\boldsymbol{a}^2-\boldsymbol{b}^2=2-1=1$。

7. A 【**解析**】本题考查函数与方程零点的判断。依题意，$f(0)=-3<0$，$f(1)=e-2>0$，且函数 $f(x)$ 是增函数，因此函数 $f(x)$ 的零点 $a\in(0,1)$。$g(1)=-3<0$，$g(2)=\ln2+3>0$，且函数 $g(x)$ 在 $(0,+\infty)$ 上是增函数，因此函数 $g(x)$ 的零点 $b\in(1,2)$，于是有 $f(b)>f(1)>0$，$g(a)<g(1)<0$，故 $g(a)<0<f(b)$。故选 A。

8. B 【**解析**】本题考查圆锥曲线的性质。设点 $C(x,y)$，由于 $A(0,-1)$，$B(0,1)$，$\triangle ABC$ 的周长为 6，则 $|CA|+|CB|+|AB|=6$，因为 $|AB|=2$，所以 $|CA|+|CB|=4$，即顶点 C 与点 A，B 的距离和为定值，则 $\triangle ABC$ 的顶点 C 的轨迹是椭圆，设其方程为 $\frac{y^2}{a^2}+\frac{x^2}{b^2}=1$，从而有 $a=2$，半焦距 $c=1$，解得 $b^2=3$，又点 C 不能在 y 轴上，即 $y\neq\pm2$，则点 C 的轨迹方程为 $\frac{y^2}{4}+\frac{x^2}{3}=1(y\neq\pm2)$。

9. D 【**解析**】本题考查三角函数的性质。$f(x)=\frac{1}{2}\cos2x+\frac{\sqrt{3}}{2}\sin2x+2\sin\left(x-\frac{\pi}{4}\right)\cdot\sin\left(\frac{\pi}{2}+x-\frac{\pi}{4}\right)=\frac{1}{2}\cos2x+\frac{\sqrt{3}}{2}\sin2x+2\sin\left(x-\frac{\pi}{4}\right)\cos\left(x-\frac{\pi}{4}\right)=\frac{1}{2}\cos2x+\frac{\sqrt{3}}{2}\sin2x+\sin\left(2x-\frac{\pi}{2}\right)=\frac{1}{2}\cos2x+\frac{\sqrt{3}}{2}\sin2x-\cos2x=\sin\left(2x-\frac{\pi}{6}\right)$，所以函数 $f(x)$ 的最小正周期 $T=\frac{2\pi}{2}=\pi$。故选 D。

10. D 【**解析**】本题考查阴影部分的面积计算。设 $B'C'$ 与 CD 的交点是 E，连结 AE。由题意得 $AD=AB'$，$\angle DAB'=60°$。在 $\text{Rt}\triangle ADE$ 和 $\text{Rt}\triangle AB'E$ 中，$\because AB'=AD$，$AE=AE$，$\therefore\triangle ADE\cong\triangle AB'E$，$\therefore\angle B'AE=30°$，$\therefore B'E=\frac{\sqrt{3}}{3}$，$\therefore S_{\triangle AB'E}=\frac{\sqrt{3}}{6}$，$\therefore S_{四边形ADEB'}=\frac{\sqrt{3}}{3}$，$\therefore$ 阴影部分的面积为 $1-\frac{\sqrt{3}}{3}$。

11. B 【**解析**】本题考查等差数列的性质。因为 S_n

为等差数列$\{a_n\}$的前n项和,且$3S_3=S_2+S_4$,所以$3\times(3a_1+\frac{3\times2}{2}d)=a_1+a_1+d+4a_1+\frac{4\times3}{2}d$,即$3a_1+2d=0$,将$a_1=2$代入得$d=-3$,故$a_5=2+4\times(-3)=-10$。

12. D 【解析】本题考查直线与圆的方程。由$y=1+\sqrt{4-x^2}$得圆的方程为$x^2+(y-1)^2=4(y\geqslant1)$,如图所示为半圆。$\because$ 直线$y=k(x-2)+4$恒过点$(2,4)$。设$A(-2,1)$,$B(2,1)$,$P(2,4)$,$\therefore$ 当$k_{PM}<k\leqslant k_{PA}$时满足题意,而MP的斜率满足$\frac{|2k-3|}{\sqrt{1+k^2}}=2$,解得$k=\frac{5}{12}$,因为$k_{PA}=\frac{4-1}{2-(-2)}=\frac{3}{4}$,所以$\frac{5}{12}<k\leqslant\frac{3}{4}$。

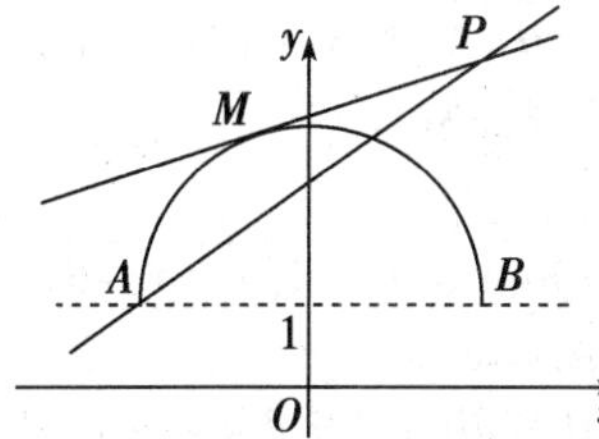

13. B 【解析】本题考查数学思想方法。在讲解三角形的面积公式的过程中运用了转化的数学思想。

14. B 【解析】本题考查《义务教育数学课程标准》(2011年版)中的数学内容。在“数与代数”领域中,函数、方程、不等式之间均存在着实质性联系,此外,代数与几何、统计之间也存在着一定的实质性联系。

15. D 【解析】本题考查数学思维的特性。数学思维在数学学习过程中主要表现为以下特性:问题性,它促使并推动数学的发展;概括性,通过思维把抽象出的事物本质特性联合起来,或推广到同类事物中去;间接性,对于有些事物我们在地球这个空间中是无法直观地认识的,只有通过数学思维才能间接地认识。

二、填空题

16. 110

【解析】本题考查排列组合。自然数0~9中共有10个数,其中奇数与偶数的个数都为5,若三个数的积为偶数,共有三种情况,分别是:三个数都是偶数;其中两个数为偶数,一个数为奇数;其中一个数为偶数,剩余两个数为奇数。当三个数都是偶数时,有$C_5^3=10$种情况;当其中两个数为偶数,一个数为奇数时,有$C_5^2C_5^1=50$种情况;当一个数为偶数,剩余两个数为奇数时,有$C_5^1C_5^2=50$种情况,则一共有$10+50+50=110$种不同选法。

17. 0

【解析】本题考查导数的定义。由导数的定义可知,$\lim\limits_{\Delta x\to0}\frac{f\left(\frac{\pi}{2}+\Delta x\right)-f\left(\frac{\pi}{2}\right)}{\Delta x}=f'\left(\frac{\pi}{2}\right)$,因为$f(x)=\sin x$,所以$f'(x)=\cos x$,所以$f'\left(\frac{\pi}{2}\right)=\cos\frac{\pi}{2}=0$。

18. ①③

【解析】本题考查新定义的理解。对于①,$f\left(-\frac{1}{x}\right)=-\frac{1}{x}+x\neq-f(x)$,不满足“倒负”变换;对于②,$f\left(-\frac{1}{x}\right)=-\frac{1}{x}-x=-f(x)$,满足“倒负”变换;对于③,当$0<x<1$时,$-\frac{1}{x}<-1$,而原函数在$(-\infty,-1)$上没有定义,不满足“倒负”变换。

19. $\frac{x^2}{36}+\frac{y^2}{9}=1$

【解析】本题考查椭圆的性质及标准方程。设椭圆的长半轴长为a,由题意知$2a=12$,解得$a=6$,又椭圆的离心率为$\frac{\sqrt3}{2}$,即$\frac{c}{a}=\frac{\sqrt3}{2}$,解得$c=3\sqrt3$,则$b^2=a^2-c^2=9$,故椭圆$C$的标准方程为$\frac{x^2}{36}+\frac{y^2}{9}=1$。

20. 18

【解析】本题考查均值不等式的应用。因为$x>0$,$y>0$,$x+y=1$,所以由均值不等式可得$\frac{8}{x}+\frac{2}{y}=\left(\frac{8}{x}+\frac{2}{y}\right)(x+y)=10+\frac{8y}{x}+\frac{2x}{y}\geqslant10+2\sqrt{16}=18$,当且仅当$\frac{8y}{x}=\frac{2x}{y}$,即$x=2y$时,等号成立。

21. $\frac{2^{2017}}{3}$

【解析】本题考查等比数列的性质。因为对任意的$n\in\mathbf{N}^*$,满足$a_{n+2}-a_n\leqslant2^n$,$a_{n+4}-a_n\geqslant5\times2^n$,所以$5\times2^n\leqslant a_{n+4}-a_n=(a_{n+4}-a_{n+2})+(a_{n+2}-a_n)\leqslant2^{n+2}+2^n=5\times2^n$,所以$a_{n+4}-a_n=5\times2^n$,所以$a_{2017}=(a_{2017}-a_{2013})+(a_{2013}-a_{2009})+\cdots+(a_5-a_1)+a_1=5\times(2^{2013}+2^{2009}+\cdots+2^1)+\frac{2}{3}=5\times\frac{2\times(1-16^{504})}{1-16}+\frac{2}{3}=\frac{2^{2017}}{3}$。

22. 合情推理;演绎推理

【解析】本题考查推理能力。

23. ①②③

【解析】本题考查《义务教育数学课程标准》

(2011 年版)中的教学建议。

三、解答题

24.【解析】本题考查齐次线性方程组的求解。对系数矩阵作初等行变换,将其化为阶梯形矩阵,

$$\begin{pmatrix}2&-4&2&7\\3&-6&4&3\\5&-10&4&25\end{pmatrix}\rightarrow\begin{pmatrix}-1&2&-2&4\\3&-6&4&3\\5&-10&4&25\end{pmatrix}\rightarrow$$

$$\begin{pmatrix}-1&2&-2&4\\0&0&-2&15\\0&0&-6&45\end{pmatrix}\rightarrow\begin{pmatrix}1&-2&2&-4\\0&0&2&-15\\0&0&0&0\end{pmatrix}$$,由

$n-\mathrm{r}(\boldsymbol{A})=4-2=2$,基础解系由 2 个向量组成,每个解中有 2 个自由变量,令 $x_2=1,x_4=0$,解得 $x_3=0,x_1=2$;令 $x_2=0,x_4=2$,解得 $x_3=15,x_1=-22$,于是得到 $\boldsymbol{\eta}_1=(2,1,0,0)^{\mathrm{T}}$,$\boldsymbol{\eta}_2=(-22,0,15,2)^{\mathrm{T}}$,通解为 $k_1\boldsymbol{\eta}_1+k_2\boldsymbol{\eta}_2$($k_1,k_2$ 为任意常数)。

25.【解析】本题考查导数的应用。(1)$\because f(x)=ax^3+bx^2$,

$\therefore f'(x)=3ax^2+2bx$,

由已知得 $\begin{cases}f(1)=4,\\f'(1)=9,\end{cases}$ 即 $\begin{cases}a+b=4,\\3a+2b=9。\end{cases}$

$\therefore a=1,b=3$。

(2)由(1)知 $f(x)=x^3+3x^2$,

$\therefore f'(x)=3x^2+6x=3x(x+2)$,

令 $f'(x)=3x(x+2)>0$,解得 $x>0$ 或 $x<-2$,

$\therefore f(x)$ 在区间 $(-\infty,-2)$ 和 $(0,+\infty)$ 上单调递增。

令 $f'(x)=3x(x+2)<0$,解得 $-2<x<0$,

$\therefore f(x)$ 在区间 $(-2,0)$ 上单调递减。

26.【解析】本题考查圆的综合应用。(1)如图,作 $BD\perp AC$,垂足为 D,

当点 P 与点 B 重合时,$\odot P$ 与边 AC 相切,

此时 BD 是 $\odot P$ 的半径,

在 $\mathrm{Rt}\triangle ABD$ 中,$\tan A=\dfrac{BD}{AD}=\dfrac{1}{2}$,

设 $BD=x$,则 $AD=2x$,

$\therefore x^2+(2x)^2=15^2$,解得 $x=3\sqrt{5}$ 或 $-3\sqrt{5}$(舍)。

所以 $\odot P$ 的半径为 $3\sqrt{5}$。

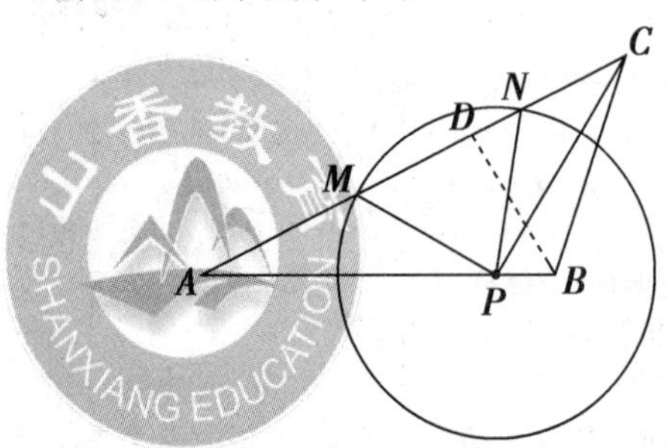

(2)相似,理由如下:

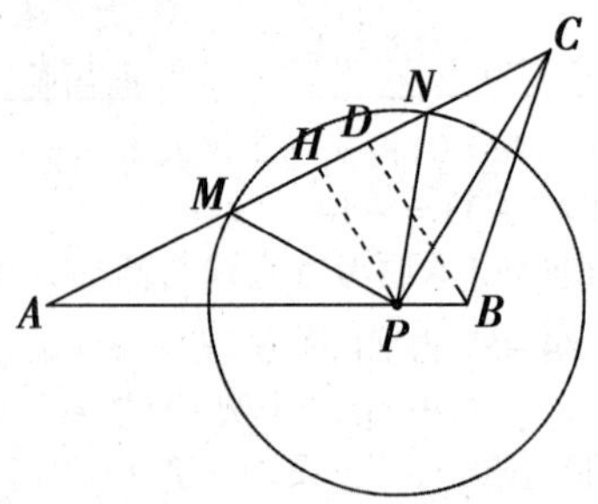

如图,过点 P 作 $PH\perp AC$,垂足为 H,过点 B 作 $BD\perp AC$,垂足为 D,

$\because PM=PN$,$\therefore PH$ 垂直平分 MN,

在 $\mathrm{Rt}\triangle AHP$ 中,$\tan A=\dfrac{PH}{AH}=\dfrac{1}{2}$,

设 $PH=y$,$AH=2y$,则 $y^2+(2y)^2=(6\sqrt{5})^2$,

解得 $y=6$(取正数),

$\therefore PH=6,AH=12$,

在 $\mathrm{Rt}\triangle MPH$ 中,$MH=\sqrt{(3\sqrt{5})^2-6^2}=3$,

$\therefore MN=2MH=6$,

$\therefore AM=AH-MH=12-3=9$,$NC=AC-MN-AM=20-6-9=5$,

$\therefore \dfrac{AM}{MP}=\dfrac{9}{3\sqrt{5}}=\dfrac{3\sqrt{5}}{5}$,$\dfrac{PN}{NC}=\dfrac{3\sqrt{5}}{5}$,即 $\dfrac{AM}{MP}=\dfrac{PN}{NC}\Rightarrow\dfrac{AM}{PN}=\dfrac{PM}{NC}$,

又 $\because PM=PN$,

$\therefore \angle PMN=\angle PNM$,

$\therefore \angle AMP=\angle PNC$,

$\therefore \triangle AMP\backsim\triangle PNC$。

四、简答题

27.【参考答案】本题考查错误归因分析。(1)本题在计算过程中,将加法的分配律误用到乘法运算中。错误原因是对乘法的算理不清楚,造成思维定势。

(2)教师应采取的措施:联系实际讲清算理;分层练习、形式多样、讲究实效;发展学生的思维。

五、教学设计题

28.【参考答案】本题考查教学设计。教学过程:

一、创设情境,激趣导入

师:“六一”节快到了,老师给大家送来了礼物!(出示百宝箱)大家想要吗?可是这上面有锁,而且是一个密码锁,打不开,怎么办?

师:密码是一个三位数,它既是一个偶数,又是 5 的倍数;最高位是 9 的最大因数;中间一位是最小的质数。你能打开密码锁吗?

学生质疑:什么是质数?教师引入本节课的内

容:质数与合数。
二、主动参与,探索新知
1. 写因数。
每个同学都有自己的学号对不对？那么请你写出自己学号的所有因数。
在写之前请一两个同学说说写因数的方法。
说完后学生开始写因数,就写在学号牌上。(要求:写因数时要完整、工整、有规律)
2. 交流。
请1～12号同学汇报自己学号的所有因数,课件出示:现在请所有同学一起来观察屏幕上这些数字的所有因数,看看你发现了什么?
师:按照每个数的因数的个数(板书:按因数的个数),可以分为哪几种情况？并说说你为什么这样分。
(全班交流)板书完成:有一个因数的:1;有两个因数的:2,3,5,7,11;有两个以上因数的:4,6,8,9,10,12。
(1)质数。
师:先观察只有两个因数的数的特征,谁能发现它们的因数有什么特点呢?(出示:只有1和它本身两个因数)
命名:我们给这样的数取名为质数(或素数)(课件),齐读后特别强调"只有"两字,然后个别读,最后再齐读(一个数,如果只有1和它本身两个因数,这样的数叫作质数)。
再举出几个质数的例子,并让学生说说为什么是质数。举得完吗？说明了什么？(质数有无数个)
想一想:最小的质数是几？最大的呢?
(2)合数。
师:再看4,6,9,10等这一类的数,它们的因数跟质数的因数比较,有什么不同呢？(板书:除了1和它本身以外,还有别的因数)应强调两个以上或至少有三个因数。
命名:我们给这样的数取名为合数。(板书:合数)(课件)
齐读概念。
质数和合数就是我们这节课所要学的内容。再举出几个合数的例子,然后问为什么。问:举得完吗？说明了什么？(合数也有无数个)
想一想:最小的合数是几？最大的呢?
(3)1既不是质数也不是合数。
(4)分类:所以按照因数个数的多少,非零自然数又可以分为哪几类呢?
课件出示:可以把非零自然数分为质数和合数以及1三类。

判断你自己的学号是质数还是合数,悄悄地告诉你的同桌,并告知理由。
3. 判断下面各数哪些是质数,哪些是合数。
17,22,29,35,37,87。
学生先自己想一想,然后分组讨论,汇报交流。
教师提问:20以内的数中有哪几个质数？哪几个合数？1呢?
三、动手实践,制作100以内的质数表
1. 51是质数还是合数？要想马上知道一个数是什么数还真不容易。(过渡)如果有质数表可查就方便了。我们一起制作一个质数表,拿出100以内的数表,想想怎样找出100以内的质数,制成质数表。
2. 刚才,我们有些同学接受任务后,有的马上就去找,有人在思考。要是我,我可不急于去找,而是想一想用什么方法去找。说说你们是怎样找的。(把质数留下,其他的数去掉,古代数学家就是用这种筛选的方法制作质数表的。我们都来筛选吧!)
3. 怎样筛选得更快？……同学们自己发现了规律制成了100以内的质数表。你们真了不起!
4. 你们还有什么发现吗?
四、巩固练习,拓展延伸
1. 在(　　)里填适当的质数。
6 = (　　) × (　　)
28 = (　　) × (　　) × (　　)
2. 男女竞赛:所猜的两个数都是质数。
(1)我俩的和是15,积是26。
(2)我俩的和是28,积是115。
(3)两个质数的和是49,这两个质数分别是(　　)和(　　)。
(4)两个质数的和是99,这两个质数分别是(　　)和(　　)。
3. 独立解答:有趣的质数。一个质数是两位数,个位、十位上的数字都是质数,并且个位和十位交换后还是质数,这个两位数是(　　)或(　　)。
学生出现79和97时,注意提示个位和十位都必须是质数。
五、归纳总结,师生评价
1. 总结:本节课学习了什么？你有什么收获？还有什么疑问?
2. 回到课始情境,你能打开密码锁了吗？里面是什么?
六、布置作业(略)

教师招聘考试小学数学押题试卷(五)

一、单项选择题

1. D 【解析】本题考查无理数的认识。实数是由有理数和无理数组成的,在以上各数中,$-2,0,3\sqrt{4}$,$\frac{22}{7}$,-1.732,$\sqrt{25}$是有理数,$\sqrt{5}$,$\frac{\pi}{2}$,$3+\sqrt{29}$,0.101 001 000 1…是无理数。故选D。

2. D 【解析】本题考查基本初等函数。方法一:因为$a=\log_2 e>1$,$b=\ln 2\in(0,1)$,$c=\log_{\frac{1}{2}}\frac{1}{3}=\log_2 3>\log_2 e>1$,所以$c>a>b$。

方法二:$\log_{\frac{1}{2}}\frac{1}{3}=\log_2 3$,如图,在同一坐标系中作出函数$y=\log_2 x$,$y=\ln x$的图象,由图知$c>a>b$。

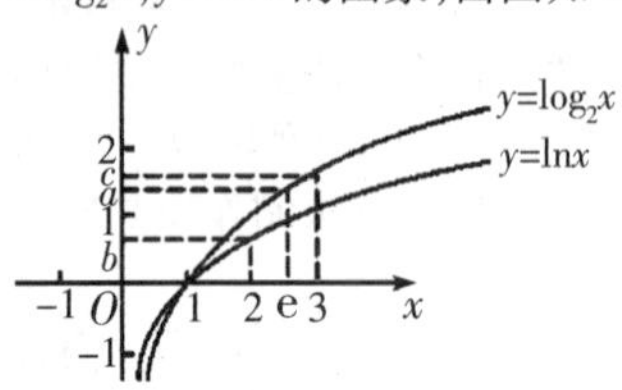

3. D 【解析】本题考查推理。依题意,由于甲看后还是不知道自己的成绩,说明乙、丙两人必是一个优秀、一个良好,则甲、丁两人必是一个优秀、一个良好,因此乙看了丙的成绩就可以知道自己的成绩,丁看了甲的成绩就清楚自己的成绩,综合以上信息可知,乙、丁可以知道自己的成绩。

4. A 【解析】本题考查排列组合。若第一门安排在开头或结尾,则第二门有3种安排方法,这时,共有$C_2^1\times3=6$(种)方案。若第一门安排在中间的3天中,则第二门有2种安排方案,这时,共有$3\times2=6$(种)方案。综上可得,所有的不同的考试安排方案有$6+6=12$(种)。

5. C 【解析】本题考查命题充分必要条件的判断。由题意,$A=\{x|0<x<1\}$,$B=\{x|0<x<3\}$,则$A\subseteq B$,故“$x\in A$”是“$x\in B$”的充分不必要条件。

6. C 【解析】本题考查不等式与函数的性质。若$x>0$,则$-x<0$,$\because$当$x\leqslant0$时,$f(x)=x^2+4x$,$\therefore$当$-x<0$时,$f(-x)=x^2-4x$,$\because f(x)$是定义域为$\mathbf{R}$的偶函数,$\therefore f(-x)=x^2-4x=f(x)$,即当$x>0$时,$f(x)=x^2-4x$,综上得$f(x)=\begin{cases}x^2+4x,x\leqslant0,\\x^2-4x,x>0,\end{cases}$由题意得,①当$x+2>0$时,$f(x+2)=(x+2)^2-4(x+2)=x^2-4>5$,解得$x>3$;②当$x+2\leqslant0$时,$f(x+2)=(x+2)^2+4(x+2)=x^2+8x+12>5$,解得$x<-7$,故综上所得,$f(x+2)>5$的解集为$\{x|x<-7$或$x>3\}$。

7. D 【解析】本题考查反比例函数的性质。连结AB,BC,$\because$点A在反比例函数的图象上,$\therefore S_{\triangle AOB}=2\sqrt{3}$,$\therefore\frac{1}{2}OB\cdot AB=2\sqrt{3}$,$\because$点$C$为$OA$的中点,$AB\perp OB$,$\therefore BC=AC=AB$,$\therefore\triangle ABC$是等边三角形,$\therefore\angle OAB=60°$,$\therefore$在$\mathrm{Rt}\triangle ABO$中,$OB=\sqrt{3}AB$,$\therefore\frac{1}{2}\cdot\sqrt{3}AB\cdot AB=2\sqrt{3}$,$\therefore AB=2$,$\therefore S_{\text{扇形}ABC}=\frac{60\pi\cdot AB^2}{360}=\frac{2\pi}{3}$,$\therefore S_{\text{阴影}}=S_{\triangle AOB}-S_{\text{扇形}ABC}=2\sqrt{3}-\frac{2\pi}{3}$。故选D。

8. B 【解析】本题考查一笔画问题。一个图形要能一笔画成必须符合两个条件:①图形是连通图;②图形中的奇点(与奇数条边相连的点)个数为0或2。第1个图中有6个奇点,不能一笔画;第2个图中没有奇点,能够一笔画;第3个图中有2个奇点,能够一笔画;第4个图中有4个奇点,不能一笔画。综上所述,能不重复地一笔画完的图标有2个。

9. A 【解析】本题考查三视图。该棱锥的直观图如下,三棱锥的高为PO,且$AC\perp BC$,过点O作$OD\perp BC$,连结PD,则有$PO=4$,$OD=3$,$AC=BC=6$,由勾股定理得,$PD=5$,$AB=6\sqrt{2}$,由三视图可知,$S_{\triangle PAC}=S_{\triangle PBC}$,则此棱锥的表面积为$\frac{1}{2}\times6\times6+2\times\frac{1}{2}\times6\times5+\frac{1}{2}\times6\sqrt{2}\times4=48+12\sqrt{2}$,故选A。

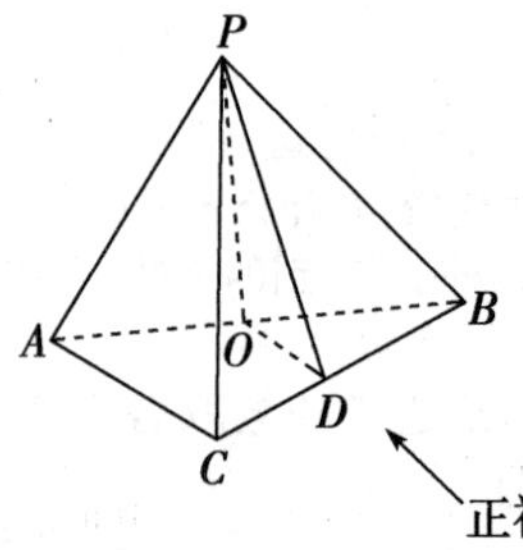

10. D 【解析】本题考查双曲线的性质。设$|AF_1|=|AB|=m$,则$|BF_1|=\sqrt{2}m$,$|AF_2|=m-2a$,$|BF_2|=\sqrt{2}m-2a$。$\because|AB|=|AF_2|+|BF_2|=m$,$\therefore m-2a+\sqrt{2}m-2a=m$,$\therefore4a=\sqrt{2}m$,$\therefore|AF_2|=\left(1-\frac{\sqrt{2}}{2}\right)m$。$\because\triangle AF_1F_2$为直角三角形,$\therefore|F_1F_2|^2=|AF_1|^2+|AF_2|^2$,$\therefore4c^2=\left(\frac{5}{2}-\sqrt{2}\right)m^2$,$\because4a=\sqrt{2}m$,$\therefore4c^2=\left(\frac{5}{2}-\sqrt{2}\right)\times8a^2$,$\therefore e^2=5-2\sqrt{2}$。

11. D 【解析】本题考查古典概型及其概率计算公式。从1,2,3,4,5,6这六个数字中任取3个不同的数字组成一个三位数,基本事件总数为$A_6^3=120$,这个三位数是偶数包含的基本事件个数为$C_3^1C_5^2=30$,所以这个三位数是偶数的概率$P=\frac{30}{120}=\frac{1}{4}$。

12. D 【解析】本题考查规律探究问题以及等差数列的通项公式。因为$a_1=1,4a_n=(a_{n+1}-1)^2-(a_n-1)^2,a_1,a_2,a_3,\cdots$是一列正整数,所以$a_n-1\geqslant0,(a_{n+1}-1)^2=(a_n-1)^2+4a_n=(a_n+1)^2$,则$a_{n+1}-1=a_n+1$,即$a_{n+1}-a_n=2$,又$a_1=1$,所以$a_n$是以2为公差,以1为首项的等差数列,所以$a_n=2n-1$,故$a_{2019}=2019\times2-1=4037$。

13. B 【解析】本题考查定积分的计算。$\int_0^1\frac{x^2}{1+x}dx=\int_0^1\frac{x^2-1+1}{1+x}dx=\int_0^1\left(x-1+\frac{1}{1+x}\right)dx=\left[\frac{1}{2}x^2-x+\ln(1+x)\right]\Big|_0^1=\ln2-\frac{1}{2}$。

14. A 【解析】本题考查分式方程的应用。设今年1~3月份每辆车的销售价为x万元,则去年每辆车的销售价为$(x+1)$万元。根据题意可列方程为$\frac{5000}{x+1}=\frac{5000(1-20\%)}{x}$。

15. C 【解析】本题考查级数敛散性的判断。选项A,$\because\lim\limits_{n\to\infty}\frac{\frac{1}{n\sqrt[n]{n}}}{\frac{1}{n}}=\lim\limits_{n\to\infty}\frac{1}{\sqrt[n]{n}}=1$,$\sum\limits_{n=1}^{\infty}\frac{1}{n}$发散,$\therefore$根据比较判别法可知,原级数发散;选项B,$\because\lim\limits_{n\to\infty}\frac{\frac{[(n+1)!]^2}{2(n+1)^2}}{\frac{(n!)^2}{2n^2}}=\infty$,$\therefore$原级数发散;选项C,$\because0\leqslant\frac{n\cos^2\frac{n\pi}{3}}{2^n}\leqslant\frac{n}{2^n}$,$\lim\limits_{n\to\infty}\sqrt[n]{\frac{n}{2^n}}=\frac{1}{2}$,$\therefore\sum\limits_{n=1}^{\infty}\frac{n}{2^n}$收敛,故原级数收敛;选项D,$\sum\limits_{n=1}^{\infty}\frac{1}{n}$是调和级数,故$\sum\limits_{n=1}^{\infty}\frac{1}{n}$发散,综上可知,选项C正确。

16. C 【解析】本题考查程序框图。由程序框图可知函数为$y=\begin{cases}e^x,x\leqslant0,\\2-\ln x,x>0,\end{cases}$若$x\leqslant0$时,由$y=1$得$e^x=1$,解得$x=0$,满足条件;若$x>0$时,由$y=2-\ln x=1$得$\ln x=1$,即$x=e$,满足条件。故选C。

17. A 【解析】本题考查三角函数的变换。由题意可知,$g(x)=\sin\left(x-\frac{\pi}{4}\right)$,由$y=f(x)g(x)=\sin\left(x-\frac{\pi}{4}\right)\sin x=\frac{\sqrt{2}}{2}\sin^2x-\frac{\sqrt{2}}{2}\sin x\cos x=\frac{\sqrt{2}-\sqrt{2}\sin2x-\sqrt{2}\cos2x}{4}=\frac{\sqrt{2}-2\sin\left(2x+\frac{\pi}{4}\right)}{4}$,所以$y=f(x)g(x)$的最大值为$\frac{2+\sqrt{2}}{4}$。

18. B 【解析】本题考查几何体体积的计算。$\because$正方体的棱长为10cm,$\therefore$两个正方体的体积为$V=2\times10\times10\times10=2\ 000cm^3$,设熔化后铸成的正四棱柱铜块的高为$a$cm,则$5\times5\times a=2\ 000$,解得$a=80$cm。

19. B 【解析】本题考查数的整除。$2\ 002\times499=2\ 002\times(500-1)=1\ 001\ 000-2\ 002=998\ 998$,不满足七位数,$2\ 002\times500=1\ 001\ 000$是七位数,但个位数字为0,$2\ 002\times501=1\ 003\ 002$,满足条件,故其各位数字之和为$1+3+2=6$。

20. D 【解析】本题考查集合的性质。$A=\{1,2\}$,$B=\{1,2,3,4\}$,因为$A\subseteq C\subseteq B$,所以满足条件的集合C有$\{1,2\},\{1,2,3\},\{1,2,4\},\{1,2,3,4\}$,共4个。故选D。

21. A 【解析】函数$f(x)=\sqrt{3}\sin2x-\cos2x=2\sin\left(2x-\frac{\pi}{6}\right)$的图象向左平移$m$个单位,得到函数$g(x)=2\sin\left(2x+2m-\frac{\pi}{6}\right)$的图象,由于$g(x)$的图象关于直线$x=\frac{\pi}{6}$对称,则有$2\times\frac{\pi}{6}+2m-\frac{\pi}{6}=k\pi+\frac{\pi}{2}(k\in\mathbf{Z})$,解得$m=\frac{\pi}{6}+\frac{k\pi}{2}(k\in\mathbf{Z})$,$\because m>-\frac{\pi}{2}$,$\therefore$当$k=-1$时,$m_{\min}=-\frac{\pi}{3}$。

22. C 【解析】本题考查代数式的化简计算。$\frac{x-3}{2x-4}\div\left(\frac{5}{x-2}-x-2\right)=\frac{x-3}{2(x-2)}\div\frac{9-x^2}{x-2}=\frac{x-3}{2(x-2)}\times\frac{x-2}{(3-x)(3+x)}=-\frac{1}{2(x+3)}$。$\because\frac{x+3}{x+2}=\frac{1}{\sqrt{3}+\sqrt{2}+1}$,$\therefore\frac{x+2}{x+3}=\sqrt{3}+\sqrt{2}+1$,$\therefore\frac{x+3-1}{x+3}=1-\frac{1}{x+3}=\sqrt{3}+\sqrt{2}+1$,$\therefore\frac{1}{x+3}=-(\sqrt{3}+\sqrt{2})$,$\therefore$原式$=-\frac{1}{2(x+3)}=\frac{\sqrt{2}+\sqrt{3}}{2}$。

23. A 【解析】本题考查函数的连续性。$\because$函数

$f(x)$在$x=0$处连续,∴ 有$\lim\limits_{x\to0^+}f(x)=\lim\limits_{x\to0^-}f(x)=f(0)$,∵ $\lim\limits_{x\to0^+}f(x)=\lim\limits_{x\to0^+}\dfrac{1-e^{\tan x}}{\arcsin\dfrac{x}{2}}=\lim\limits_{x\to0^+}-\dfrac{\tan x}{\dfrac{x}{2}}=-2$,$\lim\limits_{x\to0^+}f(x)=\lim\limits_{x\to0^-}f(x)=\lim\limits_{x\to0^-}ae^{2x}=a=-2$。

24. C 【解析】本题考查正态分布。∵ $P(\xi<4)=0.8$,∴ $P(\xi\geqslant4)=1-0.8=0.2$,∵ $\mu=2$,∴ $P(2<\xi<4)=0.5-0.2=0.3$,由正态分布的对称性可知,$P(0<\xi<2)=0.3$。

25. D 【解析】本题考查函数的图象与性质。根据题意作出函数图象,如图。A 项,当a,b,c均为负数时,函数在$(-\infty,0)$上单调递减,即$a<b<c<0$时,得不到$f(a)>f(c)>f(b)$,故a,b,c不可能同时小于 0;B 项,b的符号不一定为正,还可以为负;C 项,∵ $-a>c>0$,∴ $2^{-a}>2^c$;D 项,根据图象可知a和c异号,且$1>f(a)>f(c)>0$,∴ $2^a+2^c<2$。

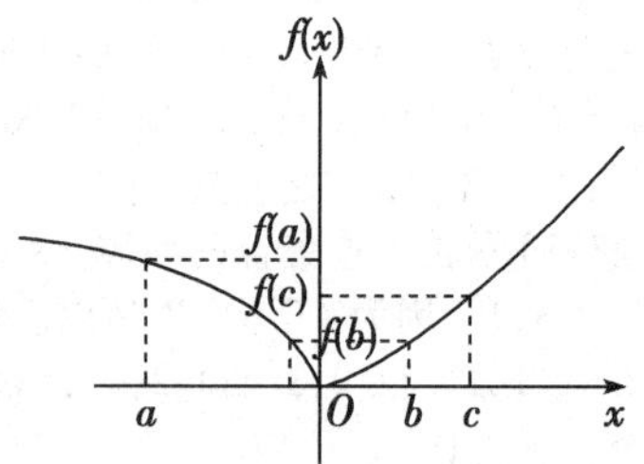

26. B 【解析】本题考查数列极限。将分子有理化可得$\lim\limits_{n\to\infty}(\sqrt{n+1}-\sqrt{n})=\lim\limits_{n\to\infty}\dfrac{1}{\sqrt{n+1}+\sqrt{n}}=0$。

27. C 【解析】本题考查同余问题。由题意知,3,5,7 的最小公倍数为 105。自然数被 3 除余 1,被 5 和 7 整除的最小数是70;被 5 除余 2,被 3 和 7 整除的最小数是 42;被 7 除余 3,被 3 和 5 整除的最小数是 45。因此,被 3 除余 1,被 5 除余 2,被 7 除余 3 的最小数是:$70+42+45-3\times5\times7=52$。由于这个自然数在 1 000 到 1 200 之间,则这个自然数为$105\times10+52=1\ 102$。故选 C。

28. C 【解析】本题考查导数的应用。当$a=0$时,$f(x)=-3x^2+1=0$,解得$x=\pm\dfrac{\sqrt{3}}{3}$,不符合题意;当$a\neq0$时,$f'(x)=3ax^2-6x$,令$f'(x)=0$,得$x=0$或$x=\dfrac{2}{a}$。若$a>0$,则有$f(x)$在$(-\infty,0)$上单调递增,因为$f(0)=1$,则存在一零点在$(-\infty,0)$上,不符合题意;若$a<0$,则有$f(x)$在$\left(-\infty,\dfrac{2}{a}\right)$上单调递减,在$\left(\dfrac{2}{a},0\right)$上单调递增,在$(0,+\infty)$上单调递减,由$f(x)$在$\mathbf{R}$上存在唯一的零点$x_0$,且$x_0>0$,因为$f(0)=1>0$,所以此时必有$f\left(\dfrac{2}{a}\right)>0$,即$a\times\dfrac{8}{a^3}-3\times\dfrac{4}{a^2}+1>0$,化简得$a^2>4$,解得$a<-2$。

29. B 【解析】本题考查矩阵的性质。矩阵经过初等变换后,秩不发生改变,由$|\boldsymbol{A}|=0$可得,$r(\boldsymbol{A})<n$,则$r(\boldsymbol{B})<n$,$|\boldsymbol{B}|=0$,故 B 正确;若$\boldsymbol{A}=\begin{pmatrix}1&0\\0&2\end{pmatrix}$,$\boldsymbol{B}=\begin{pmatrix}0&2\\1&0\end{pmatrix}$,则有$|\boldsymbol{A}|=2$,$|\boldsymbol{B}|=-2$,故 A、D 错误;若$\boldsymbol{A}=\begin{pmatrix}1&0\\0&2\end{pmatrix}$,$\boldsymbol{B}=\begin{pmatrix}1&0\\1&2\end{pmatrix}$,则 C 错误。故选 B。

30. A 【解析】本题考查进制之间的转化。将 389 转化为四进制数,利用除法,$389\div4=97\cdots\cdots1$,$97\div4=24\cdots\cdots1$,$24\div4=6\cdots\cdots0$,$6\div4=1\cdots\cdots2$,$1\div4=0\cdots\cdots1$,将所有的余数按照倒序排列得 12 011,即$389_{(10)}=12\ 011_{(4)}$。故选 A。

二、解答题

31.【解析】本题考查立体几何的综合应用。(1)如图,连结OA,OB,OC,因为$\triangle ABC$是正三角形,所以$AB=BC=AC$,因为O是圆锥底面的圆心,所以$OA=OB=OC$,又$PO\perp$平面ABC,所以$AP^2=OA^2+OP^2$,$BP^2=OB^2+OP^2$,$CP^2=OC^2+OP^2$,则$AP=BP=CP$,所以$\triangle APB\cong\triangle BPC\cong\triangle APC$(SSS),由于$\angle APC=90°$,所以$\angle APB=\angle BPC=90°$,即$AP\perp BP$,$CP\perp BP$,又$AP\cap CP=P$,所以$BP\perp$平面$APC$,由于$BP\subset$平面$PAB$,所以平面$PAB\perp$平面$PAC$。

(2)设圆锥的底面半径为r,圆锥的母线长为l,则$l=\sqrt{2+r^2}$,由于圆锥的侧面积为$\sqrt{3}\pi$,所以$\pi\cdot r\cdot\sqrt{2+r^2}=\sqrt{3}\pi$,整理得$(r^2+3)(r^2-1)=0$,解得$r=1$,所以$AB=2\times1\times\cos30°=\sqrt{3}$,在 Rt$\triangle ABP$中,因为$AP=BP$,所以$AP=BP=CP=AB\cdot\cos45°=\sqrt{\dfrac{3}{2}}$,则$V_{P-ABC}=V_{B-APC}=\dfrac{1}{3}\times\dfrac{1}{2}\times\sqrt{\dfrac{3}{2}}\times\sqrt{\dfrac{3}{2}}\times\sqrt{\dfrac{3}{2}}=\dfrac{\sqrt{6}}{8}$。

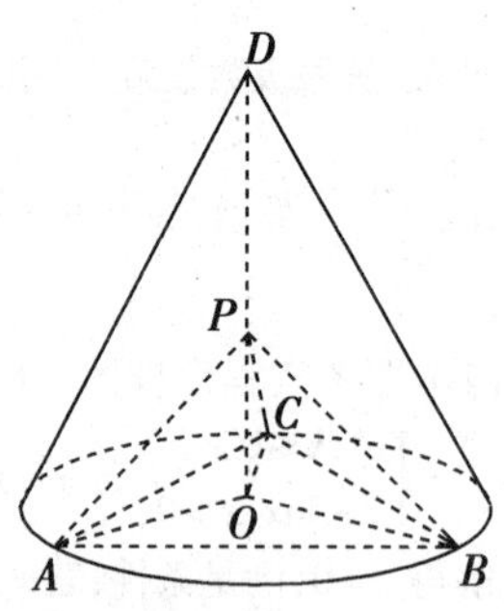

32.【解析】本题考查概率问题。(1)设A_1表示事件

“日销售量不低于 100 个”，A_2 表示事件“日销售量低于 50 个”，B 表示事件“在未来连续 3 天里，有连续 2 天日销售量都不低于 100 个，且另 1 天的日销售量低于 50 个”。因此 $P(A_1)=(0.006+0.004+0.002)\times50=0.6$，$P(A_2)=0.003\times50=0.15$，

$P(B)=0.6\times0.6\times0.15\times2=0.108$。

(2) X 可能取的值为 0,1,2,3，相应的概率分别为

$P(X=0)=C_3^0\,(1-0.6)^3=0.064$，

$P(X=1)=C_3^1 0.6\,(1-0.6)^2=0.288$，

$P(X=2)=C_3^2\,0.6^2(1-0.6)=0.432$，

$P(X=3)=C_3^3\,0.6^3=0.216$。

X 的分布列为

X	0	1	2	3
P	0.064	0.288	0.432	0.216

因为 $X\sim B(3,0.6)$，所以期望 $E(X)=3\times0.6=1.8$，方差 $D(X)=3\times0.6\times(1-0.6)=0.72$。

33.【解析】本题考查等比数列的性质。(1) 设等比数列 $\{a_n\}$ 的公比为 q，则有 $\begin{cases}a_1+a_1q=4,\\a_1q^2-a_1=8,\end{cases}$ 解得 $\begin{cases}a_1=1,\\q=3,\end{cases}$ 故数列 $\{a_n\}$ 的通项公式为 $a_n=3^{n-1}$。

(2) 由 (1) 可得，$\log_3 a_n=n-1$，是一个以 0 为首项，1 为公差的等差数列，所以 $S_n=\frac{n(n-1)}{2}$，又 $S_m+S_{m+1}=S_{m+3}$，则有 $\frac{m(m-1)}{2}+\frac{(m+1)m}{2}=\frac{(m+3)(m+2)}{2}$，即 $m^2-5m-6=0$，解得 $m=6$ 或 -1（舍去），故 $m=6$。

34.【解析】本题考查圆锥曲线的综合应用。(1) 依题意可得，椭圆的方程为 $\frac{x^2}{4}+y^2=1$，直线 AB，EF 的方程分别为 $x+2y=2$，$y=kx\,(k>0)$，如图所示。

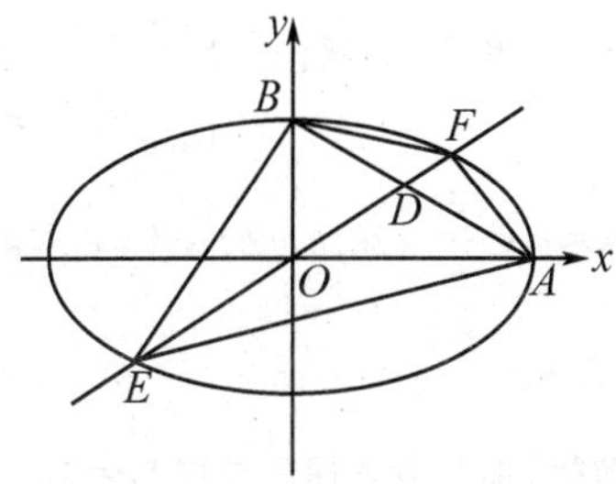

设 $D(x_0,kx_0)$，$E(x_1,kx_1)$，$F(x_2,kx_2)$，其中 $x_1<x_2$。

联立方程组 $\begin{cases}\frac{x^2}{4}+y^2=1,\\y=kx,\end{cases}$ 化简得 $(1+4k^2)x^2=4$。

由题意知，x_1，x_2 满足方程 $(1+4k^2)x^2=4$，

则 $x_2=-x_1=\frac{2}{\sqrt{1+4k^2}}$。①

由 $\overrightarrow{ED}=6\overrightarrow{DF}$ 知 $x_0-x_1=6(x_2-x_0)$，

得 $x_0=\frac{1}{7}(6x_2+x_1)=\frac{5}{7}x_2=\frac{10}{7\sqrt{1+4k^2}}$。

由 D 在 AB 上知 $x_0+2kx_0=2$，得 $x_0=\frac{2}{1+2k}$，

故 $\frac{2}{1+2k}=\frac{10}{7\sqrt{1+4k^2}}$，化简得 $24k^2-25k+6=0$，

解得 $k=\frac{2}{3}$ 或 $k=\frac{3}{8}$。

(2) 由题知 $|BO|=1$，$|AO|=2$。

设 $y_1=kx_1$，$y_2=kx_2$。

由①得 $x_2>0$，$y_2=-y_1>0$，$\frac{x_2^2}{4}+y_2^2=1$，

故四边形 $AEBF$ 的面积为 $S=S_{\triangle BEF}+S_{\triangle AEF}=\frac{1}{2}|BO|\,|x_2-x_1|+\frac{1}{2}\,|AO||y_2-y_1|=x_2+2y_2=\sqrt{(x_2+2y_2)^2}=\sqrt{x_2^2+4y_2^2+4x_2y_2}\leqslant\sqrt{2(x_2^2+4y_2^2)}=2\sqrt{2}$，当且仅当 $x_2=2y_2$ 时取等号，因此 S 的最大值为 $2\sqrt{2}$。

35.【解析】本题考查线性方程组的解。∵ 线性方程组 $\boldsymbol{Ax}=\boldsymbol{b}$ 有无穷多解，∴ $\mathrm{r}(\boldsymbol{A})=\mathrm{r}(\overline{\boldsymbol{A}})<n$。对增广矩阵作初等变换可得，$\overline{\boldsymbol{A}}=\begin{pmatrix}1&2&1&1\\2&3&a+2&3\\1&a&-2&0\end{pmatrix}\to\begin{pmatrix}1&2&1&1\\0&-1&a&1\\0&a-2&-3&-1\end{pmatrix}\to\begin{pmatrix}1&2&1&1\\0&1&-a&-1\\0&0&a^2-2a-3&a-3\end{pmatrix}$，当 $a=3$ 时，$\mathrm{r}(\boldsymbol{A})=\mathrm{r}(\overline{\boldsymbol{A}})=2<3$，线性方程组 $\boldsymbol{Ax}=\boldsymbol{b}$ 有无穷多解。

此时，$\overline{\boldsymbol{A}}=\begin{pmatrix}1&2&1&1\\0&-1&-3&1\\0&0&0&0\end{pmatrix}\to\begin{pmatrix}1&0&-5&3\\0&1&3&-1\\0&0&0&0\end{pmatrix}$，于是方程组的通解为：

$(3,-1,0)^{\mathrm{T}}+k\,(5,-3,1)^{\mathrm{T}}$。（此通解不唯一）

教师招聘考试小学数学押题试卷(六)

一、单项选择题

1. B 【解析】本题考查复数的运算。由题意可得 $\frac{1-ai}{1+ai}=-\frac{3}{5}+\frac{4}{5}i$，即 $\frac{(1-ai)^2}{1+a^2}=\frac{1-a^2-2ai}{1+a^2}=-\frac{3}{5}+\frac{4}{5}i$，则有 $\frac{1-a^2}{1+a^2}=-\frac{3}{5}$，$\frac{-2a}{1+a^2}=\frac{4}{5}$，解得 $a=-2$。故选 B。

2. A 【解析】本题考查函数图象的判断。∵ 菱形 $ABCD$ 中，$\angle A=60°$，$AB=2$，∴ $DB=2$，(1) 如图①，当 $0\leqslant x<2$ 时，过 Q 作 $QH\perp AB$ 于 H，∵ $AQ=BP=x$，∴ $PQ=AB=2$，而 $\angle A=60°$，∴ $QH=\frac{\sqrt{3}}{2}x$，∴ $S_{\triangle AQP}=\frac{1}{2}\cdot 2\cdot\frac{\sqrt{3}}{2}x=\frac{\sqrt{3}}{2}x$，它的函数图象为线段；(2) 如图②，当 $2\leqslant x<3$，过 A 作 $AH\perp CD$ 的延长线于 H，则 $AH=\sqrt{3}$，$DQ=x-2$，$PC=x-2$，$DP=4-x$，$S_{\triangle APQ}=S_{\triangle ADP}-S_{\triangle ADQ}-S_{\triangle PDQ}=\frac{1}{2}\cdot\sqrt{3}(4-x)-\frac{1}{2}\cdot 2\cdot(x-2)\cdot\frac{\sqrt{3}}{2}-\frac{1}{2}\cdot(x-2)\cdot(4-x)\frac{\sqrt{3}}{2}=\frac{\sqrt{3}}{4}(x-5)^2-\frac{5\sqrt{3}}{4}$，它的函数图象为抛物线的一部分，并且开口向上；(3) 如图③，当 $3\leqslant x\leqslant 4$，$S_{\triangle APQ}=S_{\triangle ADB}+S_{\triangle DPQ}-S_{\triangle ADP}-S_{\triangle ABQ}=\frac{1}{2}\times 2\times 2\times\frac{\sqrt{3}}{2}+\frac{1}{2}\times(4-x)(x-2)\cdot\sin 60°-\frac{1}{2}\times 2(4-x)\cdot\sin 120°-\frac{1}{2}\times 2(4-x)\sin 60°=\sqrt{3}+\frac{\sqrt{3}}{4}(4-x)\cdot(x-2)-\frac{\sqrt{3}}{2}(4-x)-\frac{\sqrt{3}}{2}(4-x)=-\frac{\sqrt{3}}{4}x^2+\frac{5\sqrt{3}}{2}x-5\sqrt{3}$，它的函数图象为抛物线的一部分，并且开口向下。所以选项 A 正确。

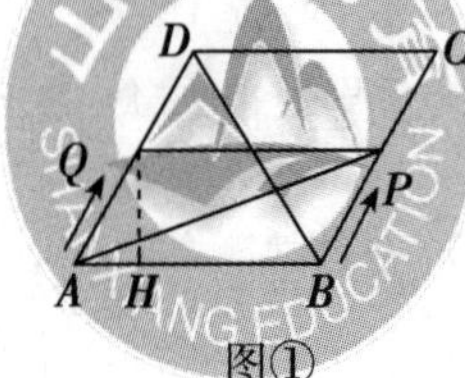

图①

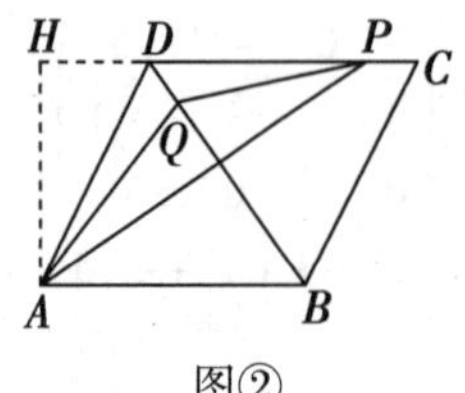

图②

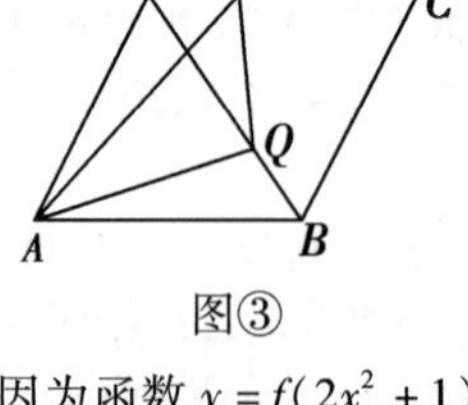

图③

3. C 【解析】因为函数 $y=f(2x^2+1)+f(\lambda-x)$ 只有一个零点，所以方程 $f(2x^2+1)+f(\lambda-x)=0$ 只有一个实数根，又函数 $f(x)$ 是定义在 $\mathbf{R}$ 上的单调奇函数，所以 $f(2x^2+1)+f(\lambda-x)=0\Leftrightarrow f(2x^2+1)=f(x-\lambda)\Leftrightarrow 2x^2+1=x-\lambda$，所以方程 $2x^2-x+1+\lambda=0$ 只有一个实数根，根据一元二次方程的性质可得 $\Delta=(-1)^2-4\times 2\times(1+\lambda)=0$，解得 $\lambda=-\frac{7}{8}$。故选 C。

4. C 【解析】本题考查集合的运算。集合 $A=\{x||x|<2\}=\{x|-2<x<2\}$，则 $A\cap B=\{-1,0,1\}$。

5. B 【解析】本题考查利润问题。设成本价是 x 元，定价是成本价的 $(1+20\%)$，那么定价就是 $(1+20\%)x$ 元，再把定价看成单位“1”，它的 88% 就是现在的售价，现在的售价减去成本价就是利润 84 元，由此列出方程：$(1+20\%)x\times 88\%-x=84$，解得 $x=1500$ 元。所以这件商品的成本价是 1500 元。故选 B。

6. A 【解析】本题考查三角函数的单调性。函数 $f(x)=\sin\left(\omega x+\frac{\pi}{4}\right)$ 的单调递减区间满足 $\frac{\pi}{2}+2k\pi\leqslant\omega x+\frac{\pi}{4}\leqslant\frac{3\pi}{2}+2k\pi$，$k\in\mathbf{Z}$，即 $\frac{\pi}{4\omega}+\frac{2k\pi}{\omega}\leqslant x\leqslant\frac{5\pi}{4\omega}+\frac{2k\pi}{\omega}$，$k\in\mathbf{Z}$，∵ 函数 $f(x)=\sin\left(\omega x+\frac{\pi}{4}\right)$ 在 $\left(\frac{\pi}{2},\pi\right)$ 上单调递减，故 $\begin{cases}\frac{\pi}{4\omega}+\frac{2k\pi}{\omega}\leqslant\frac{\pi}{2},\\ \frac{5\pi}{4\omega}+\frac{2k\pi}{\omega}\geqslant\pi,\end{cases}$ 解得 $\frac{1}{2}+4k\leqslant\omega\leqslant\frac{5}{4}+2k$，$k\in\mathbf{Z}$，令 $k=0$ 求得 $\frac{1}{2}\leqslant\omega\leqslant\frac{5}{4}$，故选 A。

7. D 【解析】本题考查探索规律与余数。设这串数为 $a_1,a_2,a_3,\cdots,a_{2013},\cdots$，依题意知，$a_1=1$，$a_2=$

$1+1, a_3=1+1+2, a_4=1+1+2+3, a_5=1+1+2+3+4, \cdots, a_{2013}=1+1+2+3+\cdots+2012=1+(1+2+3\cdots+2012)=1+1006\times2013$。因为 $1006\div5=201\cdots\cdots1$，$2013\div5=402\cdots\cdots3$，则 1006×2013 除以 5 的余数是 3，因此这串数左起第 2013 个数除以 5 的余数是 4。

8. C 【解析】本题考查数的大小比较。$a=\log_3 2=\frac{1}{\log_2 3}$，$b=\ln 2=\frac{1}{\log_2 \mathrm{e}}$，$\because \log_2 3>\log_2 \mathrm{e}>1$，$\therefore a<b$，$\because c=5^{-\frac{1}{2}}=\frac{1}{\sqrt{5}}<1$，由此可得 $c<a<b$。

9. C 【解析】本题考查简单几何体的表面积。将 3 个这样的部件尽可能拼成正方体时，表面积最小。从上面看有 4 个小正方形，从前面看有 5 个小正方形，从右面看有 5 个小正方形，所以这个立体图形的表面一共有 $(4+5+5)\times2=28$ 个小正方形，所以表面积是 $1\times1\times28=28$，故表面积最小是 28。

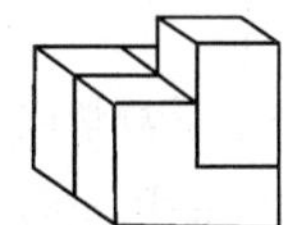

10. B 【解析】本题考查双曲线的离心率。不妨设双曲线的一条渐近线 $y=\frac{b}{a}x$，联立可得方程组 $\begin{cases} y=\frac{b}{a}x, \\ y=2x^2+1, \end{cases}$ 化简得 $2x^2-\frac{b}{a}x+1=0$，由双曲线的渐近线和抛物线只有一个交点可得方程只有一个解，即 $\Delta=\left(\frac{b}{a}\right)^2-8=0\Rightarrow\left(\frac{b}{a}\right)^2=8$，所以双曲线的离心率为 $e=\frac{c}{a}=\frac{\sqrt{a^2+b^2}}{a}=\sqrt{1+\left(\frac{b}{a}\right)^2}=3$。故选 B。

11. D 【解析】本题考查浓度问题。设应加入 5% 的盐水 x g，则 $\frac{500\times20\%+5\%x}{500+x}=15\%$，解得 $x=250$。

12. D 【解析】$\because f(x)=\sin x+\sqrt{3}\cos x=2\sin\left(x+\frac{\pi}{3}\right)$，$\therefore$ 平移后得到函数 $g(x)=2\sin\left(\frac{1}{2}x+\frac{\pi}{3}-\frac{\pi}{4}\right)=2\sin\left(\frac{1}{2}x+\frac{\pi}{12}\right)$，$g(x)$ 的对称轴为 $\frac{1}{2}x+\frac{\pi}{12}=\frac{\pi}{2}+k\pi(k\in\mathbf{Z})$，即 $x=\frac{5\pi}{6}+2k\pi(k\in\mathbf{Z})$，则当 $k=0$ 时，函数 $g(x)$ 的一条对称轴为 $x=\frac{5\pi}{6}$。

13. D 【解析】本题考查命题的否定。全称命题 p: $\forall x\in M, p(x)$，其否定形式是 $\neg p$: $\exists x_0\in M$，$\neg p(x_0)$，故原命题的否定为：$\exists n_0\in\mathbf{N}_+$，$f(n_0)\notin\mathbf{N}_+$ 或 $f(n_0)>n_0$。

14. A 【解析】本题考查数学概念间的关系。自然数包含正整数，因此是包含关系。

15. B 【解析】本题考查概念同化的定义。概念同化指利用学习者认知结构中原有的概念，以定义或描述的方式直接向学习者揭示新概念的本质属性，进而使学习者获得概念的过程。也就是以间接经验为基础，利用已掌握的概念去学习新概念的过程。长方体、长方形的学习都有实物可以认识接触；循环小数的概念学习不需要借助其他已经掌握的概念；质数的概念比较抽象，在现实生活中也接触不到，它本身的定义就是借助于因数来定义的，所以它的学习是概念同化的方式。故选 B。

二、填空题

16. $\frac{43}{52}$

【解析】本题考查数的混合运算。原式 $=\left(\frac{\frac{7}{4}+\frac{1}{6}}{13\frac{1}{3}-12}\times\frac{8}{23}\right)\times\left(\frac{15}{13}+\frac{1}{2}\right)=\left(\frac{23}{16}\times\frac{8}{23}\right)\times\left(\frac{15}{13}+\frac{1}{2}\right)=\frac{1}{2}\times\frac{43}{26}=\frac{43}{52}$。

17. 8

【解析】本题考查函数的极限。当 $x\to0$ 时，$1-\cos x\sim\frac{1}{2}x^2$，$\tan 2x\sim2x$，$\therefore$ 原式 $=\lim\limits_{x\to0}\frac{(2x)^2}{\frac{1}{2}x^2}=8$。

18. $\frac{2n-1}{(n+1)^2}$

【解析】本题考查规律探究问题。这组数的分子依次为 1，3，5，7，9，…，可表示为 $2n-1$；分母依次为 $2^2, 3^2, 4^2, 5^2, 6^2, \cdots$，可表示为 $(n+1)^2$，所以第 n 个数是 $\frac{2n-1}{(n+1)^2}$。

19. 6

【解析】本题考查二项式的展开式。该二项展开式的通项为 $T_{r+1}=\mathrm{C}_4^r(\sqrt{x})^{4-r}\cdot(-1)^r$，当 x 的指数为 1 时，$4-r=2$，得 $r=2$。故 $T_3=\mathrm{C}_4^2(\sqrt{x})^2\cdot(-1)^2=6x$，即 x 的系数为 6。

20. $\frac{7}{12}$

【解析】本题考查几何概型。(a,b)所在的区域是边长为3的正方形，正方形的面积为$3^2=9$，$f(2)=-4+2a+b>0$的区域是梯形$ABCD$，如图，$A(2,0)$，$B(3,0)$，$C(3,3)$，$D\left(\frac{1}{2},3\right)$，$S_{ABCD}=\frac{1}{2}\left(1+\frac{5}{2}\right)\times3=\frac{21}{4}$，由几何概型的概率公式可得不等式$f(2)>0$成立的概率是$\frac{\frac{21}{4}}{9}=\frac{7}{12}$。

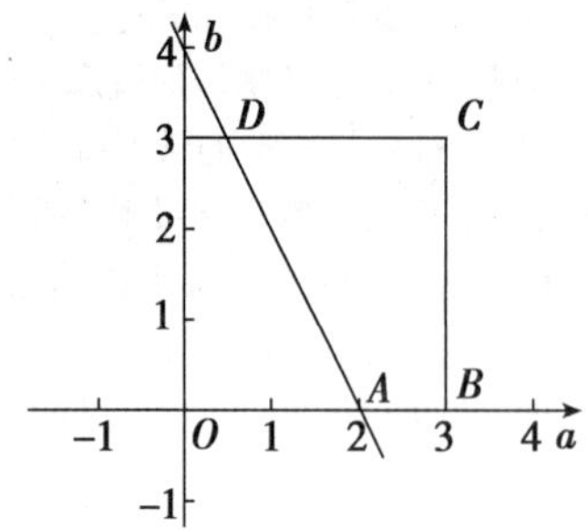

21. $\sqrt{3}$

【解析】本题考查正方体的外接球的体积。设正方体的棱长为a。因为正方体的体对角线就是外接球的直径，且正方体的体对角线长为$\sqrt{3}a$，所以正方体的外接球的半径为$\frac{\sqrt{3}}{2}a$，球的体积为$\frac{4}{3}\pi\times\left(\frac{\sqrt{3}}{2}a\right)^3=\frac{9\pi}{2}$，解得$a=\sqrt{3}$。

22. 归纳推理

【解析】本题考查推理种类的判别。推理主要分为合情推理和演绎推理。其中合情推理又分为归纳推理和类比推理。让学生在百数表中圈出所有3的倍数并观察特征，从而推出所有3的倍数的特征，这正是由部分到整体的推理，即归纳推理。

23. 积极参与;交往互动;共同发展

【解析】本题考查教学活动的内容。

三、解答题

24.【解析】本题考查三角函数的综合应用。

(1)$f(x)=\cos x\left(\frac{1}{2}\cos x+\frac{\sqrt{3}}{2}\sin x\right)-\frac{1}{4}=\frac{1}{2}\cos^2x+\frac{\sqrt{3}}{2}\cos x\sin x-\frac{1}{4}=\frac{1}{2}\cdot\frac{1+\cos2x}{2}+\frac{\sqrt{3}}{2}\cdot\frac{\sin2x}{2}-\frac{1}{4}=\frac{1}{2}\left(\frac{1}{2}\cos2x+\frac{\sqrt{3}}{2}\sin2x\right)=\frac{1}{2}\sin\left(2x+\frac{\pi}{6}\right)$，

由$2k\pi-\frac{\pi}{2}\leqslant2x+\frac{\pi}{6}\leqslant2k\pi+\frac{\pi}{2},k\in\mathbf{Z}$，

解得$k\pi-\frac{\pi}{3}\leqslant x\leqslant k\pi+\frac{\pi}{6},k\in\mathbf{Z}$，

$\therefore f(x)$的单调增区间为$\left[k\pi-\frac{\pi}{3},k\pi+\frac{\pi}{6}\right]$，$k\in\mathbf{Z}$。

(2)由(1)可知，$f(A)=\frac{1}{2}\sin\left(2A+\frac{\pi}{6}\right)=\frac{1}{2}$，即$\sin\left(2A+\frac{\pi}{6}\right)=1$，

$\because\angle A\in(0,\pi)$，$\therefore2\angle A+\frac{\pi}{6}\in\left(\frac{\pi}{6},\frac{13\pi}{6}\right)$，

$\therefore2\angle A+\frac{\pi}{6}=\frac{\pi}{2}$，即$\angle A=\frac{\pi}{6}$，在$\triangle ABC$中，

$\because\overrightarrow{AB}\cdot\overrightarrow{AC}=bc\cos A=2b\cos\frac{\pi}{6}=\frac{3}{2}$，$\therefore b=\frac{\sqrt{3}}{2}$，

$\therefore$由余弦定理得，$\cos A=\frac{b^2+c^2-a^2}{2bc}$，即$a^2=4+\frac{3}{4}-2\times2\times\frac{\sqrt{3}}{2}\times\frac{\sqrt{3}}{2}=\frac{7}{4}$，$\therefore a=\frac{\sqrt{7}}{2}$。

25.【解析】本题考查小学数学应用题。由题意得，$\left\{\left[1000\div\left(1+\frac{2}{3}\right)+50\right]\times2-450\right\}\times2=[(600+50)\times2-450]\times2=(1300-450)\times2=850\times2=1700$(千克)。

答：粮店本月初原有粮食1700千克。

26.【解析】本题考查函数的性质与导数的综合应用。

(1)$\because f(x)=e^x-ax-2$，定义域是$\mathbf{R}$，$\therefore f'(x)=e^x-a$。

若$a\leqslant0$，则$f'(x)>0$，$f(x)$在$\mathbf{R}$上递增，$f(x)$的单调增区间是$\mathbf{R}$，无减区间。

若$a>0$，当$f'(x)>0$时，有$x>\ln a$，此时$f(x)$单调递增；当$f'(x)<0$时，有$x<\ln a$，此时$f(x)$单调递减。即$a>0$时，$f(x)$的单调增区间是$(\ln a,+\infty)$，单调减区间是$(-\infty,\ln a)$。

(2)当$a=1$时，$f'(x)=e^x-1$，$f(x)=e^x-x-2$。

$\because x\in[2,+\infty)$，$\therefore f'(x)>0(x\geqslant2)$，$\therefore f(x)$在$[2,+\infty)$上是增函数，故$f(2)$为$f(x)$的最小值，

$\therefore f(x)$在$[2,+\infty)$上的最小值为e^2-4。

(3)当$a=1$，且$x\in[2,+\infty)$时，$(x-k)f'(x)+x+1=(x-k)(e^x-1)+x+1>0$等价于$k<\frac{xe^x+1}{e^x-1}$。令$g(x)=\frac{xe^x+1}{e^x-1}$(其中$x\geqslant2$)，则$k<g(x)_{\min}$恒成立。$\because g'(x)=\frac{e^x(e^x-x-2)}{(e^x-1)^2}\geqslant0$，$x\in[2,+\infty)$，$\therefore g(x)_{\min}=g(2)=\frac{2e^2+1}{e^2-1}$，

$\therefore k<\dfrac{2e^2+1}{e^2-1}$。

四、分析题

27.【参考答案】本题考查教学评价与教学建议。

(1)在改错的环节中,教师指名板演,评价时每次都问学生对不对,这种问题没有任何价值,学生不假思索就能脱口回答,不能起到促进学生思维发展的作用。这样的问题,浪费教学时间,只能活跃一点课堂气氛,容易使学生逐步形成思维惰性。教师的评价既要关注学生学习的结果,也要重视学习的过程,除了让学生发现计算结果上的错误,还应指出学生在计算过程中问题出在哪里,以便学生能够掌握该知识技能,这也正是课堂提问的目的。

(2)①提问内容要有目的性,课堂提问的内容应当紧扣教材,围绕教学目的、教学的重难点进行。所提问题应该为课堂教学内容服务,每一次提问都应有助于启发学生思维,有助于学生对新知识的理解、对旧知识的回顾,有利于实现课堂教学目标。在设计问题之前,教师不仅要考虑提什么样的问题,还要考虑为什么提这样的问题,目的是什么,使每个问题都成为完成教学任务的一个组成部分,使提问为教学目的服务。

②提问内容要有启发性,启发性是课堂提问的灵魂,缺少启发性的提问是蹩脚的提问。因此,教师所设计的问题要能够激活学生的思维,引导学生去探索、去发现。提问要能引导学生到思维的"王国"中去遨游探索,使他们受到有力的思维训练。要把教材知识点与已有知识、经验之间的矛盾当作提问设计的突破口,让学生不但了解"是什么",而且能发现"为什么"。同时,还要适当设计一些多思维指向、多思维途径、多思维结果的问题,强化学生的思维训练,培养他们的创造性思维能力。通过这些有序的启发,引导学生抓住数量关系去分析问题和解决问题。

③提问内容要有趣味性,常言道:好奇之心人皆有之。如果一堂课的提问都是平平淡淡的,不能引起学生的学习兴趣,必然会削弱课堂教学的效果。因此,教师在设计提问时就应注意到它的趣味性,课堂提问的内容新颖别致,富有情趣和吸引力,可以使学生感到有趣而愉快,并能愉快地接受知识。联系学生实际的提问,能唤起学生已有经验并展开联想,使学生积极投入到问题解决的情境之中。

五、教学设计题

28.【参考设计】本题考查教学设计。教学过程:

一、创设情境,引入课题

同学们,我国古代民间流传着很多有趣的数学问题。今天,我们一起来解决古代数学名著《孙子算经》中记载的一道数学题:"今有雉兔同笼,上有三十五头,下有九十四足,问雉兔各几何?"(PPT投影展示原题)这四句话是什么意思呢?

生:笼子里有若干只鸡和兔,从上面数,有35个头;从下面数,有94只脚。问鸡和兔各有几只?(PPT展示今意)

师:这类题我们把它叫作"鸡兔同笼"问题。(板书课题)

二、合作探究,学习新知

活动一:探究用列表法解决"鸡兔同笼"问题。

1. 为了便于研究,我们先从简单的问题入手,来探讨解决这类问题好吗?

(出示例1)师:请大家读题。思考:从上面数,有8个头,从下面数,有26只脚,分别是什么意思?问题是什么?

生:鸡和兔一共有8个头。鸡和兔一共有26只脚。求鸡几只?兔几只?

师:你们还有补充吗?有隐藏条件,看谁细心发现了?

生:鸡有2只脚,兔子有4只脚。鸡和兔一共有8个头。鸡兔一共有26只脚。

2. 列表法。

(1)猜测:求鸡和兔各有几只,我们不妨猜猜看,好吗?(学生猜)

(2)验证:到底谁猜对了呢?我们来验证一下。解决问题要有理有据,不能随意猜。我们应该抓住什么样的条件来验证我们的猜测是否正确?首先,要知道鸡和兔一共有8只,其次,鸡的脚和兔的脚一共有26只,所以我们必须要把鸡和兔的头加起来等于8个,鸡和兔的脚加起来等于26只。这两个条件必须同时满足才是正确答案。

鸡	8	7	6							
兔	0	1								
脚	16	18								

学生独立完成表格,之后交流完成情况。

(像这样把我们的猜测按一定的顺序列成表格,这种方法叫列表法)观察这个表格,你找到答案了吗?

活动二:画图法。

出示8个圆圈表示8个头,然后画脚。(学生自己尝试后交流画法)

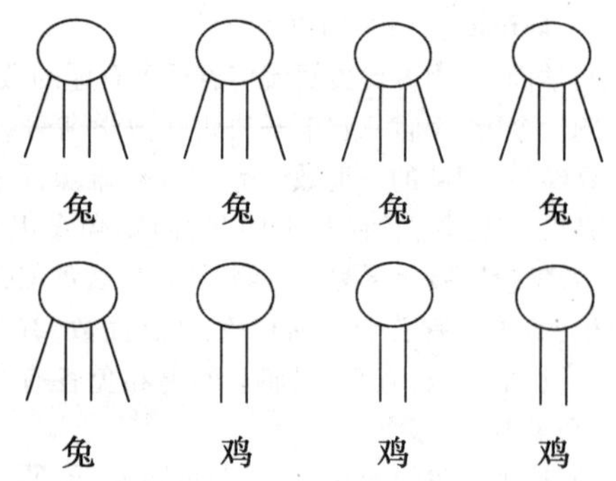

口答:有 5 只兔,有 3 只鸡。

活动三:探究用假设法解决“鸡兔同笼”问题。

1. 列表法和画图法可以解决鸡兔同笼问题,但是如果数据很大,会发生什么情况?可不可以用其他方法解决?请同学们四人一小组探讨一下。

2. 假设法。

①设全都是鸡,每只鸡有 2 只脚,8 只鸡共长几只脚?$2\times8=16$(只)。$26-16=10$(只)表示什么?所有兔子少的脚。$4-2=2$(只),2 表示什么?每只兔子少的脚。$10\div2=5$(只),兔共少了 10 只脚,每只鸡上添 2 只脚变成兔子,所以共有 5 只鸡变成了兔子,因此兔子有 5 只。$8-5=3$(只),鸡的数量等于总数减兔的数量。可能还有些同学有点迷糊,我们先做个小游戏。

请 8 位同学上来假设全是鸡,一共有 16 只脚,多出来了 10 只脚,每只鸡再加 2 只脚变成兔子,共有 5 只鸡变成 5 只兔子。最后剩下的 3 只就是鸡。现在大家清楚了吗?再引导学生回顾一遍。

我们假设全是鸡,用总脚数减去鸡的脚数求出它们的相差数是 10,再用相差的数除以每只鸡与兔相差的 2 只脚,就得到了兔的数量,最后用总数量减去兔的数量就是实际鸡的数量。这种方法好吗?这种方法就是假设法。

②如果假设全是兔,你们会解吗?好,这个方法就留给你们课后完成。

小结:同学们,刚才我们用很多方法解决了同一个问题,你觉得这些方法的核心思想是什么?(假设。所以鸡兔同笼问题又叫假设问题)

3. 发散思考、加深理解。

现在我们能用上面的方法解决古人流传下来的问题了吗?出示:鸡兔同笼,有 35 个头,94 只脚,鸡兔各有几只?学生独立自主完成。

小结:现在你能重新总结一下这些方法的优势和适用范围吗?数目比较小时,用列表法。数目比较大时,列表法计算量大,就有局限性,比较麻烦,最好用假设法比较好。用假设法时要特别注意,如果假设是鸡而先求出的就是兔子,如果假设的是兔子那先求出的是鸡,两者相反。

三、巩固练习

课本 105 页“做一做”的第 1,2 题。

四、课堂总结

通过今天的学习,你有哪些收获?

五、布置作业

练习二十四第 4,5 题。

教师招聘考试小学数学押题试卷(七)

一、单项选择题

1. B 【解析】本题考查无理数的判断。无理数是无限不循环小数,常见的无理数有大部分的开平方数、含π和 e 的数等。$\sqrt{8}$,$-\pi$,0.212 112 111 2…,$\tan30^\circ-3$ 是无理数。其他均为有理数。

2. B 【解析】本题考查间隔问题。人工湖周长为 $6\times180=1080$(米),如果湖的周围没有柳树,全是每隔 2 米种的月季,则月季共有 $1080\div2=540$(株),而实际其中有柳树 180 棵,则月季株数应为 $540-180=360$(株)。

3. B 【解析】本题考查计数原理。由题意知,小明从街道的 E 处出发到 F 处的最短路径有 6 条,从 F 处到 G 处的最短路径有 3 条,则小明到老年公寓可以选择的最短路径的条数为 $6\times3=18$ 条,故选 B。

4. A 【解析】本题考查函数的单调性与最值。令 $a^x=t$,因为 $a>1$,$x\in[-1,1]$,所以 $\frac{1}{a}\leqslant t\leqslant a$,原函数化为 $f(t)=t^2+3t-2$,$t\in\left[\frac{1}{a},a\right]$,显然 $f(t)$ 在 $\left[\frac{1}{a},a\right]$ 上单调递增,因为函数 $f(x)\leqslant8$ 在 $[-1,1]$ 上恒成立,所以 $f(t)_{\max}=f(a)\leqslant8$ 在 $\left[\frac{1}{a},a\right]$ 上恒成立,即 $a^2+3a-2\leqslant8$,解得 $-5\leqslant a\leqslant2$,又 $a>1$,所以 $1<a\leqslant2$,所以 a 的最大值为 2。

5. A 【解析】①总体和样本容量都很小,用简单随机抽样;②样本容量较大,且由均衡的几部分构成,用系统抽样的方法;③样本是由差异较明显的三部分构成,用分层抽样。

6. C 【解析】本题考查列方程解应用题。由题意得，$10\times\frac{1}{30}+\left(\frac{1}{30}+\frac{1}{x}\right)\times 8=1$。

7. B 【解析】本题考查解三角形在实际中的应用。设现在热带风暴中心的位置为点 A，t 小时后热带风暴中心到达点 B 位置，在 $\triangle OAB$ 中，$OA=600\text{km}$，$AB=20t\text{km}$，$\angle OAB=45°$，根据余弦定理得 $OB^2=600^2+400t^2-2\times 20t\times 600\times\frac{\sqrt{2}}{2}$，令 $OB^2\leqslant 450^2$，即 $4t^2-120\sqrt{2}t+1575\leqslant 0$，解得 $\frac{30\sqrt{2}-15}{2}\leqslant t\leqslant\frac{30\sqrt{2}+15}{2}$，所以该码头将受到热带风暴影响的时间为 $\frac{30\sqrt{2}+15}{2}-\frac{30\sqrt{2}-15}{2}=15(\text{h})$。

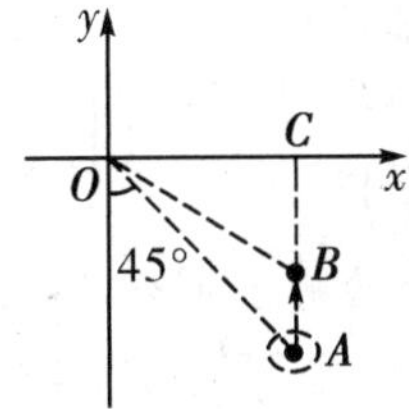

8. D 【解析】函数 $y=2ax^2-4ax+b(a<0)$ 中，由于函数图象的对称轴为 $x=-\frac{-4a}{4a}=1$，开口向下，且当 $x>m$ 时，$y<b-a$；当 $x<n$ 时，$y<b-a$，则 m,n 关于对称轴 $x=1$ 对称，从而有 $\frac{m+n}{2}=1$，即 $m+n=2$。

9. A 【解析】本题考查直线与抛物线的综合应用。抛物线 $C:y^2=4x$ 的焦点是 $F(1,0)$，准线为 $l:x=-1$，l 与 x 轴交于点 Q，设 $M(x_1,y_1)$，$N(x_2,y_2)$，M,N 到准线的距离分别为 d_M,d_N，由抛物线的定义可知 $|MF|=d_M=x_1+1$，$|NF|=d_N=x_2+1$，于是 $|MN|=|MF|+|NF|=x_1+x_2+2$，$\because\ \overrightarrow{PF}=3\overrightarrow{MF}$，$\therefore\ \frac{d_M}{|FQ|}=\frac{d_M}{p}=\frac{2}{3}$，即 $|MF|=\frac{2}{3}p$，$\therefore\ |PF|=2p$，$\therefore\ \frac{|PF|}{|FQ|}=2$，$\therefore$ 直线 MN 的斜率为 $\pm\sqrt{3}$，$\because\ F(1,0)$，$\therefore$ 直线 PF 的方程为 $y=\pm\sqrt{3}(x-1)$，将 $y=\pm\sqrt{3}(x-1)$ 代入方程 $y^2=4x$ 得，$3(x-1)^2=4x$，化简得 $3x^2-10x+3=0$，$\therefore\ x_1+x_2=\frac{10}{3}$，于是 $|MN|=|MF|+|NF|=x_1+x_2+2=\frac{16}{3}$，故选 A。

10. D 【解析】本题考查线性规划。不等式组 $\begin{cases}x+y\leqslant 2,\\2x-y\leqslant 1,\\4x-y\geqslant -2\end{cases}$ 在平面直角坐标系中所表示的区域如图中阴影部分所示。设 $z=2x+y$，则原题目可转化为求直线 $y=-2x+z$ 与 y 轴交点的纵坐标的最大值，观察图形可知，当直线过图中的 B 点时，直线与 y 轴交点的纵坐标最大，易得 B 点的坐标为 $(1,1)$，故 $z_{\max}=2\times 1+1=3$。故选 D。

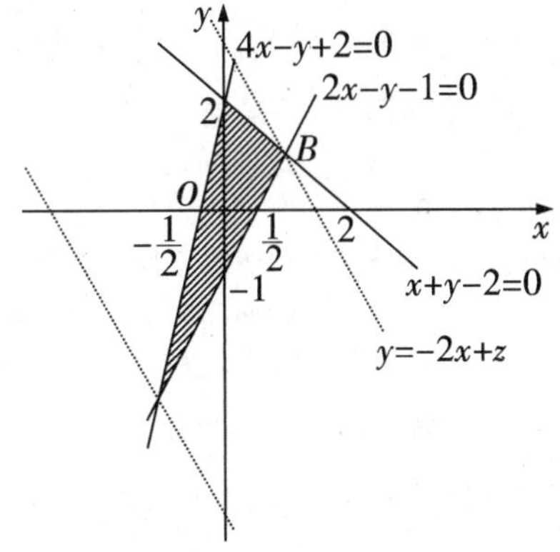

11. B 【解析】本题考查课程总目标的内容。《义务教育数学课程标准》(2011 年版)在课程目标的总目标中指出，通过义务教育阶段的数学学习，学生能获得适应社会生活和进一步发展所必需的数学的基础知识、基本技能、基本思想、基本活动经验。

12. B 【解析】本题考查迁移的概念。水平迁移是指处于同一概括水平的经验之间的相互影响。在这种迁移中，先后两种学习除了相似但又有不同外，在难度和复杂程度上大体属于同一水平。

二、填空题

13. -13

【解析】$\because\ 4x-3y-6z=0$，$\therefore\ x=\frac{3}{4}y+\frac{3}{2}z$，$\because\ x+2y-7z=0$，$\therefore\ x=7z-2y$，$\therefore\ 7z-2y=\frac{3}{4}y+\frac{3}{2}z$，解得 $y=2z$，把它代入 $x=7z-2y$，$\therefore\ x=3z$，$\therefore\ \frac{5x^2+2y^2-z^2}{2x^2-3y^2-10z^2}=\frac{45z^2+8z^2-z^2}{18z^2-12z^2-10z^2}=-13$。

14. $\frac{\sqrt{3}}{2}$

【解析】本题考查平面图形的面积及等积变换。由题意知，$\angle DCA=30°$，$\angle ACB=90°$，$\angle BCE=60°$，则 D,C,E 三点共线，$\because$ 点 C 是半径为 1 的圆弧 AB 的一个三等分点，$\therefore$ 弧 AC 所对圆心角为 $60°$，

$\therefore \angle ABC=30^\circ$,∴ 在 Rt$\triangle ACB$ 中,$AC=\frac{1}{2}AB=1$,$BC=AB\cdot\cos30^\circ=\sqrt{3}$,$BE=BC\cdot\cos30^\circ=\frac{3}{2}$,$CE=CD=\frac{\sqrt{3}}{2}$,$AD=\frac{1}{2}$,且四边形 $ABED$ 为直角梯形,外层4个半圆无重叠。则 $S_{阴影}=S_{梯形ABED}+\frac{\pi}{2}\times\left(\frac{AD^2}{4}+\frac{DC^2}{4}+\frac{CE^2}{4}+\frac{BE^2}{4}\right)-S_{\triangle ABC}-\frac{\pi}{2}\times\left(\frac{AC^2}{4}+\frac{BC^2}{4}\right)=S_{\triangle ADC}+S_{\triangle BCE}=\frac{1}{2}\times\frac{1}{2}\times\frac{\sqrt{3}}{2}+\frac{1}{2}\times\frac{3}{2}\times\frac{\sqrt{3}}{2}=\frac{\sqrt{3}}{2}$。

15. $x+e^2y+4=0$

【解析】本题考查函数的切线方程。点 $P(-4,0)$ 不为切点,可设切点 $M(m,n)$,则有 $n=me^m$①,$\because y'=e^x+xe^x$,则切线斜率为 $k=(1+m)e^m=\frac{n}{m+4}$②,由①②得,$m=-2$,$n=-2e^{-2}$,$k=-e^{-2}$,故切线方程为 $y=-e^{-2}(x+4)$,即 $x+e^2y+4=0$。

16. ②⑤

【解析】本题考查直线平行与垂直关系的判断。①一个平面内的一条直线与两个平面的交线垂直,这两个平面不一定垂直,故①错误;②满足两个平面垂直的定义,故②正确;③若 $\alpha\perp\beta$,$\alpha\cap\beta=a$,$\alpha\cap\gamma=b$,则 a 与 b 平行或相交(相交时可能垂直),故③错误;④若 a 不垂直于平面 α,但 a 可能垂直于平面 α 内的无数条直线,故④错误;⑤垂直于同一条直线的两个平面互相平行,故⑤正确。

17. $\frac{1}{2}$;3

【解析】本题考查等价无穷小。由题意及等价无穷小 $\sin x\sim x(x\to0)$,$1-\cos x\sim\frac{1}{2}x^2(x\to0)$,可得 $\lim\limits_{x\to0}\frac{\tan x-\sin x}{ax^b}=\lim\limits_{x\to0}\frac{\sin x-\sin x\cos x}{ax^b\cos x}=\lim\limits_{x\to0}\frac{\sin x(1-\cos x)}{ax^b\cos x}=\lim\limits_{x\to0}\frac{x\cdot\frac{1}{2}x^2}{ax^b}=1$,解得 $a=\frac{1}{2}$,$b=3$。

18. 数与数量;运算结果估计

【解析】本题考查《义务教育数学课程标准》(2011 年版)中的十大核心概念中数感的概念。

三、解答题

19.【解析】本题考查数列通项与前 n 项和的求法。(1)已知当 $n\geqslant2$ 时,$2a_n=(3S_n-4)+\left(2-\frac{3}{2}S_{n-1}\right)$。又 $a_n=S_n-S_{n-1}$,联立上式得 $a_n=3S_n-4(n\geqslant2)$,则 $a_{n+1}=3S_{n+1}-4$,以上两式相减得 $a_{n+1}-a_n=3a_{n+1}$,所以 $\frac{a_{n+1}}{a_n}=-\frac{1}{2}$,故 a_2,a_3,…,a_n,……成等比数列,其中 $a_2=3S_2-4=3(1+a_2)-4$,得 $a_2=\frac{1}{2}$,$q=-\frac{1}{2}$,所以当 $n\geqslant2$ 时,$a_n=a_2q^{n-2}=\frac{1}{2}\left(-\frac{1}{2}\right)^{n-2}=-\left(-\frac{1}{2}\right)^{n-1}$,

即 $a_n=\begin{cases}1, n=1,\\ -\left(-\frac{1}{2}\right)^{n-1}, n\geqslant2。\end{cases}$

(2)①当 $n=1$ 时,$S_n=1$;②当 $n\geqslant2$ 时,$S_n=a_1+a_2+\cdots+a_n=a_1+(a_2+\cdots+a_n)=1+\frac{\frac{1}{2}\left[1-\left(-\frac{1}{2}\right)^{n-1}\right]}{1-\left(-\frac{1}{2}\right)}=1+\frac{1}{3}\left[1-\left(-\frac{1}{2}\right)^{n-1}\right]$。

20.【解析】本题考查解三角形。(1)在 $\triangle ABC$ 中,由正弦定理可得,$b=\frac{\sin B}{\sin A}\cdot a$,$c=\frac{\sin C}{\sin A}\cdot a$,代入已知等式整理得,$\sin A\cos C+\sqrt{3}\sin A\sin C=\sin B+\sin C=\sin(A+C)+\sin C=\sin A\cos C+\sin C\cos A+\sin C$,又 $\sin C\neq0$,得 $\sqrt{3}\sin A-\cos A=1$,$\sin(A-30^\circ)=\frac{1}{2}$,又因为 $0^\circ<\angle A<180^\circ$,故 $\angle A-30^\circ=30^\circ$,即 $\angle A=60^\circ$。

(2)$S_{\triangle ABC}=\frac{1}{2}bc\sin A=\sqrt{3}$,故 $bc=4$,根据余弦定理可得,$a^2=b^2+c^2-2bc\cos A$,即 $a^2=(b-c)^2+4$,即 $(b-c)^2=0$,故 $b=c=2$。

21.【解析】本题考查圆锥的表面积与体积求法。直角三角形 ABC 以斜边 AC 为轴旋转,形成两个相连的圆锥体,上部为锥体 ABD,下部锥体为 BCD,如图所示,设整体体积为 V,表面积为 S,上锥体的体积为 V_A,高为 H_A;下锥体的体积为 V_C,高为 H_C,两锥体底面半径相同均为 R,由题意知,三角形的斜边长为 5 厘米,即 $H_A+H_C=5$,$BE=\frac{3\times4}{5}=\frac{12}{5}=R$,上锥体母线长 $L_A=4$ 厘米,下锥体母线长 $L_C=3$ 厘米,所以 $V=V_A+V_C=\frac{1}{3}\pi R^2H_A+\frac{1}{3}\pi R^2H_C=\frac{1}{3}\pi R^2(H_A+H_C)=\frac{1}{3}\pi\times\left(\frac{12}{5}\right)^2\times5=30.144$(立方厘米),

$S=\pi RL_A+\pi RL_C=3.14\times\frac{12}{5}\times(3+4)=52.752$(平方厘米)。

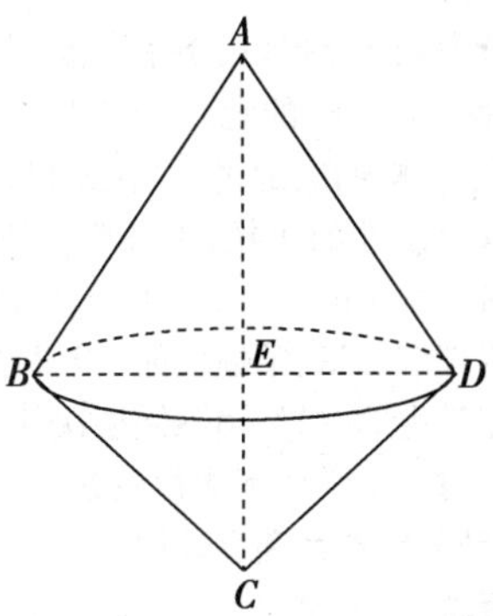

22.【解析】本题考查二项分布。(1)由题意知,平均车速不超过100km/h的驾驶员共有40人,从中随机抽取2人的方法总数为C_{40}^2,记"这2人恰好有1名男性驾驶员和1名女性驾驶员"为事件A,则事件A所包含的基本事件数为$C_{15}^1C_{25}^1$,所以所求的概率$P(A)=\frac{C_{15}^1C_{25}^1}{C_{40}^2}=\frac{15\times25}{20\times39}=\frac{25}{52}$。

(2)根据样本估计总体的思想,从总体中任取1辆车,平均车速超过100km/h且为男性驾驶员的概率为$\frac{40}{100}=\frac{2}{5}$,故$X\sim B\left(3,\frac{2}{5}\right)$。

所以$P(X=0)=C_3^0\left(\frac{2}{5}\right)^0\left(\frac{3}{5}\right)^3=\frac{27}{125}$,

$P(X=1)=C_3^1\left(\frac{2}{5}\right)\left(\frac{3}{5}\right)^2=\frac{54}{125}$,

$P(X=2)=C_3^2\left(\frac{2}{5}\right)^2\left(\frac{3}{5}\right)=\frac{36}{125}$,

$P(X=3)=C_3^3\left(\frac{2}{5}\right)^3\left(\frac{3}{5}\right)^0=\frac{8}{125}$。

所以X的概率分布为

X	0	1	2	3
P	$\frac{27}{125}$	$\frac{54}{125}$	$\frac{36}{125}$	$\frac{8}{125}$

四、简答题

23. 在教学时,如何培养学生形成初步的空间观念?

【参考答案】本题考查空间观念。(1)利用实物、模型演示,引导学生观察

在教学中,通过引入学生日常生活中熟悉的实物,引导学生观察,从而对简单几何图形的大小、形状和相互间的位置关系形成一些鲜明的表象,也就是常说的几何观念,实现对实物从感知到概念的过渡。

(2)加强动手操作,指导学生实验

空间观念的形成,只靠观察是不够的,还必须引导学生亲自动手实验,让他们自己去比一比、折一折、画一画。通过视觉、触觉、听觉等多种器官分析同类活动,空间观念便易于形成和巩固。教师要善于引导学生动手操作,让学生在操作过程中学习知识、方法,使抽象知识变得形象具体,易于理解和记忆,而且富有趣味性。

(3)重视理论联系实际和应用,促进学生空间观念的发展

几何形体知识与实际生产和生活有着密切的联系。几何初步知识的成功教学,不仅要求学生掌握形体特征,形成正确概念,而且要在理解相应计算公式的基础上,学会根据实际情况,用数学的思维方法解决实际问题,从而培养和发展学生的空间观念。

五、教学设计题

24.【参考答案】本题考查教学设计。(1)材料内容体现了转化和极限的数学思想。

(2)教学目标:

知识与技能:理解圆的面积的意义,掌握圆的面积公式的推导过程。

过程与方法:经历推导圆面积公式的过程,提高分析能力和想象能力。

情感态度与价值观:在操作、观察、讨论、归纳等数学学习活动中,体会"转化"的思想方法,初步感受"极限思想",受到辩证唯物主义观点的启蒙教育。

(3)本节课的教学重点在于推导圆面积公式,难点是将圆面积转化为长方形面积,关键是要让学生理解长方形的长是圆周长的一半,长方形的宽是圆的半径。针对这些,可以设计这样一个活动:发给每个学生一个画着16等分线的圆形纸片与一把小剪刀,让学生用剪刀把圆剪成16等份后,由他们自己动手摆拼出学到的平面图形,如平行四边形、三角形、梯形、长方形等。然后找到求所拼成图形面积的条件,由转化成的图形面积公式推导出圆面积公式。为了展示利用不同图形推导圆面积公式的过程,教师应在电脑上准备好相应的图形,在学生阐述推导公式的过程时配合使用,这样直观效果好,也有利于同学间互相学习,互相交流。

教师招聘考试小学数学押题试卷(八)

第一部分　数学教育教学基础知识

一、单项选择题

1. C 【解析】本题考查《义务教育数学课程标准》(2011年版)中的创新意识。课标明确指出,独立思考、学会思考是创新的核心。

2. A 【解析】本题考查成长记录袋对于评价的意义。建立成长记录袋是将显示学生学习成就信息的一系列表现、作品、评价结果以及其他相关记录和资料汇集起来,以了解学生学习和成长过程的评价方式。建立成长记录袋是学生开展自我评价的一个重要方式。

3. B 【解析】本题考查《义务教育数学课程标准》(2011年版)中总目标的四个方面。题干所述属于义务教育数学课程总目标中的数学思考目标。

4. C 【解析】本题考查给概念下定义的要求。"两组边"是指的"邻边"还是"对边"呢?所指含义不清,这违背了定义必须清楚确切的规则。

5. B 【解析】本题考查《义务教育数学课程标准》(2011年版)中综合与实践在培养学生思维能力上的方式。

6. D 【解析】本题考查数学概念间的关系。圆弧分为优弧、劣弧和半圆三类,因此优弧与劣弧不属于矛盾关系;正数、0、负数共同组成实数,因此正数与负数不属于矛盾关系;梯形一般分为一般梯形、直角梯形与等腰梯形,因此直角梯形与等腰梯形不属于矛盾关系;代数式分为单项式与多项式,因此单项式与多项式属于矛盾关系。

7. C 【解析】本题考查《义务教育数学课程标准》(2011年版)中的模型思想。

二、简答题

8. 举例说明什么是预设性情感态度与价值观目标和非预设性情感态度与价值观目标。

【参考答案】本题考查预设性与非预设性情感态度与价值观目标的概念。预设性情感态度与价值观目标是指在教学设计时预先列出的情感态度与价值观目标,如讲授圆周率时预先设定:介绍中国古代数学文明,激发爱国主义情感。非预设性情感态度与价值观目标是指在教学准备阶段不能确切设定的,但在教学过程中只要出现时机就应该加以落实的目标,如学生出色回答问题,老师及时予以鼓励,培养学生学习的自信心。

9. 教师作为学生学习活动的引导者,其引导作用体现在哪些方面?

【参考答案】本题考查《义务教育数学课程标准》(2011年版)中教师的地位与作用。教师的"引导"作用主要体现在:通过恰当的问题,或者准确、清晰、富有启发性的讲授,引导学生积极思考、求知求真,激发学生的好奇心;通过恰当的归纳和示范,使学生理解知识、掌握技能、积累经验、感悟思想;能关注学生的差异,用不同层次的问题或教学手段,引导每一个学生都能积极参与学习活动,提高教学活动的针对性和有效性。

三、案例分析题

10.【参考答案】本题考查案例评析。课堂教学中,当实际生成的内容超出教师预设的目标时,教师应承认学生的差异,尊重学生的思维,但是尊重学生的思维并不是完全被学生牵着鼻子走,或者担心不能突出学生的主体地位,而不敢讲,感到无可奈何、束手无策。教师应及时主动引导学生的思维,点拨矫正,做到去伪存真、殊途同归,绝不能含糊不清、一带而过,因为我们的课堂教学毕竟是一种有预设、有目的的教育活动。

案例中,学生因个性差异及各自经验做出多种理解是合理的,但数学教学还肩负着使学生初步学会用数学提供的思考方法去观察分析问题,并使学生经历将一些实际问题抽象为数学模型的过程的任务。针对上面情况,教师如果不加以引导,而只是无可奈何地默认,任由学生选择自己喜欢的方法来算,那么学生的认知水平将始终停留在原有状态而无法提高,今后遇到更复杂的问题,就会感到很困难。因此,教学中要充分发挥教师的引导作用,没有不学的教,也没有不教的学。教学中应摆正教师和学生两者之间的关系,绝不能因强调学生的主体地位,而忽略教师的引导作用。如果面对偏离预设的生成,不加以正确引导,学生的学习就不能够深入,就不能提升其思维的层次,更不会形成对事物正确的价值判断,所以老师应该静下心来,冷静面对,从容大胆地引导,让学生的思维归队。

第二部分　数学专业知识

一、单项选择题

1. C 【解析】集合 $A=\{x|x<2\}$, $B=\{x|e^x>1\}=\{x|x>0\}$,则 $A\cap B=\{x|0<x<2\}$。

2. A 【解析】本题考查曲线的切线。由点(1,3)在

直线 $y=kx+1$ 上可得 $k=2$，令 $y=f(x)=x^3+ax+b$，$f'(x)=3x^2+a$，可得 $k=3\times1+a=2$，解得 $a=-1$，将点(1,3)代入 $y=x^3+ax+b$ 中，可得 $b=3$，$\therefore a-b=-4$。故选 A。

3. B 【解析】本题考查充分、必要条件的判定。$\because m\perp\alpha$，若 $l\perp m$，则 $l/\!/\alpha$ 或 $l\subset\alpha$，即 $l\perp m$ 不能推出 $l/\!/\alpha$；若 $l/\!/\alpha$，则 $l\perp m$，即 $l/\!/\alpha\Rightarrow l\perp m$。所以"$l\perp m$"是"$l/\!/\alpha$"的必要不充分条件。

4. D 【解析】本题考查探索规律。2023 是第 $(2023+1)\div2=1012$ 个奇数，$1012\div4=253$，所以为 253 行最后一个，奇数行是顺序排列，所以在第 5 列。

5. B 【解析】本题考查三角函数图象的平移。将函数 $y=\sin2x$ 的图象向左平移 $\frac{\pi}{4}$ 个单位，得到函数 $y=\sin2\left(x+\frac{\pi}{4}\right)=\sin\left(2x+\frac{\pi}{2}\right)=\cos2x$ 的图象，再向上平移 1 个单位，所得图象的函数解析式为 $y=1+\cos2x=2\cos^2x$。故选 B。

6. C 【解析】本题考查双曲线的几何性质。由双曲线 C 的离心率 $e=\frac{c}{a}=\frac{\sqrt5}{2}$，得 $e^2=\frac{c^2}{a^2}=\frac{a^2+b^2}{a^2}=\frac{5}{4}$，解得 $a^2=4b^2$，则 $\frac{b}{a}=\frac{1}{2}$，故双曲线 C 的渐近线方程为 $y=\pm\frac{b}{a}x=\pm\frac{1}{2}x$。

7. B 【解析】本题考查函数的零点。$f'(x)=\frac{1}{2\sqrt{x}}+\sin x$。当 $x\in(0,\pi)$ 时，$\frac{1}{2\sqrt x}>0$ 且 $\sin x>0$，故 $f'(x)>0$，函数 $f(x)$ 在 $(0,\pi)$ 上单调递增。取 $x=\frac{\pi}{6}$，则 $f\left(\frac{\pi}{6}\right)=\sqrt{\frac{\pi}{6}}-\cos\frac{\pi}{6}<0$，而 $f\left(\frac{\pi}{2}\right)=\sqrt{\frac{\pi}{2}}>0$，可得函数在区间 $(0,\pi)$ 内有唯一零点。当 $x\geqslant\pi$ 时，$\sqrt x\geqslant\sqrt\pi>1$，且 $\cos x\leqslant1$，故函数在区间 $[\pi,+\infty)$ 上恒为正值，没有零点。综上所述，函数在区间 $(0,+\infty)$ 内有唯一零点。

8. A 【解析】$\because |\overrightarrow{OA}|=|\overrightarrow{OB}|=1$，$\angle AOB=\frac{2\pi}{3}$，$\overrightarrow{OC}=\overrightarrow{OA}+2\overrightarrow{OB}$，$\overrightarrow{OC}$ 与 $\overrightarrow{OB}$ 的夹角可表示为 θ，$\therefore \cos\theta=\frac{\overrightarrow{OC}\cdot\overrightarrow{OB}}{|\overrightarrow{OC}|\cdot|\overrightarrow{OB}|}=\frac{(\overrightarrow{OA}+2\overrightarrow{OB})\cdot\overrightarrow{OB}}{|\overrightarrow{OC}|\cdot|\overrightarrow{OB}|}=\frac{-\frac{1}{2}+2}{|\overrightarrow{OA}+2\overrightarrow{OB}|}$，$\because |\overrightarrow{OA}+2\overrightarrow{OB}|=\sqrt{(\overrightarrow{OA}+2\overrightarrow{OB})^2}=\sqrt{5-4\times\frac{1}{2}}=\sqrt3$，$\therefore \cos\theta=\frac{\sqrt3}{2}$，故所求的夹角为 $\frac{\pi}{6}$。

9. C 【解析】本题考查数列的前 n 项和的求解。设 $\{a_n\}$ 的公比为 q，则由等比数列的性质知，$a_2\cdot a_3=a_1\cdot a_4=2a_1$，即 $a_4=2$。由 a_4 与 $2a_7$ 的等差中项为 $\frac{5}{4}$ 知，$a_4+2a_7=2\times\frac{5}{4}$，则 $a_7=\frac{1}{2}\left(2\times\frac{5}{4}-a_4\right)=\frac{1}{4}$，$q^3=\frac{a_7}{a_4}=\frac{1}{8}$，即 $q=\frac{1}{2}$，又 $a_4=a_1q^3=a_1\times\frac{1}{8}=2$，故 $a_1=16$，$S_5=\frac{16\left(1-\frac{1}{2^5}\right)}{1-\frac{1}{2}}=31$。

10. D 【解析】本题考查二项分布。由题意知，$C_8^3p^3(1-p)^5=\frac{1}{25}C_8^5p^5(1-p)^3$，即 $(1-p)^2=\frac{1}{25}p^2$，解得 $p=\frac{5}{4}$（舍）或 $p=\frac{5}{6}$。

11. B 【解析】$\because \frac{f(-x)}{f(x)}=e^{2x}$，$\therefore \frac{f(-x)}{e^x}=f(-x)e^{-x}=e^xf(x)$，令 $g(x)=e^xf(x)$，$\because g(-x)=g(x)$，$\therefore g(x)$ 在 $\mathbf{R}$ 上是偶函数，$\because$ 当 $x<0$ 时，$f(x)+f'(x)>0$，$\therefore g'(x)=e^x[f(x)+f'(x)]>0$，即函数 $g(x)$ 在 $(-\infty,0)$ 上单调递增，根据偶函数在对称区间上单调性相反的性质可知，$g(x)$ 在 $(0,+\infty)$ 上单调递减，$\because e^af(2a+1)\geqslant f(a+1)$，$\therefore e^{2a+1}f(2a+1)\geqslant e^{a+1}f(a+1)$，$\therefore g(2a+1)\geqslant g(a+1)$，即 $|2a+1|\leqslant|a+1|$，解得 $-\frac{2}{3}\leqslant a\leqslant0$。

二、填空题

12. 115

【解析】本题考查优化问题与最大公约数。$3\frac{3}{4}=\frac{15}{4}=\frac{315}{84}$，$1\frac{2}{3}=\frac{5}{3}=\frac{140}{84}$，$1\frac{3}{7}=\frac{10}{7}=\frac{120}{84}$。$315=3\times3\times5\times7$，$140=2\times2\times5\times7$，$120=2\times2\times2\times3\times5$，最大公约数是 5，故 1 小瓶的溶液重量为 $\frac{5}{84}$ 千克，至少可以装 $\left(3\frac{3}{4}+1\frac{2}{3}+1\frac{3}{7}\right)\div\frac{5}{84}=\frac{315+140+120}{84}\div\frac{5}{84}=575\div5=115$（瓶）。

13. 2

【解析】本题考查利润问题。设乙商店的进价是 x 元，则甲超市的进价就是 $(1-10\%)x$ 元。根据题意可得方程 $(1+15\%)x-(1-10\%)x\times(1+$

20%)$=0.14$,化简得 $0.07x=0.14$,$x=2$。

14. $x=\pm1$

【解析】本题考查函数间断点的判断。函数 $y=(1+x)\arctan\frac{1}{1-x^2}$ 的定义域为 $x\neq\pm1$,且在定义域上为连续函数,当 $x=1$ 时,$\lim\limits_{x\to1^+}(1+x)\arctan\frac{1}{1-x^2}=2\times\left(-\frac{\pi}{2}\right)=-\pi$,$\lim\limits_{x\to1^-}(1+x)\arctan\frac{1}{1-x^2}=2\times\left(\frac{\pi}{2}\right)=\pi$,故 $x=1$ 是第一类间断点;当 $x=-1$ 时,$\lim\limits_{x\to-1^+}(1+x)\arctan\frac{1}{1-x^2}=0$,$\lim\limits_{x\to-1^-}(1+x)\cdot\arctan\frac{1}{1-x^2}=0$,故 $x=-1$ 也是第一类间断点。

15. 8

【解析】本题考查均值不等式。由题意得,函数 $y=\log_a(x+3)-1(a>0,a\neq1)$ 的图象恒过定点 $A(-2,-1)$,则有 $-2m-n=-1$,即 $2m+n=1$,$\because mn>0$,$\therefore m>0,n>0$,$\therefore$ 由均值不等式得,$\frac{1}{m}+\frac{2}{n}=\left(\frac{1}{m}+\frac{2}{n}\right)(2m+n)=4+\frac{n}{m}+\frac{4m}{n}\geqslant8$,当且仅当 $\frac{n}{m}=\frac{4m}{n}$,即 $m=\frac{1}{4}$,$n=\frac{1}{2}$ 时等号成立,$\therefore \frac{1}{m}+\frac{2}{n}$ 的最小值为 8。

16. e^2-1

【解析】本题考查用定积分求封闭图形的面积。$S=\int_0^2 e^x dx=e^x\Big|_0^2=e^2-1$。

三、解答题

17.【解析】本题考查圆锥曲线的综合应用。

(1)$\because \triangle MF_1F_2$ 为正三角形且周长为 6,$\therefore a=2$,$c=1$,$b=\sqrt{3}$,$\therefore$ 椭圆的方程为 $\frac{x^2}{4}+\frac{y^2}{3}=1$。

(2)由题意可联立方程 $\begin{cases}x=my+4,\\ \frac{x^2}{4}+\frac{y^2}{3}=1,\end{cases}$ 整理得 $(3m^2+4)y^2+24my+36=0$,由 $\Delta=(24m)^2-4\times36(3m^2+4)>0$ 可得,$m^2>4$,设 $A(x_1,y_1)$,$B(x_2,y_2)$,则 $y_1+y_2=-\frac{24m}{3m^2+4}$,$y_1y_2=\frac{36}{3m^2+4}$,$\because \overrightarrow{OA}\cdot\overrightarrow{OB}=x_1x_2+y_1y_2=(m^2+1)y_1y_2+4m(y_1+y_2)+16=\frac{-12m^2+100}{3m^2+4}=-4+\frac{116}{3m^2+4}$,$\because m^2>4$,$\therefore 3m^2+4>16$,$\therefore \overrightarrow{OA}\cdot\overrightarrow{OB}\in\left(-4,\frac{13}{4}\right)$,故 $\overrightarrow{OA}\cdot\overrightarrow{OB}$ 的取值范围为 $\left(-4,\frac{13}{4}\right)$。

18.【解析】(1)在 $\triangle ABC$ 中,$\because \frac{2\sin A-\sin C}{\sin B}=\frac{\cos C}{\cos B}$,$\therefore 2\sin A\cos B-\sin C\cos B=\sin B\cos C$,化简得 $2\sin A\cos B=\sin(B+C)=\sin A$,$\therefore \cos B=\frac{1}{2}$,$\because 0<\angle B<\pi$,$\therefore \angle B=\frac{\pi}{3}$,由正弦定理得 $\frac{b}{\sin B}=2R$,解得 $b=2R\cdot\sin B=3$。

(2)由(1)得,$b=3$,$\cos B=\frac{1}{2}$,根据余弦定理可得 $b^2=a^2+c^2-2ac\cos B$,解得 $a^2+c^2-ac=9$,$\therefore ac+9=a^2+c^2\geqslant2ac$,解得 $ac\leqslant9$,当且仅当 $a=c$ 时,等号成立,$\because S_{\triangle ABC}=\frac{1}{2}ac\sin B=\frac{\sqrt{3}}{4}ac$,$\therefore S_{\triangle ABC}\leqslant\frac{\sqrt{3}}{4}\times9=\frac{9\sqrt{3}}{4}$,$\therefore$ 当且仅当 $a=c$ 时,$S_{\triangle ABC}$ 有最大值 $\frac{9\sqrt{3}}{4}$,又$\because \angle B=\frac{\pi}{3}$,$\therefore$ 此时 $a=b=c=3$,则 $\triangle ABC$ 是等边三角形。

19.【解析】本题考查线面垂直的判定与二面角余弦值的求解。(1)$\because PC\perp$ 平面 ABC,$AB\subset$ 平面 ABC,

$\therefore PC\perp AB$。

$\because CD\perp$ 平面 PAB,$AB\subset$ 平面 PAB,

$\therefore CD\perp AB$。

又$\because PC\cap CD=C$,

$\therefore AB\perp$ 平面 PCB。

(2)如图,取 AP 的中点 O,连结 CO,DO。

$\because PC=AC=2$,$PC\perp AC$,

$\therefore CO\perp PA$,$CO=\sqrt{2}$。

$\because CD\perp$ 平面 PAB,

$\therefore$ 由三垂线定理的逆定理知 $DO\perp PA$,

$\therefore \angle COD$ 为二面角 $C-PA-B$ 的平面角。

$\because AB\perp$ 平面 PCB,

$\therefore AB\perp BC$。

又$\because AB=BC$,$AC=2$,

$\therefore BC=\sqrt{2}$,

$\therefore PB=\sqrt{6}$,$CD=2\times\frac{\sqrt{2}}{\sqrt{6}}=\frac{2\sqrt{3}}{3}$,

$\therefore \sin\angle COD=\frac{CD}{CO}=\frac{\sqrt{6}}{3}$,$\cos\angle COD=\frac{\sqrt{3}}{3}$。

$\therefore$ 二面角 $C-PA-B$ 的余弦值为 $\frac{\sqrt{3}}{3}$。

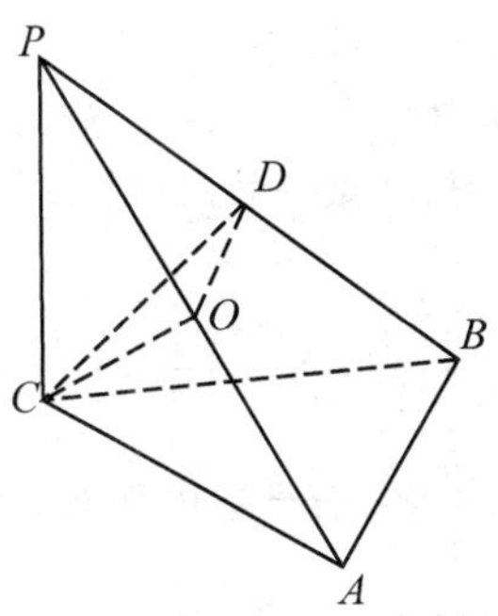

20.【解析】本题考查函数的单调性与方程的根。

(1)$\because F(x)=|2x-t|-x^3+x+1=\begin{cases}-x^3+3x+1-t,x\geqslant\frac{t}{2},\\-x^3-x+1+t,x<\frac{t}{2},\end{cases}$

$\therefore F'(x)=\begin{cases}-3x^2+3,x\geqslant\frac{t}{2},\\-3x^2-1,x<\frac{t}{2}。\end{cases}$

由 $-3x^2+3=0$ 得 $x_1=-1,x_2=1$,且 $-3x^2-1<0$ 恒成立,

因此,①当 $\frac{t}{2}<-1$ 时,$F(x)$ 在区间 $(-\infty,-1)$ 上是减函数,在区间 $(-1,1)$ 上是增函数,在区间 $(1,+\infty)$ 上是减函数。

②当 $-1\leqslant\frac{t}{2}<1$ 时,$F(x)$ 在区间 $\left(-\infty,\frac{t}{2}\right)$ 上是减函数,在区间 $\left(\frac{t}{2},1\right)$ 上是增函数,在区间 $(1,+\infty)$ 上是减函数。

③当 $\frac{t}{2}\geqslant1$ 时,$F(x)$ 在 $(-\infty,+\infty)$ 上是减函数。

(2)由(1)可知,①当 $\frac{t}{2}<-1$ 时,$F(x)$ 在 $x=-1$ 处取得极小值 $-1-t$,在 $x=1$ 处取得极大值 $3-t$。若方程 $F(x)-m=0$ 恰有两解,此时 $m=-1-t$ 或 $m=3-t$。

②当 $-1\leqslant\frac{t}{2}<1$ 时,$F(x)$ 在 $x=\frac{t}{2}$ 处取极小值 $-\frac{t^3}{8}+\frac{t}{2}+1$,在 $x=1$ 处取得极大值 $3-t$,若方程 $F(x)-m=0$ 恰有两解,此时 $m=-\frac{t^3}{8}+\frac{t}{2}+1$ 或 $m=3-t$。

③当 $\frac{t}{2}\geqslant1$ 时,不存在这样的实数 m,使得 $F(x)-m=0$ 恰有两解。

教师招聘考试小学数学押题试卷(九)

第一部分 数学教育教学基础知识

一、单项选择题

1. D 【解析】小学数学教学中的新授课分为三种类型,包括讲练课、探究研讨课和自学辅导课。

2. C 【解析】本题考查《义务教育数学课程标准》(2011 年版)中的评价建议。甄别考试是传统的评价方法。

3. B 【解析】本题考查启发式教学的特点。所谓启发式教学,就是根据教学目的、内容、学生的知识水平和知识规律,运用各种教学手段,采用启发诱导办法传授知识、培养能力,使学生积极主动地学习,以促进身心发展。启发式教学是一种教学的指导思想。

4. A 【解析】本题考查概念之间的关系。等边三角形又称正三角形;质数又称素数;奇数是不能被 2 整除的整数,偶数是能被 2 整除的整数,它们是两个不同的概念。

5. A 【解析】本题考查迁移。思维定势,也称“惯性思维”,是由先前的活动而造成的一种对活动的特殊的心理准备状态,或活动的倾向性。

6. D 【解析】本题考查《义务教育数学课程标准》(2011 年版)中的教学建议。综合与实践是积累数学活动经验的重要载体。

7. B 【解析】本题考查数学教学方法。演示法强调教师运用直观教具或实物进行教学,题干中教师运用幻灯片进行演示,属于演示法;实验法强调学生的动手操作,而题干中学生只是观看大屏幕,并没有动手操作;尝试教学法是指让学生先尝试自学,然后教师再进行讲解的教学方法,题干并没有体现;问题探索法是指教师把教学内容设计成若干问题,引导学生进行探索的教学方法,题干也没

有体现教师提问题。故选 B。

8. B 【解析】本题考查《义务教育数学课程标准》(2011 年版)中的十大核心理念之一——符号意识。

二、论述题

9.【参考答案】本题考查"综合与实践"的教学及其特点。(1)综合与实践的教学内容应根据儿童的身心发展特点,选择有较强趣味性、能激发学生学习兴趣的主题和素材。一般来说,贴近学生生活现实的题材能让学生感到熟悉和亲近,对完成任务比较有信心;游戏性题材有较强的愉悦功能,对学生有比较大的吸引力;设计和制作类的活动任务性比较突出,能激发学生的挑战欲望。这些内容都能比较有效地引发学生参与活动的动机,但同时也应注意,要将学生的兴趣引向更深层次的探索实践活动。

(2)综合与实践作为一个学习领域,并不是在其他数学知识领域之外增加新的知识,而是强调数学知识和思想方法的整体性和综合性。首先,要促使学生通过这一领域的学习,加深对"数与代数""空间与图形""统计与概率"等其他数学领域知识的理解,体会各部分内容之间的联系,进而从整体上认识数学、体验数学、应用数学。其次,综合与实践中要解决的现实数学问题往往交织着多学科的知识与方法,因此,综合与实践的综合性还常常表现为多学科的综合。

三、综合应用题

10.【参考答案】本题考查教学目标的制定与习题的设计。(1)分数的基本性质:分数的分子和分母同时乘或除以相同的数(零除外),分数的大小不变。

商不变性质:被除数和除数同时扩大或缩小相同的倍数(零除外),商不变。

(2)教学目标:

知识与技能:理解和掌握分数的基本性质,能运用分数的基本性质把一个分数化成指定分母或分子而大小不变的分数。

过程与方法:经历观察、比较、推理等数学活动,感受"比较""变与不变"等数学思想方法。

情感态度与价值观:认识数学与生活的联系,体会学习数学的乐趣。

(3)练习设计:

①基础练习。(做一做:根据分数的基本性质填空)

a. $\frac{1}{3}=\frac{(\quad)}{6}$;$\frac{10}{15}=\frac{(\quad)}{3}$;$\frac{1}{4}=\frac{5}{(\quad)}$。

b. 把$\frac{2}{5}$和$\frac{16}{20}$化成分母是 10 而大小不变的分数。

$\frac{2}{5}=\frac{2○□}{5○□}=\frac{(\quad)}{10}$;$\frac{16}{20}=\frac{16○□}{20○□}=\frac{(\quad)}{10}$。

②变式练习。(判断对错,并说明理由)

$\frac{2}{7}=\frac{2}{7\times3}=\frac{2}{21}$;$\frac{4}{18}=\frac{4\div2}{18}=\frac{2}{18}$;

$\frac{1}{12}=\frac{1\times3}{12\div3}=\frac{3}{4}$;$\frac{9}{16}=\frac{9\div3}{16\div4}=\frac{3}{4}$。

③开放练习。(说出与$\frac{2}{3}$相等的分数)

设计意图:练习是学生形成技能的主要途径,是课堂教学的主线,应保证每个学生参与学习活动、参与练习。这里设计了基础练习、变式练习、开放练习,具有层次性和开放性,注重教学的实效性。

第二部分　数学专业知识

一、单项选择题

1. D 【解析】两个质数的平方差为 21,除了 2 以外的所有质数都是奇数,它们的平方也都是奇数,则平方差为偶数。由于 21 为奇数,则其中一个质数必然是 2,所以另一个质数的平方为 $21+2^2=25$,故这两个质数的平方和是 $25+2^2=29$。

2. D 【解析】本题考查余数定理。根据题意可知,筐里原有的苹果数比 4,5,6 的公倍数多 1,在 100 ~400 之间,4,5,6 的公倍数有 120,180,240,300,360,又因为苹果数是 7 的倍数,则这个筐里原有的苹果数量为 301 个。

3. C 【解析】本题考查价格问题。设商品 2 月的价格为 a,则 3 月的价格为 $0.8a$,4 月的价格为 $1.2\times0.8a=0.96a$,所以 4 月的价格是 2 月价格的 96%。故选 C。

4. C 【解析】本题考查反比例函数的性质。由图可知,$S_{四边形ABCD}=\frac{1}{2}(4+OD)(3+OC)$,设点 $P(x,y)$

$(x>0,y>0)$，则$|OD|=y,|OC|=x$，且$xy=12$，即$S_{四边形ABCD}=\frac{1}{2}(4+y)(3+x)=12+\frac{1}{2}(4x+3y)$，$\because 4x\cdot 3y=144$，$\therefore$ 由均值不等式得，$S_{四边形ABCD}\geqslant 24$，当且仅当$4x=3y$时，等号成立。故选 C。

5. C 【解析】曲线$y=3-\sqrt{4x-x^2}$化简得$(x-2)^2+(y-3)^2=4,1\leqslant y\leqslant 3$，如图所示，曲线为圆的下半部分，当直线$y=x+b$过点$(0,3)$时$b$取得最大值，此时$0+b=3$，即$b=3$；当直线$y=x+b$与圆相切时$b$取得最小值，此时圆心$(2,3)$到直线的距离为$d=\frac{|2-3+b|}{\sqrt{2}}=r=2$，$b=1-2\sqrt{2}$或$b=1+2\sqrt{2}$(舍去)，故$b$的取值范围为$[1-2\sqrt{2},3]$。

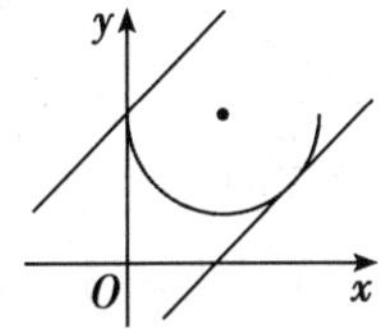

6. D 【解析】本题考查排列组合。分两类：(1)甲组中选出了一名女同学，此时有$C_5^1\cdot C_3^1\cdot C_6^2=225$种选法；(2)乙组中选出了一名女同学，此时有$C_5^2\cdot C_6^1\cdot C_2^1=120$种选法。故共有$225+120=345$种选法。

7. A 【解析】本题考查球体积的计算。设正方体上底面所在平面截球得小圆M，则圆心M为正方体上底面正方形的中心，如图所示，设球的半径为R，则圆M与水面的距离为$8-6=2\text{cm}$，由勾股定理可知，$R^2=(R-2)^2+4^2$，解得$R=5$，所以球的体积为$V=\frac{4}{3}\pi R^3=\frac{4}{3}\pi\times 5^3=\frac{500\pi}{3}\text{cm}^3$。

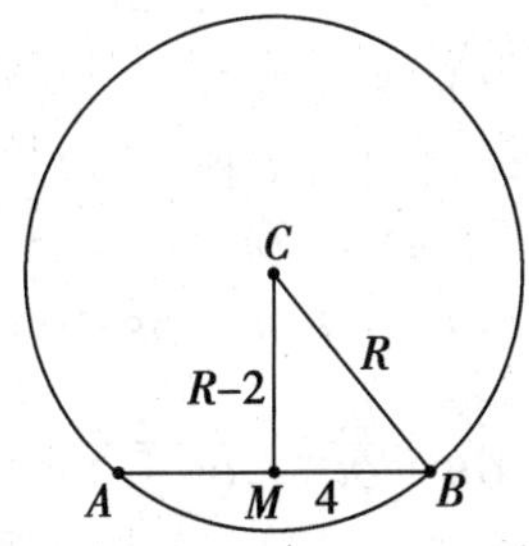

8. A 【解析】本题考查二项式定理。$(2-x)^6=a_0+a_1x+a_2x^2+\cdots+a_6x^6$，由二项式定理可知，$a_0$，$a_2,a_4,a_6$均为正数，$a_1,a_3,a_5$均为负数，$|a_1|+|a_2|+\cdots|a_6|=-a_1+a_2-a_3+a_4-a_5+a_6$，令$x=0$，$a_0=2^6=64$，令$x=-1$可得，$a_0-a_1+a_2-a_3+a_4-a_5+a_6=(2+1)^6=729$，$|a_1|+|a_2|+\cdots+|a_6|=729-64=665$。

9. A 【解析】本题考查函数与导数的应用。由$\frac{f'(x)-f(x)}{x-1}>0$知，当$x>1$时，$f'(x)-f(x)>0$；当$x<1$时，$f'(x)-f(x)<0$，令$F(x)=\frac{f(x)}{e^x}$，则可得$\frac{f(2-x)}{e^{2-x}}=\frac{f(x)}{e^x}$，即$F(x)=F(2-x)$，即$F(x)$关于$x=1$对称，$F'(x)=\frac{f'(x)e^x-e^xf(x)}{(e^x)^2}=\frac{f'(x)-f(x)}{e^x}$，$\therefore$ 当$x>1$时，$F'(x)>0$，$F(x)$单调递增；当$x<1$时，$F'(x)<0$，$F(x)$单调递减。则$F(3)=F(-1)>F(0)=f(0)$，即$F(3)=\frac{f(3)}{e^3}>f(0)$，即$f(3)>e^3f(0)$，故选 A。

10. C 【解析】本题考查无穷小的比较。$\lim\limits_{x\to 0}\frac{(1+x)^x-1}{x^2}=\lim\limits_{x\to 0}\frac{x\ln(1+x)}{x^2}=\lim\limits_{x\to 0}\frac{\ln(1+x)}{x}=1$。故选 C。

11. C 【解析】本题考查导数的应用。当$a=0$时，不符合题意。当$a\neq 0$时，$f'(x)=3ax^2-6x$，令$f'(x)=0$，得$x=0$或$x=\frac{2}{a}$。若$a>0$，则由图象知$f(x)$有负数零点，不符合题意，所以$a<0$，由图象结合$f(0)=1>0$知，此时必有$f\left(\frac{2}{a}\right)>0$，即$a\times\frac{8}{a^3}-3\times\frac{4}{a^2}+1>0$，化简得$a^2>4$，则$a<-2$。

二、填空题

12. 53

【解析】本题考查约数的应用。6 的约数有 1,2,3,6，它们的乘积为$2\times 3\times 6=6^2=36$；8 的约数有 1,2,4,8，它们的乘积为$2\times 4\times 8=8^2=64$；10 的约数有 1,2,5,10，它们的乘积为$2\times 5\times 10=10^2=100$；14 的约数有 1,2,7,14，它们的乘积为$2\times 7\times 14=14^2=196$；15 的约数有 1,3,5,15，它们的乘积为$3\times 5\times 15=15^2=225$。这 5 个数是大于 1 的自然数中最小的 5 个“好数”，它们的和为$6+8+10+14+15=53$。

13. $\frac{1}{3}$

【解析】因为$\overrightarrow{AN}=\frac{1}{2}\overrightarrow{NC}$,所以$\overrightarrow{AN}=\frac{1}{3}\overrightarrow{AC}$,则$\overrightarrow{AP}=m\overrightarrow{AB}+\frac{2}{9}\overrightarrow{AC}=m\overrightarrow{AB}+\frac{2}{3}\overrightarrow{AN}$,因为$B,P,N$三点共线,所以$m+\frac{2}{3}=1$,所以$m=\frac{1}{3}$。

14. 3

【解析】本题考查曲线与方程的性质。因为e是方程$2x^2-5x+2=0$的根,所以$e=2$或$\frac{1}{2}$,$mx^2+4y^2=4m$可化为$\frac{x^2}{4}+\frac{y^2}{m}=1$,当它表示焦点在$x$轴上的椭圆时,有$e=\frac{\sqrt{4-m}}{2}=\frac{1}{2}$,所以$m=3$;当它表示焦点在$y$轴上的椭圆时,有$e=\frac{\sqrt{m-4}}{\sqrt{m}}=\frac{1}{2}$,所以$m=\frac{16}{3}$;当它表示焦点在$x$轴上的双曲线时,可化为$\frac{x^2}{4}-\frac{y^2}{-m}=1$,有$e=\frac{\sqrt{4-m}}{2}=2$,所以$m=-12$,所以满足条件的圆锥曲线有3个。

15. 100

【解析】本题考查比例与追及问题。当甲跑一圈时,乙比甲多跑$\frac{1}{7}$圈,丙比甲少跑$\frac{1}{7}$圈,由此可知乙、甲、丙的速度比为$\frac{8}{7}:1:\frac{6}{7}$,即为$8:7:6$。根据路程公式知,当乙跑800米时,甲跑700米,丙跑600米。所以甲在丙前面100米。

16. $\sqrt{3}$

【解析】本题考查解三角形。因为$AD\perp AC$,则$\sin\angle BAC=\sin(90°+\angle BAD)=\frac{2\sqrt{2}}{3}$,即$\cos\angle BAD=\frac{2\sqrt{2}}{3}$,又因为$AB=3\sqrt{2}$,$AD=3$,则在$\triangle ABD$中,根据余弦定理可知,$BD^2=AB^2+AD^2-2\cdot AB\cdot AD\cdot\cos\angle BAD$,解得$BD=\sqrt{3}$。

三、解答题

17.【解析】本题考查数列通项公式与前n项和的求解。(1)设等差数列$\{a_n\}$的公差为d,则有$S_5=5a_3=15$,$a_3=3$,因为$d=a_3-a_2=3-2=1$,所以$a_1=1$,从而$a_n=a_1+(n-1)d=n$。

(2)由(1)可知,$b_n=\frac{1}{n(n+1)}=\frac{1}{n}-\frac{1}{n+1}$,

从而数列$\{b_n\}$的前n项和$T_n=\left(1-\frac{1}{2}\right)+\left(\frac{1}{2}-\frac{1}{3}\right)+\cdots+\left(\frac{1}{n}-\frac{1}{n+1}\right)=1-\frac{1}{n+1}$。

所以前10项和$T_{10}=\frac{10}{11}$。

18.【解析】本题考查解三角形。(1)因为$\boldsymbol{m}\parallel\boldsymbol{n}$,所以$a\sin B-\sqrt{3}b\cos A=0$。由正弦定理,得$\sin A\sin B-\sqrt{3}\sin B\cos A=0$,由于$\sin B\neq0$,从而可得$\tan A=\sqrt{3}$。$\because 0<\angle A<\pi$,所以$\angle A=\frac{\pi}{3}$。

(2)由余弦定理,得$a^2=b^2+c^2-2bc\cos A$,而$a=\sqrt{7}$,$b=2$,$\angle A=\frac{\pi}{3}$,得$7=4+c^2-2c$,即$c^2-2c-3=0$。因为$c>0$,所以$c=3$。故$\triangle ABC$的面积为$\frac{1}{2}bc\sin A=\frac{3\sqrt{3}}{2}$。

19.【解析】本题考查平面几何动点问题。

(1)如图,作$DE\perp BC$于E,$\because AD\parallel BC$,$\angle A=90°$,$\therefore$四边形$ABED$为矩形,$\therefore BE=AD=1\text{cm}$,$DE=AB=3\text{cm}$,$\therefore EC=BC-BE=4\text{cm}$,在$\text{Rt}\triangle DEC$中,$DE^2+EC^2=DC^2$,$\therefore DC=5\text{cm}$。

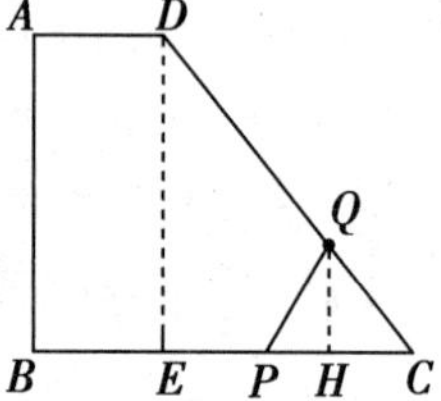

(2)$\because$点P的速度为1cm/s,点Q的速度为2cm/s,运动时间为t秒,$\therefore BP=t\text{cm}$,$PC=(5-t)\text{cm}$,$CQ=2t\text{cm}$,$QD=(5-2t)\text{cm}$,且$0<t\leq2.5$,作$QH\perp BC$于点H,$\therefore DE\parallel QH$,$\therefore\triangle DEC\backsim\triangle QHC$,$\therefore\frac{DE}{QH}=\frac{DC}{QC}$,$\therefore\frac{3}{QH}=\frac{5}{2t}$,$\therefore QH=\frac{6}{5}t$,

$\therefore S_{\triangle PQC}=\frac{1}{2}\cdot PC\cdot QH=\frac{1}{2}(5-t)\cdot\frac{6}{5}t=-\frac{3}{5}t^2+3t$,$\because S_{四边形ABCD}=\frac{1}{2}\cdot(AD+BC)\cdot AB=9\text{cm}^2$,分两种情况进行讨论,①当$S_{\triangle PQC}$:

$S_{四边形ABCD}=1:3$时，$-\frac{3}{5}t^2+3t=\frac{1}{3}\times 9$，即$t^2-5t+5=0$，解得$t_1=\frac{5-\sqrt{5}}{2}$，$t_2=\frac{5+\sqrt{5}}{2}$（舍去）；

②当$S_{\triangle PQC}:S_{四边形ABCD}=2:3$时，$-\frac{3}{5}t^2+3t=\frac{2}{3}\times 9$，即$t^2-5t+10=0$，$\because \Delta<0$，$\therefore$ 方程无解，$\therefore$ 当$t=\frac{5-\sqrt{5}}{2}$s时，线段PQ将四边形$ABCD$的面积分为1:2两部分。

20.【解析】本题考查直线与抛物线的综合应用。

(1)由抛物线C的方程$y=ax^2(a<0)$得其焦点坐标为$\left(0,\frac{1}{4a}\right)$，准线方程为$y=-\frac{1}{4a}$。

(2)证明：设直线PA的方程为$y-y_0=k_1(x-x_0)$，直线PB的方程为$y-y_0=k_2(x-x_0)$。

联立方程组$\begin{cases}y-y_0=k_1(x-x_0)①,\\ y=ax^2②。\end{cases}$

将②式代入①式得，$ax^2-k_1x+k_1x_0-y_0=0$。

因为点$P(x_0,y_0)$和点$A(x_1,y_1)$的横坐标是上面方程组的解，所以$x_1+x_0=\frac{k_1}{a}$，故$x_1=\frac{k_1}{a}-x_0$③。

同理，$x_2+x_0=\frac{k_2}{a}$，故$x_2=\frac{k_2}{a}-x_0$。由已知得$k_2=-\lambda k_1$，则$x_2=-\frac{\lambda}{a}k_1-x_0$④。设点$M$的坐标为$(x_M,y_M)$。由$\overrightarrow{BM}=\lambda\overrightarrow{MA}$，得$x_M=\frac{x_2+\lambda x_1}{1+\lambda}$。

将③式和④式代入上式得$x_M=\frac{-x_0-\lambda x_0}{1+\lambda}=-x_0$，即$x_M+x_0=0$。所以线段$PM$的中点在$y$轴上。

教师招聘考试小学数学押题试卷(十)

一、判断题

1. × 【解析】本题考查分数与百分数。百分数不能表示带单位的量，只能表示两个数之间的关系。故一根绳长97%米说法是错误的。

2. √ 【解析】本题考查优化问题与平面图形的面积。设正方形的边长为a，在一个正方形内画一个最大的圆，这个圆的直径是正方形的边长，则这个圆的面积为$\frac{\pi a^2}{4}$，正方形面积为a^2，$\pi\approx 3.14>3$，$\frac{\pi a^2}{4}>\frac{3a^2}{4}$，故这个圆的面积大于正方形的面积的$\frac{3}{4}$。

3. √ 【解析】本题考查原函数的计算。对于任意实数$x\in\mathbf{R}$，恒有$f'(x)=0$，则有$f(x)=C$(C为常数)。

4. × 【解析】本题考查分式方程的计算。分式方程去分母得，$3-2x-9+mx=-x+3$，整理得，$(m-1)x=9$，当$m-1=0$，即$m=1$时，该分式方程无解；当$m-1\neq 0$，即$m\neq 1$时，由分式方程无解得，$x-3=0$，即$x=3$，把$x=3$代入整式方程得，$m=4$。综上可得，$m=1$或4。

5. √ 【解析】本题考查函数奇偶性的判定。设$y=f(x)=\ln\frac{1-x}{1+x}$，则其定义域为$\left\{x\mid\frac{1-x}{1+x}>0\right\}=\{x\mid -1<x<1\}$，$-f(-x)=-\ln\frac{1+x}{1-x}=\ln\left(\frac{1+x}{1-x}\right)^{-1}=\ln\frac{1-x}{1+x}$，故有$f(x)=-f(-x)$，从而$y=\ln\frac{1-x}{1+x}$是奇函数。

6. × 【解析】本题考查极限与连续的概念。举反例，比如，$f(x)=0(x\neq 0)$，当$x\to 0$时，$\lim\limits_{x\to 0}f(x)=0$，但是$f(x)$在$x=0$处是不连续的。

7. √ 【解析】本题考查矩阵秩的概念。若矩阵$\boldsymbol{A}$中有一个r级子式不为零，同时所有$r+1$级子式全为零，则$\boldsymbol{A}$的秩为r。这是矩阵$\boldsymbol{A}$的秩为r的充分必要条件。

8. × 【解析】本题考查数学教学目标。数学教学目标既是教学的出发点又是教学的归宿，它对整个数学教学过程具有重要的导向作用。

9. √ 【解析】本题考查《义务教育数学课程标准》(2011年版)中的教学建议。

10. × 【解析】本题考查教学方法。自学辅导法能够充分调动学生自主学习的积极性，正确发挥学生的主体作用与教师的主导作用。发现法有利于培养学生形成发现问题、解决问题的方法和能力;有利于学生对知识的记忆。

二、单项选择题

11. A 【解析】本题考查数的认识与运算。$2016 \div 4 = 504$,故2016年是闰年,有366天,A正确;互为质数的两个数,它们的公约数为1,故B错误;在等底等高的条件下,圆锥的体积等于圆柱体积的$\frac{1}{3}$,故C错误;自然数0与$\frac{7}{8}$相乘所得的积等于自然数0,故D错误。

12. D 【解析】由题意得复数$z = x + yi(x \in \mathbf{R}, y \in \mathbf{R})$,$\because z + i = x + (y+1)i$,$\therefore |z+i| = \sqrt{x^2+(y+1)^2} = 1$,$\therefore x^2+(y+1)^2=1$。

13. B 【解析】本题考查几何概型。由题意知,函数$f(x) = x^2 + 2ax - b^2 + \pi$有零点,则有$\Delta \geqslant 0$,$\therefore a^2 + b^2 \geqslant \pi$。试验包含的所有事件是$\Omega = \{(a,b) | -\pi \leqslant a \leqslant \pi, -\pi \leqslant b \leqslant \pi\}$,$\therefore S = (2\pi)^2 = 4\pi^2$,而满足条件的事件是$A = \{(a,b) | a^2 + b^2 \geqslant \pi\}$,$\therefore S = 4\pi^2 - \pi^2 = 3\pi^2$,由几何概型公式可得$P = \frac{3}{4}$。故选B。

14. A 【解析】本题考查极限的定义。根据极限的定义可知,$\because \lim\limits_{\Delta x \to 0}\frac{f(1+\Delta x)-f(1)}{\Delta x} = f'(1)$,$\because f'(x) = \frac{5}{3} - \frac{2}{2x+1}$,$\therefore f'(1) = 1$。$\therefore \lim\limits_{\Delta x \to 0}\frac{f(1+\Delta x)-f(1)}{\Delta x} = 1$,故选A。

15. C 【解析】本题考查算法。该语句表示分段函数$y = \begin{cases} 0.5x, x \leqslant 50, \\ 25 + 0.6(x-50), x > 50, \end{cases}$ 当$x = 60$时,$y = 25 + 0.6 \times (60-50) = 31$,所以输出$y$的值为31。

16. B 【解析】本题考查图形的对称。选项A是中心对称图形;选项C是轴对称图形;选项D既不是轴对称图形也不是中心对称图形;B既是轴对称图形也是中心对称图形。故选B。

17. B 【解析】本题考查导数应用与双曲线的性质。设切点为(m,n),则有$n = \frac{b}{a}m$,$n = 1 + \ln m + \ln 2$,$\because y = 1 + \ln x + \ln 2$,$\therefore y' = \frac{1}{x}$,$\therefore \frac{1}{m} = \frac{b}{a}$,$\therefore n = 1$,$m = \frac{1}{2}$,$\therefore \frac{b}{a} = 2$,$\therefore e = \frac{c}{a} = \sqrt{1 + \left(\frac{b}{a}\right)^2} = \sqrt{5}$。

18. B 【解析】本题考查平面图形的面积。设长方形$ABCD$的长和宽分别是x和y,正方形$EFGH$的边长为a,根据图形,可知平行四边形$KLMN$的面积为正方形$EFGH$、长方形$ABCD$及空白部分正方形$OPQR$的面积和,正方形$OPQR$的边长为$a-y$或$x-a$,由此可得方程组:$\begin{cases} a - y = x - a, \\ xy + a^2 + (a-y)(x-a) = 50, \end{cases}$ 解得$a^2 = 25$。

19. B 【解析】本题考查解三角形。将$\sin A + \cos A = \frac{2}{5}$两边平方,得$\sin^2 A + \cos^2 A + 2\sin A\cos A = \frac{4}{25}$,$\therefore 2\sin A\cos A = \sin 2A = \frac{4}{25} - 1 = -\frac{21}{25} < 0$,$\therefore \pi < 2\angle A < 2\pi$,$\therefore \frac{\pi}{2} < \angle A < \pi$,$\therefore \angle A$为钝角。故选B。

20. A 【解析】本题考查函数的单调性与奇偶性。$\because$函数在区间$[0, +\infty)$上有$f'(x) > 0$,$\therefore$函数$f(x)$在区间$[0, +\infty)$上单调递增,$\because$偶函数$f(x)$满足$f(2x-1) < f\left(\frac{1}{3}\right)$,$\therefore f(|2x-1|) < f\left(\frac{1}{3}\right)$,$\therefore |2x-1| < \frac{1}{3}$,$\therefore \frac{1}{3} < x < \frac{2}{3}$,$\therefore x$的取值范围是$\left(\frac{1}{3}, \frac{2}{3}\right)$。

21. D 【解析】本题考查排列组合。因为5位学生已经排好,第一位老师的站法有$C_6^1 = 6$种,当第一位老师站好后,第二位老师的站法有$C_7^1 = 7$种,所以这两位老师与学生站成一排的站法共有$6 \times 7 = 42$种。

22. C 【解析】本题考查由三视图计算立体图形的体积。由三视图可得如图所示的三棱锥$P-ACD$,并将其置于长方体$ABCD-EFGP$的外接球相同,该球的直径等于长方体$ABCD-EFGP$的体对角线长度。因为网格纸上小正方形的边长为1,所以$AB=4$,$BC=3$,$AE=2$,则长方体$ABCD-EFGP$的体对角线长度为$\sqrt{4^2+3^2+2^2} = \sqrt{29}$,所以三棱锥$P-ABC$的外接球半径为$r = \frac{\sqrt{29}}{2}$,则该球表面积为$S = 4\pi r^2 = 29\pi$。

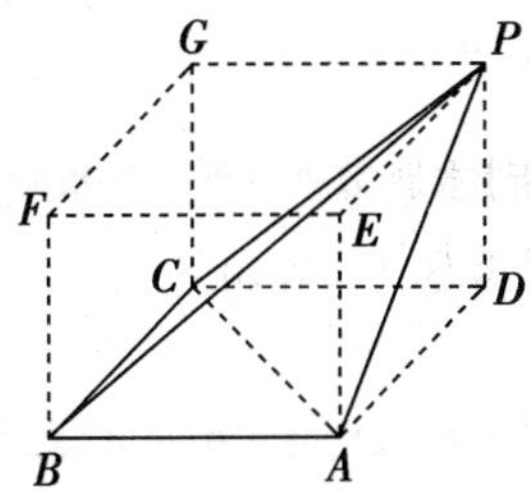

23. D 【解析】本题考查极坐标系。极坐标系下，点 $A(-2,-\frac{\pi}{2})$，$B(\sqrt{2},\frac{3}{4}\pi)$，$O(0,0)$，则在直角坐标系下 $A(0,2)$，$B(-1,1)$，$C(0,0)$，所以 $AC=2$，$AB=BC=\sqrt{2}$，$AC^2=AB^2+BC^2$，三角形 ABO 为等腰直角三角形。

24. D 【解析】本题考查学段目标。

25. D 【解析】本题考查《义务教育数学课程标准》(2011 年版)中的教学建议。例如，对于整数乘法计算，学生不仅要掌握如何进行计算，而且要知道相应的算理；对于尺规作图，学生不仅要知道作图的步骤，而且要能知道实施这些步骤的理由。

三、填空题

26. $\frac{25}{6}$

【解析】本题考查不等式的应用。由题意知，不等式表示的平面区域如图所示，当直线 $z=ax+by(a>0,b>0)$ 过直线 $x-y+2=0$ 与直线 $3x-y-6=0$ 的交点 $(4,6)$ 时，目标函数 $z=ax+by(a>0,b>0)$ 的最大值为 12，即 $2a+3b=6$，从而有 $\frac{2}{a}+\frac{3}{b}=\left(\frac{2}{a}+\frac{3}{b}\right)\cdot\frac{2a+3b}{6}=\frac{13}{6}+\left(\frac{b}{a}+\frac{a}{b}\right)\geqslant\frac{13}{6}+2=\frac{25}{6}$，当且仅当 $a=b=1$ 时等号成立。

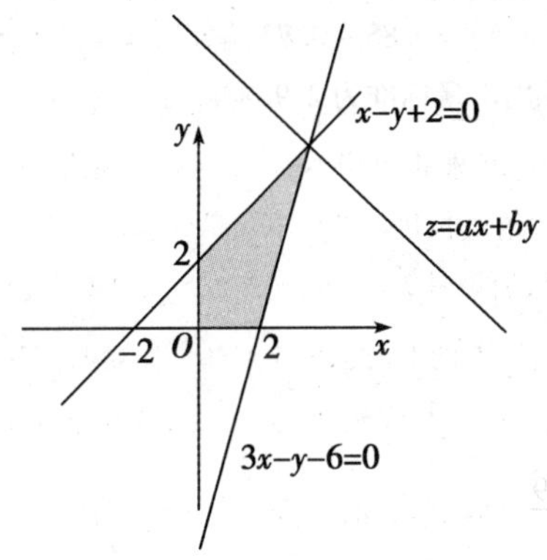

27. $1^3+2^3+3^3+4^3+5^3+6^3=441$

【解析】本题考查探索规律。$1^3=1$；$1^3+2^3=9=(1+2)^2$；$1^3+2^3+3^3=36=(1+2+3)^2$；$1^3+2^3+3^3+4^4=100=(1+2+3+4)^2$，…，由此可得 $1^3+2^3+3^3+4^4+5^3+6^3=(1+2+3+4+5+6)^2=21^2=441$。即第 6 个等式为 $1^3+2^3+3^3+4^4+5^3+6^3=441$。

28. $\frac{1}{3}$

【解析】$\lim\limits_{n\to\infty}\frac{n^2-n-2}{3n^2+1}=\lim\limits_{n\to\infty}\frac{1-\frac{1}{n}-\frac{2}{n^2}}{3+\frac{1}{n^2}}=\frac{1}{3}$。

29. $\sqrt{5}$

【解析】本题考查向量的运算。由题意得，$|\boldsymbol{b}|=\sqrt{2^2+1^2}=\sqrt{5}$，由 $\lambda\boldsymbol{a}+\boldsymbol{b}=\boldsymbol{0}$，得 $\boldsymbol{b}=-\lambda\boldsymbol{a}$，故 $|\boldsymbol{b}|=|-\lambda\boldsymbol{a}|=|\lambda||\boldsymbol{a}|$，所以 $|\lambda|=\frac{|\boldsymbol{b}|}{|\boldsymbol{a}|}=\frac{\sqrt{5}}{1}=\sqrt{5}$。

30. 问题解决

【解析】本题考查小学阶段数学课程目标。

四、解答题

31. 【解析】本题考查相遇应用题。甲与乙第一次相遇后经 1.25 分钟与丙第一次相遇，再过 3.75 分钟与乙又第二次相遇，则甲、乙从第一次相遇到第二次相遇经过的时间是 $1.25+3.75=5$(分钟)，即甲、乙每经过 5 分钟相遇一次，所以甲、乙两人的速度之和为 $2000\div5=400$(米/分钟)。已知甲、乙的速度之比为 3∶2，所以甲的速度为 $400\times\frac{3}{3+2}=240$(米/分钟)，乙的速度为 $400\times\frac{2}{5}=160$(米/分钟)。因为甲、丙第一次相遇需要的时间是 $5+1.25=6.25$(分钟)，所以甲、丙的速度之和为 $2000\div6.25=320$(米/分钟)，故丙的速度为 $320-240=80$(米/分钟)。

32. 【解析】本题考查圆的综合应用。

(1)证明：连结 DE，OE。$\because CD$ 是 $\odot O$ 的直径，$\therefore\angle CED=\angle BED=90^\circ$，$\because G$ 为 BD 的中点，$\therefore GE=GD$，$\therefore\angle GED=\angle GDE$，$\because OE=OD$，$\therefore\angle OED=\angle ODE$，$\therefore\angle GEO=\angle GDO$，$\because CD\perp AB$，$\therefore\angle GEO=\angle GDO=90^\circ$，$\therefore GE$ 为 $\odot O$ 的

切线。

(2)$\because CD\perp AB$,$\therefore \angle ACD=90^\circ-\angle A$,$\because \angle BCA=90^\circ$,$\therefore \angle B=90^\circ-\angle A$,$\therefore \angle B=\angle ACD$,$\because \tan B=\frac{1}{2}=\frac{CD}{BD}=\tan\angle ACD=\frac{AD}{CD}$,$\therefore BD=4AD$,$\because EG=5$,$EG=GD$,$G$ 为 BD 的中点,$\therefore BD=2GD=10$,$\therefore AD=\frac{5}{2}$。

33.【解析】本题考查椭圆的方程与性质。(1)由题意可得,$2b=2\sqrt{2}$,$b=\sqrt{2}$,$e=\frac{c}{a}=\frac{\sqrt{6}}{3}$,可列方程组$\begin{cases}a^2-c^2=2,\\2a^2=3c^2,\end{cases}$解得$\begin{cases}a^2=6,\\c^2=4,\end{cases}$即椭圆方程为$\frac{x^2}{6}+\frac{y^2}{2}=1$。

(2)由题意知,$A(0,\sqrt{2})$。假设点 $M(m,0)(m>0)$,则 $k_{AM}=-\frac{\sqrt{2}}{m}$,因为 $AM\perp AN$,所以 $k_{AN}=\frac{\sqrt{2}m}{2}$,则 l_{AN} 为 $y=\frac{\sqrt{2}}{2}mx+\sqrt{2}$,联立$\begin{cases}y=\frac{\sqrt{2}}{2}mx+\sqrt{2},\\\frac{x^2}{6}+\frac{y^2}{2}=1,\end{cases}$解得$\begin{cases}x=-\frac{12m}{2+3m^2},\\y=\frac{2\sqrt{2}-3\sqrt{2}m^2}{2+3m^2},\end{cases}$或$\begin{cases}x=0,\\y=\sqrt{2}\end{cases}$(与点 A 重合,舍去),即 $N(-\frac{12m}{2+3m^2},\frac{2\sqrt{2}-3\sqrt{2}m^2}{2+3m^2})$。又因为在 $\triangle MAN$ 中,$\angle ANM=30^\circ$,$|\overrightarrow{NM}|=2|\overrightarrow{AM}|$,$\overrightarrow{NM}=\left(\frac{3m^3+14m}{2+3m^2},-\frac{2\sqrt{2}-3\sqrt{2}m^2}{2+3m^2}\right)$,$\overrightarrow{AM}=(m,-\sqrt{2})$,进而可列方程$(\frac{3m^3+14m}{2+3m^2})^2+(-\frac{2\sqrt{2}-3\sqrt{2}m^2}{2+3m^2})^2=4(m^2+2)$,整理得 $9m^6+6m^4-20m^2+8=0$①。令 $t=m^2(t>0)$,则方程①可化为 $9t^3+6t^2-20t+8=(t+2)(3t-2)^2=0$,所以 $t=\frac{2}{3}$ 或 $t=-2$(舍去),所以 $m=\frac{\sqrt{6}}{3}$,即所求的点 M 的坐标为$(\frac{\sqrt{6}}{3},0)$。

34.【解析】本题考查数列的通项与极限的计算。

(1)由 $S_3=3$,$S_6=-21$ 得,$q\neq1$,则有$\frac{a_1(1-q^3)}{1-q}=3$,$\frac{a_1(1-q^6)}{1-q}=-21$,两式相除可得,$1+q^3=-7$,解得 $q=-2$。

(2)由等比数列的前 n 项和公式可得,$S_n=\frac{a_1(1-q^n)}{1-q}$,$\therefore T_n=a_1+a_3+\cdots+a_{2n-1}=\frac{a_1(1-q^{2n})}{1-q^2}$,当 $q>1$ 时,$\lim\limits_{n\to\infty}\frac{S_n}{T_n}=\lim\limits_{n\to\infty}\frac{1+q}{1+q^n}=0$;当 $0<q<1$ 时,$\lim\limits_{n\to\infty}\frac{S_n}{T_n}=\lim\limits_{n\to\infty}\frac{1+q}{1+q^n}=1+q$;当 $q=1$ 时,$\lim\limits_{n\to\infty}\frac{S_n}{T_n}=\lim\limits_{n\to\infty}\frac{1+q}{1+q^n}=1$。

35.【解析】本题考查频率分布直方图。(1)由频率分布直方图知,月平均用水量在[0,0.5)中的频率为0.08×0.5=0.04。同理,在[0.5,1),[1.5,2),[2,2.5),[3,3.5),[3.5,4),[4,4.5)中的频率分别为0.08,0.20,0.26,0.06,0.04,0.02。由0.04+0.08+0.20+0.26+0.5×2×a+0.06+0.04+0.02=1,解得 a=0.30。

(2)由(1)可知,100位居民每人月平均用水量不低于3吨的频率为0.06+0.04+0.02=0.12。由以上样本的频率分布,可以估计全市30万居民中月平均用水量不低于3吨的为300 000×0.12=36 000人。

(3)因为前6组的频率之和为0.04+0.08+0.15+0.20+0.26+0.15=0.88>0.85,而前5组的频率之和为0.04+0.08+0.15+0.20+0.26=0.73<0.85,所以 $2.5\leqslant x<3$。由 $0.3\times(x-2.5)=0.85-0.73$,解得 $x=2.9$。所以,估计月用水量标准为2.9吨时,85%的居民每月的用水量不超过标准。